# 医事法纂解
# 疑案评析

主编　陈特

主审　艾清

医事法理论探讨＋实务案例分析

## 医疗纠纷司法解释（民间建议稿）首次发布

医疗知情同意书模板＋医疗纠纷解决制度参考

**姚辉　何帆　推荐阅读**

知识产权出版社
全国百佳图书出版单位

# 序

陈现杰<sup>*</sup>

　　海坛特哥医事法书纂成，嘱我弁言几句。始则捉笔搦管，手舞足蹈，似将不已于言——胡适之先生当年曾自我调侃云："哪有猫儿不叫春，哪有蝉儿不鸣夏，哪有公鸡不打鸣，哪有博士不说话！"——我亦未能免俗，似将有言矣！然而读了他的同代人倾城先生带着狡黠的笑意随意挥洒的文字，我忽然有一种东施揽镜、自鉴其丑的感觉，乃至于神情凋丧，心境黯然——"予欲无言"。我想学孔老夫子先生如是说。是啊，四时行焉，万物生焉，予何言哉！

　　这样说，不是虚伪，不是矫情。网络的繁荣，尽管催生了海量的信息泡沫、八卦浮沤，一时间泥沙俱下；但也让我们看到，一代青年才俊正以天风海雨之势，乘风逐浪而来，大有金翅擘海、香象渡河的浩瀚与气势！他们的力量与锐气，他们的才思和敏慧，他们的理想与豪情，都让我恍惚又听到自己青春血液沸腾汹涌时的遥远回声。在我沉沦西海的幽栖岁月，也曾有过这样的二三知己，"眼睛望着同一块天空，心敲击着暮色的鼓；我们没有失去记忆，我们寻找生命的湖"。那时候，我们自命为"一群残存的、不死的理想主义者"，企足西窗、独领天籁的天际真人！如今，我们又真切地见证，理想主义的一脉不绝，薪火相传！"一灯能灭千年暗，一智能除千年愚"，真与知的追求，永远是烛照人类社会文明发展的暗夜明灯！

　　海坛特哥不仅是一个个体，他代表了一群人，一群充满法治社会的理想、

---

追求,愿为众生求法,欲以法治经纶天下的新一代天际真人! 尤为幸运的是,他们适逢网络时代,新的技术革命给他们的理想追求安上了翅膀,使他们能够水击三千里,抟扶摇而上者九万里,背负青天而莫之夭阏者;相形之下,网络前时代的人们,只能像学鸠、斥鷃那样决起而飞,抢榆枋而下,翱翔于蓬蒿之间,心灵和思想似乎都被监禁在自由的门槛。所以,我歆美这一代人! 他们头脑有思想,手中有利器,心头有热血,不然,我们何以能够如此迅速地见证到这本广罗各路神仙、纵论医事法精义的微信公号文集呢?

微信公号的崛起是最近的事。迅速发挥微信公号的影响力、传播力,推进学术交流与思想进步,则是我们这个时代社会生活领域溅起的最绚丽的浪花。海坛特哥以一己之力,振臂高呼,遂使群贤毕至,少长咸集,不仅有呐喊的勇气,而且有领袖群伦的气质,其于医事法研究与发展,可谓沧溟积水,泰华垒石,功莫大焉。

自侵权责任法颁布施行以来,侵权法的研究,已经从对总则的研究向分则和类型化研究方向深入发展,其科学性与规范性日益彰明。海坛特哥在医事法领域,是理论与实务相结合的典范,也是贡献卓著者之一。由于他的努力,医学界与法学界的交流互动与互信达到了前所未有的高度,也为这一学科的研究廓清了门户、扫平了畛域。

我与海坛特哥相识有年,但对他的勤奋精警、敬业乐群,则是在关注他的微信公号"海坛特哥"后才有了更深切的体会。他坚持每天在微信公号上推送新文章,以我的观察,从无中辍。要做到这一点,是非常不容易的。须知,海坛特哥并非专业小编,他有自己热爱的事业与职业,每天都要从公应卯,还时常加班加点;"五加二、白加黑"在他的职业生涯中纵非常态也绝非偶然;他还肩负知识津梁的重任,风尘仆仆于五湖四海,见惯了八千里路云和月,以法布施,只为智慧波罗蜜多能够饶益众生。所以,他推送每一篇文章,如果你对海坛特哥有足够关注,就会发现那通常都是在半夜子时夜深人静以后,于是我常常感慨地想起"密纳发的猫头鹰只有黄昏到来时才会起飞"这句哲学家的名言。曾经有微友跟他开玩笑,说你这样夜夜清旷,以微信为伴,嫂子可是要揭皮的呢!海坛特哥的回答是:要你管!

呵呵!闲言少叙,就此打住吧。喜欢医事法的亲们,自然会翻开这本文集读那些精彩文章。至于我,免不了旧瘾发作,故态复萌,还是要拿海坛特哥开涮一把:

万户昏昏欲欠伸,海坛方剪杏林榛。

犹酣击键星初落,才送推特夜已陈。

久旷香衾真自媚,薄令亲爱暂相嗔。

法缘文字如心魔,一卷编成慰粉尘。

陈现杰
于黔西南万峰林归来后三日

# 目　　录

## 上编　医事法理论深度阐析

■ **医患权利与义务** ………………………………………………（3）

1. 患者的知情同意权与医疗机构的告知义务 …………… 陈　特（3）

2. 论医疗损害责任中医疗者的义务 …………………… 程　啸（8）

3. 注意义务和说明义务 ……………………………… 聂　学（36）

　　——兼谈手术同意书的法律效力

4. 患者家属要求自动出院时医方的注意义务 ………… 魏亮瑜（42）

5. 综合性医院应当履行《精神卫生法》规定的相关义务 ………… 刘　鑫（48）

■ **医疗纠纷专业化管理解决机制探索** ………………………（52）

1. 医疗投诉专业化管理积水潭模式 …………………… 陈　伟（52）

2. 医疗意外保险在心血管外科手术风险

　　管理中的应用 ………… 李志远　于志新　李惠君　李立环（58）

3. 医疗诉讼的关键点管理 ……………………………… 刘　宇（63）

■ **医患特殊情形的法律研究** …………………………………（70）

1. 医患自费协议法律属性分析 ………………………… 魏亮瑜（70）

2. 医师外出会诊的法律属性及民事责任 ………… 戴怡婷　薛　峰（76）

3. 违背患方意愿医疗处置的法律性质 ………………… 杨　帆（87）

4. 医疗决策困境:放弃治疗谁做主 …………………… 睢素利 刘 宇（98）
5. 医疗决策困境之紧急输血 …………………………… 睢素利 刘 宇（103）

■ **特殊医疗损害** ……………………………………………………（107）
1. 浅析医疗产品损害责任 …………………………………… 陈 特（107）
2. 缺陷出生纠纷的法律关系 ……………………………… 万 欣（114）
　　——以侵权责任法为视角
3. 药品质量纠纷的侵权责任认定和法律适用 ………………… 李洪奇（132）

■ **医疗鉴定理论研究** ………………………………………………（138）
1. 医疗过失鉴定需遵循的原则 ………………………… 王 旭（138）
2. 人身损害受伤人员"三期"评定的基本原则 ……………… 王 旭（153）
3. 医学会鉴定与司法鉴定之比较 ……………………… 陈志华（162）
4. 该不该启动关于癌症患者的生存年限的鉴定 ……………… 艾 清（169）

■ **医者人文** ………………………………………………………（172）
1. 让医者从天使回归到人 ……………………………… 王良钢（172）
　　——中国医文化初探及对现实的思考
2. 从医生到律师 ………………………………………… 艾 清（176）
3. 无效医疗与医患关系 ………………………………… 何铁强（180）

## 下编　医事法实务案例研究

■ **知情同意权** ………………………………………………………（187）
案例1　扩大手术范围未履行告知义务,医院担责 …………… 徐立伟（187）
　　　　——王某与某医院医疗损害赔偿纠纷案评析
案例2　功能恢复锻炼告知不明导致医院承担赔偿责任 ……… 赵长新（191）
　　　　——袁某与北京某医院医疗损害赔偿纠纷案评析

案例3　未达到手术目的,忽视手术告知医院担责 ……………… 魏亮瑜(197)

——张某与北京某医院医疗损害赔偿纠纷案评析

案例4　手术同意书授权不明,告知不充分,医院担责 ………… 聂　学(204)

——王某某与某医院医疗纠纷案评析

案例5　产前检查不仔细,未尽告知义务,医院担责…… 唐泽光　李　刚(207)

——王某与某医院医疗损害赔偿纠纷案评析

■ **医疗注意义务**……………………………………………………………(210)

案例1　患者输液卡记错名,家属质疑输液差错 ……… 樊　荣　匡莉萍(210)

——颅咽管瘤患者术后死亡案评析

案例2　急性心肌炎延误诊断 ……………………………………… 刘　宇(220)

——急性心肌炎患者延误诊断死亡案评析

案例3　术中钻头遗留患者体内 …………………………………… 朱丽华(223)

——姜某与上海某医院医疗损害赔偿纠纷案评析

案例4　如何理解与"当时的医疗水平"相应的诊疗义务 ……… 陈　特(228)

——赵某与北京某医院医疗损害责任纠纷案评析

案例5　会诊纠纷中共同过错责任的承担 ………………………… 王　静(239)

——宋某、姜某、方某与南京某医院医疗损害赔偿

纠纷案评析

■ **非医疗过错类型医疗纠纷**……………………………………………(248)

案例1　患者索要手术标本投诉处理 ……………… 刘　鑫　陈　伟(248)

——王某文与某医院医疗纠纷案评析

案例2　患者因自身原因不能接受手术,拒绝出院 ……………… 谢　丹(261)

——关于医院下达出院通知书后患者仍

滞留医院的思考

案例3　患者院内摔伤涉及的法律问题 …………………………… 白　松(265)

——孙某、杨一、杨二诉某医院医疗损害赔偿案评析

案例 4 医院管理不严,"非正式护工"护理不当

　　　　导致医疗纠纷 ……………………… 樊 荣 匡莉萍 陈 伟(271)

　　　　——多部门合作解决医患纠纷实例评析

■ **争议案例网友讨论综述** …………………………………… (283)

案例 1 隆鼻术案例讨论综述 ………………………… @海坛特哥(283)

案例 2 医生接诊后在非处方单上为患者开具购药

　　　　清单的案例讨论综述 …………………… @海坛特哥(286)

案例 3 关于"中医能否开西药"的讨论综述 ……… @海坛特哥(293)

■ **附录** ……………………………………………………………… (297)

1. 医疗司法解释条文及说明(民间建议稿) ……………… (297)

2. 医疗纠纷处理人员常用法律法规汇总(目录) …………… (338)

3. 北京市西城区人民法院医疗纠纷"三位一体"解决机制制度汇总 …… (353)

4.《医疗知情同意书参考指南》 ……………………………… (366)

■ **随书赠送:《"特"书的故事》**

◎ 那个风一样的男人　　01

　　倾 城

◎ 夜半无人私语时　　05

　　冉晓玲

◎ 与"海坛特哥"公号之缘　　09

　　艾 清

◎ 他的好是人间烟火的好　　12

　　@群魔乱舞丫丫

◎ 小编答疑　　16

　　@海坛特哥

◎ 编辑的话:我以专业精神追求你　　32

　　齐梓伊

# 上编

# 医事法理论深度阐析

# 医患权利与义务

## 患者的知情同意权与医疗机构的告知义务

陈　特[*]

### 一、典型案例

**案例1**：2000年8月，王某因患右肾盂及双肾多发性结石、左肾重度积水到某医院就诊，医院在检查后行体外冲击波碎石术，震波过程符合操作规范，震波次数及能量在正常范围内。手术后，患者肾周围血肿，经鉴定是由体外震波碎石引起，是该治疗方法可能造成的严重不良后果之一。

由于没有签署手术知情同意书，医学会认定医方在施行手术前未履行相关的告知义务，虽然未履行告知义务与患者肾周围血肿发生无直接的因果关系。但是，未履行告知义务使王某对术后可能发生的医疗风险缺乏足够的认识，从而影响其对是否接受该手术方案的选择权。最终，法院判决该医院赔偿王某2万元。

**案例2**：2002年5月，赵某因左股骨干粉碎性骨折在四川某医院行切开复位，钢板钢丝内固定术。2002年12月，赵某因"左股骨钢板遗留"在北京某医

　　* 陈特，北京市高级人民法院法官，中国人民大学律师学院兼职教授，中国青年政治学院法学院硕士研究生导师，北京司法鉴定业协会惩戒委员会委员，北京卫生法学会理事，医事法、民商法实务微信公众号"海坛特哥"（haitanlegal）编辑。陈特法官在北京市高级人民法院工作期间，长期负责民事审判及督导调研工作，对房地产、建设工程、劳动争议、婚姻家庭、医药卫生等民事审判法律问题十分熟悉。曾参与编撰《侵权责任法疑难案例解读》《物权法审判实务疑难精解》《北京民事审判疑难案例与问题解析》《医疗损害赔偿诉讼实务》等著作，发表论文80余篇。E-mail：642038745@qq.com。更多作品，请百度陈特法官。

院住院做手术拆除钢板。2003 年 1 月 3 日,赵某出院。医院在给赵某的出院诊断证明中注明:卧床两周,开始下地负重。出院后,赵某正常行走。2003 年 1 月 23 日不慎扭伤左大腿,入住北京另一家医院(第三家)。经该院诊断为左股骨干中段斜行骨折,并行切开复位钢板、螺丝内固定术。2003 年 2 月 9 日,赵某出院。2004 年 7 月 5 日至 15 日,赵某又入住上述第三家医院取钢板和内固定。2005 年 2 月,赵某之父赵某某在北京某医院复印病历时,发现某医院的病历中记载的医嘱是:卧床休息一个月,可在床上活动,避免下床活动。此份病历记载的医嘱内容,某医院并未向赵某及其监护人出示过,也未告诉过赵某及其监护人。

法院认为,赵某因拆除钢板入住某医院,治愈出院时,某医院应出具明确的医嘱指导病人康复,但某医院出具的出院诊断证明"卧床 2 周,开始下地负重"的医嘱,与原始病历记载不一致,且出院医嘱"下地负重"的概念不够明确,故应对赵某在出院两周后,不慎扭伤左大腿造成的骨折承担部分责任。赵某本身系左股骨干粉碎性骨折刚刚痊愈,其本人及监护人因自身注意不够,对赵某不慎扭伤左大腿造成的骨折也应承担责任。判决:某医院赔偿赵某住院检查费、交通费、住院伙食补助费共计 10635.55 元。

## 二、观点争议

医疗损害责任的告知形式、告知范围如何确定?告知不足的判断标准是什么?违反告知义务的损害赔偿责任如何承担?

根据《侵权责任法》第 55 条的规定,医务人员在诊疗活动中应当向患者说明病情和医疗措施。需要实施手术、特殊检查、特殊治疗的,医务人员应当及时向患者说明医疗风险、替代医疗方案等情况,并取得其书面同意;不宜向患者说明的,应当向患者的近亲属说明,并取得其书面同意。医务人员未尽到前款义务,造成患者损害的,医疗机构应当承担赔偿责任。

对于医疗机构违反告知义务,同时又存在其他医疗违法行为造成患者人身损害的,医疗机构应当承担赔偿责任,各界的认识是一致的。而对于医疗机构违反了告知义务,但未造成患者人身损害,即仅仅侵害了患者的知情权、自我决定权的,正如本节所举的第一个案例。医疗机构是否应该承担赔偿责任,各界有不同的看法。一种意见认为,仅仅侵犯患者的知情权或自我决定权,医疗机构不应当承担民事赔偿责任。医疗机构未尽到告知义务,违反医疗卫生法律法规的,应当承担行政责任。另一种意见认为,侵犯患者的知情权或自我决定权,医疗机构也应当承担民事赔偿责任。

### 三、理解与适用

（一）医疗损害责任的告知范围、告知形式如何确定

《侵权责任法》第 55 条规定:医务人员在诊疗活动中应当向患者说明病情和医疗措施。需要实施手术、特殊检查、特殊治疗的,医务人员应当及时向患者说明医疗风险、替代医疗方案等情况,并取得其书面同意;不宜向患者说明的,应当向患者的近亲属说明,并取得其书面同意。该条规定了患者享有知情同意权。由于权利与义务总是相互对应的,因此,医疗机构的告知义务亦来源于此。《医疗事故处理条例》《医疗机构管理条例实施细则》等法规中亦有患者知情同意权的相关规定。例如,《医疗事故处理条例》第 11 条规定:在医疗活动中,医疗机构及其医务人员应当将患者的病情、医疗措施、医疗风险等如实告知患者,及时解答其咨询;但是,应当避免对患者产生不利后果。《医疗机构管理条例实施细则》第 62 条规定:医疗机构应当尊重患者对自己的病情的诊断、治疗的知情同意权利,在实施手术、特殊检查、特殊治疗时,应当向患者作必要的解释。因实施保护性医疗措施不宜向患者说明情况的,应当将有关情况通知患者家属。

1. 告知的范围

根据《侵权责任法》第 55 条的规定,说明和告知的范围应当包括:病情、医疗措施、医疗风险、替代医疗方案等情况。具体而言:

（1）一般情况下,即普通的医疗活动中,医务人员应该向患者说明病情和医疗措施。病情包括疾病名称、性质、诊断依据、严重程度、发展变化趋势等。

医疗措施指：可供选择的医疗措施、各种医疗措施的利弊、根据本例患者的具体情况拟采取的医疗措施、采取该医疗措施预期的治疗效果、可能出现的并发症和医疗风险、不采取医疗措施的危险、采取该项医疗措施大致所需的费用等。

（2）当需要实施手术、特殊检查、特殊治疗时，医务人员除说明上述内容外，还应当向患者说明医疗风险、替代医疗方案等情况。所谓医疗风险，是采取某项医疗措施可能出现的并发症、后遗症、不良反应等医疗风险。替代医疗方案是指，针对本例患者的疾病和个体特征，存在哪些可选择的治疗方案及各种治疗方案各自的利弊等信息。

2. 告知形式

（1）告知的形式一般包括口头告知和书面告知。

（2）口头告知为告知的一般形式，但是遇有需要实施手术、特殊检查、特殊治疗，医务人员向患方告知医疗风险、替代医疗方案的，应当采取书面告知的方式，并取得患者的同意。

（3）替代说明：当存在可能导致患者情绪强烈波动、拒绝治疗等其他不利于治疗的情形时，医疗机构应当向患者的近亲属说明上述事项并取得其书面同意。

（二）告知不足的判断标准

我国现行法律没有明确充分告知或告知不足的判断标准。其他国家和地区采取的判断标准包括：（1）理性医生的判断标准，即以具有中等专业水平和责任心的医生在相同情况下应向患者说明的内容；（2）理性病人的判断标准，即一位通常的理性病人在同等情况下希望以及需要获知哪些内容；（3）个案主观判断标准，即一位普通病人在当时的情况下需要被告知哪些内容才能作出合理同意。这三类判断标准对医疗机构履行告知义务的要求逐渐升高。

我们认为，结合我国的具体情况，在司法实践中，应当采取第二类判断标准，即理性病人判断标准。理由在于：首先，对告知是否充分的判断标准应当具有统一性和确定性，避免随意性，"一位通常的理性病人在同等情况下希望以及需要获知哪些内容"是易于确定的，便于抽象出一般的、普通的标准进行判断;其次,以"通常的理性病人"为视角和出发点,较之理性医生标准,对医务人员要求更高,要求医务人员从普通患者的角度出发考虑问题;最后,"通常的理性病人"的出发点便于医务人员掌控和了解尺度,也不会给个案的判断带来过大难度。

(三)违反告知义务的损害赔偿责任承担

医务人员未尽告知义务,显然会对患者行使知情同意权造成妨碍,但并不当然构成侵权。是否构成侵权,要看是否符合侵权责任的构成要件。单就医务人员未尽告知义务本身,应当已经具备过错和违法行为两个要件,但要构成侵权,还需具备损害后果和违法行为与损害后果之间的因果关系。因此,《侵权责任法》第55条第2款就此明确,医疗机构未尽告知义务须造成损害后果,才构成侵权和承担赔偿责任。

对于违反告知义务的损害后果,尽管也会有人身损害事实,但主要不是人身损害事实,而是对知情同意权、自我决定权的损害。因此,对于违反告知义务的责任承担,我们认为,应该区分两个层次。第一,如果医疗机构违反了告知义务,同时又造成了患者人身损害,正如前文所举的第二个案例,能够确定违反告知义务的医疗行为与损害后果具有因果关系的,医疗机构应当承担人身损害赔偿责任。第二,如果医疗机构仅违反告知义务,没有造成患者其他人身损害,正如前文所举第一个案例,仅仅是造成了知情同意权、自我决定权等精神性民事权利损害的,则医疗机构应当承担的赔偿责任是精神损害抚慰金赔偿,而且通常应该是象征性的赔偿。

# 论医疗损害责任中医疗者的义务

程 啸[*]

## 一、引言

进入 21 世纪以来,我国医疗卫生事业得到快速的发展,无论是医疗机构的数量(参见图 1),还是医务人员的数量都有很大的增长(参见图 2),至于医疗技术水平的提高更是有目共睹。然而,医患关系却似乎越来越差,医疗纠纷及因此引发的各类诉讼甚至是暴力犯罪案件,也越来越多。例如,2014 年 4 月最高人民法院专门公布了影响极为恶劣的四起暴力伤医案例。[①] 为了维护正常的医疗秩序,实现医患关系的和谐,最高人民法院、最高人民检察院、公安部、司法部、国家卫生和计划生育委员会于 2014 年 4 月 22 日联合发布了《关于依法惩处涉医违法犯罪维护正常医疗秩序的意见》,该意见明确要求"严格依法惩处涉医违法犯罪","对涉医违法犯罪行为,要依法严肃追究、坚决打击。公安机关要加大对暴力杀医、伤医、扰乱医疗秩序等违法犯罪活动的查处力度,接到报警后应当及时出警、快速处置,需要追究刑事责任的,及时立案侦查,全面、客观

---

  * 程啸,法学博士,清华大学法学院副教授、硕士研究生导师。兼任《清华法学》杂志责任编辑、中国民法学研究会理事、中国证券法学研究会理事、中国人民大学民商事法律科学研究中心兼职研究人员。著有专著《不动产登记法研究》《侵权责任法》《侵权责任法教程》《侵权行为法总论》《保证合同研究》《物权法研究·担保物权》《证券市场虚假陈述侵权损害赔偿责任》《中国抵押权制度的理论与实践》,另主编、参编著作 13 部,发表论文 90 余篇。

  ① 这四起案例分别是"王英生故意杀人案""王运生故意杀人案""刘晓东故意伤害案"以及"卞井奎等寻衅滋事案"。参见"最高人民法院公布涉医犯罪四大典型案例",载《人民法院报》2014 年 4 月 25 日。

地收集、调取证据,确保侦查质量。人民检察院应当及时依法批捕、起诉,对于重大涉医犯罪案件要加强法律监督,必要时可以对收集证据、适用法律提出意见。人民法院应当加快审理进度,在全面查明案件事实的基础上依法准确定罪量刑,对于犯罪手段残忍、主观恶性深、人身危险性大的被告人或者社会影响恶劣的涉医犯罪行为,要依法从严惩处"。

从人民法院近年来受理的医疗损害赔偿诉讼案件的数量来看,增长也非常快。例如,北京市三级法院 2006 年受理的医疗损害纠纷案件仅为 428 件;2010年则为 1004 件,是 2006 年收案量的两倍多(参见图 3)。江苏全省法院在 2006年受理的医疗损害赔偿案件为 669 件;2010 年的收案量同样是 2006 年的两倍多,为 1241 件(参见图 4)。

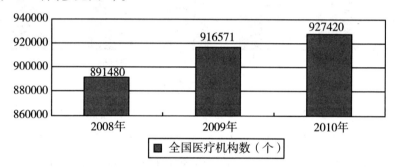

**图 1    2008~2010 年全国医疗机构数量①**

**图 2    2008~2010 年全国卫生技术人员(不含村卫生室)数量②**

---

①    数据来源于卫生部统计信息中心 2008 年、2009 年、2010 年《我国卫生事业发展统计公报》,载中华人民共和国卫生部网站 http://www.moh.gov.cn。

②    数据来源同上。

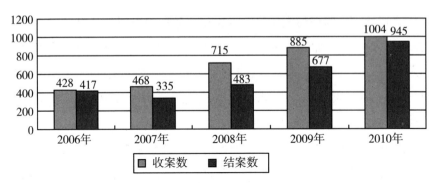

**图3　2006～2010年北京法院医疗损害赔偿案件的收结案情况①**

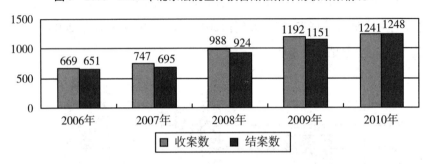

**图4　2006～2010年江苏全省法院医疗损害赔偿案件的收结案情况②**

笔者认为,近年来我国医疗损害纠纷之所以呈如此高的增长趋势,其原因不外乎医疗科学技术水平的提高、医疗组织规模的扩大以及人们法律观念、权利意识的高涨。医疗纠纷和医疗诉讼激增的现象仅仅是患者及其家属追究医院医疗损害的民事责任、要求损害赔偿的表现而已。③ 为切实有效地保护医患双方的合法权益,尤其是实践民法保护弱者的理念,必须对医疗损害引发的民事责任问题进行深入的研究,考虑到该问题涉及医疗行为的界定、医患关系的分析、医疗损害民事责任的性质、责任的构成、证明责任的分配、损害赔偿的范围、医疗鉴定体制的改变等一系列重要问题,而本文容量又有限,因此本文只研究

---

① 该统计数据来源于相关的内部研究报告,同时参考了北京市高级人民法院课题组(执笔人:陈特):"新形势下医疗损害赔偿纠纷案件的审理情况、问题与对策",见北京市高级人民法院编:《审判前沿:新类型案件审判实务(总第37集)》,法律出版社2012年版,第166页。

② 参见《江苏法院民事审判工作蓝皮书(2006～2010年)》。

③ 龚赛红:"医疗损害赔偿研究",中国社会科学院研究生院2000年博士学位论文。

理论上争议最大、实践意义最强的问题之一,即医疗损害民事纠纷中医疗者的义务。

### 二、医疗者义务的产生根源

法官无论处理任何案件,其基本的思维过程是:首先判断被告是否负有某种义务,这种义务可能是由法律明确加以规定的,也可能是当事人所约定的,甚至是法官在司法过程中发展出来的。然后,法官通过对案件事实的调查了解,判断被告是否违反了该种义务,如果作出肯定的答复,则可以最终认定被告应承担法律上的责任。就医疗损害纠纷中确定医疗者义务的法律武器的选择而言,大陆法系国家与英美法系国家存在着差别。在日本占主导地位的学说是专家契约责任理论①,而在美国,法院更愿意采用的是专家过失侵权理论(professional negligence)。② 但无论这两种理论在具体的法解释层面上存在多大的差异,它们在解释产生医生——这样一种专家——义务性质及程度产生的根源上是一致的。这种一致性主要表现在以下几方面:

第一,医生是一种专家,医疗活动本质上是一种为全体社会成员提供服务的职业性行为。今日的人类社会发展已截然不同于早期的人类社会,劳动分工使我们进入了现代社会。在我们这一代人降临到这个世界之前的几百年里,生产与交换就在不断地和加速地把人们变为整个社会运行系统中一个个紧密结合的分子③。每个人都要各司其职、各专其位。专业分工越来越细,任何人在现代社会要生存下来都不得不依赖他人。我们不仅要依赖普通生活用品或服务的提供者,例如,我们必须从商店里购买食物、饮料、衣服等维持生命存续的必需品;必须从建筑商手中购买住房以得栖身之所;必须从供电公司、自来水公

---

① 龚赛红:"医疗损害赔偿研究",中国社会科学院研究生院 2000 年博士学位论文;孙森焱:"论医师为诊疗行为应负之义务",见《民商法理论之研究——郑玉波先生七秩华诞祝贺文集》,三民书局 1988 年版,第 165~166 页。

② Gordon L. Ohlsson, *Theories of Recovery* (chapter Ⅷ)、邱聪智:"医疗过失与侵权行为",见郑玉波主编:《民法债编论文选辑》(中),五南图书出版公司 1989 年版。

③ 我们以前一直提倡"螺丝钉"精神,其实用不着舆论的提倡或强迫我们就已经是一颗颗微不足道的"螺丝钉"了!

司、燃气公司获得水、电、气;还依赖另一些人为我们提供社会中其他的人所无法提供的特殊的服务,例如,当我们生病时需要医生为我们提供医疗服务,当我们涉讼时要寻求律师的帮助等。这些人由于他们的工作具有以下的性质,我们称之为专家①。首先,他们受到其所从事的行业长期而又严格的专门训练,其从事工作的内容具有高度的专门性(skilled and specialized),因此他们必须在获得有关机关授予的资格证书、执业证明后才能行业;其次,他们工作的中心不是体力劳动,而是以精神的、智力判断的工作为中心(mental and intellectual rather than manual);最后,他们工作所关涉的利益极为重大,例如,医生的医疗工作的好坏决定了病人"活着还是死去",律师的法律服务成败关系到一个公司企业是"升入天堂还是跌进地狱"。

第二,正是由于医生等专家工作的专门性,使得病人或其他委托人基于对此种职业的高度技术性、专门性的信赖,而不得不在很大程度上将自己的身家性命托付给他们,也就是说,他们不得不(无论情愿或不情愿)赋予医生等专家很大的自由裁量余地。这样的一种信赖与被信赖、托付与被托付的关系是无论大陆法还是英美法都成为确定医生等专家义务的性质与程度时的基础,只有在该基础上法律才可能合理地确认专家的法律义务、判定专家的法律责任。

第三,正如马克思所深刻指出的,一个社会的经济基础(生产力与生产关系)决定政治、法律、思想文化等上层建筑。现代社会生产力与生产关系的巨大变迁,专业分工的细化,社会中生存的人与人之间的结合更加紧密,使得自罗马法以来的整个民商法体系不得不作出相应的调整。针对提供人们消费用品的专业化、大规模化,产生了《消费者权益保护法》《产品质量法》;针对供电公司、自来水公司、电讯公司等公共产品提供者的垄断地位,产生了规制格式合同的《一般契约条款法》;针对大公司、跨国企业的出现,产生了防止不公平竞争或垄断的《反不正当竞争法》《反垄断法》。

---

① 所谓专家(英语为"Expert",德语为"Spezialist",日语为"专门家")是指以为委托人提供专业性服务作为职业的具有专门知识和技术的专业人士。

考虑到医生、律师、会计师等专家的工作性质如此特殊、关涉利益如此重大，法律对其作出了以下相应的调整：第一，医生由于专家工作的内容高度专门化，因此要求专家应具有与所要求的资格相符的高度的能力、技能，并且不得以能力不足作为免责事由，发生一定水准以下的行为时，即当然认定为有过失，也就是说在他们身上高度的能力、注意义务被客观化了；第二，由于专家的工作以智力判断为中心，就使得在如医生误诊时，很难进行过失判断，因此过失证明时必须寻求其他方法；①第三，医生等专家与病人等委托人之间高度信任关系，要求专家具有高度的职业道德与内部严格的自律机制，进而可以引导出专家负有与委托人的信赖相符的为委托人利益行动的多层次多类型的义务。

### 三、医疗者义务的层次化与类型化

（一）层次化时考量的因素

在肯定了医疗者义务来源于其工作性质的特殊性、关涉利益的重大性、委托人的高度信赖性之后，进一步的工作就是对医疗者义务进行层次上的划分。尽管医疗者的义务根源于上述"三性"，但确定该义务的层次不能局限于此，此时必须进行的是一种全方位的考量工作。笔者认为主要应考量的大的因素包括：

1. 医学伦理

有的学者将此称之为医疗行为的道德性②，其实，所谓医疗行为的道德性就是从医学伦理上对医疗者提出的要求。这种要求自古希腊的《希波克拉底誓言》起就产生了③，但无论是古希腊的誓言还是本世纪的《赫尔辛基宣言》，其共同的一点都是要求医生"本着良心与尊严为病人的健康而行医"。医学伦理

---

① ［日］能见善久："论专家的民事责任——其理论架构的意义"，梁慧星译，见梁慧星：《民法学说判例与立法研究》（二），国家行政学院出版社1999年版，第295页。

② 龚赛红："医疗损害赔偿研究"，中国社会科学院研究生院2000年博士学位论文。

③ 当时医学院的学生毕业时必须宣读的誓词为"我必定依照我的能力与判断，以救助病人，永不存有损害妄为的念头"。

不仅通过人类普遍道德的自我约束机制以及行业自律规范医生的医疗行为,而且为医疗者的法律义务创造了生生不息的源泉,许多医疗道德规范已经被大量引入医疗专业法律法规之中①。此外,随着新医学技术与观念的引入,在医学伦理领域中反映的许多新问题——如试管婴儿、安乐死、器官移植、克隆技术——引发社会大众和立法者的争论与关注,并形成了医疗者应当如何处理的意见,成为医学伦理的一部分,有的甚至成为明确的法律规范的调整对象。总之,"医学伦理外造的特性益发明显,由内部行规变为大众对医事人员的期待"。进而产生法律对他们的要求。因此,在确定医疗者义务时必须结合医学伦理因素,判定哪些是法律义务,哪些仍然仅是医学伦理上的义务。

2. 医疗活动的风险性与相对确定性

固然,现代医学技术的发展已今非昔比,对医疗行业的外部监管及内部自律也日益严格,但由于医疗活动中多种因素的不确定性依然存在,致使医疗活动仍存在很大的风险。诚如西谚所云:"天下没有相同的两片树叶",天下也没有相同的两个人。每一个人的身体素质不同,同一个人在不同的状态下的身体状态也不相同;同一种病产生的原因不相同,同一种病因在不同情况下对病症所发挥的作用也不相同;医生与患者之间的信息既不可能做到100%的交流沟通,也没有一种药物或治疗技术——即便其已经相当发达——能100%地做到药到病除或术到病除。这无数不能100%确定的因素都导致了医疗活动是具有风险性的。同样也正是这无数不能100%确定下来的因素,促使医学技术必须永无止境地向前发展。

纵使我们可以在宏观层面上畅言医疗活动的种种风险性,但人们无法回避的一个事实是:不同医疗活动之间存在着相对的确定性。人类征服自然、

---

① 事实上这里涉及法理学中经久不衰的一个问题"法律与道德的关系",尽管在这个问题的研究上人们长篇累牍地撰写了大量书籍并一度展开了大规模的争论,如英国的哈特教授与美国的富勒教授之间的大论战。但在一般的意义上我们这样表述道德与法律之间的关系还是可以的:法律与道德之间存在着一种极为微妙复杂的互动关系,道德义务可以上升为法律义务,法律义务体现着道德义务的必然要求。

改善自我生存条件的过程就是一个消除不确定性,逐步达到可预测性的过程。青霉素的发明使许多因受细菌感染而发炎的人药到病除。昔日不治之症的肺结核,在今天根本不能算什么大病。尽管我们不能说青霉素能使所有的受细菌感染者恢复健康,但相对于器官移植、癌症等疾病治疗过程中的风险,青霉素注射中特异体质反应的风险通过一个简单的过敏试验就基本上可以加以避免。因此,在确定医疗者义务的过程中于宏观层面上,我们固然应当考虑到医疗活动的风险性,防止法律过多的要求阻碍医学技术的发展,但在微观层面——也就是个案的判定上——必须严格区分不同医疗活动确定性程度上的差异。

3. 患者对医疗者的信赖程度

医生被认为是专家,其从事的医疗活动是一种高度专门性的职业活动,作为外行的患者(laypersons)只能——无论他情愿不情愿都必须——信赖依靠医生的诊疗与处断。正如"赫德利伯恩"一案中,里德(Reid)勋爵所言:"一个有理性的人,在知道他将被人信任或者他的技术或判断将被他人依赖的情况下,他有三个选择:一种是他可以保持沉默,拒绝提供资料或建议;第二种,他可以提供意见,但明确不对该意见负责或者该意见未经仔细认真考证;第三种是他提供意见却未作任何其他声明。如果他选择第三种,他就必须对他的意见负责,或者说他对寻求意见者负有谨慎行事的义务。"[1]因此,医生的治疗活动必须符合患者的信赖,为患者的最大利益而行动,他不能将自己的个人利益掺杂于其中。

必须承认的一点是,实践中不同的患者对不同医生的信赖程度有所不同。例如,对于一些医院开设的收取高额挂号费的专家门诊中的专家,患者对之的信赖程度就远远要大于该院的普通医生;又例如,在我国,通常城市里的病人比农村的病人的知识文化程度高,因此他信赖普通外科医生或内科医生的程度相对来说没有农村的病人高。因此,法律在确定医疗者义务的时候必须考虑到不

---

① 何美欢:《公众公司与股权证券》(上册),北京大学出版社 1999 年版,第 111 页。

同患者对不同医疗者的不同信赖程度的差异。但是,无论存在多大的差异,医生作为专家,他总是在具有其从事该行业的基本技术能力方面受到所有患者的信赖,这一点我们必须加以肯定。

4.尊重患者的参与权,协调患者的参与性与医疗者活动的自主性之间的关系

在消费者权益保护方面,曾任美国总统的肯尼迪曾提出尊重消费者主权的主张,事实上,医疗活动中也存在着一个患者参与权的问题。在前现代社会,医学技术不发展、患者文化水平低下加之医疗活动中掺杂了许多神秘的因素,人们一旦患病就只能成为医疗活动中的"客体"。然而,随着社会文明程度的提高、医学知识的普及,越来越多的病人要求参与治疗活动,了解治疗活动中的信息,以平等的、主体的地位接受治疗、参与治疗,防止自己因信息分布的不对称而处于受害者地位。但是,医学又终属非常复杂的学问与技术,人们能比较容易地判断日常生活用品,如牙膏、电视机的好坏,却难以决断医疗者所采治疗措施或所施药物的适当与否。即便在医生内部由于分工不同也难以相互判断对方行为的适当与否。因此,有人认为,"医师执行业务为病人实施医疗行为,胥赖执业者之知识与经验而独立判断,不受他人监督",医疗的这种特性称为"医师业务之自主性"。① 患者参与性与医疗活动自主性的协调不可避免会发生冲突,确定医疗者义务时必须将其考虑进去。

从大的方面而言,对医疗者义务加以层次上的划分必须考虑的因素是上述四点,至于具体的小因素,笔者在类型化的过程中加以分析说明。

(二)医疗者义务的层次化

对医疗者义务的层次化是类型化的前提,也就是说,医疗者义务的类型化是在层次化的前提下展开的。笔者认为,医疗者义务层次化的依据是患者对医疗者的信赖程度,即必须依照上文所言的患者对医疗者两种不同的信赖

---

① 龚赛红:"医疗损害赔偿研究",中国社会科学院研究生院 2000 年博士学位论文。

进行层次化的工作。上文我们将患者对医生的信赖划分为两种,即第一,医生作为专家,他总是在具有其从事该行业的基本技术能力方面受到所有患者的信赖;第二,在第一种信赖的基础上不同的患者对不同医生的信赖程度有所不同,委以医生自由决定的领域也不同。基于患者的第一种信赖,医疗者负有"基本的注意义务",而在第二种信赖的基础上,医疗者负有"高度的注意义务"。

日本学者能见善久认为,医生等专家从委托人得到两种意义上的信赖:其一,应认为专家对于自己的专门领域的工作具备最低基准的能力的保证;其二,专家关于其裁量的判断也得到委托人的信赖。[①] 据此,能见善久先生将医疗者的义务分为两个层次:违反专家所负高度注意义务的"高度注意义务违反型"以及违背委托人所给予信赖、信任的"忠实义务违反型"。在忠实义务中能见先生又进一步区分了:利益相反行为与不诚实型,不诚实型又分为期待的违反、裁量权的不适当行使以及信息公开说明义务违反。

笔者的划分与能见善久先生的划分并不相同。首先,能见先生是从专家契约责任的角度不仅对医生,还对律师、建筑师等其他专家的义务所做的划分,正如能见善久先生本人所言"专家或多或少都同时负有高度注意义务和忠实义务,但医生、律师、建筑师等各种专家,在所负两种义务中以何者为重点却有所不同。例如,建筑师忠实义务的要素较少,着重以高度注意义务为中心。……医师也是如此,关于治疗行为,问题是高度注意义务,从选择什么样的行为之点看,也有忠实义务的侧面。但无论怎么说,高度注意义务的比重较大"。[②] 而笔者的"基本注意义务"与"高度注意义务"之分仅针对医疗者的义务进行。其次,能见善久先生所谓的"专家的高度注意义务"侧重于使专家不能在执业活动危害委托人的人身安全,而"专家的忠实义务"则主要是指专家不能在受委

---

① [日]能见善久:"论专家的民事责任——其理论架构的意义",梁慧星译,见梁慧星:《民法学说判例与立法研究》(二),国家行政学院出版社 1999 年版,第 297 页。

② [日]能见善久:"论专家的民事责任——其理论架构的意义",梁慧星译,见梁慧星:《民法学说判例与立法研究》(二),国家行政学院出版社 1999 年版,第 298~299 页。

托的活动中损害委托人的经济利益,其理论来源于信托法的"duty of fiduciary"。而笔者针对医疗者义务的划分其主要目的在于,将医疗者的"基本注意义务"的内容加以客观化、固定化,为我国的法官在审判医疗损害案件时提供明确的依据。因为,医生作为专家,其工作的内容具有高度专门化的特征,因此要求专家应具有与所要求的资格相符的高度的能力、技能,并且不得以能力不足作为免责事由,发生一定水准以下的行为时,即当然认定为有过失,也就是说在他们身上"基本注意义务"被客观化了。确立"基本注意义务"主要考量的是基本的医学伦理、医疗活动的相对确定性、患者对医疗者的基本信赖以及对患者参与权最基本的尊重等因素;医疗者"高度注意义务"的内容富有弹性,法官可以根据个案加以具体的判断,其所考量的因素是新兴的医学伦理、医疗活动的高风险性、患者在特定情境下对医疗者的高度信赖以及对医疗者自主权相当程度的尊重。当然,这样列举两种层次的义务所考量的因素并非说在这些因素相互间进行了楚河汉界式的划分,事实上这些因素只是在不同层次义务确定时所起的作用有大小之别而已。

(三)医疗者义务的类型化

大陆法系国家或地区,尤以日本及我国台湾地区为甚,通常都是透过契约义务的划分对医疗者义务加以类型化。在契约法理论中,学者通常将契约上的义务分为:主给付义务、从给付义务、附随义务。根据大陆法系民法理论,所谓主给付义务,是债的关系所固有、必备,并用以决定债之关系(尤其是契约)类型的基本义务,它被称为债的关系的要素。从给付义务往往基于下列原因发生:(1)法律的明文规定;(2)当事人的约定;(3)基于诚实信用原则以及契约的补充解释。从给付义务不具有独立的意义,仅具有补助主给付义务的功能,它存在的目的不是决定债的关系的类型,而是确保债权人的利益能够得到最大限度的满足。此外,在债的发展过程中,依照不同的情形还会发生以诚实信用原则为依据的其他义务,学者称之为附随义务。在这种义务群的基础上,医疗者负有的义务可以用图5表示。

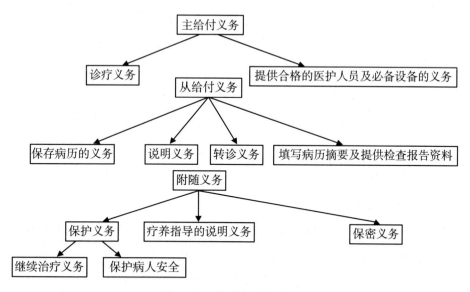

**图 5　医疗者所负义务的层次**

笔者认为,从契约的角度构造医疗者义务的学者存在这样一个误解,即认为医疗者之所以负有义务是因为医疗者与患者之间必定存在一个契约关系。尽管绝大多数时候医疗者与患者之间确实存在着契约关系,但也有医疗者与患者没有契约关系,而医疗者仍负有义务的情形。例如,当医生受第三人如原告的雇主的聘请为原告检查身体时,因医生的严重过失没有及时发现原告的某种疾病,以致延误治疗时间造成病人损害的,原告可以依据侵权法上医生应负的义务追究其责任。美国的一些法院认为,当第三人让原告接受健康检查时,出于公共政策的考虑,依据普通的过失侵权法则医生也负有合理注意的实质性义务。① 例如,依据新泽西州的法律,残疾人福利部劳工科请医生为社会保障申请者进行体检,当申请人说明了自己有某些疾病且这些病是第三方(即残疾人福利部劳工科)考虑其申请的基础时,医生对该患者进行诊疗时应运用与诊疗一个"通常"(traditional)的患者相同的职业方法并负有同样的专业技能及注意

---

① 参见 Gordon L. Ohlsson, *Theories of Recovery* (chapter Ⅷ) 8 – 30.1.

义务,不论医生与患者之间是否存在法律关系(privity)。①

这样一来,仅仅从契约法的角度就无法对医疗者的义务进行全面的类型化。正如上文所言,医疗者的义务来源于其工作的高度技术性与专门性以及患者基于对此种职业高度技术性、专门性的信赖。简言之,医疗者的义务来源于医患关系(physician-patient relationship)。因此,对医疗者义务进行类型化的研究必须从医患关系入手,结合医疗规章所规定的或通常医疗者采用的医疗行为操作规程②,而不能局限于医患关系的一种表现形式——契约关系,尽管它可能是主要的表现形式。

据此,笔者将医疗者的义务分为基本注意义务与高度注意义务两层次。

基本注意义务分为下列两大类型:

第一大类:一般义务,依据医患关系发展的不同过程可以分为:

(1)在紧急情况下,不得拒绝对患者进行诊断治疗的义务。该项义务可以分为:

①对病危患者采取必要的紧急处置手段的义务。

②及时通知能处理此种危急患者的医生进行诊断的义务。

(2)同意治疗患者后,对患者进行正确诊断的义务。该项义务可以分为:

①对患者进行全面详细询问的义务。

②对患者进行全面检查的义务。

---

① 在 Ranier v. Frieman 案中,一位眼科医生被劳工部聘请,对一位因某种未证实的眼部疾病而申请社会残疾保障的人进行检查,但这位眼科医生没有诊断出该人视网神经沟上的肿瘤,依据普通的过失侵权法原则这位医生可以被诉。参见 Gordon L. Ohlsson *Theories of Recovery*(chapter Ⅷ)8-30.1。privity 这个词在英语法律世界具有非常多的意思,不太好翻译,根据其在本文中的意思暂且译为"法律关系",对该词的具体分析介绍可参见杨丽君:"论英美合同法相对性原则",见梁慧星主编:《民商法论丛》(第12卷),法律出版社 1999 年版,第 358~361 页。

② 这种操作规程也称"诊疗规范"。正如英国的 Noble 教授与 Hyams 教授所指出的:"诊疗规范是医疗标准的反映,对每个医疗过失案件涉及的相关问题,可将诊疗规范视为证据,以认定被告的治疗行为是否符合医疗标准。还可减少医疗卫生花费,促使医疗标准愈趋明确。这样,医生就不必因防止潜在的医疗差错诉讼而实施'防卫性医疗',患者也可免去费用很高的、并非诊疗必要的检查项目和程序。"参见[英]A.A.Noble,A.L.Hyams:"医疗过失诉讼与诊疗规范:法律的现代化趋势",见 *Medical Practice Management*,1997(1~2):203~207.

（3）依据诊断结论对患者加以适当治疗的义务，该项义务可以分为：

①对患者及时加以治疗的义务。

②对提供给患者的药物的毒副作用加以详细说明的义务。

③严格按照患者病情、药典或其他医学上必须加以遵循的规则的要求使用药品的义务。

④对患者用药方法进行详细指导的义务。

⑤对要求做过敏试验的注射，严格进行该项试验的义务。

⑥对患者在治疗过程中的用药情况或注射情况进行必要的观察，发现有特异情形及时加以处理、解决的义务。

⑦手术过程中严格依照操作规程进行手术的义务。

⑧对患者手术后进行必要的持续性观测、检查的义务。

（4）未经患者同意不得任意终止治疗的义务，该项义务可以分为：

①未经患者同意不得任意终止治疗的义务。

②即便在患者要求终止治疗时应将可能产生的后果加以说明的义务。

（5）治疗过程中为患者提供合格的药品、医护人员以及医疗设备的义务。此项义务可以分为：

①保证所用药品质量合格的义务。

②保证所用医疗器械、设备处于合乎医疗使用的良好质量与状态的义务。

③严格按照医疗器械、设备使用的操作规程进行使用的义务，倘该器械、设备上授予医疗者一定的裁量权则应按最合乎患者治疗的目的加以使用。

④提供合乎于患者治疗需要的医护人员的义务。

（6）治疗过程中为取得患者承诺而做的说明义务。该项义务可以分为：

①就患者病症的诊断结果进行全面详细的说明义务。

②对预定实施的医疗行为以及内容、预想的成果、危险性进行全面说明的义务。

③对不实施该项医疗行为可能带来的后果加以说明的义务。

（7）指导患者进行疗养的义务。该项义务可以分为：

①依据病情需要继续治疗的,将此项情形通告患者的义务。

②对饮食、睡眠等方面对治疗疾病有利的或不利的情形告知患者的义务。

(8)医疗过程中转诊或转院的说明义务。该项义务可以分为:

①告知患者转诊的说明义务。

②告知患者转院或向患者推荐治疗其疾病方面的专家的义务。

第二大类:特别义务①,所谓特别义务是指无法按医疗过程加以划分的义务,主要有:

(1)关于病人病历资料的义务。该项义务可以分为:

①保证病历记载应当连续完整、不得涂改的义务。

②依照规章规定的期限保存病历的义务。

③应病人要求提供病历资料的义务。

(2)保守病人秘密的义务。

(3)掌握现今通常医学知识与技术的义务。

高度注意义务可以分为:

①依据自身全部专业知识与技能对患者进行全力以赴的诊断治疗。该项必须依据个案患者对医疗者的高度信赖加以确定,它与上述基本注意义务的区别在于:对医疗者有更高、更严格的要求。

②掌握当前最先进的医学知识与技术的义务。

### 四、我国侵权责任法上医疗者的义务

(一)侵权法上的医疗者义务

2010年7月1日起施行的《侵权责任法》专章规定医疗损害责任,并且该法明确规定了医疗者的两类义务,一类是医疗者的基本注意义务中的一般义务,包括以下四项义务,这些义务是用于判断医疗者过失的重要标准。

---

① 这里所谓的"特别"仅为与一般义务中"一般"相对应而已,并非该类义务在性质上与一般义务有何不同。

1. 确保药品、消毒药剂、医疗器械或血液安全的义务

医疗者应当确保其提供的药品、医疗器械、消毒药剂以及血液的安全，否则要承担损害赔偿责任。《侵权责任法》第 59 条规定："因药品、消毒药剂、医疗器械的缺陷，或者输入不合格的血液造成患者损害的，患者可以向生产者或者血液提供机构请求赔偿，也可以向医疗机构请求赔偿。患者向医疗机构请求赔偿的，医疗机构赔偿后，有权向负有责任的生产者或者血液提供机构追偿。"

2. 告知并取得同意的义务

《侵权责任法》第 55 条要求，医务人员在诊疗活动中负有向患者说明病情和医疗措施的义务。如果需要实施手术、特殊检查、特殊治疗的，医务人员不仅应当及时向患者或其近亲属说明医疗风险、替代医疗方案等情况，还要取得患者或其近亲属的书面同意。医务人员没有履行该义务，当然具有过失；造成了患者损害，就应承担责任。

3. 诊疗义务

《侵权责任法》第 57 条要求，医务人员在诊疗活动中应当尽到与当时的医疗水平相应的诊疗义务，如果没有尽到，给患者造成损害的，医疗机构应当承担赔偿责任。

4. 三种违反义务的情形下进行过失的推定

《侵权责任法》第 58 条规定，患者遭受损害而医疗机构存在以下三种情形之一时，法院可以推定医疗机构具有过错：（1）违反法律、行政法规、规章以及其他有关诊疗规范的规定；（2）隐匿或者拒绝提供与纠纷有关的病历资料；（3）伪造、篡改或者销毁病历资料。

此外，《侵权责任法》第 62 条与第 63 条还规定医疗者基本注意义务中的特别义务，即为患者保密的义务以及不得进行过度检查的义务。

（二）确保药品、消毒药剂、医疗器械和血液安全的义务

1. 药品、消毒药剂与医疗器械

药品是指用于预防、治疗、诊断人的疾病，有目的地调节人的生理机能并规定有适应证或者功能主治、用法和用量的物质，包括中药材、中药饮片、中成药、

化学原料药及其制剂、抗生素、生化药品、放射性药品、血清、疫苗、血液制品和诊断药品等(《药品管理法》第 102 条第 1 款)。消毒药剂,是指用于消毒、灭菌或洗涤消毒的制剂(《消毒管理办法》第 32 条第 5 项)。医疗器械,是指单独或者组合使用于人体的仪器、设备、器具、材料或者其他物品,包括所需要的软件;其用于人体体表及体内的作用不是用药理学、免疫学或者代谢的手段获得,但是可能有这些手段参与并起一定的辅助作用;其使用旨在达到下列预期目的:(1)对疾病的预防、诊断、治疗、监护、缓解;(2)对损伤或者残疾的诊断、治疗、监护、缓解、补偿;(3)对解剖或者生理过程的研究、替代、调节;(4)妊娠控制(《医疗器械监督管理条例》第 3 条)。

药品、消毒药剂和医疗器械皆属于产品。由于这些产品直接作用于人体,它们安全与否、有效与否,直接关涉人民群众的生命健康,我国专门颁布了《药品管理法》《传染病防治法》《医疗器械监督管理条例》《消毒管理办法》等法律、法规和规章,对药品、消毒药剂和医疗器械的生产、经营、销售等活动加以严格管理。

因药品、消毒药剂和医疗器械存在缺陷,造成他人损害的,生产者和有过错的销售者应当承担侵权责任。然而,因这些产品一般都是在诊疗活动中加以使用,因此《侵权责任法》第 59 条特别规定,因药品、消毒药剂、医疗器械的缺陷造成患者损害的,患者可以向生产者请求赔偿,也可以向医疗机构请求赔偿。患者向医疗机构请求赔偿的,医疗机构赔偿后,有权向负有责任的生产者追偿。

2. 血液

血液是指全血、血液成分和特殊血液成分(《血站管理办法》第 65 条第 1 款)。仅仅是存在于人体内的血液,显然不会给他人造成损害。一旦血液与人体分离,进入他人体内,才可能造成损害。血液从采集到最终进入患者体内的过程涉及诸多主体,如献血者、血站、医疗机构。为了确保血液采集与使用过程中的安全,维护广大人民群众的生命与健康,我国颁布了《献血法》《血站管理办法》《血液质量管理规范》等诸多法律、法规以及规章。

当血液不合格,如携带各种病毒、被污染或变质等,给他人造成损害时,献血者除非明知其血液有问题而故意隐瞒（如艾滋病患者故意献血给他人），否则无须承担责任。需要承担责任的是血站与医疗机构。这里的问题是，血液是否属于产品？血站、医疗机构又是否是血液的生产者、销售者？[①] 在《侵权责任法》的起草者看来，为合理地保护患者的权益，体现法律的公平正义，减少医患纠纷，应将血液视为产品。血站应需就血液不合格给患者造成的损害承担无过错责任，医疗机构也应当承担无过错责任。但是，医疗机构在承担赔偿责任后，可以向血站进行追偿。[②] 故此，《侵权责任法》第 59 条规定，因输入不合格的血液造成患者损害的，患者可以向血液提供机构请求赔偿，也可以向医疗机构请求赔偿。患者向医疗机构请求赔偿的，医疗机构赔偿后，有权向血液提供机构追偿。

（三）说明及取得同意之义务

1. 概述

尽管医疗活动是一种非常专业的活动，但基于以下理由，医务人员仍负有向患者或其近亲属说明并取得同意之义务。首先，在现代社会，医患双方处于平等的地位，二者之间存在高度的信赖关系。虽然在医疗领域，医务人员是专家，具有自主判断的权利。但是，仍然应当充分尊重患者或其近亲属的自主决定或决定的权利，因此医务人员应当向患者说明病情和医疗措施。其次，在诊疗活动中，有一些要直接侵害患者的身体权、健康权（如切除某一病变之器官），还有一些具有高度的风险性或者会给患者带来极大的经济负担（如器官移植）。此时，若医务人员不及时向患者或其近亲属加以说明并取得同意，那么患者的身体权、健康权就不应受到侵害，同时，患者或其近亲属也有权拒绝接受这些具有高风险或造成极大经济负担的诊疗活动。

故此，《侵权责任法》第 55 条规定："医务人员在诊疗活动中应当向患者说明病情和医疗措施。需要实施手术、特殊检查、特殊治疗的，医务人员应当及时

---

① 相关争论，参见王胜明主编：《中华人民共和国侵权责任法解读》，中国法制出版社 2010 年版，第 287 页以下。

② 王胜明主编：《中华人民共和国侵权责任法解读》，中国法制出版社 2010 年版，第 291 页。

向患者说明医疗风险、替代医疗方案等情况,并取得其书面同意;不宜向患者说明的,应当向患者的近亲属说明,并取得其书面同意。医务人员未尽到前款义务,造成患者损害的,医疗机构应当承担赔偿责任。"此外,在《执业医师法》第26条、《医疗机构管理条例》第33条、《医疗事故处理条例》第11条、《医疗机构管理条例实施细则》第62条等法律、法规与规章中,对医疗机构和医务人员的说明并取得同意之义务也都有规定。

2.适用范围

作为专家的医务人员在诊疗活动中,具有很强的自主性与独立性,其要运用专业知识进行独立的判断。因此,如果任何诊疗活动都必须向患者或其近亲属说明并取得同意,诊疗活动将无法及时有效地进行。这对患者来说,显然也是不利的。故《侵权责任法》第55条第1款第1句虽然一般性地确定了医务人员负有"向患者说明病情和医疗措施"的义务。但是,就需要取得患者或其近亲属同意的情形,则限制在"需要实施手术、特殊检查、特殊治疗"之时(同款第2句)。

所谓"特殊检查、特殊治疗",是指具有下列情形之一的诊断、治疗活动:(1)有一定危险性,可能产生不良后果的检查和治疗;(2)由于患者体质特殊或者病情危急,可能对患者产生不良后果和危险的检查和治疗;(3)临床试验性检查和治疗;(4)收费可能对患者造成较大经济负担的检查和治疗(《医疗机构管理条例实施细则》第88条第3款)。此外,依据《医疗卫生服务单位信息公开管理办法(试行)》第12条,"医疗服务中的下列信息应当事先告知患者按照规定需要签署知情同意书的,应当及时、规范签署相应的知情同意书:(一)患者接受的重症监护(ICU)、介入诊疗、手术治疗、血液净化、器官移植、人工关节置换、高值(千元以上)费用项目等诊疗服务及其收费标准;(二)患者接受的超声、造影、电子计算机X射线断层扫描技术(CT)、磁共振成像(MRI)等主要辅助检查项目及其收费标准;(三)医保患者使用的自费比例较高的药品和诊疗项目;新型农村合作医疗患者使用新型农村合作医疗基本药物目录和诊疗项目之外的药品和诊疗项目;(四)法律法规和临床诊疗规范规定的其他知情同意事项。"

### 3. 例外的情形

现实生活中,经常发生这样的现象,交通事故等侵权行为的受害人已是生命垂危,本人已无法表达意志,又无法联系或查明其近亲属。此时,倘不及时采取相应的医疗措施,患者可能立即死亡或遭受严重的伤害。为了维护患者的生命、健康,《侵权责任法》第56条规定:"因抢救生命垂危的患者等紧急情况,不能取得患者或者其近亲属意见的,经医疗机构负责人或者授权的负责人批准,可以立即实施相应的医疗措施。"因此,该条中的"不能"仅指客观上不能取得,①即患者本人无法表达意志而一时又无法查明患者的近亲属或联系其近亲属。至于患者本人能够表达意志而明确拒绝同意,或患者本人虽无法表达意志但近亲属明确拒绝的情形,除非存在法律规定的可以强制医疗的情形,否则不能适用《侵权责任法》第56条。例如,在社会上曾广受关注的"李丽云死亡案"②中,当时唯一在死者身边的、自称是死者丈夫的肖志军拒绝签字同意剖宫产,不仅导致腹内胎儿死亡,也使孕妇李丽云惨死。该案虽然令人气愤,但今后即便再次发生类似的案件,也不能适用《侵权责任法》第56条。因患者近亲属拒绝签字导致的损害后果,依据《侵权责任法》第60条第1款第1项,由其自行承担。

### 4. 义务履行的方法

首先,原则上,无论是否实施手术、特殊检查、特殊治疗,医务人员都应当向患者履行说明及取得同意之义务。但是,在"不宜向患者说明"的时候,应当向患者的近亲属说明并取得其书面同意。"不宜向患者说明"的情形,是指如果向患者说明,会给其增加心理负担,带来消极影响,不利于患者治疗和康复的情形。例如,在患者身患某种不治之症的情况下,如果医务人员将此事直接告知

---

① 对该条理解上的分歧的详细介绍,参见陈特:"谈医疗机构告知义务的特殊规定——李某某等与北京某医院医疗损害赔偿纠纷案法律问题探讨",见北京市高级人民法院编:《审判前沿:新类型案件审判实务(总第34集)》,法律出版社2011年版,第53页。

② 李丽云于2007年11月21日下午在肖志军的陪同下到该院京西院区呼吸内科门诊就诊。经过检查发现,李丽云病情危重,医院妇产科、ICU、麻醉科联合对她进行了积极抢救。其间,因考虑挽救母儿生命,建议进行剖宫产手术,但因自称是李丽云丈夫的肖志军拒绝而未能进行。

患者,势必会使一些患者悲观厌世,不配合治疗。此外,基于举轻以明重的解释原则,在医务人员"不能向患者说明"的时候,也应当向患者的近亲属说明并取得其书面同意。例如,患者因重伤或重病已经昏迷不醒的情形。

其次,由于患者或其近亲属通常都不是医学领域的专业人士,因此医务人员在履行说明义务时,应当以通俗易懂的语言,全面地说明患者的病情、可供选择的治疗措施、各种治疗措施的利弊等。实践中,许多医疗机构虽然形式上似乎履行了说明及其同意的义务,但是履行的方式往往不适当。例如,没有将治疗措施的全部风险加以说明、隐瞒一些重要的信息、使用含混的词语等,这种情况下,如果患者遭受损害,医疗机构仍然应当承担赔偿责任。例如,在一起案件中,被告医院在施行左眼脂肪瘤摘除术前,未明确将术后可能产生提上睑肌断裂的并发症告知原告。手术完成后,原告的左上睑下垂系提上睑肌遭受损伤。原告遂以该医院在治疗过程中有过错为由提起诉讼。法院认为:由于医疗机构对患者施行手术是在一定程度上"破坏"人体而达到治疗效果,所以医院实施手术前应在有条件的情况下取得患者的同意。患者对手术的同意及对手术后果的接受,应当建立在对手术风险充分认识的基础之上。否则,不能视为真正意义上的同意,医疗机构应当承担相应的责任。被告医院在给原告实施手术前,凭其专业能力应当能够预见手术所可能发生的风险,然而被告医院却没有将该风险充分告知原告,违反了基本的注意义务,其过错是显而易见的。[①]

最后,医务人员应当取得患者或者其近亲属的书面同意。这主要是出于保存证据的考虑,避免将来发生纠纷时,医患双方对是否履行了说明及取得同意义务产生争执。

5. 法律效力

如果医务人员依照法律规定履行了告知说明义务,并取得了患者或其近亲属的同意,即便诊疗活动客观上确实给患者造成了损害,但只要医疗机构及其医务人员不存在其他过失,就无须承担侵权责任。例如,在"方金凯诉同安医

---

① "陈瑞雪诉中国人民武装警察部队上海市总队医院医疗纠纷损害赔偿案",参见上海市第一中级人民法院(2001)沪一中民终字第900号民事判决书。

院医疗损害赔偿纠纷案"中,原告方金凯于 1998 年 7 月 24 日 12 时 15 分因左小腿被搅拌机绞伤,入住被告同安医院的外科一区治疗。经诊断,方金凯的左胫腓骨开放性骨折,左小腿软组织严重挫裂伤。同日下午 1 时许,经方金凯的亲属签字同意,同安医院为方金凯施行"清创术 + 左胫骨钢板内固定术"及"左小腿石膏后托外固定术"。8 月 1 日,方金凯要求出院,经劝阻无效,在方金凯的亲属立下"自动出院,后果自负"的字据后,同安医院给其办理了离院手续。后方金凯以被告同安医院手术中清创不彻底,导致自己伤口感染而致损害为由,向法院提起诉讼。法院认为:第一次手术中清创不彻底与伤口感染并发骨髓炎之间存在因果关系,这是显而易见的事实。判断同安医院应否对此承担责任,不仅要看二者之间的因果关系,更要看导致同安医院不能履行彻底清创职责的原因是什么。正如多名医学专家分析的,方金凯的伤情决定了如果要保住这条腿,客观上难以一次彻底清创。"两害相权取其轻,两利相权取其重"是人们面临两难问题时理智的选择。保住这条腿,既是医院更是患者的共同期望,因此当同安医院预告手术后可能出现的并发症时,方金凯及其亲属仍签字同意手术。当预料的风险出现后,方金凯闭口不谈自己事先愿意承担这个风险,只想以彻底清创是医院的职责为由追究医院的责任,这样的诉讼理由是不正当的。①

反之,如果医务人员没有履行告知说明义务,给患者造成损害的,即便该损害是属于诊疗活动必然的或可预见的风险,医务人员仍然存在过错,依据《侵权责任法》第 55 条,医疗机构应当承担侵权责任。

（四）与当时的医疗水平相应的诊疗义务

1. 含义

《侵权责任法》第 57 条规定:"医务人员在诊疗活动中未尽到与当时的医疗水平相应的诊疗义务,造成患者损害的,医疗机构应当承担赔偿责任。"诊疗义务是指,医务人员在对患者进行诊疗活动中应当负有的义务。"与当时的医疗水平相应的诊疗义务"中的"当时",是指针对患者从事诊疗活动之时,而非

---

① 参见《中华人民共和国最高人民法院公报》2004 年第 2 期。

医疗赔偿诉讼提出之时。因为医学科学是在不断发展进步的,医务人员的专业知识水平也是随着时代的发展而不断提高的。如果以事后的医学水平来对从事诊疗活动时的医务人员提出要求,显然不合理。因此,"当时的医疗水平"是指,从事诊疗活动之时一个合格的医务人员应具有的医疗水平。

就"与当时的医疗水平相应的诊疗义务"的判断问题,《侵权责任法(第二次审议稿)》第 57 条第 2 款曾提出一些参考因素,即"应当适当考虑地区、医疗机构资质、医务人员资质等因素"。但是,基于以下两项理由,该规定被删除了:其一,以地区、医疗机构资质、医务人员资质等因素来决定医务人员的注意义务,有差别对待个体的生命健康权的嫌疑,而且从实践来看,也无法具体衡量。① 其二,实践中医务人员所遵从的诊疗规范是一致的,并没有地区差别,医务人员的注意义务也不应有区别。例如,患者做阑尾炎手术,三级甲等医院能做好,难道二级甲等医院就没义务做好? 对医疗机构来说,没有相应资质就不能做相应手术,既然都能做这个手术,标准不应有区别。资质高水平高,只能说明医疗机构有义务治得更好,但通常标准必须是一致的。

笔者认为,在判断医务人员是否尽到"与当时的医疗水平相应的诊疗义务"考虑医疗机构的资质、医务人员的资质,确实不妥。因为如果医疗机构和医务人员认为自己的资质不足以进行诉争的诊疗活动,就不应从事该活动,而应建议患者转诊。明明资质不足仍从事该诊疗活动,本身就是有过错的。但是,在判断"当时的医疗水平"时,是否需要考虑地区的差别,却需要进一步研究。毕竟我国是一个国土面积辽阔,各地区经济社会发展又极度不平衡的国家。医务人员的医疗水平不仅取决于其自身的学识,还受制于其所在医疗机构的各种仪器设备等硬件水平。因此,在极个别的情形下,在判断医务人员的诊疗义务时,要实事求是地考虑农村与城市、大城市与中小城市之间客观存在的医疗水平上的差异。②

---

① 全国人大常委会法制工作委员会民法室编:《侵权责任法立法背景与观点全集》,法律出版社 2010 年版;王胜明主编:《中华人民共和国侵权责任法解读》,中国法制出版社 2010 年版,第 283 页。

② "委员认为诊疗义务规定应区分地区差异",载中国人大网 www.npc.gov.cn。

可是,如果判断医疗过失时必须一般性地考虑地区医疗水平的差异而有不同的要求,就不妥了。首先,现代社会的交通、通讯极度发达,信息的交流与传递也日益快捷。这使得医疗水平落后地区的医务人员,有更多的机会向那些医疗水平高的同行学习。过度强调地区医疗水平差异,会成为医疗水平落后者不思进取、故步自封的保护伞。如此一来,我国地区之间医疗水平的差异就永远难以消除了。其次,我国现行的医疗资源分布极不均衡。城市占据了全国医疗资源的80%,农村仅占了20%。而在城市里,大医院又占据了80%的医疗资源。① 以三级甲等医院为例,我国目前共765家三级甲等医院。其中仅位于北京、上海、天津、重庆、广州、武汉、西安、南京、成都、沈阳十大城市的就有283家,占了36.99%。这种医疗资源分布极度不均衡的现状是造成目前医疗资源供求关系极度紧张,广大人民群众看病难、看病贵的一个重要原因。如果在判断医务人员的过错时,还考虑地区差异,只会更多地导致患者涌入大城市看病,甚至是小病也去三甲医院治疗。如此,医疗资源供需关系只会更加紧张,不利于未来我国医疗卫生体制改革的顺利进行。

2. 具体判断标准

(1)法定义务。现代社会中,许多诊疗义务已由法律、行政法规、规章以及其他有关诊疗规范中做出了明确的规定。因此,在判断医务人员是否尽到与当时的医疗水平相应的诊疗义务时,应当考虑诉争的诊疗活动进行时,相关法律、法规和诊疗规范中的具体规定。如果违反了该规定,就应当认为存在医疗过失。例如,依据卫生部颁布的《胃癌诊疗规范(2011年版)》,胃镜检查是确诊胃癌的必须检查手段。如果医务人员在没有进行胃镜检查的情况下,就确定患者患有胃癌,进行了胃癌切除手术,显然具有医疗过失。

(2)合理注意义务。任何国家的法律、法规和诊疗规范都不可能将医务人员在从事诊疗活动中应当尽到的全部义务加以列举。况且,即便尽到了法定的义务,也不意味着医务人员就没有过失。因此,在判断医务人员是否尽到与当

---

① "医疗资源分布不均导致看病难",载搜狐网 http://news.sohu.com/20070316/n248760248.shtml。

时的医疗水平相应的诊疗义务时,还应以医务人员是否尽到善良管理人的注意作为判断标准。所谓善良管理人的注意,也称"合理注意义务"。其具体内容为:

其一,在通常情形下,同一医疗活动领域中一位合格的从业人员在同样的情形下应有的谨慎、技能与能力。如果行为人的行为已达到了这一标准,则认为尽到了勤勉谨慎义务;如果没有达到,则属于违反义务的行为。

其二,如果某一医疗活动领域的从业人员从事的是其所不熟悉的医疗领域的诊疗活动,则其应当具备一个普通的医务人员应具备的注意。换言之,即便是医务人员属于内科医生,对外科、脑科等其他医学专业的知识具有局限性,但也不能否定其作为一个普通医生应当具有的基本注意义务。例如,在一个案件中,受害人患的是消化性溃疡病,但对其进行治疗的却是脑科医院精神科的医务人员。在诉讼中,被告以自己的专业知识有限为由进行抗辩。对此,法院认为,受害人"是精神病患者,其对消化道病情的主诉与普通患者的主诉可能存在差异,(南京脑科医院)精神科医务人员对消化科医学专业知识具有局限性,这都是脑科医院诊治姜平安溃疡病的影响因素,但这些因素并不能否定脑科医院应有的注意义务。脑科医院医生诊治姜平安消化道疾病的注意义务,虽不能以消化科医生的专业水准为标准,但应以一般医生的注意能力为标准。消化性溃疡病的基本医学知识是普通医生所具有的,脑科医院的医生对此应具有相应的注意能力与义务。在姜平安多次腹痛的情况下,脑科医院疏于履行注意义务,未做出初步诊治,在患者病情发展的早期也未及时请专科医生会诊,都是违反了注意义务,具有医疗过失行为"。[①]

(五)医疗过失推定

依据《侵权责任法》第 58 条,在以下三种情形中,如果患者因诊疗活动遭受损害时,医疗机构将被推定为具有过错,被侵权人无须证明医疗机构的过错:(1)违反法律、行政法规、规章以及其他有关诊疗规范的规定;(2)隐匿或者拒

---

① "宋小妹等与南京脑科医院等医疗赔偿纠纷上诉案",参见江苏省南京市中级人民法院(2007)宁民一终字第 741 号民事判决书。

绝提供与纠纷有关的病历资料;(3)伪造、篡改或者销毁病历资料。

1. 违法推定过失

依据《侵权责任法》第58条第1项,如果医疗机构违反法律、行政法规、规章以及其他有关诊疗规范的规定,就推定其具有过失。由于诊疗活动是一种具有高度的专业性、复杂性的活动,因此医疗机构及其医务人员必须严格遵循法律、行政法规、规章以及有关诊疗规范,以免使患者的生命权、身体权或健康权遭受损害。一旦医疗机构及其医务人员违反了上述规定,那么在患者遭受损害的情况下,该损害很可能就是由于医疗机构的过错所致。故此,可以依据医疗机构的违法行为推定其对损害的发生存在过错。除非医疗机构能够证明,该违法行为与损害的结果不存在因果关系。

《侵权责任法》第58条第1项中的"法律、行政法规、规章",是指由全国人大及其常委会、国务院以及国务院各部门发布的规范性法律文件。如《药品管理法》《执业医师法》《献血法》《传染病防治法》《医疗事故处理条例》《医疗机构管理条例》《血液制品管理条例》《医疗美容服务管理办法》《护士管理办法》《采供血机构和血液管理办法》《血站管理办法》《医疗器械临床试验规定》《医疗机构病历管理规定》《处方管理办法》《放射诊疗管理规定》《医师外出会诊管理暂行规定》《消毒管理办法》《人类辅助生殖技术管理办法》。"其他有关诊疗规范",是指基于维护公民健康权利的原则,在总结以往科学和技术成果的基础上对医疗过程的定义和所应用技术的规范或指南。通常分为广义和狭义两种。狭义的诊疗规范,是指由卫生部、国家中医药管理局制定或者认可的与诊疗活动有关的技术标准、操作规程等规范性文件(《医疗机构管理条例实施细则》第88条第4款)。广义的诊疗规范除了狭义的诊疗规范外,还包括由全国性行业协(学)会(如中华医学会、中华护理学会等)针对本行业的特点,制定的各种标准、规程、规范、制度的总称。

需要注意的是,医疗机构"违反法律、行政法规、规章以及其他有关诊疗规范的规定"本身就是医疗过失,而非被推定出来的过错。《侵权责任法》第58条第1项对医疗机构过错的推定性质上应当属于"视为",不同于其他两项过错推定。这种情况下,医疗机构显然不可能通过推翻所谓的过错推定来抗辩,只能通过证明该有过错之行为与损害的发生不存在因果关系免除责任。

2.隐匿或者拒绝提供与纠纷有关的病历资料或者伪造、篡改或销毁病历资料

《侵权责任法》第58条第2~3项规定,如果医疗机构及其医务人员隐匿或者拒绝提供与纠纷有关的病历资料的,或者伪造、篡改或销毁病历资料的,将推定医疗机构存在过错。病历资料,是指医务人员在医疗活动过程中形成的文字、符号、图表、影像、切片等资料的总和,包括门(急)诊病历和住院病历中的住院志(即入院记录)、体温单、医嘱单、化验单(检验报告)、医学影像检查资料、特殊检查(治疗)同意书、手术同意书、手术及麻醉记录单、病理报告、护理记录、出院记录以及国务院卫生行政部门规定的其他病历资料(《医疗事故处理条例》第10条、《医疗机构病历管理规定》第2条)。

在笔者看来,《侵权责任法》这一规定实际上是对医疗机构违法行为的一种惩罚。依据《医疗事故处理条例》等法规和规章,医疗机构应当严格病历管理,严禁任何人涂改、伪造、隐匿、销毁、抢夺、窃取病历。同时,患者及其近亲属等人有权申请查阅、复制病历资料。但实践中,一些医疗机构为了逃避责任,往往随意拒绝患者及其近亲属等查阅、复制病历资料,恶劣者更伪造、篡改或销毁病历资料。结果造成法院在处理医疗纠纷时,无法查明案情,分清责任。为惩治这种行为,一些地方法院的审判规范就曾明确规定,如果医疗机构隐匿、拒绝提供或伪造、篡改病历资料的,直接认为医疗机构有过错,判令其承担侵权责任。① 《侵权责任法》在吸收司法实践经验的基础上做出了这一规定。

① 例如,《河南省高级人民法院关于当前民事审判若干问题的指导意见》(2003年11月)第40条第2款规定:"医疗机构涂改、伪造、隐匿、销毁病历资料,导致认定医疗损害的因果关系及过错要件的证据不存在或证据不足的,应由医疗机构承担不利后果。"《安徽省高级人民法院关于审理医疗赔偿纠纷民事案件的若干意见》(皖高法〔2004〕11号文)第12条第2项规定,有证据证明医疗机构涂改、伪造、隐匿、销毁病历资料的,可以直接认定其存在过错。《江西省高级人民法院民事审判第一庭关于审理医疗人身损害赔偿纠纷案件适用法律若干问题的解答》(2006年12月31日)第6条规定:"具有以下情形之一的,可以推断医疗机构存在过错:(1)伪造、隐匿、销毁病历资料的;(2)违反规定修改病历资料,导致不能作出鉴定结论的。"

关于《侵权责任法》第58条第2~3项的适用,需要注意两点:其一,所谓医疗机构"拒绝"提供与纠纷有关的病历资料,是指医疗机构在举证期限内非因客观原因拒不按照法院的要求提供病历资料。如果患者在起诉前收集证据时,医疗机构拒绝其查阅、复制病历资料,但法院要求医疗机构提供病历资料时,医疗机构提供了,不能推定医疗机构存在过错。其二,医疗机构虽然篡改了病历,但被篡改的内容并非是病历的实质内容,不影响对医疗过失、因果关系的有无认定时,也不宜推定医疗机构具有过错。当然,被篡改的是否属于病历的实质内容,应由医疗机构负举证责任。

(六)保密义务与不进行过度检查的义务

《侵权责任法》第62条规定:"医疗机构及其医务人员应当对患者的隐私保密。泄露患者隐私或者未经患者同意公开其病历资料,造成患者损害的,应当承担侵权责任。"第63条规定:"医疗机构及其医务人员不得违反诊疗规范实施不必要的检查。"这两项义务中的前者被违反了产生的不是作为专家责任的医疗损害责任,而是普通的侵害隐私权的侵权责任。至于后者,本身难以判断,更多的是医生依据医疗规范和医学伦理应当负有的义务,将之作为法定义务难以执行。

# 注意义务和说明义务

## ——兼谈手术同意书的法律效力

聂　学[*]

《侵权责任法》第 54 条明确规定了医疗机构承担法律责任的前提是医疗行为同时具备有过错的诊疗行为、损害后果、有过错的诊疗行为和损害后果之间的因果关系等构成要件。众所周知,生老病死,本属自然规律。因病求治的患者,往往会有并发症、后遗症甚至死亡等损害后果。如果损害后果不可避免,为避免医疗纠纷的发生及法律责任的承担,医务人员应当尽最大努力避免有过错的诊疗行为自然成为重中之重。

### 一、判断医疗过错的标准是是否适当履行注意义务和说明义务

什么是过错? 或者说,医疗过错的评判标准是什么? 是医疗机构是否承担损害赔偿责任的关键。漏诊、误诊是过错? 还是并发症、后遗症是过错? 疾病症状千变万化,不同人体千差万别,同样的诊疗措施诊疗同样的疾病,效果可能因人而异;此外,不同疾病的诊疗水平参差不齐且处于不断提高过程中,更不用说医务人员之间还存在地域、职称的差距,医院之间也存在级别和硬件的不同了。故具体到面对每个患者,医生履行义务何谓适当,法律不可能一一规定,而

* 聂学,北京市华卫律师事务所律师、北京大学法律硕士、北京大学医学部医院管理 EMBA 研修、国家药监局 GCP 资格认证。13 年的临床医师包括急诊科、内科、麻醉科工作经历,2005 年转向法律职业至今。目前主要从事医院风险防范、医疗损害责任纠纷处理等法律业务。担任多家医院法律顾问,兼卫生部信访处特邀专家接待上访群众,兼中国医师协会医师定期考核专家委员会成员承担医师定期考核出题、教材编写等工作。E-mail:niexue120@ sina. com,电话:010 - 62111516 - 605。

只能以注意义务和说明义务两个义务高度概括。即适当履行注意义务和说明义务,构成医患关系中医方的主要义务。医务人员如果适当履行了注意义务和说明义务,则诊疗行为不存在过错。如果医务人员未适当履行注意义务和说明义务,则诊疗行为存在过错。

### 二、《侵权责任法》明确规定了注意义务

《侵权责任法》第57条规定:"医务人员在诊疗活动中未尽到与当时的医疗水平相应的诊疗义务,造成患者损害的,医疗机构应当承担赔偿责任。"此条是关于注意义务的规定。

所谓注意义务,也称专家义务。注意义务的提出,是因为现有医学技术不能保证在每个患者身上都取得相同的疗效,也不能保证绝对的安全,故不能以结果作为评判专业人员是否尽职的标准;换言之,由于提供专业技术服务的医生不能像出售商品一样提供治愈,而只能通过提供尽职尽责的技术服务来追求治愈,故有注意义务一说。所谓注意义务,简单地说,即是为了避免造成损害而加以合理注意的法定责任。而合理注意的标准是一个细心、谨慎、勤勉的人的标准。在医疗领域,合理注意的标准是一个细心、谨慎、勤勉的同级别医务人员的标准。违反注意义务,是指未能像一个细心、谨慎、勤勉的医务人员在同样的情况下的行为。如果医务人员的诊断和治疗不符合当时一个细心、谨慎、勤勉的同级别医生的水准,则构成对注意义务的违反,存在过错。

### 三、《侵权责任法》明确规定了说明义务

所谓说明义务,是指由于医学的高度专业性,患方对病情、诊断治疗措施的风险利弊均不了解,为促进患方对病情和医学措施的了解并进行正确的选择,医务人员对患方进行解释说明以取得患方理解和配合的义务。

《侵权责任法》第55条规定:"医务人员在诊疗活动中应当向患者说明病情和医疗措施。需要实施手术、特殊检查、特殊治疗的,医务人员应当及时向患者说明医疗风险、替代医疗方案等情况,并取得其书面同意;不宜向患者说明

的,应当向患者的近亲属说明,并取得其书面同意。医务人员未尽到前款义务,造成患者损害的,医疗机构应当承担赔偿责任。"这条规定首次以法律的形式明确了医务人员的说明义务。根据该条规定,可以引申以下几点:(1)医务人员在诊疗活动的全过程都应尽说明义务;(2)在需要实施手术、特殊检查和特殊治疗时,需要特别征得患者或其近亲属的书面同意;(3)虽未尽说明义务,但并未造成患者损害的,不承担赔偿责任;(4)未尽说明义务,造成患者损害的,应当承担赔偿责任。

### 四、以真实案例说明何谓注意义务和说明义务

患者何某,男,23岁。因"腹痛伴胸闷憋气四小时"于某日晚8点就诊于某三甲医院急诊。患者自述下午突感头晕、头重脚轻;上腹部隐痛,恶心呕吐3~4次,为胃内容物,量约100ml。自解大便1次、成形。查体腹部压痛,无肌紧张及反跳痛。血液检查回报 WBC13.25×109/L,N82%,L10.3%,RBC155g/L,PLT214×109/L,K+3.09mmol/L,CK184U/L,CR170umol/L。医院考虑为急性胃肠炎,予以急诊留观,抗炎补液治疗。输液过程中发现血压增高,最高达220/120mmHg,给予口服降压药治疗。次日晨6点,患者输液完毕要求回家,医师告知因血压高存在脑血管意外、肾功能衰竭、猝死等风险,患者签署了解病情,后果自负后离开。

当天8:30,何某到某卫生院就诊,卫生院查 BP190/100mmHg,心肺(—);腹平软,全腹压痛但无反跳痛,以左上腹及脐周明显;脐两侧可闻及血管杂音。追问病史,得知高血压病史多年,未予治疗。考虑不除外主动脉夹层,口头告知患方应立即到上级医院行腹部 CT 除外动脉夹层瘤及相关风险。患方要求先行治疗,待腹痛好转后再到上级医院就诊。卫生院即予硝苯地平缓释片20mg口服,行立位腹平片、超声等检查。腹平片回报示中上腹部液平,B超显示腹部未见异常,血常规示 WBC14.69×109/L。复测 BP 为120/90mmHg,给予抗炎补液治疗。当天11:40左右,何某输液过程中出现呼吸减慢,意识丧失,血压0/0mmHg,经全力抢救无效,何某猝死。因家属怀疑卫生院错误用药导致死亡,

故提出并实施尸检。后尸检结论为患者为主动脉夹层动脉瘤,因主动脉根部夹层动脉瘤破裂出血、心包填塞而致急性循环呼吸衰竭死亡。

分析第一家医院的行为,询问病史时未能了解到高血压病史,查体遗漏腹部血管杂音,检查结果为 CK184U/L,CR170μmol/L 时未予分析或请专科会诊,急性胃肠炎诊断依据不充分,其行为很难认定为细心、谨慎、勤勉。因其未履行注意义务,应当认定存在过错。

第二家接诊的卫生院在询问病史、查体、诊断等方面都比第一家三甲医院做得更好,是否就不存在过错了呢? 答案是否定的。卫生院适当履行了注意义务无可厚非,但是,卫生院在明知患方可能病情凶险、可能随时猝死的情况下,未进行书面风险告知,尤其在患方事后否认风险告知的情况下,难以证明自己履行了说明义务,难以被认定为适当履行了说明义务,也存在法律上的过错。

本例患者自身病情凶险,即便是两家医院都不存在过错,患者仍然可能死亡。但是,两家医院过错客观存在,死亡已经发生,谁也不能保证不管两家医院有无过错,患者都是当天必死无疑。因此,两家医院为自己的过错承担法律责任在所难免。

### 五、履行注意义务是履行说明义务的基础

案例中的第一家医院在患者离院时要求患方签署了解病情,后果自负,是否适当履行了说明义务呢? 答案是否定的。由于第一家医院未履行注意义务,导致误诊误治,导致所告知的内容并非患者真实病情,导致患者做出离开三甲医院到卫生院就诊的错误选择,不能认定为适当履行了说明义务,存在过错。

由此可见,注意义务是说明义务的基础,只有适当履行了注意义务,才有可能适当履行说明义务。孙思邈在《大医精诚》中即要求医生"省病诊疾,至意深心,详察形候,纤毫勿失,处判针药,无得参差",也是着重强调了注意义务的履行。因此,正确履行注意义务的重要性毋庸置疑。

### 六、履行注意义务不能免除违反说明义务的损害赔偿责任

正确履行了注意义务,是否能够免除违反说明义务的损害赔偿责任呢? 答

案是否定的。现代诊疗技术多半具有双刃剑的特征,如手术是典型的双刃剑:即使手术完全成功,没有并发症,也会给患者身体造成损害,如器官或组织的缺损、遗留疤痕等,这些损害足以构成法律上的损害后果,更不用说手术还可能造成的残疾、并发症乃至死亡了。之所以在手术造成损害后果时,外科医生无须承担法律责任,在于其手术目的是治疗疾病,前提是得到了患者的许可。在得到患者同意时,非因过错造成的损害属于允许的损害,医生免于承担法律责任。没有得到患者同意时,遗留疤痕等非因违反注意义务造成的损害后果,因系医方未履行说明义务,导致患方丧失了选择权所致,故可以要求医疗机构承担赔偿责任。

### 七、履行说明义务不能免除违反注意义务的赔偿责任

正确履行说明义务,能否免除违反注意义务的赔偿责任呢？最常见的履行说明义务的医学文书就是手术同意书,因此本文以手术同意书为例进行说明。常见手术同意书里面罗列大量风险,并特别声明:上述风险一旦发生,可能致残致死,请自行承担一切后果并缴纳医疗费用。患方常说:手术同意书是格式合同,没有法律效力。那么,手术同意书能够免责吗？手术同意书有法律效力吗？

从手术同意书由医院单方拟定并适用于类似患者的特点来说,手术同意书具有格式合同的某些特征。但是,手术同意书中并无双方权利义务等内容的规定,即手术同意书不具备合同必备的基本内容,因此不是合同,当然更不可能是格式合同。手术同意书能够证明医疗机构履行了告知义务,能够证明患方自主选择了治疗方案,还能够证明告知和选择的具体内容。故手术同意书作为记载医疗机构告知和患方选择内容的医学文书,是知情选择的法定载体,具有法律效力。

如果认为手术同意书告知了风险,就可以免除医疗机构所有赔偿责任,则是根本错误的。前已述及,承担损害赔偿责任的关键是存在过错,即对注意义务和说明义务的不适当履行。而手术同意书罗列的风险再多再充分,也只能证

明说明义务已经得到充分履行,不能由手术同意书得出注意义务得到适当履行的结论,即告知充分不等于手术操作符合谨慎、细心、勤勉的标准。一旦认定并发症等损害后果的出现是手术操作不够谨慎、细心、勤勉等未适当履行注意义务的行为造成的,则医疗机构仍然需要承担损害赔偿责任。

综上所述,医务人员在工作中必须时刻牢记注意义务和说明义务,时刻履行说明义务和注意义务。适当履行注意义务和说明义务,不仅能够避免过错,能够避免承担医疗损害责任,更能够提高医疗质量、减少医疗损害而实现医患双赢。

# 患者家属要求自动出院时医方的注意义务

魏亮瑜*

## 一、自动出院概念辨析

关于自动出院的概念，一般多理解为：无论医生知晓与否，同意与否，住院期间病人自主决定离院，此谓自动出院。这种认知是有失偏颇的。与遵守医嘱出院一样，自动出院的要求虽然是由患方主动提出的，但最终仍然需要得到医方的同意。没有医方的知晓和同意，患者私自离开医院脱离治疗的，只能是一种擅自离院的不当行为而不属于出院行为。如果说自动出院在一定程度上是可以讨论并给予尊重的，那么擅自离院在任何情况下都是不可接受的。因此，严格意义的自动出院是指患者所患疾病在医学上仍有进一步治疗的可能或必要，但患者本人或其家属明确要求暂时或永久放弃治疗而提前出院，且自愿承担由此带来的风险，医方对此表示同意并为患者办理相关出院手续的情形。以患方的视角来审查，如果说遵守医嘱出院是一种被动出院，那么由患方自己首先提出请求并获得医方准许的出院就是一种主动出院，也即自动出院。

自动出院是患者诊疗进程的非正常中止或终结，其本身蕴含着相当的危险，所以不应予以提倡。但我们也要承认，患者本人是其身体的唯一主人，患者

---

　＊ 魏亮瑜，男，南京铁道医学院、东南大学医学法律专业毕业，法学学士，北京科技大学公共管理硕士。现任卫生部北京医院医务处副处长、医患关系办公室主任，北京医院公职律师，北京大学医学网络教育学院客座教授，中国医师协会维权委员会委员，中国医师培训咨询委员会副主任委员，中国医院协会医疗法制专业委员会委员，北京卫生法学会理事，北京市第二中级人民法院人民陪审员，《中国卫生法制》和《中国医药科学》杂志编委，《中华医院管理杂志》审稿专家。2006 年被授予"2001～2005 年全国卫生系统法制宣传教育先进个人"部级荣誉称号。E-mail：wlydorei@ 163. com。

处置自己的生命健康权益,只要不对公共利益和他人的合法权益造成损害,就不应予以干涉和阻挠,这是现代人权思想和法治理念的应有之义。基于"私权自治"的一般法理,患者本人对其所患之病有权决定是否继续留院治疗或放弃治疗而提前出院。即便提前出院会给其带来损害甚至死亡,但患者本人在神志清醒并充分知情的状态下决定自动出院的权利也必须给予尊重。

### 二、家属决定患者自动出院的正当性分析

自动出院是患者本人的权利,不是其家属的权利。理论上,家属若想获得原属于患者本人的权利,主要有两种途径,一种是对患者权利的合法继承;另一种是患者的委托授权。自动出院直接影响着患者的生命健康,而生命健康权益具有严格的人身属性,只从属于患者本人,并随着其本人的死亡而消灭,不能像财产权那样被继承。此外,继承的开始必须以被继承人的死亡为前提要件,患者未死亡时其家属不可以、也不可能通过行使继承权来要求患者自动出院。作为一种民事法律行为,委托授权的有效成立也必须有一个前提,那就是此项权利依其性质可以与权利人暂时或永久分离,转而委托他人代为行使。如前所述,患者自动出院在本质上是处分其生命健康权的行为,而生命健康权的人身属性又决定了它不能与患者本人相分离。即便患者事前进行了真实且明确的授权委托,接受委托的家属也不能因此获得决定患者生死的资格。所以,从纯粹的法理角度分析,无论是继承还是委托,患者家属都不能当然地取得决定患者自动出院的权利。

但是,医疗过程充满了不确定性,患者随时可能会丧失意思表示的能力。在患者丧失行为能力时,如果还是一味地坚持后续的诊疗必须得到其本人的知情同意才能实施,那么医务人员将无所适从,对危重患者的救治也将无法及时进行。而临床实践中,当患者本人不能或不宜参与其诊疗方案的决策时,基于传统的家庭伦理观念及社会善良风俗,由与患者存在血缘上或法律上亲密关系的人员对后续的治疗措施进行选择并代表患者自愿承担这种选择所带来的合理风险,历来是一种约定俗成的做法,并为司法所尊重和接受。如此,医疗服务

契约可以得到及时履行或适时解除,在最大可能地保障患者利益的同时,也缓解了医务人员的压力。这样做并不是承认了家属享有决定患者生死的权利,而是考虑到家属与患者共同生活的现实、彼此之间存在着血缘关系和法律上相互扶助的义务,家属做出的选择将最符合患者本人的意愿和利益。因此,在且只能在患者本人已经丧失行为能力的前提下,才能将其自动出院与否的问题交由其家属来决定,这也是最为现实可行的做法。

### 三、患者家属要求自动出院时医方注意义务的内容

注意义务是指行为人在特定情形下所必须遵循的行为准则以及依该准则而应当采取的合理防范措施。注意义务包含两个层次的内容:一是要求行为人应当预见其行为可能会导致损害他人的后果;二是要求行为人对这种可能发生的损害后果采取必要的预防措施。鉴于医疗行为的高风险性,为保障患者安全,职业传统及国家立法历来均要求医方在提供诊疗服务时必须承担较高的注意义务。医方的注意义务是由技术性注意义务、伦理性注意义务和组织性注意义务组成的集群,其核心是要求医方对其实施的诊疗行为可能给患者造成的损害必须有着充分的认识并积极采取措施加以预防。自动出院将直接导致患者治疗进程的中止甚至终结,和其他医疗行为相比风险更高,因而此时医方也要承担更为严格的注意义务。一般认为,在家属请求为患者办理自动出院时,医方的注意义务主要包括以下四个方面的内容。

(一)患者家属真实身份的甄别

患者丧失行为能力后,患者家属取得决定患者自动出院与否的决策权,其正当性来源于家属和患者存在血缘上或法律上的身份关系。换言之,只有患者的亲属而且是近亲属才有资格提出为患者办理自动出院的要求。对于提出该要求的家属,其身份应在事前得到患者本人的明确认可,医方对此充分知情并且不存在合理的怀疑。在患者已丧失行为能力、该家属身份无法得到患者本人亲自认可的情况下,医方必须要求该家属提供身份证、户籍证或公安机关出具的专门证明等有效身份证明材料,核查无误后再行考虑是否准许其要求。需要

指出的是,在患者存在多个近亲属、相互之间关于患者自动出院与否意见不一的情况下,医方应予以劝导,建议他们协商一致后再提出最终的明确意见。患者家属经协商仍无法达成一致时,医方可参照我国《继承法》关于继承人顺位的规定,以继承顺位在前的家属的意见为准。继承顺位相同的家属之间的意见也无法统一的,医方应依照对患者生命安全最为有利的家属的意见来决定是否准许患者自动出院。家属身份的严格甄别,也是医方保护自己远离侵权责任的有效手段。现实生活中,交通事故肇事方或雇工单位为逃避责任而冒充患者家属为尚需治疗的伤者办理自动出院并对其生命健康造成严重损害的恶劣事件时有发生。在这些事件中,医方对这些所谓的"家属"的真实身份未能严格予以核实,客观上给不法者提供了侵害患者权益的便利和可能,因而也必须承担相应的侵权责任。

(二)患者家属真实意思的查明

由于自身医学知识的匮乏,家属对患者自动出院的风险很难有着准确的理解,其提出的自动出院要求极可能是盲目和草率的,甚至与其真实意愿相背离。故而,医方必须认真审慎地予以对待,及时与其进行细致的沟通,将患者提前出院的危险详细地向家属进行告知,确保家属对此形成全面而清醒的认知。在此基础上,再由其通过慎重的考量来做出最终的决定。需要强调的是,患者家属的这种决策过程必须由其独立进行,不受误导、诱导甚至胁迫。临床工作中,医方出于自我保护的本能,有时会对治疗难度较大、存在纠纷隐患的"麻烦病人",过度强调或夸大其病情及不良预后,反复诱导甚至明确规劝家属自动出院,这种做法是相当危险的。受医方误导、诱导或胁迫后做出的自动出院决定绝不能看作患者家属真实意愿的表示,由此造成患者损害的,医方必须承担侵权责任。此外,患者家属要求自动出院的意思表示,必须以明示的方式而不能以默示的方式作出,即家属要用清晰明确的语言告知医方自己要求为患者办理自动出院手续的决定,在获得医方准许后还应签署专门的医学文书以示自愿和负责。在患者家属沉默不语的情况下,医方绝不能以自己的主观臆测来推定家属已做出了或者默许了自动出院的决定。

（三）适度的劝阻义务

很多情况下，患者家属对自动出院的风险不是没有相当的认知，他们之所以还是提出这种要求，背后往往隐藏着诸多不得已的苦衷：或是出于对治疗的过度绝望，或是出于对巨额医疗费用的恐惧，抑或是出于家庭纠纷的牵绊，等等。这样的自动出院更像是一种无奈的妥协和放弃。医乃仁术，无论是救死扶伤的古老传统，还是"医生不得拒绝治疗"的职业要求，都决定了医方不应主动向患方提出自动出院的建议或要求。即便是患者家属首先提出了这种要求，医方也不能漠然地听之任之，更不能乐观其成。此时，医方要在与患者家属的沟通与交流中探求促使其提出自动出院要求的真正动因。对由于非正当因素（如对疾病预后的过度悲观、不堪医疗费用之负等）导致的自动出院要求，医方应及时予以劝阻，并提供力所能及的帮助（如适当减免医疗费用、代为寻求政府及社会救助等），尽量化解或减轻患者家属的顾虑及负担，进而最大限度地避免患方非理性自动出院的情形，切实维护患者安全。当然，只要患者的自动出院不具有社会危害性，医方就没有强制其住院接受治疗的权利。所以，即便患者家属的自动出院要求是不理性的，但只要不违反法律的禁止性规定，医方便不得设置阻碍，适当劝阻后家属仍坚持自动出院的，应予准许。

（四）必要的医学建议及协助义务

为将自动出院可能给患者造成的损害降至最低，医方在为患方办理相关出院手续的同时，对维持患者已有治疗效果及生命体征的基本医疗措施应尽可能地予以延长或保留，对患者自动出院后的诊疗和护理也应提出明确合理的医学建议，并嘱家属予以遵循。家属声称自动出院后将把患者带至外院继续诊治的，医方应主动提供患者病历资料的复印件，以便其后接诊的外院医务人员能够及时全面地掌握患者之前的诊疗情况。对于濒临死亡而自动出院的患者，条件许可时医方应主动安排专门的救护车辆护送，并尽量维持患者在送返途中的生命体征，以满足其希望终老于家中的淳朴愿望。

**四、信赖原则对医方注意义务的限缩**

信赖原则是指行为人在实施某种行为时，如果可以信赖受害人或第三人会采取相应的适当行为以避免可能的损害,但由于受害人或第三人的不当行为导致损害发生的,行为人对此不承担过失责任。信赖原则强调,既然人们共同生活于一个社会空间,那么为了维持社会生活的和谐有序,人们应当彼此信任,每个人都应当承担一些注意义务,而不能把注意义务只加于某一些人。在某种条件下,行为人虽然具有预见危害结果的可能性,但不一定就有预见的义务。信赖原则免除了行为人预见他人可能实施不正常的非法行为的义务。学界共识,信赖原则具有缩小过失侵权责任的功能,在合理限缩医疗侵权责任方面的理论及实践价值同样是巨大的。在信赖原则的视野中,医疗过程始终充满着危险,很多危险是作为专业人士的医务人员本身也无法控制的,所以为保障患者安全,医患双方必须彼此信赖,共同承担诊疗进程中的各种风险。信赖原则要求患方必须给予医务人员足够的信任与充分的配合,患方因违背这种要求而招致自身损害的,只能自行承担其后果,而不能归咎于医方。简言之,信赖原则的存在使得医方的注意义务不再是无限延伸的,而是有了合理的界限。

依据信赖原则,在患者本人丧失行为能力而其家属提出自动出院请求时,医方当然有理由相信家属是经过慎重考虑的。因为根据传统的伦理价值观念,除患者本人外,其家属是其合法权益最为合适的代言者及捍卫者。医方善尽风险告知、适度劝阻等义务后,患者家属仍坚持自动出院并签署了相应医学文书的,医方应为患者办理自动出院手续,此后双方的契约关系即告解除,自动出院的合理风险转由家属承担。医方当然还相信,在患者自动出院后,其家属必然会依照医方的嘱咐,或精心护理患者以求其早日康复,或及时将患者带至外院寻求更好的治疗,或竭尽关爱以尽量减轻濒危患者在临终前的痛苦。如果家属违背了这种最为朴素、最为合理的推断及信赖,疏于照顾、虐待、遗弃甚至故意伤害患者,导致患者病情反复、恶化甚至死亡的,此种反常情形便大大超出了医方的预见能力,所以医方也无法提前采取措施加以预防和阻止。概言之,在患者自动出院后,对于其家属违反信赖原则实施的不当及非法行为,医方不再负有注意义务,对此类行为造成的患者损害,医方无须承担侵权责任。

# 综合性医院应当履行《精神卫生法》规定的相关义务

刘 鑫<sup>*</sup>

《精神卫生法》已于 2012 年 10 月 26 日第十一届全国人民代表大会常务委员会第二十九次会议通过,并于 2013 年 5 月 1 日开始实施。有很多人误以为这部法律与精神病医院相关,与普通综合性医院无关。其实,这是一种错误的认识,《精神卫生法》中有很多内容与综合性医院的医疗护理工作密切相关,作为普通综合性医院的医护人员应当履行以下五项义务。

## 一、综合性医院防治精神疾病的义务

为了加强对精神疾病的预防、诊断和治疗,使有精神疾病的患者能够得到及时治疗,《精神卫生法》第 65 条规定,综合性医疗机构应当按照国务院卫生行政部门的规定开设精神科门诊或者心理治疗门诊,提高精神障碍预防、诊断、治疗能力。第 66 条还要求,医疗机构应当组织医务人员学习精神卫生知识和相关法律、法规、政策。

## 二、对疑似精神病患者的转诊义务

《精神卫生法》第 25 条规定了精神病诊治的条件,只有具有相应资质的医

* 刘鑫,中国政法大学证据科学研究院教授、硕士研究生导师,《证据科学》编辑部主任,医药法律与伦理研究中心主任。主要兼职:北京大学法学院硕士研究生导师,中华医学会、北京市医学会医疗事故技术鉴定专家库成员,中国法医学会医疗损害鉴定专业委员会主任委员等。出版著作:《医院投诉管理工作指南》《医疗损害赔偿诉讼实务》《侵权责任法医疗损害责任条文深度解读与案例剖析》《医疗侵权纠纷处理机制重建》《医事法学》等。发表论文:《医疗过错鉴定规则体系研究》《医疗损害鉴定之因果关系研究》等。

疗机构才能诊治精神病患者,没有精神科的普通综合性医院不能诊治精神疾病。但是,当医务人员在诊疗过程中遇到疑似精神疾病的患者时,医务人员在采取必要的临时性的处置措施之后,应当告知患者或其近亲属到精神病专科医院就医。如果医务人员没有将有明显精神异常的患者及时转诊,耽误患者治疗,或者患者因精神障碍出现其他危及自身或者社会的不良后果,医疗机构应当承担相应的责任。对于没有及时实施转诊的医疗机构及其医务人员,虽然《精神卫生法》没有做出处罚规定,但可依据《执业医师法》《侵权责任法》等相关法律来追究法律责任。

**案例1**:某患者因植物神经功能紊乱住某综合性医院心内科。住院期间,主管医师和护士都已经发现患者有明显的精神异常,患者多次向同病房的患者、家属以及医护人员反映,有人在追杀他,但因工作忙没有及时跟患者家属沟通,后患者跳楼自杀身亡。患者家属将医院告上法院,要求赔偿。最终法院判决医院承担40%的责任,赔偿患方经济损失共计14万元。

### 三、实施保护性医疗措施的告知义务

我国相关法律明确规定,任何人不得非法限制他人的人身自由,如果非法限制他人人身自由的,应当承担法律责任。然而,医疗机构在诊治患者的过程中,遇有患者出现精神异常,或者因非精神疾病导致患者出现躁动、致伤等行为时,从保护患者的角度,医疗机构可以对其采取约束、隔离等保护性医疗措施。而且在对患者实施保护性医疗措施时,也会对患者的肢体造成不同程度的伤害。《精神卫生法》第40条规定,精神障碍患者在医疗机构内发生或者将要发生伤害自身、危害他人安全、扰乱医疗秩序的行为,医疗机构及其医务人员在没有其他可替代措施的情况下,可以实施约束、隔离等保护性医疗措施。实施保护性医疗措施应当遵循诊断标准和治疗规范,并在实施后告知患者的监护人。禁止利用约束、隔离等保护性医疗措施惩罚精神障碍患者。这条规定虽然是针对精神病患者的,但是对于综合性医院中医护人员对精神病患者或者非精神病患者采取的实施保护性医疗措施,也应当履行告知的义务,甚至应当签署知情

同意书。违反规定的医疗机构及其医护人员,将会面临《精神卫生法》第75条有关责令改正、降低岗位等级、撤职、暂停六个月以上一年以下执业活动、开除、吊销执业证书等处罚。

**案例2:**某血友病患者,因呼吸困难、气喘入院,住院期间患者有躁动,加重呼吸困难症状,故予镇静剂使用,但仍难以控制患者的躁动,遂对患者双手予以保护性约束,后造成患者双前臂皮肤破损,延长住院时间,被家属投诉。

### 四、手术前的告知与签字要求义务

与非精神病患者一样,精神病患者在实施手术、特殊检查和特殊治疗时,医护人员仍然应当履行告知义务,所不同的是,精神病患者往往无法做出正确的意思表示,那么,医护人员如何来履行医疗风险等相关信息的告知呢?《精神卫生法》第43条规定,医疗机构对精神障碍患者实施导致人体器官丧失功能的外科手术、与精神障碍治疗有关的实验性临床医疗时,应当向患者或者其监护人告知医疗风险、替代医疗方案等情况,并取得患者的书面同意;无法取得患者意见的,应当取得其监护人的书面同意,并经本医疗机构伦理委员会批准。在情况紧急查找不到监护人的,应当取得本医疗机构负责人和伦理委员会批准。禁止对精神障碍患者实施与治疗其精神障碍无关的实验性临床医疗。

**案例3:**2005年4月14日,南通市儿童福利院被告人陈某某向被告人缪某某(原江苏省南通市儿童福利院院长)建议将两患有痴呆症的女孩的子宫切除,缪某某当即表示同意。后被告人陈某某电话联系被告人苏某某(原南通大学附属医院妇产科医师):福利院有两患痴呆症的女孩来了月经不能自理,要做子宫切除手术。苏某某随即找到被告人王某某(原南通大学附属医院妇产科医师),两人联系好在城东医院做该手术。同年4月14日上午在南通市某医院,被告人陈某某代表南通市儿童福利院在手术同意书上签字,后对富某、通某某子宫次全切除手术。案发后,江苏省南通市崇川区人民检察院依法对陈某某、缪某某、王某某和苏某某等四名被告人提起公诉。法院经过审理,最终判决陈某某、缪某某、王某某和苏某某等四名被告人构成故意伤害罪,判处陈某某有期徒刑1年缓刑2年,判处其余3名被告人管制6个月。

### 五、不得拒绝诊治精神病患者非精神疾病的义务

精神病患者在患有其他非精神疾病时,需要到综合性医院或者其他非精神病专科医疗诊疗。然而,由于精神病患者系无民事行为能力人,有时会出现自伤、自杀或者伤害其他患者的行为,因此,常常发生综合性医院拒绝收治因非精神疾病来就诊的精神病患者的情况。为此,《精神卫生法》第48条规定,医疗机构不得因就诊者是精神障碍患者,推诿或者拒绝为其治疗属于本医疗机构诊疗范围的其他疾病。虽然本次《精神卫生法》没有做出处罚规定,但是,如果综合性医院拒绝收治精神病患者而耽误患者病情,造成不良后果的,将会依据《刑法》《侵权责任法》等相关法律来追究医疗机构的法律责任。

**案例4:**2013年1月某日,110巡警在巡逻中遇到一名衣冠不整的年轻女性,警察初步判断为患有精神病的孕妇,就近送往一家医院,医院以没有精神科为由拒收;转往精神病专科医院时,又被告知没有妇产科。后又将该孕妇送到了另一家综合性医院。该院妇产科主任发现,孕妇羊水几乎流干,只能做剖宫术。手术很顺利,女病人产下一名5斤重的男婴。然而,清醒过来的女患者,依然暴躁,还拔掉针管、撕掉敷料。不久,女患者转回精神科继续治疗。终于回忆起家在河南,通知家属后,亲人赶来接走了母子俩。本例最终没有发生不良后果,假设患者、胎儿或者新生儿发生不测,推诿拒绝诊治的医疗机构将会面临承担法律责任。

# 医疗纠纷专业化管理解决机制探索

## 医疗投诉专业化管理积水潭模式

陈　伟*

北京积水潭医院医患关系协调办公室成立于 2004 年 4 月,十年来秉承"搭建医患连心桥,和风细雨化纠纷"的服务理念,以快速高效化解各类纠纷为原则,经过不断探索和学习,形成了以专业化理念为基础,以标准化制度为准绳,以高效率团队为支撑,以一站式服务为特色的医院投诉专业化管理积水潭模式,开辟了医患关系专业化管理的新纪元。

北京积水潭医院医患办十年来共接待各类投诉 7488 例,协议解决医疗纠纷 432 例,鉴定案件 144 例,诉讼或者诉前调解案件 441 例。医疗纠纷在医患办的积极协调下妥善解决。

十年磨砺,十年开拓,十年耕耘出硕果。自 2004 年 4 月 1 日北京积水潭医院医患关系协调办公室成立以来,医患办的每一步都走得脚踏实地。

2004 年,医患办树立快速高效化解医疗纠纷的理念;确定办公室工作职能:宏观上,调研医疗风险存在的原因,探索化解医疗风险的措施,协调科室之间的工作,收集反馈意见,给医院决策提供依据;具体工作:培训临床医务人员,调查、分析发生医疗风险的个案,接受临床科室和医师的求助,给临床科室和医师提供指导,处理医疗纠纷善后工作;建立医患关系档案库;完善医疗事故处理

* 陈伟,北京积水潭医院医患办主任、社会工作师、中国卫生法学会理事、中国医院协会医疗法制专业委员会委员、中国医师协会维权委员会委员、北京卫生法学会患者安全专业委员会秘书长、中国政法大学医药法律与伦理研究中心副主任。QQ:69452369。

程序;制定来访接待登记表;拟定了医疗事故处理原则、准则;将每月反映意见归纳、汇总,制定成月工作报表,加以分析研究;后将医疗服务、医疗质量上的不足及时上报给医院领导,为医院决策提供依据。

2005 年,医患办制定《北京积水潭医院医疗行为规范》《北京积水潭医院医疗纠纷责任评定及记分管理办法》,编写《北京积水潭医院医疗纠纷预防手册》;同时从 2005 年 1 月 1 日开始购买医疗责任保险,完成了实现替代性解决医疗纠纷的第一步,初步体会到医疗责任险体系的建立和完善是分散医疗风险和化解医疗纠纷的重要方法和手段。

2006 年,医患办引入医疗风险管理理念,逐步建立系统性危机预防管理机制,改变了最初被动应付医疗纠纷的情况,积极主动寻找危机预防方法,制定《北京积水潭医院医疗风险管理规定》,在院内建立长效的医疗风险管理机制。

2007 年,医患办提出"搭建医患连心桥,和风细雨化纠纷"的口号,为医务人员和患者提供人性化服务,将高标准、人性化的服务渗透于工作的各个环节之中,既维护医院利益,又合理、合法且不缺乏人情味地解决各项纠纷,提出专业化方法接待医疗投诉的理念。

2008 年,医患办提出医疗纠纷标准化管理的理念,即严格按照《北京积水潭医院医疗纠纷处理流程》中规定的医疗纠纷解决程序、解决时限、解决途径接待患者;从制度上优化医疗纠纷解决流程,实现专人、专项限时解决纠纷,提高医疗纠纷解决效率。普通投诉即时解决,医疗纠纷最长不超过 7 个工作日接待患方;力争做到发生问题及时解决,不推诿、不拖延,创建和谐医患关系。

2009 年,医患办在医疗纠纷调解中运用适合的社会工作方法,建立多元化纠纷解决机制,为医患双方提供多元化、人性化的服务,维护了医患双方的合法权益。

2010 年,医患办针对法律环境的变化,及时跟进,加强培训,应对法律变化带来的各种影响;完成首发基金项目《北京地区医疗纠纷标准化处理制度的探究》的申报,获得子课题,迈出理论与实践相结合的第一步。

2011 年,医患办提出医疗投诉管理专业化发展的理念,同时加强与医调委的密切配合,合力化解医患纠纷。

2012 年,医患办加强医疗投诉专业化管理方式,逐步培养专业化团队;与安定医院合作承担首发基金科研项目《首都地区卫生信访人员心理压力的调查及压力疏解方法的研究》按时结题,研究成果为卫生信访人员相关待遇落实提供科学依据;出版《医患沟通艺术》光盘,倡导临床医务人员树立医学人文精神,加强医患沟通能力。

2013 年,参与西城区人民法院创建医疗纠纷"三位一体"解决机制研讨工作;出版《医疗投诉管理工作指南》,真正实现医疗投诉管理专业化;正式推行手术意外保险。

2014 年,建立专业谈判、保险、保卫"三位一体"的工作模式,正式提出医疗投诉专业化管理的"积水潭模式"。

十年磨一剑,积水潭模式的提出为医疗机构投诉处理标准化发展方向打开了新的篇章。积水潭模式是以专业化理念为基础,以标准化制度为准绳,以高效率团队为支撑,以一站式服务为特色的医院投诉专业化管理模式。专业化管理和一站式服务是积水潭模式的核心。

所谓"一站式服务",其实质就是服务的集成和整合。北京积水潭医院医患关系协调办公室为患方提供投诉解决"一站式服务"。患者及家属在诊疗期间产生的所有不满,涉及医疗、护理、医保、财务、后勤等各方面的问题,均由医患关系协调办公室负责接待和处理,通过协调临床科室及各职能部门,妥善解决患者的意见,避免患者来回奔波和各部门之间相互推诿,促使问题快速高效化解。

医疗投诉专业化管理则是以标准化、规范化、科学化为目标,以模式管理提升对事件的反应速度和完善程度,不断改进提高工作效率,使医疗纠纷快速高效化解,内容包括理念专业化、制度专业化、方法专业化和团队专业化。

## 一、理念专业化

医疗机构要正确认识医疗投诉的积极作用,认识到投诉是医疗机构发现管理、服务中存在问题的最好方法,转变抵触投诉的错误理念。

## 二、制度专业化

制度专业化的突出特色是强调完善制度和规范流程,将医院投诉的诸多环节的工作流程化、规范化。

(一)完善的工作制度

由于投诉服务管理工作几乎涉及医院的所有部门,作为工作流程的最末端,投诉问题的推动与解决通常存在涉及环节多、沟通协调难的特点,可能牵一发而动全身,因此投诉服务管理的理念必须得到医院最高管理者的认可和积极推动,否则如果只是由某个部门发起的投诉服务管理体系的构建、优化和改善工作都势必困难重重。

(二)规范的工作流程

北京积水潭医院医患办建立以患者为中心的投诉闭环管理体系,建立投诉的事前预防、事中控制、事后改善"三位一体"的长效运营机制。

(1)投诉事前预防就是根据不同投诉问题类型产生的原因,有针对性地分别建立起相应的预防措施,及时识别和发现引起患者投诉的潜在因素,以采取迅速有效的预防及应急措施,防止或减少新的投诉发生,同时鼓励不良事件上报。

(2)投诉事中控制是能否处理好投诉问题、影响患者投诉满意度的关键。为有效地做好投诉事中控制,医院可以重点考虑建立如下机制:授权机制。投诉处理的授权就是明确投诉处理人员所享有的权限,适度的授权能够更好地快速响应患者需求,提高投诉现场解决率,提升患者的满意度。当然授权的程度取决于医院对外服务承诺的水平,同时也要考虑因授权引起的管理成本,所以需要权衡授权的程度大小。

联动机制。投诉处理需要相关科室与各临床部门之间建立起高效的联动机制,可考虑通过绩效驱动的压力传递,将各项投诉管理指标合理分解到相关科室。可将投诉部门的评价(临床科室对问题回复及时率、问题回复满意度等)和患者满意度同时作为临床科室主要考核指标,以使投诉部门能够得到高效的支撑,确保投诉问题得到及时处理和回复。

升级机制。投诉处理的升级机制主要是根据患者投诉性质及投诉问题情况的不同,分别建立起紧急升级流程,以确保重要紧急投诉、批量投诉、疑难投诉等问题得到快速响应。比如,我院针对重要紧急投诉,建立绿色服务投诉快速处理通道;针对因某一科室原因引致的影响较大的批量投诉,建立医院内部的预警通报机制;针对难以定位问题原因的疑难投诉,建立跨科室的联合会诊机制。

### 三、方法专业化

方法专业化是指在处理医疗纠纷过程中熟练运用法学、社会学、心理学相关知识与患者进行专业有效的沟通,促进纠纷的解决。处理投诉的基本方法包括用心聆听、表示道歉、仔细询问、记录问题、解决问题等。另外,接待过程也需要掌握一些技巧,包括熟练掌握法学知识,换位思考,运用心理学方法去倾听、安慰患者;沟通中向患方明确医患双方的共同目标,寻求合作基础;沟通中明确告知处理投诉原则、职责、流程,指明医患双方解决问题的方向、步骤;避免针锋相对及使用刺激性语言等。

### 四、团队专业化

医疗投诉的处理需要有医学、法学、管理学、社会学的知识基础,需要形成系统的理论体系。更要通过实践的磨炼和总结,形成多样化的实务处理方法,包括规范性工作流程、标准化操作步骤、统计分析工具、可持续性制度改建措施等。而所有这一切非常需要有一个广泛的知识平台的支撑。因此,首先要培养专业的投诉处理队伍,同时,与有关单位(包括新闻媒体、公安部门、鉴定部门、司法部门、调解机构、保险公司等）建立联系，形成完善的危机处理网络，并向这些单位告知可能出现的情况及需要寻求的帮助，以便投诉出现后能及时有效地进行沟通与合作。医疗机构内部，要与兄弟职能部门及相关部门加强协作，如保卫处、医务处、护理部、党院办、医保、财务部门等。院外，加强与医疗纠纷调解委员会的无缝衔接，积极配合和协助医调委的工作，培养良好的工作关系。保持与法院、公安部门高度配合，积极配合好卫计委、医管局和12320的工作，确保医疗纠纷的顺畅化解。

# 医疗意外保险在心血管外科手术风险管理中的应用

李志远　于志新　李惠君　李立环*

医疗意外是指在医疗活动中不是出于医务人员的故意或过失,而是由于不能预见或不可抗拒的原因在客观上造成了对患者不良后果的损害[①]。心血管外科手术具有风险高、费用高、死亡率高的特点,医疗意外客观存在,何时发生、其后果如何不可预见,也无法根本克服。医疗意外带来的不良后果的损害给患者造成经济损失、人身伤害,其中有些因患者及其家属经济上的压力转化为医患矛盾,给医院带来纠纷的困扰;或者以欠费的方式转嫁到医方承担,给医院带来经济上的负担。阜外心血管病医院是我国治疗、研究、预防心血管病的三级甲等专科医院,心血管外科手术7000余例。2003年以来,我院在心血管外科手术风险管理中尝试实践医疗意外保险,通过保险的方式分担患者发生医疗意外后的风险,取得了较好的效果。现将近三年来的情况总结如下:

---

\* 李志远、于志新、李惠君、李立环,北京阜外医院工作人员。

李志远,男,1971年出生,汉族,副研究员,现任中国医学科学院阜外医院院长助理兼医务处长,主要从事医院及医务管理工作。1994年大学毕业从事心血管病临床工作,1999年始从事医院管理工作,先后参加协和—北卡管理学者学习班、清华大学现代医院职业化管理高级研修班、世界卫生组织医疗质量改进学习班、中国高级卫生管理人员赴美培训项目等医院管理培训。兼任中央国家机关青联委员、北京市青联委员、中国卫生法学会理事、北京卫生法学会患者安全委员会常务委员、北京市心血管介入质量控制和改进中心办公室主任、西城区医学会医院管理学组组长等。

① 武咏、武学林:"试论建立医疗意外保险制度",载《中国卫生事业管理》2003年第9期。

## 一、医疗意外保险实践的基本情况

（一）时间

自 2003 年 12 月至 2006 年 12 月。

（二）保险责任

病人在住院期间因施行心血管外科手术而发生死亡的意外后果。

（三）保险方案

保险费率主要考虑手术死亡率厘定，保费大部分由患方交纳；医院为每个参保患者缴付极小部分保费，以体现对患者的关爱及风险共担理念。保险金额基本与手术费用持平。

## 二、医疗意外保险的实行情况

医疗意外保险的实行情况主要通过投保率来体现。以月度为统计时限，在早期和稳定期的投保率如表 1 所示。

表 1　医疗意外保险投保率前期和后期情况比较

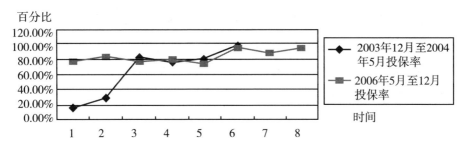

表 1 中两条折线分别代表我院医疗意外保险投保率前期（2003 年 12 月至 2004 年 5 月）和稳定期（2006 年 5 月至 12 月）的趋势情况。可以看出 2003 年 12 月刚开始尝试医疗意外保险时，由于缺乏示范效应，患者及家属并不了解其作用和意义，投保率仅为 15.74%。但随着患者及家属对该险种的逐渐了解和理赔案例的示范效应，2 个月后投保率达到 81.65%，并且之后一直维持在 80% 左右的水平。

越到后期,折线越平直,投保率越稳定,说明患者及家属对医疗意外保险是认可和接受的,也从患者的角度肯定了医疗意外保险对患方风险的分担作用。

### 三、医疗意外保险实践的效果

自 2003 年 12 月到 2006 年 12 月,在我院行心血管手术后于住院期间死亡的患者中,有 93% ~99% 的患者获得了保险公司的赔付,平均值为 95%。具体数据见表 2。医疗意外保险的施行,使得因患病行心血管外科手术而意外死亡的患者家庭中绝大部分获得了保险理赔,使这些家庭在因病失去亲人后获得了一定的经济补偿,避免出现"人财两空"的极端后果,有利于这些家庭尽早走出悲痛,积极生活,具有非常积极的经济社会意义。

表 2　死亡患者获得保险公司医疗意外赔偿比例

|  | 2004 年 | 2005 年 | 2006 年 |
|---|---|---|---|
| 死亡患者的赔付率 | 93% | 99% | 93% |

同时,对我院 2003 年 12 月到 2006 年 12 月近 2 万例心血管手术进行统计,发现投保医疗意外保险的患者中发生医疗纠纷的比例明显低于未投保的患者,具体数据见表 3。在 $\alpha = 0.01$ 的水平下进行卡方检验得到 $p < 0.01$,说明是否购买医疗意外保险对是否发生医疗纠纷情况的影响有统计学意义,即开展医疗意外保险可以显著降低我院的医疗纠纷发生率。对医院、医生和患者家庭均有积极意义。

表 3　购买医疗意外保险对医疗纠纷发生情况的影响

|  |  | 投保医疗意外保险 | |
|---|---|---|---|
|  |  | 是 | 否 |
| 发生医疗纠纷 | 是 | 6 | 22 |
|  | 否 | 16022 | 2740 |

### 四、讨论

医疗风险的存在和发生是医患争议的核心问题。患者在就医过程中可能会遇到两方面的风险,即因医方的过错造成的医疗事故的风险和非医方过错发生医疗意外的风险,这两种风险均能给患者带来不同程度的伤害和损失。前一种风险(医疗事故的风险)可以按照《医疗事故处理条例》的规定来解决,由责任方进行赔偿,而因患者体质特殊或医学科学水平所限而造成的治疗效果不满意或发生死亡伤残等情况,则只能由患方独自承担。在没有合适的风险分担机制下,尤其是在医疗费用高,患者经济负担重,又人财两空的情况下,后一种风险(医疗意外)更容易发生恶性医疗纠纷。因此,探讨从机制上形成对医疗风险的完善解决方案,可能成为缓解医患矛盾的最有效方法之一。

保险(insurance),就是为应付自然灾害或意外事故所造成的财产损失或人身伤亡,而采用的一种社会互助性质的经济补偿方式,其特点是互助性和直接的经济补偿性,原则是"一人为众,众人为一"。保险有四个要素,即危险存在发生的可能性、危险发生时间的不确定性、危险导致的后果不能确定、危险的发生并非故意或过失。因此,医疗意外属于保险危险的范畴。医疗意外保险就是针对医疗意外伤害设计的保险方案。

医疗意外保险的投保过程可以使患方全面认识医疗的风险,从而促使其重视风险,并正确对待风险,提高患者的医疗风险意识。医疗意外发生后保险的理赔,患方可以首先得到经济上的补偿,这在极大程度上消除了发生医疗意外时患方的尖锐对立情绪,促使患方理性对待和处理相关事宜,缓解了医患矛盾,减少了不必要的投诉、纠纷和医疗诉讼,节约了社会成本,提高了工作效率。因此,该保险方案得到了绝大多数患者的欢迎,投保率一直稳定在80%以上。

从社会经济的角度来看,由于我国的基本医疗保险还在发展中,很多患者就医的医疗费用个人负担较重,患方巨大的经济压力在医疗风险这个导火索引导下必然向医方找寻减压的途径,从而形成一场场医疗纠纷,转化为医患双方矛盾,成为社会不安定因素。建立起医疗意外保险制度将医疗意外的风险分散于患方群体、医患双方乃至整个社会中,自然有更强大的能力来消化医疗意外造成的损失,消除医患双方所承受的经济负担,最终可以化解双方的纠纷,保障患方个人及家庭生活安定,保障医方正常的医疗秩序。投保患者的医疗纠纷发生率显著低于未投保患者,也正是印证了这一点。减少了纠纷也就解决了医生的后顾之忧,使医生可以比较大胆地进行技术创新,促进医学科学的进步。

大数法则是保险实践中的重要法则,是指在足够数量投保的情况下,投保群体的风险发生率达到相对固定,其核心是通过大数获得稳定的风险发生率,是保险控制风险的重要手段。医院的某类患者(如手术患者)在一定时段内,其风险发生率是相对稳定的。因此,要正确理解和执行大数法则。医疗意外保险实践中,应更多考虑市场细分问题,即有针对性地提供合适的保险产品。

我院的医疗意外保险方案只针对死亡这一项医疗意外,主要是考虑到其明确、简便,实际上医疗意外是一个很大的范畴,医疗意外保险大有可为。

医疗意外保险是缓解医患矛盾、构建和谐医患关系的重要手段,在实践中取得了较好的效果。在实际工作中,应根据各自医院的特点研究适合的保险方案。

经过十多年的积累和总结,我院的医疗意外保险方案逐渐完善,目前在保障范围和保障能力上都有了较大的发展。首先是保障范围,逐渐扩展到心脏外科手术并发症,如二次开胸、术中严重心律失常治疗、体外循环膜肺支持、器官切开、多次器官插管等,心血管病介入治疗包括冠心病介入治疗、起搏器植入、射频消融、先心病介入治疗等,也全部纳入意外保险范畴,扩大了保险受益人群。心外科手术投保比例一直维持在80%~90%,心血管介入治疗投保比例达到40%~50%,保险金额逐步增长到14万~20万元,提高了保障能力。

# 医疗诉讼的关键点管理

刘　宇<sup>*</sup>

## 一、什么是医疗诉讼的关键点管理

针对医疗诉讼而提出的关键点管理,实际上是借鉴项目管理中节点管理的观念。所谓项目管理(PM),是指项目管理者在资源有限的约束下,运用系统的观点、方法和理论,对项目涉及的全部工作进行有效管理以实现项目的目标。一个医疗诉讼的过程,就是一个典型的项目完成过程。对医疗机构而言,这一项目因接到起诉状而启动,项目目标是取得合法合理与有利的判决结果。但项目运行面临事务繁杂和可提供资源有限的矛盾。在此背景下,需要借鉴项目管理中的节点管理的方法。

节点管理,也称时间节点管理,通俗地讲,就是按照项目运行的时间计划表,确定在什么时间点应当完成哪些关键任务,管理者在这些关键的时间点上进行检查和管理。这一管理方式的优势就是将项目工作分割成不同的时间节点,让项目参与者知道自己身处哪一个时间节点中,职责是什么,目标是什么,该主要做什么。节点管理有助于提高项目实施的标准化、规范化,有助于通过对阶段性目标的设计和实现来促成整体目标的实现。

---

\* 刘宇,法学硕士、执业医师、公职执业律师。北京协和医院医务处副处长、北京平谷区医院副院长(挂职)、研究员(医院管理专业)。社会任职:中国医院协会医疗法制专业委员会常务委员、副秘书长,北京卫生法学会患者安全专业委员会副主任委员,《中国卫生法制杂志》编委,《中华医院管理杂志》审稿专家,北京市第二中级人民法院人民陪审员。从事以下专业领域的工作和研究:医疗质量和医疗安全管理,医院风险控制和医疗纠纷处理,医院法律事务管理和法律诉讼等。

医疗诉讼过程常常是一个漫长的过程,在这一过程中,时间是不确定的,事项是繁杂的,参与人员是众多的,但是,如果我们能够将诉讼过程划分为不同的时间阶段,在每一个阶段设置一个时间节点,在这个节点上管理者可以主动地设计该节点的预期目标、重点任务,并有意识地组织该节点涉及的人员共同工作,可能得到事半功倍的效果。在这里,我们将这些对诉讼过程至关重要的时间节点称之为"关键点",针对关键点而进行的管理称之为"关键点管理"。

目前,许多医疗机构将医疗诉讼的法律部分交给律师去代理,医疗部分则由临床医学专科派出医务人员负责,律师与医生作为代理人参加诉讼确实可以解决诉讼中面临的法律与医学上的专业问题,但他们也存在只从各自专业角度对待诉讼,欠缺对诉讼的整体把握的问题。实际上,在医疗诉讼中,医院管理者的角色也是不可或缺的。而医院管理者参与医疗纠纷民事诉讼的一个重要途径,就是在医疗诉讼的各个关键点上组织管理部门与诉讼代理人的联席会议,审定该关键点上应当进行的重点工作,评估上一个诉讼阶段的工作成效,预测下一个诉讼阶段的工作难点,由此为医疗诉讼工作制定宏观上的战略规划,并且有针对性地对即将进行的具体工作进行战术上的具体指导。

## 二、医疗诉讼管理中的四个关键点

(一)第一次开庭之前

1. 时间阶段

从接到起诉书开始到第一次开庭之前。

2. 工作目标

充分收集案件信息,完善资料准备,为即将到来的法庭质证做好证据准备。

3. 主要任务

(1)初步了解案情,根据起诉书查询相关病历资料,组织科室讨论,复习病情经过,明确对方质疑的内容;(2)确定案件代理人,包括医疗专业方面的代理人和代理律师,为他们准备诉讼手续;(3)确定医方基本观点,即根据具体案情和医院内部讨论意见,对医疗过错、因果关系等关键问题形成医方的基本观点;

(4)明确答辩策略,即根据对方起诉的主要理由结合我方基本观点制定诉讼的整体答辩策略,包括做无过失答辩还是有过失答辩,可否同意调解等;(5)完善证据材料,组织我院必须提交(一般为病历)和希望提交的各项证据资料,使之达到法律可以认可的程度;(6)选择鉴定的类型和机构,医方是倾向于医疗事故鉴定还是司法鉴定,倾向于哪家鉴定机构,属于首个关键点必须明确的内容。

4. 工作难点

在第一次开庭前的关键点上,我方人员资质问题和病历瑕疵问题是工作的重心和难点。因为第一次开庭后的主要程序是质证,诉辩双方都力图强化自身证据和攻击对方证据,而目前患方最积极攻击的就是医方的人员资质问题和病历瑕疵问题。如果在这些问题上出现重大纰漏,案件可能不经实质审理而直接做出对医方不利的判决。因此,在第一次开庭前的关键点讨论中,医疗技术问题还在其次,最重要的是对我方资质和病历问题的整理、审查和对策研究,确保法律程序可以顺利进行到鉴定阶段。当然,我方对对方提交证据的瑕疵也应积极进行质询的准备工作。

(二)医疗损害鉴定之前

1. 时间阶段

从法院第一次开庭,经过双方陈述起诉书和答辩状,到完成初步质证,确定鉴定机构,准备进行医疗损害鉴定这一时间段。至迟在医疗损害鉴定会召开之前。

2. 工作目标

在对诉讼案件涉及的医疗经过进行全面审查的基础上,形成完整的医疗技术层面上的实质性答辩意见,并做好应对对方重大质疑点的准备。

3. 主要任务

(1)代理人充分熟悉病历资料,复习案情细节;(2)酝酿成熟说明我方医疗工作合法合理性的论证思路;(3)制作标准的书面答辩意见并依鉴定机构的规定提交;(4)准备好支持我方观点的证据资料;(5)预测对方可能对我方进行质疑的主要攻击点并准备好反驳方式;(6)预估鉴定专家可能从专业角度提出的问题并做好答复准备;(7)必要时可以进行模拟鉴定演练;(8)鉴定前后组织好参加鉴定的有关事项;(9)在对方情绪激烈的案件中做出安全保障方面的必要安排。

4. 工作难点

当医方有机会面对医疗损害鉴定前的第二个诉讼管理关键点时,至少说明医疗机构已经通过了法庭质证阶段的考验,案件重心由此开始从法律角度的证据审查向医疗技术角度的实质性审查转移。所以,这个关键点的工作重心是论证医方的医疗行为是否符合诊疗规范,是否达到合理的医疗水准,有无违法违规之处。此种审查的本质是医疗领域专家对被告方医疗行为的同行评价,因此并无多少法律内涵,所以此关键点的管理重心是医疗行为在技术层面上的审查、评价与论证。再者,如果有些案例中医方已经认识到医疗行为有缺陷而准备做有过失答辩时,技术论证的重点就在于确定医疗损害后果的造成因素中医疗缺陷和疾病复杂性之间的因果关系比例分配,亦即医疗过错"参与度"问题,所有上述医疗技术层面的专业交锋应当成为此关键点准备工作的重心,而此阶段最大的难点就是当前鉴定机构对医疗水平评价和因果关系参与度评价缺乏统一标准,鉴定人自由裁量权很高,因此鉴定结果具有一定的不可预测性。

(三)医疗损害鉴定结论发布之后

1. 时间阶段

从医疗损害鉴定开始到鉴定结论发布后,至迟在法院下一次开庭之前。

2. 工作目标

审查鉴定结论,确定对鉴定结论的基本态度,在此基础上制定最佳的答辩策略。

3. 主要任务

(1)审阅并决定是否接受鉴定结论;(2)如果不接受鉴定结论则需提交申请鉴定人出庭质询的申请书并做好质询准备;(3)评估推翻鉴定结论的可行性(绝大多数情况下不可行);(4)以鉴定结论为基础评估可能的判决结果,尤其是模拟计算赔偿金额;(5)在完成上述工作的基础上设计法庭辩论的基本策略,准备答辩词;(6)评估并作出是否接受法庭调解的决定。

4.工作难点

如果鉴定结论是医疗行为完全正确无任何过失,后面进行的法律程序当然会对医方有利。此种情况下本次关键点会议甚至可以取消,但在鉴定结论认定医方应当承担全部或部分责任的情形下,此次关键点管理就显得十分重要。因为此时虽然医方承担赔偿责任已成定局,但赔偿金额的计算则有很大伸缩空间。此种情况下需要从医学和法律两方面寻找有利于我方的论点论据,形成强有力的答辩词,这是减少不必要损失的最后机会,是考验诉讼代理人能力与水平的关键时刻。当然,此种情况下律师所起的作用更大一些,而医院管理者则应该把握答辩策略的大方向。

(四)诉讼终审判决执行之后

1.时间阶段

从鉴定结论发布后法庭重新开庭审理到最终法庭作出判决,医方执行判决的一个阶段之后。一般在案件终审判决后一个月之内。

2.工作目标

重新从医疗安全管理的角度审视整个案件,从医疗制度完善、流程改进的角度,利用 PDCA(即 plan do check action,也即计划、执行、监督、改进)方法分析案件中存在的直接或间接的医疗安全隐患,形成建设性的改进建议并立即付诸实施。

3.工作任务

(1)召集所有案件相关部门和人员的联席会议,从一开始就强调 To error is human(人人都会犯错)的观念和 PDCA 管理思想;(2)从全新的病人安全管理角度对将整个医疗诉讼案件视作一起医疗不良事件进行重新的分析;(3)发现和提出案件中体现的制度缺陷、流程缺陷和环境缺陷,有针对性地提出改进方案;(4)针对此类案件在一定范围内进行医疗安全预警;(5)从法律角度对本例医疗诉讼面临的法律环境做出评估,总结法律专业上的经验教训,分析法律诉讼方式方法上的可改进之处;(6)将全部案件档案归档备查。

4. 工作难点

案件判决之后的这个关键点是非常重要但也是经常被忽视的关键节点。有些医疗机构在案件结束赔偿了事后就认为医疗诉讼工作已经结束,但医院管理者必须清醒地认识到,一个案件法律过程的结束绝不是管理工作的结束。恰恰相反,这正是医疗管理层面上向错误学习,汲取教训改进安全管理的最佳时机。如果不能通过此次诉讼案例尤其是赔偿案例改进既有的工作流程与环境,将使得患者白白付出生命健康的代价。当然,在这一关键点,最艰难的问题是改变观念。因为在诉讼进行的之前阶段,医疗机构与医务人员更多的是从诉讼对抗的角度思考问题,而在这最后的关键点上,要求所有人员转变思想,抱着不回避问题向错误学习的理念重新思考,并且抛弃任何人的因素,不以追究某人的责任为目的,而是所有诉讼参加者畅所欲言,一切为了改进医疗流程与环境,努力改进,最终设计一种"做对容易做错难"的医疗管理环境,靠 PDCA 思想和持续改进的举措让我们的医疗诉讼管理迈上新的高度。

### 三、医疗诉讼关键点管理的意义与价值

(一)有助于节约和集中管理资源

医疗机构的管理资源是有限的,这决定了管理者只能将医疗诉讼的大量具体事务交给代理人完成而无法事必躬亲。而关键点管理有效地解决了管理资源不足的问题,医疗机构质量安全管理部门的管理者只需要做好关键点的管控就可以掌控医疗诉讼的全局,大大节约了管理资源。并且由于不同的关键点的管理重心不同,管理者可以预先集中安排该节点的重点工作任务,使得管理资源可以集中力量,犹如把好钢用在刀刃上,有事半功倍的效果。

(二)有助于促成多种专业力量的沟通合作

医疗诉讼的参与者有专业的医师、律师、管理人员并牵涉医疗机构的方方面面,关键点管理模式促成了在一些重要节点上,通过召集联席会议的模式,多方面的专业人才可以最大限度地沟通与合作。他们的合作成果不仅体现在医

疗诉讼工作的顺利进行上,更体现在诉讼结束后对医疗事件的反思和对医疗管理环境的改进上。笔者相信,对于任何一家医疗机构而言,这种跨专业的合作都是难能可贵的。

(三)有助于实现医疗安全管理 PDCA 循环持续改进

管理的最大追求就是希望营造一种氛围和模式,可以形成一个内在的张力,促使医院的管理体系始终不断地更新、完善、再更新、再完善。近期被医疗管理者普遍提及的 PDCA 循环,亦即通过计划(plan)、执行(do)、监督(check)、改进(action)的循环往复而不断提升管理水平的思想,在医疗诉讼管理中也应得到体现。而上述的医疗诉讼关键点管理正是落实这一管理思想的具体步骤。在单一的案例中,通过四个关键节点上管理力度的不断推进,最终达成医疗纠纷顺利解决的同时实现对医疗管理水平的提升。更重要的是,通过在大量的医疗诉讼中都实现关键点管理,还可以实现同一关键点上进行不同案例的横向比较与分析,从更大的样本中形成更多地提升管理水平的推力。实际上,最为重要的还不是能形成多少改进措施的问题,而是这种关键点管理的形式本身,就在医疗机构中营造出一种更具专业精神和自省理念的氛围,从而潜移默化地将谨慎行医、持续改进的意识融入每一名医务人员的思想,当这种思想上的推力达到一定的时间和程度,就造就了管理者终极追求的目标——一种先进文化的形成。

# 医患特殊情形的法律研究

## 医患自费协议法律属性分析

魏亮瑜*

### 一、医疗费用问题成为医患纠纷的新焦点

随着医疗科学技术的突飞猛进与日新月异,疾病的治疗手段越来越多元化。药品、医疗器械不断地更新换代,医患双方均有了更多的选择。比如阑尾炎的治疗,根据病情既可以采用右下腹 McBurney 切口或经腹直肌探查切口进行阑尾切除术,也可以选择经腹腔镜阑尾切除术;术后伤口包扎既可以选择常规的敷料,也可以选择使用具有促进愈合、凝血等作用的新生物制剂;心脏支架置入手术中既可以选择国产的支架,也可以选择进口的支架等。高科技、新产品往往意味着相对较高的费用,且医疗保险报销项目可能尚未将其涵盖或只能报销一小部分金额,患者需要自付相关费用,数额甚至会很高,这往往使得患者及家属不得不依据其家庭经济情况进行衡量,慎重考虑与选择,所以患者自身经济状况也是一项影响患者实现选择权利的极为重要的因素。这也就使得医务人员对于医疗费用的说明告知义务愈加重要。

* 魏亮瑜,男,南京铁道医学院、东南大学医学法律专业毕业,法学学士,北京科技大学公共管理硕士。现任卫生部北京医院医务处副处长、医患关系办公室主任,北京医院公职律师,北京大学医学网络教育学院客座教授,中国医师协会维权委员会委员,中国医师培训咨询委员会副主任委员,中国医院协会医疗法制专业委员会委员,北京卫生法学会理事,北京市第二中级人民法院人民陪审员,《中国卫生法制》和《中国医药科学》杂志编委,《中华医院管理杂志》审稿专家。2006 年被授予"2001 ~ 2005 年全国卫生系统法制宣传教育先进个人"部级荣誉称号。E-mail:wlydorei@ 163. com。

医疗费用是容易引起医患纠纷但常常被忽略的问题,从相关的法律条文的字面规定看,一般都未在医方说明告知的范围中明确列出"医疗费用"一项,大多被包含在"等"字中,如《侵权责任法》第 55 条之规定:"医务人员在诊疗活动中应当向患者说明病情和医疗措施。需要实施手术、特殊检查、特殊治疗的,医务人员应当及时向患者说明医疗风险、替代医疗方案等情况,并取得其书面同意⋯⋯"《医疗事故处理条例》第 11 条之规定:"在医疗活动中,医疗机构及其医务人员应当将患者的病情、医疗措施、医疗风险等如实告知患者⋯⋯"此外医务人员一般更加注重的是医疗方案、治疗效果等问题,不会花太多心思在如何减轻患者经济负担上;而且医患之间的共同目的是治疗疾病,费用超出患者预期但确实会取得很好的疗效的治疗方法,医务人员很容易主观地推定患者当然会愿意接受这种治疗方法;加之临床工作繁重、忙碌,从而忽略医疗费用的告知问题,特别是其中的自费部分。医务人员对于自费部分进行的告知说明,落实到书面上就是临床工作中常见的自费协议书。

## 二、自费协议概述

自费协议是医务人员与患者之间就由患者自己承担某种医疗措施、药品等的全部或部分费用一事达成的合意,是医务人员履行说明告知义务、患者知情同意权得以实现的方式之一。自费协议的载体是表现为书面形式的"自费协议书",从而也是医务人员依法履行说明告知义务、患者知情权得以实现的书面证据,属于病历资料的一部分。一份规范的自费协议应当涵盖需自付费用的项目名称、使用原因、金额、自付比例、医务人员签字栏、患者签字栏、日期,患者预交该部分费用后需加盖医院财务相关签章以及相关解释说明文字。

## 三、自费协议性质分析

### (一)从知情同意权的角度分析

随着公民权利意识的觉醒与高涨以及我国法律法规的逐渐健全与完善,患者知情同意权越来越受重视,其内容也逐步扩大与完善。我国医疗体制改革的不断深入,社会医疗保险逐步建立以及商业保险的发展,虽然大大缓解了人民群众的就医压力,但毕竟公民个人仍可能需自己承担一定费用甚至全部费用,医疗费用问题已经成为绝大部分公民到医院就医时需要重点考虑的问题,所以医疗费用特别是自费医疗费用部分成为医务人员需要向患者讲清楚、说明白的事情,应该被纳入医生说明告知义务的范围中并成为其中一项重要内容。

采取相应的医疗措施前,医务人员应将该项医疗措施所需费用告知患者,特别是存在需患者自付部分或全部费用、无法全部报销或只能部分报销的医疗措施、需要使用非医疗保险范围内药物或者存在非适应证使用情况时,要与患者签署自费协议书,经患者同意后方可使用,哪怕该种措施、药物确实会有很好的效果。不签署自费协议书的行为造成对患者知情同意权的侵害,按照《侵权责任法》第55条之规定,医疗机构及其医务人员具有过错,造成患者损害的医疗机构应承担侵权责任,这属于学者提出的"医疗伦理损害"的医疗损害侵权类型。

**(二)从合同订立角度分析**

**1. 医疗服务合同的强制缔约性质**

医疗服务合同具有其自身的特殊性,区别于一般的商业服务性合同,其中重要的一点就是在医疗服务合同的订立过程中医院负有强制缔约的义务。"对于公用事业或与公众福利、健康有关的事业,法律限制其订约自由以及选择相对人的自由,如无正当理由,应该与该相对人订立契约,此种情形称为强制订约。"医院所承担的工作是关系到广大人民群众生命健康的医疗工作,具有很强的社会公益性质;此外作为掌握大量医疗资源与信息的法人组织的医院与作为自然人个体的前来求医治病的患者之间注定不可能处于"旗鼓相当的平等谈判地位",为了避免一味地追寻形式上的契约自由而有损实质上的公平与正义,医疗机构、邮政、电信、电气水热供应等公用事业组织、单位被法律法规乃至社会公序良俗原则科以强制缔约的义务。"对于相对人的要约,非有正当理由不得拒绝承诺",一定程度上限制了契约自由,这也已成为世界各国所广为接受的法律理念与规则。

对于强制缔约的分类，我们采用"直接强制缔约与间接强制缔约"的二分法，此种分类方法以法律是否有明文规定为划分标准。法律上对强制缔约有明文规定的，称为直接强制缔约；法律上虽无明文规定，但依公序良俗原则，当事人负有强制缔约义务的称为间接强制缔约。我国《执业医师法》第24条规定："对危急患者，医师应当采取紧急措施进行诊治，不得拒绝急救处置。"这属于直接强制缔约，但从法律条文字面的意思来看，该强制缔约关系仅适用于抢救急危患者的情形，尚不涵盖一般就医患者。对于医疗机构与一般患者间的强制缔约关系虽无法律层面的明确规定，但完全可以依公序良俗原则得出，这应属于间接强制缔约的范畴。

综上所述，患者到医院就医，要求与医院建立医疗服务合同关系，在这一合同的订立过程中，患者向医疗机构发出意欲建立医疗服务合同的要约，而医疗机构则处于强制承诺的地位，不得随意拒绝承诺。所成立的医疗服务合同中包含了医患双方间就疾病治疗的地点、方式、方法、收费等方面的合意（当然这一合意多是基于国家卫生行政部门所规定的规范及标准而定，排除了当事人双方共同决定合同内容的自由，我们认为这也正是医疗服务合同的强制缔约性的一种表现）。问题是这一合同可能尚不精准，只是一个大概范围内的初步的一般性约定。因为就诊之初，患者自身机体的很多指标尚不完全清楚，需要经过完善一系列相关检查以使医生获取患者机体的准确信息后，具体的诊疗、用药方案、费用上的相关问题才能够一步一步地落实。易言之，经过强制缔约建立起的医患之间的医疗服务合同具有初步框架性，其具体内容还会动态地不断完善与细化。自费协议的签署正是对医疗服务合同的补充或者变更。医务人员要求患者签署自费协议的行为具有类似要约的性质，是医务人员希望与患者针对具体费用问题订立补充或变更、进一步完善或细化医疗服务合同的意思表示。

2. 自费协议是对医疗服务合同的补充或变更

医疗服务合同初步框架建立后，医疗机构及其医务人员应当按照医疗服务合同规定的目的、内容，为患者提供符合合同约定的诊疗服务；同时毕竟医务人员是医学专家，掌握有最为可靠的医学知识与技术，应允许医务人员依据患者病情的性质及发展、转归及时调整或者确定最为合适的治疗方案并及时向患者说明告知,以取得患者同意后实施。这时相当于医务人员在原始的医疗服务合同的基础上,向患者发出了新的要约并需要患者就此作出承诺,表现为由患者签署具有法律效力的书面文书,按照《合同法》第61条之规定,"合同生效后,当事人就质量、价款或者报酬、履行地点等内容没有约定或者约定不明确的,可以补充协议;不能达成补充协议的,按照合同有关条款或者交易习惯确定"以及第77条规定,"当事人协商一致,可以变更合同",医患双方达成了新的合意,作为原医疗服务合同的补充协议或者为了患者利益而对合同内容进行变更,从而更好地服务于原医疗服务合同,合同主体、性质并未发生变化。

公立医疗机构不以盈利为目的,患者交付费用的标准受到卫生行政部门的监督与管控,医疗机构不能随意定价,市场调控的作用力大大削弱甚至不存在。尽管如此,医疗费用仍是医疗服务合同的一项主要内容,特别是当存在需患者自付费用的部分时。当医疗费用将发生医患双方预期外的变化时,如患者若按照拟采取的医疗方案进行治疗将会产生其预期外的费用或者将发生原本不会产生的费用,由于该种费用无法通过保险等手段分担,需患者结合自身经济状况作出选择,采取后会对其切身利益产生较大影响。这就需要医务人员将药品、医疗器械名称、金额、自付比例明示给患者,患者签字作出承诺,双方就医疗费用达成新的合意,形成原医疗服务合同的补充或变更。

### 四、自费协议的签订时间

如前文所述,自费协议体现着双重的法律意义,既是患者知情同意权实现方式及书面证据,亦是对于医疗服务合同的补充或变更,其重要性可见一斑。那么自费协议在什么时候签订才能使其获得完备的法律效力及更强的证据效力,也是很值得探讨的问题。

既然自费协议是对原始医疗服务合同的补充或变更,那么其必然是在宏观的医疗过程进行中签订的。本文所讨论的自费协议签订时间,是指应于采取需自费的医疗行为前签订,还是在具体行为过程中签订,抑或具体医疗行为实施完毕后签订,即补签。曾有过这样一个案例:患者甲到某医院接受了钬激光切除肿瘤术。术前医务人员并未告知患者及家属钬激光术、术后化疗药物(部分)及组织粉碎器是自费项目,在手术后出院当天,医务人员才要求患者及家属签署自费项目协议书且并未解释清楚事情原委,患者之妻在协议书上签名。后患者办理出院手续时才得知很大一笔费用不属于医保报销范围,需要自己负担,遂与医院发生纠纷并诉至法院。患者及家属认为医院侵害了患者知情同意权,故要求医院退还多收的医疗费。本案中法院最终支持了原告方的诉讼请求。

我们认为,自费协议一般应当于采用其中所涉及的自费医疗药品、器械前,由医务人员将各项信息填写清楚并交由患者阅读,并做必要的解释说明,患者同意并签字后生效。从合同订立的逻辑顺序角度看,要约与承诺必然发生在合同成立生效之前。所以,医务人员在临床工作中一定要做到:在使用有可能需由患者承担部分或全部费用的药物或医疗器械时,需首先向患者充分告知其使用的合理性、必要性,并听取患者意见,征得其同意后让患方签署自费协议书,方能使用以上自费用品,从而做到真正尊重患者知情同意权,防范相关医疗纠纷的发生。但临床工作中也存在事后补签的情况:如果患者在听取医务人员的解释与说明后对先前的医疗行为表示认可,自愿补签自费协议书的,应当有效。按照《合同法》第37条之规定,"采用合同书形式订立合同,在签字或者盖章之前,当事人一方已经履行主要义务,对方接受的,该合同成立",且这也符合私法自治原则。私法自治以"个人是其利益的最佳判断者"为基础,允许当事人自由处理其事务。私法自治的实质,就是由平等的当事人通过协商决定相互间的权利义务关系,法律没有必要否定其效力。患者事后又反悔的,应举证证明当时补签自费协议书并非出于自身真实意思表示。

本文所指的需签署自费协议的情形,如无特别说明,应是指有多种费用类别的药品、器械可供选择的情形下,采取相应的诊疗行为前,由医务人员向患者进行说明告知,取得患者同意并自愿签署的情形。

# 医师外出会诊的法律属性及民事责任

戴怡婷　薛　峰*

新中国成立以来,我国医药卫生事业取得了显著成就,覆盖城乡的医药卫生服务体系基本形成,但城乡和区域医疗卫生事业发展不平衡、资源配置不合理的问题一直是阻碍医疗卫生事业进一步发展的瓶颈。为此,我国建立了具有中国特色的医师外出会诊制度。

会诊是一个自然概念。所谓会诊重点强调"会",系指三人以上共同完成某事。辞海中"会诊"意指,医疗预防机构邀请机构内外有关专科的医师会同诊察研究的一种诊疗工作方式,是解决疑难病症的诊断和医疗处理等问题,提高医疗服务质量的措施。医师外出会诊是"会诊"的表现形式之一,是指医师经所在医疗机构批准,为其他医疗机构特定的患者开展执业范围内的诊疗活动。① 在现实生活中,医师外出会诊广泛存在于医疗实践中,对于维护人民群众健康、提高医疗水平、优化资源配置、满足人民群众日益增长的医疗需求发挥了极大的作用。然,医师外出会诊的法律性质以及如何解决由医师外出会诊引发的医疗纠纷尚未有法律法规的明确规定,亦鲜见相关理论研究。本文将着重

---

　* 戴怡婷,西北政法大学法学学士、清华大学法学硕士。毕业后进入北京市东城区人民法院工作,从事民事审判,审理医疗纠纷及合同纠纷千余件。后经遴选进入北京市高级人民法院工作,从事知识产权审判。参与编写《知识产权前沿案例》《北京市高级人民法院知识产权疑难案例要览》等著作,在《法学杂志》《科技与法律》《知识产权报》等报纸期刊发表文章20余篇。曾承担教育部、工信部等课题近10项。E-mail:dytt2002@163.com。

　薛峰,北京市东城区人民法院副院长。

　① 《医师外出会诊管理暂行规定》第2条规定,"本规定所称医师外出会诊是指医师经所在医疗机构批准,为其他医疗机构特定的患者开展执业范围内的诊疗活动。医师未经所在医疗机构批准,不得擅自外出会诊。"

对医师外出会诊的法律属性及医师外出会诊引发纠纷的民事责任问题加以研究。

**一、医师外出会诊的法律属性**

医师外出会诊涉及邀请医院、会诊医院、患者和医师四方。在会诊过程中，四方的目的、行为以及四者之间的法律关系均有所不同。因此，医师外出会诊关系是多种法律关系的结合体，包含邀请医院与患者之间的法律关系、邀请医院与会诊医院之间的法律关系、医师与医院之间的法律关系以及邀请医院、患者与会诊医院之间的法律关系。医师外出会诊的法律属性直接关系着医疗"馅饼"的最大化——四方利益最大化，关系着医师外出会诊制度作用的发挥。

医师外出会诊关系，尽管错综复杂，但仍有主次之分。通常情况下，医师外出会诊流程中，患者与邀请医院首先建立医疗服务合同，即患者前往邀请医院就诊，此后邀请医院根据本院医疗水平和患者的要求发出会诊邀请，会诊医院指派会诊医师与邀请医院医师一同为患者进行诊疗（会诊流程见图1）。由此可知邀请医院与患者之间形成的法律关系是基础性法律关系，此法律关系成就方能成就其他法律关系。

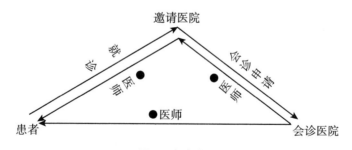

**图1 会诊流程**

（一）邀请医院与患者之间的法律关系

1.邀请医院与患者形成医疗服务合同法律关系

世界各国对医患关系的认识普遍都经历了从家长式（支配与被支配论）到患者决定模式（医疗契约论），再到利益信赖论的发展过程。诚然，医患关系不能简单归于合同关系，但医患之间具有合同关系的基本特征已成通说。医疗服务合同又称医疗合同,是指医院提供医疗服务与患者支付医疗费用的合同。在医师外出会诊中,患者与邀请医院首先形成医疗服务合同法律关系,这是医师外出会诊的基础法律关系,为了厘清医师外出会诊的法律属性,有必要首先探讨医疗服务合同的性质。关于医疗服务合同的性质,不同国家和地区认识不同。

在日本,通说将医疗契约解释为准委托契约。① 日本民法上,之所以将医疗服务合同视为"准委托"契约,是因为日本将委托契约限于委托处理法律行为,医疗行为性质上是事实行为,所以被日本学者视为"准委托"契约。而我国台湾地区"法律"并不区分委托契约所处置的事务是法律行为还是非法律行为,因此台湾地区通说认为医疗合同的性质是委托契约。②

德国及普通法系国家学界普遍认为医疗合同是一种雇用合同。究其原因,德国民法上的委托契约仅限于无偿合同,③医疗合同通常都是有偿的,因此医疗合同无法归类为委托契约。与之相似,在英美法上雇用契约说也占主导地位。④

我们认为,医疗服务合同中医院并非单纯地提供劳务,而是以治疗疾病为目的,给付诊疗费也并不以工作完成作为必要条件,故而医疗合同与雇用合同有较大差别,医疗合同本质上当属委托合同。⑤ 当然医疗服务合同的客体、医患双方的权利义务都具有特殊性,司法实践中处理医疗服务合同纠纷不宜简单套用合同法中有关委托合同的规定。

2. 邀请医院与患者形成侵权法律关系

医疗过程中,邀请医院的行为对患者的生命健康权、名誉权以及隐私权、知情权造成损害,或因患者伤亡及人格权受损而给患者家属带来损害,邀请医院

① 李君:《医疗纠纷疑难案例评析》,中国方正出版社 2007 年版,第 65 页。
② 李君:《医疗纠纷疑难案例评析》,中国方正出版社 2007 年版,第 66 页。
③ 参见《德国民法典》第 662 条。
④ 艾尔肯:《医疗损害赔偿研究》,中国法制出版社 2005 年版,第 35 页。
⑤ 李君:《医疗纠纷疑难案例评析》,中国方正出版社 2007 年版,第 66 页;艾尔肯:《医疗损害赔偿研究》,中国法制出版社 2005 年版,第 35～36 页。

与患者之间形成侵权法律关系,邀请医院承担医疗损害赔偿责任。医疗行为虽然对人体具有一定侵害性,但由于存在患者同意,因而邀请医院的医疗行为并不当然具有违法性,只有与法律法规不相符合的医疗过失行为才构成侵权行为,因而,医疗损害责任需具备医疗过失、医疗损害与因果关系三个构成要件。

3. 邀请医院的医疗损害行为构成违约与侵权责任的竞合

侵权责任与违约责任竞合是医疗民事责任的重要特点,但侵权责任与违约责任在归责原则、举证责任、行为人责任、免责条款的效力、责任形式、责任范围、过失相抵、时效消灭、诉讼管辖等方面都存在着一定的区别,因此,患者以侵权为由与以违约为由提起损害赔偿诉讼,其结果是不相同的。① 邀请医院在医师外出会诊中不仅向会诊医院发出会诊邀请,而且邀请医院也指派医师直接参与诊疗,因此,邀请医院的不当医疗行为是对患者合法权益的侵害,是一种侵权行为,此时构成违约行为与侵权行为的竞合。患者进行救济时可以就竞合的法律关系进行选择。

(二)会诊医院与邀请医院之间的转委托法律关系

医师外出会诊是会诊医师受其所在的医疗机构的指派进行的职务行为。因而医师外出会诊机制不同于医师多点执业,是邀请医院与会诊医院之间建立医师外出会诊关系。《医师外出会诊暂行规定》规定,医师在外出会诊过程中发生的医疗事故争议,由邀请医疗机构按照《医疗事故处理条例》的规定进行处理。必要时,会诊医疗机构应当协助处理。② 可见,会诊医院是应邀请医院的邀请,指派会诊医师协助其完成医疗服务合同。《医师外出会诊暂行规定》旨在促进会诊的发展,充分发挥会诊的功能,并未苛以会诊医院过多的义务。由此,邀请医院与会诊医院之间的会诊关系也属委托关系,相对于患者与邀请医院之间形成的基础委托关系而言,会诊医院与邀请医院形成转委托关系。而该转委托关系以患者同意为前提,只有经患者同意,邀请医院才能发出会诊邀请,因此,邀请医院与会诊医院之间的转委托关系并不能突破邀请医院与患者

---

① 柳经纬、李茂年:《医患关系法论》,中信出版社2002年版,第138页。
② 参见《医师外出会诊暂行规定》第14条。

之间的基础法律关系。

(三) 医师外出会诊中多方主体之间的法律关系

邀请医院、会诊医院以及患者之间形成医师外出会诊法律关系,医师外出会诊法律关系包含数个法律关系。总体而言,患方与医方之间可能存在以诊疗为中心的合同法律关系与侵权法律关系(参见图 2)。

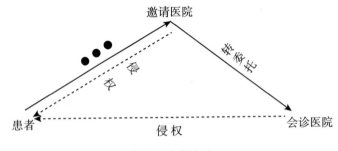

**图 2 法律关系**

就合同法律关系而言,基于邀请医院与患者之间建立在先的委托关系,医师外出会诊是邀请医院委托会诊医院代为完成特定患者的特定治疗的行为,本质上是一种转委托行为。① 邀请医院以自己的名义向会诊医院发出邀请,请求会诊医院协助完成对患者的诊疗。会诊医院应邀指派本医院的医师前往邀请医院完成委托事项。会诊邀请是经邀请医院医务管理部门批准后,并加盖会诊医院的公章方可向会诊医院发出,而会诊费用亦由邀请医院向会诊医院支付。不难看出,会诊医院接受邀请医院的委托,两者之间形成委托关系,换言之,会诊医院成为邀请医院的代理人,而不是患者的代理人,唯有经患者同意的邀请会诊行为才可能构成医师外出会诊。如上所述,邀请医院与会诊医院之间形成的转委托并不能突破患者与邀请医院建立的基础医疗服务合同关系,因而相对于患者而言,邀请医院与会诊医院之间的会诊关系是一种内部关系,会诊医院并不直接与患者建立医疗合同关系。

就侵权法律关系而言,邀请医院与会诊医院均指派医师参与诊疗,均附有

---

① 转委托亦称复代理,或称次代理。复代理不同于替代代理人、成为本人的第二个代理人或者为本人寻找代理人。参见何美欢:《香港代理法》(上册),北京大学出版社 1996 年版,第 173 页。

相应注意义务和告知义务,违反注意义务和告知义务的不适当诊疗行为均可能构成侵权行为,对此由谁承担侵权责任,下文将进一步讨论此类侵权行为的责任承担问题。

(四)医师的行为是职务行为

在医师外出会诊过程中,无论是邀请医院的医师还是会诊医师均受医院的指派,履行诊疗义务。医师的行为属于职务行为,医师职务行为的后果由其所在的医院承受,故医师不是医疗服务合同的主体,也并非医师外出会诊法律关系的主体之一。至于医师因过错给患者造成侵害的,亦应该先由医院向患者承担责任,之后医院方能追究医师之相关责任。

值得注意的是,现实中,"医师走穴"(即医师擅自外出会诊)之风仍然盛行。医疗行业是专业技术特性较强的领域,患者依赖于具有专门知识和技能的医师,医师责任是一种典型的专家责任,患者与"走穴"医师之间产生信赖利益。"走穴"的医师与邀请医院并不构成会诊关系。"走穴"医师既不是邀请医院的医师,也不是邀请医院的代理人,"走穴"医师的行为并非职务行为。相反,"走穴"医师擅自外出执业,其行为已经具有违法性,"走穴"医师的诊疗行为出现过失导致患者人身损害的,"走穴"医师应当对其侵权行为承担民事责任。

在医师外出会诊引发的纠纷中患者及邀请医院所承担的民事责任与通常所见的医疗纠纷并无二致,而会诊医院是否应当在医师外出会诊引发的纠纷中承担民事责任的问题尚需考证。《医师外出会诊管理暂行规定》第14条规定,由邀请医院按照《医疗事故处理条例》处理,必要时由会诊医院协助处理外出会诊时发生的医疗事故。协助处理不是法律概念,不同于次要责任,协助处理包括提供医生的资质、技术水平能力,以及是否经单位同意、是否符合会诊要求等,但会诊医院是否仅承担上述协助义务而无须承担任何民事责任?《医师外出会诊管理暂行规定》第14条的规定并未就会诊医院承担医师外出会诊纠纷的责任承担作明确规定。在医师外出会诊中,会诊医院负有注意义务,如果会诊医院无须承担任何责任,会诊医院的过失行为不能得到惩戒与阻吓,无疑将不利于规范会诊医疗的健康发展。相反,如苛以会诊医院过多的责任,也会阻碍医师外出会诊的发展。因此,必须审慎对待会诊医院的责任问题。医疗纠纷的显著特征是侵权责任与违约责任竞合,[①]不同的诉讼类型中会诊医院的民事责任也应有所区别。

### 二、医师外出会诊引发的医疗服务合同纠纷中的会诊医院的民事责任问题

医疗损害行为既因为没有适当履行债务而构成债务不履行,也因为侵害了患者生命权、身体权和健康权而构成了侵权行为。

#### (一)会诊医院不承担违约责任

患者在邀请医院挂号付费,与邀请医院建立了医疗服务合同关系。合同具有约束力,合同当事人不履行合同义务,或者履行合同义务不适当,应当承担违约责任。当然,医疗服务合同具有特殊之处,医院的医疗行为就是履行合同的行为,医务人员履行医疗诊治义务的范围由医疗服务合同的性质决定。在医师外出会诊引发的合同纠纷中,邀请医院承担的是手段义务,不能够以治疗结果作为评价邀请医院是否履行合同义务的标准,只有当邀请医院的医师违反注意义务或者告知义务,并造成损害后果的情况下,邀请医院才能承担违约责任;而会诊医院进行医师外出会诊经过患者同意,患者同意是阻却违法性的核心,在医师外出会诊中患者的同意是最优先应当被考虑的。这是对患者自我决定权的尊重。邀请医院须先征得患者的同意,方能发出会诊邀请,与会诊医院建立转委托关系。因此,会诊医院进行会诊本身并不是违约行为,患者并不能据此要求邀请医院和会诊医院承担责任。会诊医院是邀请医院的复代理人,与患者不直接建立医疗合同,会诊医院仅向邀请医院负责,会诊医院医师诊疗行为的后果由邀请医院承担,因此会诊医院医师违反注意义务之时,患者亦不能追究会

---

诊医院的违约责任,而只能向邀请医院主张违约责任,这是合同相对性的要求。故而,会诊医院不承担违约责任。

(二)邀请医院可向会诊医院追偿

邀请医院与会诊医院之间的委托合同仅拘束双方,故对于患者而言,与之建立医疗服务合同的主体仅是邀请医院,邀请医院将对外承担因履约不适当导致的违约责任。之后,邀请医院可以根据违约责任的划分,向会诊医院主张追偿。

### 三、医师外出会诊引发的医疗损害赔偿纠纷中会诊医院的民事责任问题

(一)医疗损害赔偿纠纷中会诊医院行为的可责难性

医疗行为是一门探索性科学行为,深受仪器设备、药物、治疗手段和手术方法以及对疾病本质的认识等因素的影响,是具有损害性的高风险性行为。由于医院没有订立合同的选择权,而患者个体存在差异,医疗行为的正当性来源于对于医疗损害与患者病情的合理取舍,只要医师采取的治疗足够谨慎,医院就不具有法律上的可责难性。医学是临床实践不断探索的结果,如果要求医院承担超出认识水平的医疗风险,有违法律的公平理念,也不利于医学进步。因此,只有医院存有过错时,其医疗行为才受到法律上的责难。医疗损害赔偿责任适用过错责任的归责原则。医院是否有过错,是决定损害赔偿责任归属的关键因素。过错包含过失与故意,医院有侵权的故意而引发的纠纷更多地由刑事法律规范进行调整,因此本文着重讨论医院是否存有过失。医院的客观医疗过失行为与医院的过失的主观心理状态都具有可责难性,但现代侵权法理论以客观的标准来衡量主观上的可责难性,以一个理性人的注意水平来衡量行为人是否具有主观过失,即不再考察行为人的主观心理状态,行为的外在表现违反了一个理性人应有的注意义务,就当然地推定行为人主观上存在过错。违反审慎注意义务和告知义务的医院在主观上也难辞其咎。

故而,判断会诊医院是否具有侵权法上的可责难性,应当考察会诊医院是否具有过失,即考察会诊医院的会诊行为是否违反了注意义务与告知义务。

首先,从医疗过失行为的发生时间进行判断。只有会诊医师的会诊行为违反了注意义务与忠实义务,并造成损害,会诊医师的行为才具有可责难性。如果造成医疗损害的过失行为发生在会诊行为之后,此时会诊行为已经完成,并非导致医疗损害结果的原因,例如,会诊医师完成手术后,护理人员不恰当护理导致患者病情恶化,显然,此时由会诊医师主持的手术已经完成,会诊行为亦已履行完毕,尽管患者承受的损害结果是因会诊医师的手术未能完成所导致,但导致手术失败的原因并非会诊医师违反了注意义务,而是手术后护理人员违反了注意义务,因此,会诊医师的诊疗行为与患者受到的损害之间不存在因果关系,其行为不存在法律上的可责难性。

其次,区分医师外出会诊的内容。会诊医师提供诊断咨询与提供诊断处置,会诊医院面临的可能的责难是不同的。会诊医师向邀请医院的医师提供诊断咨询,是医师之间医学知识的交流,最终的诊断决定权仍然在邀请医院的医师手中,因此,即便会诊诊断存在疏忽也不能责难会诊医师有违反注意义务的过失。相反,会诊医师不仅亲自为患者诊断,而且根据自己的诊断采取了相应的处置措施,当这些诊断与处置存在明显的疏忽时,会诊医师应当为自己在诊断与处置过程中的疏忽受到相应的法律责难,会诊医院应当承担由此产生的法律责任。

因此,一旦会诊医院实施的诊疗行为存在过失,而造成损害结果的亦是会诊医院的医疗过失行为,并且会诊医院也不能逃脱主观上的可责难性。那么,会诊医院的会诊行为构成了民事侵权行为,但会诊医院是否应当承担侵权责任,还需要进一步探讨侵权责任的形态,落实侵权责任的归属。

(二)替代责任理论的运用——一种理论探讨

在英美侵权法上,替代责任(vicarious liability),又称代负责任、代理责任,是指一人依法对与其有特定联系的另一人之行为应无条件承担的民事责任。此类责任人不能以自己没有行为过错而拒绝承担责任。雇主为雇员对第三人的侵权行为承担民事侵权责任是一种典型的替代责任。我国立法中也规定了雇主的替代责任。雇用法律关系与代理法律关系的构造非常一致,"雇员是一种比非雇员受到雇主更全面控制的代理人,雇员和代理人的更多区别体现在其所受的控制程度不同,而不是他们所实施的内容不同"。因此,在英美侵权法中,在特定情形下,被代理人也为代理人的侵权行为对第三人承担民事责任。对于哪些属于被代理人承担替代责任的情形,尚无统一认识。弗里德曼等人认为被代理人对于代理人在代理权限内的侵权行为都应当承担侵权责任。而对侵权事项持狭义论的学者坚持,只有被代理人作为侵权人参与的情形,或者代理人有意思表示的欺诈的情形下,被代理人才就代理人的侵权行为承担替代责任。

替代责任理论同样可以帮助我们寻找医师外出会诊纠纷中的侵权责任的最终承担者。首先,邀请医院与会诊医院之间形成委托关系,邀请医院根据病情或者患者的请求,以自己的名义向会诊医院发出邀请,会诊医院接受邀请,成为邀请医院的代理人。在会诊治疗过程中,医患双方仅形成一个医患关系,会诊医院的诊疗行为被视为邀请医院的诊疗行为。邀请医院对会诊医院存在实际的控制力和影响力。其次,会诊行为发生在邀请医院,会诊医师与邀请医院的医师以及护理人员共同完成对患者的诊疗,邀请医院参与对患者治疗的全过程。从这个意义上说,邀请医院实质上承担的不仅是一种替代责任,而且这种侵权责任也是邀请医院的直接责任。因此,邀请医院不仅应当对自己的诊疗行为负有侵权责任,而且应当对没有超出会诊邀请函范围的会诊诊疗行为承担替代责任。

但应当特别指出的是,替代责任在各国立法中均由法律明文规定或者通过判例予以确认,即便立法中规定了替代责任的一般条款,也仍然有相当严格的限制,例如,法国民法典虽然规定任何人不仅对自己的行为所造成的损害负责,而且还应当对由其负责的人的行为负责。但同时法国最高法院也曾明确表示,民法典所明确列举的由他人侵权行为产生的替代责任之外的情况,应当做限制性解释。因此,上文所述只是一种理论的探讨,只有待立法做出明确规定时,才能够将该理论运用于实践中,促进形成统一的司法尺度。

(三)民事侵权责任的功能分析

民事侵权责任具有惩罚与阻吓两大功能。随着责任保险和社会保险的兴起,民事侵权责任的惩罚功能不断衰微,阻吓成为民事侵权责任保留功能,追究会诊医院的侵权责任,对会诊医院也会产生阻吓的效果。但"阻吓作用可能因每类可能的被告而异,有些被告对不利的判决特别敏感,不论有没有经济损失,如医生,单是被起诉已经是可怕的,甚至比判决还可怕,因为诉讼使人怀疑他的专业技能和操守。"因此,民事侵权责任对会诊医院的阻吓作用将远大于其他侵权行为人。此外值得注意的是,医疗行为具有或然性,医院对于诊疗行为后果的认识存有局限性,医院对高风险的诊疗行为应当承担有限责任,否则过重的侵权责任将成为医学发展的路障。同样,如果苛以会诊医院过重的侵权责任,虽然有助于阻却不规范的会诊行为,但也必将迫使会诊医院选择放弃参与会诊,最终阻碍落后地区的医疗发展。

# 违背患方意愿医疗处置的法律性质

杨　帆*

违背患方意愿的医疗处置在实务中并不陌生。2007 年的肖志军事件,使得这一问题正式进入大众的视野中。在紧急情况下,当患方因对医方的不信任、高昂的医疗费用等各种原因拒绝医方所提出的诊疗方案时,此时是否采取医疗措施直接关系到患者的生命安全或者重大健康利益。然而,目前我国对这一问题的立法仍处于空白状态,即使是理论界对这一问题也未形成统一观点,这直接导致了实践的无所适从。患方拒绝治疗有多种情形,疾病状态、拒绝治疗的主体等都会影响医方采取医疗处置及其性质。从指导实践的角度出发,本文着重于区分情形,明确医方是否采取医疗处置及其法律性质。

## 一、违背患方意愿的医疗处置行为概述

2007 年 11 月,孕妇李丽云因"感冒"到北京某医院就诊,经诊断为呼吸衰竭,危及生命,需要立即进行剖宫产手术,但是孕妇神志已经模糊,其丈夫肖志军坚持拒绝接受剖宫产手术,并在手术同意书上签署"不同意手术"的意见。医院无法取得其同意,没有进行手术治疗。三个小时后,孕妇与胎儿均不治身亡。2009 年 12 月 18 日,法院认定该医院的医疗行为与患者李丽云死亡的后果之间没有因果关系,因此不构成侵权,驳回原告的诉讼请求。但鉴于李丽云家庭困难,法院在判决中对于医院自愿给予患者家属人道主义关怀帮助金 10

* 杨帆,2008 年毕业于山东大学口腔医学院,2011 年毕业于中国政法大学获法律硕士学位,2011 年至今在北京大学口腔医院医务处工作,专事医疗纠纷处理及依法执业管理。主要研究方向为医事法。参与编写《医院投诉管理工作指南》《医疗损害赔偿诉讼实务》等著作。E-mail:yangfan01035@163.com。

万元表示支持。① 此案引发社会各界对于医疗机构救死扶伤义务的激烈讨论。无独有偶,2010 年 12 月 3 日凌晨,广州某医院收治一名外院转送的孕妇,经医生诊断,认为其有胎盘早剥症状,急需手术分娩。然而,患者因个人原因,强烈拒绝接受剖宫产手术,要求自然分娩。经医生反复说明情况的严重性,患者丈夫同意接受手术,患者本人仍然拒绝。在患者出现大出血症状,生命受到威胁时,医院的负责人在手术同意书上签字,对患者实施剖宫产手术。经手术证实,患者的病情与事先预料的一致,剖宫娩出一男婴。因患者病情严重以及手术实施较晚,男婴在抢救六小时后死亡;产妇心脏衰竭,经抢救恢复正常。②

上述两起典型事件即是本文所论述的"违背患方意愿的医疗处置",即医方违背患方所表达的意愿,非经患方同意而采取医疗处置。具体来讲,有如下两方面的特点:

(1)患者病情危重,严重危及生命。如果患者的病情较轻,医患双方可以就疾病的诊疗方案进行充分的协商,有足够的时间决定最终的方案。此时,医患双方即使出现意见的对立和冲突,也不会对患者的生命健康利益造成重大威胁。而当患者的病情危急时,如果医方与患方不能就诊疗方案的确定达成合意,会延误抢救生命的有利时机,对患者的生命健康利益造成重大威胁。故本文将患者的病情危重作为所述情况的限定条件之一。

(2)医患双方不能就诊疗方案达成合意。医方掌握有充分的医学专业知识,对患者的病情能够从专业的角度进行判断分析,拟定最适合的治疗方案。患者是自身利益的最佳维护者,拥有对自身利益的处分权,有权决定与生命、健康相关事项。医患双方都是从最有利于患者的角度出发,力图作出最有利于患者的决定。但因医患双方看待病情的角度不同,专业知识水平也有明显差别,所作出的决定并不总是保持一致,此时,对患者的医疗处置就面临一系列问题。

---

① 李罡:"肖志军案画句号 医院终审无责",载《北京青年报》2010 年 4 月 29 日。
② 任珊珊:"孕妇拒签字 医院强行剖宫救命",载《广州日报》2010 年 12 月 4 日。

## 二、实务中面临的难题——医方不抢救患者合法不合理

肖志军事件引起争议源于《医疗机构管理条例》第33条规定,"医疗机构实施手术、特殊检查或者特殊治疗时,必须征得患者同意,并应当取得其家属或者关系人同意并签字;无法取得患者意见时,应当取得家属或者关系人同意并签字;无法取得患者意见又无家属或关系人在场,或者遇到其他特殊情况时,经治医生应当提出医疗处理方案,在取得医疗机构负责人或者被授权负责人员的批准后实施"。根据这一规定,医疗机构对患者实施手术,必须征得患者本人或者家属和关系人同意。因此,肖志军事件中医方无法取得患方同意未采取抢救措施,是符合法律规定的,法院判决也支持了这一观点。然而,医疗机构面对生命垂危的患者,有能力挽救其生命而没有采取有效措施,导致孕妇与胎儿双双死亡的恶性后果,是公众难以接受的,也违背了医疗机构治病救人的天职。此事发生后的巨大反响即源于此。

面对肖志军事件所引发的巨大社会反响,《侵权责任法》在立法时曾试图从法律层面解决这一问题,《侵权责任法(二次审议稿)》中曾提出"难以取得患者或者其近亲属同意的,经医疗机构负责人批准可以立即实施相应的医疗措施",试图将患者或其近亲属明确表示拒绝的处理包含在内,然而考虑到在如何处理认识上并不一致,分歧较大,而且还涉及法定代理权、监护权等法律制度,情况较为复杂,故暂未规定。① 现行《侵权责任法》第56条之规定,"因抢救生命垂危的患者等紧急情况,不能取得患者或其近亲属意见的,经医疗机构负责人或授权的负责人批准,可以立即实施相应的医疗措施"。根据本条规定,不经患方同意而采取医疗措施的情形是"不能取得患者或其近亲属意见",即因客观原因限制,不能得知患方的意见。很明显,其中不包括患方明确表示拒绝的情形。第56条未解决患方拒绝治疗的问题,反而强化了患方签字意识,从法律上确认征得患方同意方可采取急救措施。也即是说,即使距离肖志军案已

---

① 王利明:《中华人民共和国侵权责任法释义》,中国法制出版社2010年版,第279页。

经六年,《侵权责任法》已颁布实施,当患方拒绝接受医疗处置时,实践中仍然面临不采取医疗处置合法不合理的境况。

### 三、各种理论观点

自 2007 年肖志军事件起,针对此种情形下医患双方的权利义务及医方应否采取救治措施,学者展开了激烈的讨论。总体而言,理论研究普遍支持医方采取治疗措施,挽救患者的生命健康,并提出了多种观点,其中有代表性的有以下几种。

(一)紧急避险说[①]

有学者认为,当患者的生命健康受到严重威胁,如不及时实施某一紧急治疗措施将导致患者受到严重或长期的损害,或者失去最佳的抢救时机将导致死亡时,医生在没有得到患者知情同意情况下实施的行为应属于紧急避险行为。笔者认为,紧急避险要求所损害的利益小于所保全的利益。在违背患方意愿采取医疗处置时,将生命健康权置于知情同意权之上,如果有效地挽回了患者的生命健康,自然是最好的结果。然而,医学上存在诸多不确定性,尤其是面对紧急情况,没有必然成功的医疗处置,如果违背患者意愿的医疗处置造成了更严重的后果,那么将无法满足紧急避险的后果要件,不能说明医疗处置的合法性。

(二)医生的治疗特权说[②]

通常情况下,医生的一般权利应当服从于患者的权利,但在极其特定的情况下,需要限制患者(家属)的自主权利,以实现医生对患者最根本生命权益负责的目的。这种权利就成为医生治疗特权或称医疗豁免权、医疗干预权。医生的治疗特权用于某些特殊情况,如果医生认为告知某些信息会对患者有害,则医生有权对患者隐瞒这些信息。然而,医生的医疗特权作为对患者自主权利的

---

① 韩冬:"紧急避险制度在急危者医疗知情同意中的应用研究",载《中国卫生法制》2009 年第 17 期。吴志正:《解读医病关系Ⅱ》,元照出版社 2006 年版,第 279 页。

② 王岳:"反意思自治原则在危急病症抢救中的尴尬",载《中国卫生法制》2011 年第 19 期。

限制,发生在知情告知阶段,医生有权决定告知的内容,而不是发生在告知之后,在患者已经根据被告知内容作出决定之后。一旦患者就疾病作出了明确的意思表示,即拒绝接受医方的治疗,医生是不能援引治疗特权干涉患者的决定内容的。

（三）紧急救治权说①

有学者认为,在急症中,无论患者或其近亲属是否作出同意,医生都可以对患者进行挽救生命的治疗,也即"默示的同意"。对危急患者进行紧急治疗既是医疗机构的义务,也是患者在危急情况下获得紧急救助的权利。当本人及法定代理人因故未能做出意思表示,出于抢救患者、保障生命健康权的目的,医疗机构必须行使"紧急救治权"。但是这种权利和义务发生的情形是不能取得患者意见的时候,即患者因为病情严重,丧失了决定能力,并且暂时难以同患者的近亲属取得联系,获得其意见时,如果仍然坚持取得患方同意后再实施治疗,会造成患者生命健康重大损害的不可逆性后果,医疗机构可依据紧急救治权,径行对患者进行治疗。但是,如果能够取得患者及其近亲属的意见,就不再属于此种紧急救治的情形了。

（四）强制缔约说②

有学者认为,根据《执业医师法》第24条和《医疗机构管理条例》第31条,从保障自然人人身权和实现患者缔约自由的角度考量,医疗机构对于危急患者应该负有强制缔约的义务,非有正当理由不得拒绝。根据强制缔约理论,被赋予强制缔约义务的应该是在本文所述法律关系中处于强势地位的医方。医方提出治疗方案即向患方发出要约,患方不同意治疗方案,也就是拒绝该要约,双方不能就治疗方案的选择上达成合意。此时,如果要形成强制的合同关系,被强制方应该是拒绝要约的患方,而不是医方。这与前文所述的强制缔约情形是

---

① 李燕:《医疗权利研究》,中国人民公安大学出版社2009年版,第53页。姜贤飞、廖志林、朱方:"医疗机构紧急救治权存在的问题及思考",载《中国循证医学杂志》2010年第10期。

② 焦艳玲:"论医疗机构的强制缔约义务",载《医学与哲学》2009年第30期。郭鸣:"论医疗机构对危急患者的强制缔约义务",载《大连海事大学学报(社会科学版)》2010年第9期。

相反的,患方没有义务执行医疗机构的方案,其享有选择和决定的权利,不能强制要求其接受医方所提出的治疗方案。

综上所述,以上这些理论观点都难以完全解释我国目前情况下违背患方意愿的医疗处置行为法律性质。

### 四、患方拒绝治疗的情形及分析

违背患方意愿的医疗处置要区别情形,不同情形下医疗处置的性质也不同。

#### (一)区分普通情况与紧急情况

医学上对于普通情况与紧急情况的处理是不同的。在普通情况下,可以择期手术,能够有充足的时间进行术前准备,拟定治疗方案。在充分协商和讨论的基础上,医患双方最终取得一致意见的可能性很大,不会出现尖锐的矛盾冲突和对立。由于突发的疾病或者事故,或者在普通情况下一直难以取得患方的同意,导致病情恶化,出现严重危及患者生命的紧急情况。在紧急情况下,时间对于抢救患者至关重要,如果出现医方与患方意见的冲突,不能达成一致意见,就会严重影响对患者的抢救,未能取得患者意见所导致的冲突就比较尖锐,也容易造成不良后果,故本文讨论针对于此种情况。

#### (二)区分患方拒绝接受治疗的真实意愿

1. 患方拒绝接受治疗,追求恢复健康的医学后果

患方由于对医学专业知识的不了解或者对医方的不信任,虽然希望通过医学治疗,实现治愈疾病、恢复健康的目的,但却拒绝接受医方所提出的治疗方案。患方虽然能够意识到自己做出了拒绝治疗的表示,但并不能够认识到这种拒绝的意思表示所产生的医学后果。拒绝接受治疗产生的法律效果与其追求的医学效果是相违背的。比如肖志军事件,肖志军坚决拒绝接受手术治疗,甚至签字声明承担一切后果。但他所追求的是孕妇和胎儿的安全,并不追求孕妇死亡的后果。此时医患双方并不存在本质上的对立,医方采取救治措施符合患方的真实意愿。

2.患方拒绝接受治疗,追求消极的医学后果

患方清楚地了解患者的病情、医方拟定的治疗措施、治疗的预期效果,以及放弃治疗所带来的后果,依然拒绝治疗,并且追求放弃治疗所导致的医学后果。此时的放弃治疗意味着追求疾病的继续发展,甚至死亡的后果。从常理分析,对于可以治愈的疾病,或可以通过治疗明显改善生活质量的疾病,患方不会主动放弃治疗,追求死亡的后果。否则,将涉及主动结束生命或放任死亡结果发生的刑事争议。而对于死亡结果不可避免的、仅依靠生命维持治疗延续生命的疾病,患者放弃过度的不必要的维持治疗一般认为是可以允许的,这既是对患者意愿的尊重,更是对患者有尊严的生存和死亡的权利的尊重。患者可在未丧失决定能力之时,作出不接受生命维持治疗等意思表示,这被称为生命预嘱、预立医疗指示。但是,这种决定须由患者本人作出,或者患者预先指定的可代替自己作此决定的代理人作出。生命预嘱在我国尚未通过法律明确,认定时仍需具体个案分析。

(三)患方拒绝接受治疗行为的法律效力

当面临危及患者生命的紧急情况,患方拒绝医方拟采取的治疗措施,这在事实上是患者的自己决定权与生命健康利益的冲突。

1.患者的自己决定权

患者的自己决定权(patients' right of self-determination),是指患者对与自己的身体、生命、健康相关的事项,自己作出决定的权利。这一权利始于美国Schloendorff v. Society of New York Hospital案,Benjamin Nathan Cardozo法官首次提出"所有具有健全精神状态的成年人,都有决定对自己身体作何处置的权利。医生如果不经患者同意而对其进行手术,则构成伤害罪,应承担损害赔偿责任"。① 1990年,美国联邦政府制定实施《患者自决法》,规定患者有"对自己现在或通过预先医疗指令对将来的可能的治疗自己决定"的权利,由联邦政府

———————

① 李燕:《医疗权利研究》,中国人民公安大学出版社2009年版,第53页。

出资的医疗机构和康复组织有将此权利告知患者的义务。① 丹麦、日本等国也有类似规定,虽然具体规定有所差异,但主要内容均是有决定能力的患者在被告知有关自己病情、治疗的足够信息的前提下,有权自己决定是否接受治疗、在哪里治疗、选择治疗方案、拒绝治疗等。我国理论界早在 20 世纪 90 年代的患方权利相关研究中,就将自己决定权作为公民的基本医疗权利之一,又称"医疗自主权"或"合理医疗的自主权"。虽然因立法原因,我国目前未有关于患者权利的详细论述,亦没有关于自己决定权的专门性规定,但是患者自己决定权的理念,随着公民权利意识的加强,已经渗透入了医疗行为的各个环节中并广泛应用。

2. 禁止权利滥用

之所以赋予患者自己决定权是基于患者是自身利益的最佳维护者的判断。然而,当患方拒绝医方所提出的治疗方案,任由疾病的继续发展,造成不应有的生命健康重大损害时,这种理念就不再成立。患方因各种原因而拒绝医方的治疗方案,这种拒绝使有可能治愈的疾病继续发展,导致患者的生命健康受到不可逆的重大损害。此时,患者所作出的拒绝治疗的决定不再是从患者的最佳利益出发,丧失了合法性的基础。生命权是人类享有的最基本、最根本的权利,是人享有其他一切权利的前提和基础。② 当患者行使自己决定权作出放弃治疗的意思表示时,这种权利的行使与患者的生命权形成冲突,患者不再是其自身利益的最佳维护者,自己决定权的行使违背了设立这一权利的本旨,是对自己决定权的滥用。根据权利滥用的相关理论,如果权利的行使,违反权利的本质或社会经济目的的,则为权利的滥用,应当承担行为无效、丧失或者限制权利的法律后果。③ 患者行使自己决定权做出的违背自己决定权设立本旨的行为,与患者的生命利益相冲突,这种行为应当归于无效。

---

① Judith D. M. , Familes, Courts, and the End of Life: Schiavo and Its Implications for the Family Justice System[J] , Family Court Review, 2008, 46(2): 297 – 330.

② 杨海坤:《宪法基本权利新论》,北京大学出版社 2004 年版,第 15 页。

③ 王艳玲:"关于民法中确立禁权利滥用原则的思考",载《河北法学》2006 年第 24 期。

### 五、患方拒绝治疗的对策研究

根据前文分析,当患者行使自己决定权与患者的生命利益相冲突时,这种行为因与自己决定权的本旨相违背,应当归于无效。但是,是否在实务中就可以不顾患方的意愿,强行对其治疗呢?笔者认为,应当区别拒绝治疗的主体,分别处理。

#### (一)患者本人及近亲属均拒绝治疗

患者与近亲属均拒绝治疗是指患者与其近亲属均明确拒绝医方对患者进行治疗,或者患者丧失决定能力,其近亲属明确表示拒绝医方的救助措施或者治疗方案。如果患者的病情可能通过治疗得到有效缓解,这种拒绝是对生命的放弃。患者拒绝治疗与生命利益相冲突,是对自己决定权的滥用,应当归于无效。生命法益具有"不可放弃性",纵然生命法益持有者之意思表示在于放弃生命,但在法律上对生命法益的保护,并不受该生命法益持有者放弃生命意思的影响。[1] 但是,在实践中,不能因为这种无效的意思表示,就直接强行治疗患者。为了实现对患者利益的最大限度维护,在面对这种情况时,必须经过完备的程序,方能从最有利患者的角度出发,对患者进行抢救治疗。

鉴于目前我国立法的空白状态,笔者认为,在实践中对患者进行抢救应当遵从以下程序。首先,尽可能取得患者或者其近亲属的同意。医患双方并不存在原则性的对立,双方都是为了维护患者的利益。因此,必须保证与患方进行充分的沟通,详细阐述患者病情、疾病的严重程度、治疗方案、预期效果、拒绝接受治疗的严重后果等。此时的同意不只是为治疗寻求更多的合法化理由,更是为了保证治疗的正常进行。如果患方拒不配合治疗,医务人员在治疗过程中一方面要面对复杂危险的疾病,一方面还要应付患者本人及其近亲属的干扰,这会大大增加治疗的风险。其次,当确实难以取得患方的同意时,应当由医疗机构负责人签字同意进行治疗,在复杂情况下,还需征得上级行政机关的意见。

---

[1]  黄丁全:《医事法学》,中国政法大学出版社 2007 年版,第 276 页。

医疗机构负责人的批准既是医疗机构对医生所实施诊疗措施的认可,也是对医疗措施的制定增加了审核程序,能够最大限度地保护患者的利益。在复杂情况下,当医患双方的矛盾冲突比较尖锐,或者治疗效果确实难以保证时,上级卫生行政部门介入并指导医疗措施的实施,能够较好地安抚患方的情绪,保证医疗机构以最大的责任心对患者进行治疗,也能充当双方冲突的润滑剂,防止矛盾的尖锐化。

(二)患者拒绝治疗,近亲属同意治疗

一般来讲,当患者意识清楚,能够明确表达拒绝治疗的意思时,患者拥有接受或者拒绝治疗的绝对权利,即使患者近亲属同意治疗,也不能改变此时进行的医疗处置的法律性质。从本质上讲,这种情形与第一种情形没有区别。之所以引入患者的近亲属的意见,是因为患者近亲属被认为是与患者利益相一致的主体,因此,法律上也赋予了患者近亲属以知情同意权,特定情况下其有权代表患者作出接受或者拒绝治疗的意思表示。但是,《侵权责任法》第55条第1款明确规定了患者本人是医疗告知的对象,只有存在不宜向患者说明的情况时,患者近亲属才能成为知情同意权的主体。因此,当患者本人有拒绝接受治疗的意思能力时,患者近亲属无权代替决定患者本人是否接受治疗。此时,仍应适用前述第一种情形的处理方式,患者的自己决定权归于无效,通过严格的程序实施治疗方案。但是,比第一种情况有利的是,患者近亲属同意治疗方案,可以减轻医方的压力。患者近亲属不会阻挠治疗的进行,还能够在治疗前后劝说患者,有利于治疗效果的实现。

(三)患者同意治疗,近亲属拒绝治疗

患者能够表达同意治疗的意思,说明患者本人有意思能力,并且不属于《侵权责任法》第55条所规定的"不宜向患者说明"的情形。此时,患者是知情同意权的主体,近亲属拒绝治疗不能影响患者同意治疗的法律效力。但是,可能出现的情况是,患者近亲属以不支付医疗费用等方法逼迫患者同意放弃治疗。患者处于紧急情况时,其生命安全尚且受到威胁,更没有能力反抗近亲属拒绝治疗的意思。此时,医疗机构应当从最有利于患者生命利益的角度出发,可以通过"绿色通道"等措施先行治疗患者,尔后再考虑治疗费用的问题。当患者近亲属不止拒绝接受治疗,甚至还阻挠医疗机构采取抢救措施时,此时,其行为相当于放任患者病情发展导致死亡的后果,有间接故意杀人的嫌疑。医疗机构应当向公安机关寻求帮助,一方面是为了患者的生命利益着想,另一方面也是为了维护医疗机构的正常诊疗秩序,防止与患者近亲属发生冲突。

综上所述,患方基于各种考虑拒绝接受医方的治疗方案,应当在区别紧急情形、患者病情、患方真实意思、拒绝治疗主体的基础上,从患者最佳利益出发,采取最适当的处置措施。

# 医疗决策困境:放弃治疗谁做主

睢素利　刘　宇*

## 一、案例

一位 67 岁来自农村的女患者,因胃癌晚期、肝转移、吸入性肺炎、感染性休克急诊入院。患者病情非常危重,随时有生命危险。患者丈夫早年去世,两子一女现都已经各自成家。面对患者的病情,患者的两子一女,加上儿媳和女婿六人都明确表示要求尽一切可能抢救,希望延长患者生命。在经过抢救和其后的救治,患者依靠呼吸机维持生命,生命体征稳定,但病情没有本质好转。患者的次子和女儿在外地工作,长子一家在当地,患者生病后长子一家一直照顾患者较多。两个月过去了,患者仍处于昏迷状态,意识始终没有恢复,还是依靠呼吸机在维持生命。患者子女也逐渐认识到患者病情已不可能恢复,并且医疗费用的支出已经成为沉重负担,他们也都感觉到很难继续承担医疗花费。后来,长子和长媳提出要求医生为患者移除呼吸机,不再缴纳费用。对医生说自己是

　* 睢素利,北京协和医学院人文学院副教授、中国人民大学法学硕士、荷兰阿姆斯特丹大学社会学博士。曾作为访问学者在美国哈佛大学和英国伦敦政治经济学院进修。现兼任中国自然辩证法研究会生命伦理学专业委员会理事、中国医学科学院伦理审查委员会委员、中国医院协会医疗法制专业委员会委员、北京卫生法学会患者安全委员会委员。主要从事法学与医学、伦理学、社会学等交叉领域相关问题研究,发表中英文论文 30 多篇。E-mail:suisuli@ hotmail. com。
　刘宇,法学硕士、执业医师、公职执业律师。北京协和医院医务处副处长、北京平谷区医院副院长(挂职)、研究员(医院管理专业)。社会任职:中国医院协会医疗法制专业委员会常务委员、副秘书长,北京卫生法学会患者安全专业委员会副主任委员,《中国卫生法制杂志》编委,《中华医院管理杂志》审稿专家,北京市第二中级人民法院人民陪审员。从事以下专业领域的工作和研究:医疗质量和医疗安全管理,医院风险控制和医疗纠纷处理,医院法律事务管理和法律诉讼等。

家中的长子,并且目前是自己在照顾患者,在家庭中有决定权。

### 二、评析

这个案例涉及放弃治疗。放弃治疗的范围和理解有广义的放弃和特定情况下的放弃治疗。我们这里谈的"放弃治疗",是指病情已经恶化到不可逆转的状态,但尚有某种医学治疗手段维系和延长患者的生命时,放弃使用该医学手段的一种行为选择。放弃治疗关系到患者的重大生命健康利益,必须要有严格的应用原则,严肃、审慎地对待。

首先,我们认为,不管什么情况,医生不宜向家属主动提出放弃治疗的建议。在协和医学院为临床研究生开设的医疗法律课上,曾经有医学生提出这样的问题:对一些患有无法挽救的重症器质性病变的患者,比如严重心衰、重度肺部感染,医生是否可以建议家属放弃治疗。因为医生也是为家属考虑,病情太严重,并且也几乎没有可能好转,持续下去增加经济负担,最终是人财两空。针对这样的问题,我们认为,医疗费用的问题是一个社会问题,是应该由国家、政府和社会来考虑和决策的,超出了医学和医疗行为的范围,不是医院和医生可以解决的,也不应该由医生来解决的问题。虽然医疗费用问题在医疗实践中无法回避,但是医生没有能力把这样重大的社会问题引入到医疗关系中,去影响自己的专业性医疗决策或者影响患者的自主决定权。所以,医疗费用不应该是医生建议放弃治疗的理由。有些医生认为为了避免产生纠纷,事先建议并听从患方的意见较为稳妥。医生应该告诉家属真实的病情信息,可以采取的医疗措施方面的信息,当然也包括生命维持技术,比如关于上呼吸机以维持辅助患者呼吸的相关信息,让家属在充分知情的前提下来决定。这里还要明确一点的是,放弃治疗的前提之一是患者自身疾病预后极差,并且病情已经恶化到不可逆转的状态。而对这个病情的判断一定要是一个医学科学的判断,而不是患者亲属主观的判断,认为患者不行了,没有救了。医生依据医学科学的判断向患方告知病情,这是患方做决策的前提。放弃治疗是极为重要的医疗决定,需要书面的知情同意书。

在实践中，在还有某种医学手段可以让患者维持生命的情况下，却因为主动停止使用而结束患者生命，很多医生觉得这样的做法和职业精神不符，会有不安。并且，考虑到医患关系紧张的现实，医生在决策时有很多的顾虑，并且有些时候医生无论做出什么决定，都有可能在事后被指责，这让医生感觉左右为难。比如，案例中的情况在现实中并不少见，这种情况下，有些医生认为可以按照患者亲属的要求，移除呼吸机；也有些医生认为这种情况下，医生不宜自己动手撤掉呼吸机，但是可以让患者亲属自己去拔掉呼吸机的电源；也有医生觉得不能够听患者亲属的，医生应该尽一切可能采取的措施救治患者，不管什么情况下医生都不应该主动让患者"死亡"；等等。实践中，这种种处理方案都存有潜在的问题。如果移除呼吸机不是患者亲属的统一意见，即便当时有家属的书面同意书，也很有可能其他亲属指责医生侵犯其知情同意的权利而产生纠纷。实践中产生此类的纠纷医院和当事医生往往也处于不利地位，受到各方面指责。而如果医生安排患者家属或者暗示家属可以自己动手拔掉呼吸机电源，这样看似医生因为没有参与而没责任，其实不然。呼吸机是重要的医疗器械，给患者治疗使用中的呼吸机应该严格属于医护人员操作和控制，电源的开启和撤除关系重大，不能够由参与患者治疗的医务人员以外的人来实际操作。反之，当事医生难逃其责。针对放弃治疗的问题，实践中也有医生认为放弃生命维持技术时撤掉呼吸机，当患者被撤掉呼吸机后，患者无法自主呼吸，虽然无法感知患者的感觉，但看起来和窒息死亡一样痛苦，而医生出于职业道德看到患者撤掉呼吸机的情况内心是很纠结的，所以很多临床医生面对病人家属因各种原因要求放弃治疗时感觉很困惑。也有医生认为救死扶伤是医生的天职，只要还有救治措施，医生就不应主动让患者"死亡"。但是，按照法律的相关规定，放弃治疗在医疗关系中也是患者的权利，当患者丧失意识的时候，患者的权利转移为患者的近亲属代为行使（在医疗法律关系中，患者一方不仅仅包括患者本人，也包括患者的近亲属，可以统称为患方）。对于患方的合法权利，医生也应该尊重。并且也有医疗费用的问题，实践中也存在有患者家属要求放弃治疗后，就不再交纳医疗费用或者确实没有能力交纳。也有观点认为，在患者家属要求医生撤掉呼吸机的情况下,可以为患者办理出院手续后,为患者撤掉呼吸机,由患者家属把患者带出医院。但实践中,很多情况下,患者离开呼吸机后很快就会死亡。而按照规定,患者在医院死亡的,尸体应立即移放太平间。从案例的分析可见,医疗实践中,存在着对于放弃治疗的决策困难。放弃治疗其实已经不仅仅是一个单纯的医学问题,超出临床医生执业能力范畴,可以说放弃治疗是医疗实践中需要临床医学、伦理学、法学和社会学等多领域专家决策的艰难困境。虽然这样的困境目前在法律上没有直接的依据指导医生做决策,但是在医疗实践中,在合法的前提下还是可以有更为合理的选择。

### 三、基本共识

结合前面的分析,针对放弃治疗的决策困境,我们召集了多次多学科专家参加的研讨会。在目前法律的框架下,从尊重科学,尊重患者意愿,尊重患者近亲属的权利的角度出发,多方讨论达成了一个基本共识。

（一）必须遵循的原则

我们建议,对于任何的放弃治疗医生应严格遵循以下原则,并且任何一项原则均为实施放弃治疗行为的必要而非充分条件:

（1）患者自身疾病预后极差,并且病情已经恶化到不可逆转的状态。

（2）与患者当时或曾经做出的任何意愿表示不相违背。

（3）患者清醒时,放弃治疗的要求只能由患者本人提出;患者不清醒时,放弃治疗的要求只能由患者的直系亲属提出。

（4）在患者直系亲属的范围内没有任何人提出异议。

（5）提供食物与饮水,或以静脉输液方式维持水和电解质平衡,不属于放弃治疗的范畴。

（6）患者签署授权委托他人代为行使知情同意权的文书,不能作为被授权人代替患者本人做出放弃治疗行为的依据。

（二）具体操作建议

这是我们认为放弃治疗必须遵循的原则。在完全符合上述基本原则的前

提下,我们对于放弃治疗怎样操作,提出建议如下:

(1)患方提出放弃使用尚未应用的呼吸机辅助通气治疗手段,或者是已经使用呼吸机辅助通气治疗的患者因符合脱机条件而脱机后,因病情变化又需要使用呼吸机而患方放弃使用的情形,医疗提供者可以在完善书面的放弃治疗手续后,放弃使用呼吸机辅助通气治疗。

(2)已经持续应用呼吸机辅助通气治疗的患者,如患方提出撤除呼吸机,但撤除呼吸机的行为将立即导致患者死亡时,建议医疗提供者即使在完善书面的放弃治疗手续后,仍维持呼吸机的使用,但可以不再调整呼吸机的参数。

(3)已经持续应用呼吸机辅助通气治疗的患者,如患方提出自动离院,但离院时撤除呼吸机的行为将立即导致患者死亡时,建议改用简易呼吸器维持通气,在患方自行使用简易呼吸器的前提下离开医院。

针对案例中的情况,患者病情已经不可逆转,并且昏迷没有办法自己表达意愿。在这种情况下,患者的直系亲属可以提出放弃治疗的要求。但在只有患者长子一人提出放弃治疗的情况下,还必须明确患者其他子女和直系亲属没有异议。操作中,可以由患者亲属代表在书面知情同意书上签字,但要保证是亲属的一致的意见。如果直系亲属中有不同意见时,医生不能够听从某一位或者几位亲属的意见而采取放弃治疗。在放弃治疗的具体操作上,结合案例情况,可以参考操作建议中的第二种做法。在完善书面的放弃治疗手续后,仍维持呼吸机的使用,但不再调整呼吸机的参数。如果亲属希望办理出院手续,可以参考操作建议中的第三种做法,即撤离呼吸机,改用简易呼吸器维持通气,让患者亲属自行使用简易呼吸器的前提下离开医院。

# 医疗决策困境之紧急输血

睢素利　刘　宇[*]

## 一、案例

2008 年 10 月 9 日,27 岁的山东济阳患者董某因为意外怀孕到当地医院进行堕胎手术。在手术取胎盘的过程中,患者大出血。由于董某属于 RH 阴性 O 型血的稀有血型,当地医院难以救治,遂于当日上午 11：00 左右紧急转诊山东大学齐鲁医院(下称"齐鲁医院")。因患者血型罕见,该院亦无同型血液,遂向省血液中心求援。山东省血液中心于 13：00 时左右接到供血请求后,立即从冷冻库中取出仅有的 4 个单位(800ml)RH 阴性 O 型血进行解冻,但这一过程需要 4 个多小时。同时,考虑到患者需血量较大,血液中心又组织了稀有血型志愿者进行献血。14：00,7 个单位(1400ml)的血液采集完毕。但按照法律规定,采集的血液必须检验合格后方能使用,而这个过程至少需要 3 个小时。由于董某病情严重,董某家属向院方表示不要等血液检测了,只要能救董某的命,

---

　　* 睢素利,北京协和医学院人文学院副教授、中国人民大学法学硕士、荷兰阿姆斯特丹大学社会学博士。曾作为访问学者在美国哈佛大学和英国伦敦政治经济学院进修。现兼任中国自然辩证法研究会生命伦理学专业委员会理事、中国医学科学院伦理审查委员会委员、中国医院协会医疗法制专业委员会委员、北京卫生法学会患者安全委员会委员。主要从事法学与医学、伦理学、社会学等交叉领域相关问题研究,发表中英文论文 30 多篇。E-mail:suisuli@ hotmail. com。

　　刘宇,法学硕士、执业医师、公职执业律师。北京协和医院医务处副处长、北京平谷区医院副院长(挂职)、研究员(医院管理专业)。社会任职:中国医院协会医疗法制专业委员会常务委员、副秘书长,北京卫生法学会患者安全专业委员会副主任委员,《中国卫生法制杂志》编委,《中华医院管理杂志》审稿专家,北京市第二中级人民法院人民陪审员。从事以下专业领域的工作和研究:医疗质量和医疗安全管理,医院风险控制和医疗纠纷处理,医院法律事务管理和法律诉讼等。

他们愿意承担输血后的一切后果。医院方面回应,按照规定必须要等到血液检验完毕才能输血。17:20,4 个单位的解冻血终于被送到病房,然而还没等到志愿者献出的 7 个单位的血送来,董某就去世了。

## 二、紧急违规输血的困惑

本案例中,提供血源的山东省血液中心的业务负责人表示,按操作规程,解冻一个单位血液最快也要 3 个小时,这是因为冷冻血液中加入了甘油等物质,解冻过快会影响安全使用,多个单位的血液同时解冻所需时间更长。针对这名需要紧急输血的患者,他们在保证血液安全的情况下采用了最快的解冻速度。

齐鲁医院的血液科的医务人员也表示,按照法律规定,血站对采集的血液必须进行检测,医疗机构不得将未经过检测的血液直接用于临床。《献血法》规定,血站对采集的血液必须进行检测;未经检测或者检测不合格的血液,不得向医疗机构提供。《献血法》还严格规定了医疗机构对临床用血必须进行检测,不得将不符合国家规定标准的血液用于临床。山东省也规定,医疗机构必须严格执行输血技术规范和操作规程,严禁使用不符合国家标准的血液。无论是国家法律还是具体到山东省的地方条例都对输血进行了严格规定。

立法的初衷是针对非正常渠道采血和用不规范血源输血,避免其潜在的巨大风险和可能对受血者健康带来的巨大隐患,因此严格规范合法的采血渠道和对临床输血血液的严格检测制度,目的是保护受血者的权益,防止受血者因输入检测不合格的血液而患病。通常情况下,血液中心有储备充足的合格血液,但罕见血型的血液储备还有一定的困难。本案例中,山东血液中心及时组织了稀有血型志愿者为患者进行紧急献血,保证了血液供应。但是,按照规定,采集到的血液必须要经过检测才可以用于输血,在这种情况下,是违反规定为患者紧急输血呢,还是严格按照规定等待检测合格的血液再为患者输血呢?

本案例中,为了抢救患者,医务人员努力尽快解冻血液和积极组织紧急献血来筹备血源,然而患者却因为没能够等到检测合格的血液而去世,这是医务人员最不愿意看到的事情。然而,如果医生听从了患者家属的要求,为患者输入了未经检测的血液,这是违反输血的相关法律规定的,医疗机构和医务人员是有过错的。我国《侵权责任法》明确规定了,因输入不合格的血液造成患者损害的,患者可以要求赔偿。如果患者输血后染上了乙肝或者艾滋病,或者发生其他不良反应,医疗机构需要为此承担法律后果。

本案例说明了紧急输血的必要性,它是抢救急诊患者生命的关键医疗手段,在某些急症抢救中有着不可替代的作用。但是,紧急输血本身存在较大风险,或会使患者付出代价和损失,比如有可能使受血者感染艾滋病、肝炎等多种严重传染性疾病,或者发生溶血性不良反应。

这时,一个决策困境就摆在了医务人员面前,如果拒绝采取紧急输血,患者极有可能延误抢救时间而丧失生命;如果采用,则该治疗方法本身存在较大风险。这一困境不仅仅是医疗问题,更掺和了法律、伦理等方面的要求,使得临床医生面临无论作何选择,都会陷入争议甚至被处罚的窘境。

### 三、特殊情况下的共识

医务人员应该将患者的生命和健康权益放在首位,但医务人员做出合理选择时,也不应无辜承担法律风险。为了指引临床医务人员在面对紧急输血困境时做出合理选择,我们联合中国医院协会医疗法制专业委员会与原卫生部设立的急诊国家质控中心的专家力量,整合医学、法律、伦理和管理方面的专家资源,在谨慎研究、充分论证的基础上,共同提出了以下被多数专家认可的"专家共识"。

共识具体关注了两项特殊情况:一是在各种客观原因导致 ABO 血型无法查明时,在患者病情已经恶化到一定程度,再不输血将导致患者死亡的严重后果的前提下,是否可以紧急输注 O 型血的问题;二是 RH 阴性血型患者在无同型合格血源供给时,在临床情况已经不允许继续等待的前提下,可否输注 RH 阳性血或者输注未经标准检测的 RH 阴性血。

为挽救生命、积极救治患者,在受到客观条件限制常规抢救治疗措施无法实施,法律尚无明确规定的特殊情况下,允许医生为挽救患者生命按照下列步骤采取紧急输血措施(见表1)。

**表1 紧急输血适用情况及处理流程**

| | 血型不明时紧急输注O型红细胞处理流程 | RH阴性无同型合格血源供给时紧急输血流程 |
|---|---|---|
| 适用情况（患者必须同时满足所有条件） | ABO血型难以确定（如：ABO血型系统的亚型表型，或其他生理、病理因素引起的ABO血型鉴定困难） | 受客观条件限制无法及时输注RH阴性合格血液 |
| | 生命体征不平稳，危及生命的急性失血：<br>(1)血红蛋白<30g/L，并有进一步下降趋势；<br>(2)血红蛋白≥30g/L，但进一步加重贫血可能会严重危及生命（出血速度快，可能迅速危及生命；合并有心肺等严重基础疾病，很难耐受更严重贫血） | |
| | 向患方充分告知并取得患方的书面知情同意，知情同意书至少包括以下内容："O型悬浮红细胞成分中残存有少量血浆，但大量输注（累积大于200ml）可能引发溶血性输血反应" | 向患方充分告知并取得患方的书面知情同意，知情同意书至少包括以下内容：<br>(1)RH阴性受血者，尤其是育龄期女性，在输注RH阳性血液后，将可能由于同种免疫产生抗D抗体，诱发新生儿溶血病，因此将可能丧失再生育能力；或再次输注RH阳性血液时引起溶血性输血反应；<br>(2)输注来不及检测的血液可能使受血者面临感染艾滋病、肝炎等多种严重传染性疾病的可能性，患者必须自行承担这些风险 |
| 紧急处置：按照A—B的顺序启动紧急流程 | 优先选择输注O型洗涤红细胞。在不能及时获得O型洗涤红细胞的情况下，可考虑输注O型悬浮红细胞，并推荐应用白细胞滤器。在生命体征稳定，危急状态解除后，应等待获取O型洗涤红细胞 | A.在检测确认待抢救患者血液中D抗体筛查阴性的前提下，使用与RH抗原阳性交叉配血相合的合格血液；<br>B.不具备"A"条件时，可以考虑输注紧急采集尚来不及完成检测的RH抗原阴性交叉配血相合的血液 |
| 注意事项 | (1)异型输血必须是由主管医师与输血科充分沟通权衡患者获益与风险后共同做出决定；<br>(2)输注前应使用能够检测不完全抗体的技术进行交叉配血，否则可能因患者体内存在针对供血者的不规则抗体，从而引起溶血性输血反应；<br>(3)输血时和输血后加强观察病情，发现异常情况及时处理 | (1)异型输血或输注未完成检测的血液必须是由主管医师与输血科充分沟通权衡患者获益与风险后共同做出决定；<br>(2)输血时和输血后加强观察病情，发现异常情况及时处理 |

# 特殊医疗损害

## 浅析医疗产品损害责任

陈　特[*]

### 一、医疗产品损害责任的概念

医疗产品损害责任,是指医疗机构在医疗过程中使用有缺陷的药品、消毒药剂、医疗器械等医疗产品,或者输入不合格的血液,因此造成患者人身损害的,医疗机构或者医疗产品的生产者、血液提供机构所应当承担的侵权赔偿责任。[①]

由于药品、消毒药剂、医疗器械也属于产品,因此,比照《侵权责任法》关于产品责任的规定,《侵权责任法》第 59 条规定,因药品、消毒药剂、医疗器械的缺陷,或者输入不合格的血液造成患者损害的,患者可以向生产者或者血液提供机构请求赔偿,也可以向医疗机构请求赔偿。[②] 医疗机构赔偿后,有权向负

---

＊ 陈特,北京市高级人民法院法官,中国人民大学律师学院兼职教授,中国青年政治学院法学院硕士研究生导师,北京司法鉴定业协会惩戒委员会委员,北京卫生法学会理事,医事法、民商法实务微信公众号“海坛特哥”(haitanlegal)编辑。陈特法官在北京市高级人民法院工作期间,长期负责民事审判及督导调研工作,对房地产、建设工程、劳动争议、婚姻家庭、医药卫生等民事审判法律问题十分熟悉。曾参与编撰《侵权责任法疑难案例解读》《物权法审判实务疑难精解》《北京民事审判疑难案例与问题解析》《医疗损害赔偿诉讼实务》等著作,发表论文 80 余篇。E-mail:642038745@qq.com。更多作品,请百度陈特法官。

① 杨立新:“中国医疗损害责任制度改革”,载《法学研究》2009 年第 4 期。

② 有观点认为,在一般情况下,医疗机构并非药品等医疗产品的销售者,药品等出现问题理应由生产厂家负责,医疗机构也是受害者。《侵权责任法(草案)》之所以规定医院要承担连带责任,是从保护患者弱势群体及风险分担的角度考虑。由医疗机构向生产厂家索赔,更容易提供依据和理由,要证明生产厂家有过错,医院证明比较有利,且向厂家追偿也更容易。参见“医疗侵权责任立法研讨”,载《中国医院法治》2009 年第 1 期,第 36 页。

有责任的生产者或者血液提供机构追偿。[①]

## 二、医疗产品损害责任的归责原则

（一）对《侵权责任法》第59条的分析

关于医疗产品损害责任的归责原则。梁慧星教授认为，医疗产品缺陷致损，虽然构成侵权，但应该适用《产品质量法》的规定。[②] 在梁慧星教授主持起草的《中国民法典草案建议稿（侵权行为编）》中，第1588条第2款规定，"因血液制品、药品和医疗器械等有缺陷致患者遭受损害的，适用本法第十六章第四节产品责任的规定"。[③] 杨立新教授认为，医疗产品损害责任应适用产品责任的一般原则，即无过错责任原则。[④] 此外，还有学者认为，生产者的产品责任是过错责任，而不是无过错责任。[⑤] 药品、消毒药剂、医疗器械等医疗产品造成患者的损害，是否应采用无过错责任，值得进一步讨论。对此，从《侵权责任法》第59条的内容看，立法者采纳的是无过错责任。

（二）医疗机构是否应就医疗产品损害对患者承担无过错责任

医疗产品损害责任既是医疗损害责任，也是产品责任，是兼有两种性质的侵权行为类型。如前所述，由于医疗产品损害责任具有产品责任性质，应当适用无过错责任原则，以更好地保护患者的合法权益。

在涉及医疗产品的医疗损害赔偿纠纷中，没有争议的是，生产者承担侵权责任的归责原则为无过错责任原则，即只要医疗产品存在缺陷，造成患者损害

---

① 应该说，对于血液是否属于产品，医疗机构是否属于销售者，各界争论很大。本条主要以便利患者受到损害后主张权利为目的，依据《产品质量法》做出规定。参见王胜明主编：《中华人民共和国侵权责任法解读》，中国法制出版社2010年版，第285页。也正是基于这个原因，有人将《侵权责任法》第59条的内容归纳为医疗物品损害责任。即医疗物品包括药品、消毒药剂、医疗器械、血液。参见刘鑫、张宝珠、陈特主编：《侵权责任法"医疗损害责任"条文深度解读与案例剖析》，人民军医出版社2010年版，第125~127页。

② 梁慧星："医疗损害赔偿案件的法律适用问题"，载《人民法院报》2005年7月6日。

③ 梁慧星主编：《中国民法典草案建议稿（侵权行为编·继承编）》，法律出版社2004年版，第66页。

④ 杨立新："中国医疗损害责任制度改革"，载《法学研究》2009年第4期。

⑤ 王成："论医疗损害侵权行为归责原则的配置"，载《证据科学》第17卷第3期。

的,患者就有权利请求医疗产品生产者赔偿,而不问医疗产品生产者是否存在过错。

但是,医疗机构对患者承担的是过错责任还是无过错责任呢?

第一种意见认为。医疗机构直接使用医疗产品,[1]应用于患者身上,造成损害的,医疗机构当然是责任主体,应当承担过错责任。如果医疗机构不能指明缺陷医疗产品的生产者,也不能指明缺陷产品的供货者的,也应当承担过错责任。理由是,在医疗产品损害责任中,医疗机构的地位相当于销售者。而根据《侵权责任法》第 42 条的规定,缺陷产品的销售者承担的是过错责任。[2]

第二种意见认为,医疗机构承担的是无过错责任。因药品、消毒药剂、医疗器械的缺陷,或者输入不合格的血液造成患者损害的,生产者和医疗机构对患者都应承担赔偿责任,即实行无过错责任,但生产者和医疗机构有证据证明按照当时科学技术水平尚不能发现药品、消毒药剂、医疗器械缺陷的,可以免责。依据是《侵权责任法》第 43 条的规定。[3]

笔者认为,医疗机构对患者承担的是无过错原则。理由如下:首先,药品、消毒药剂、医疗器械属于产品的一种,这一点并无争议。虽然血液是否属于产品、医疗机构是否属于医疗产品的销售者在学理上仍有争议,但是,根据《侵权责任法》第 59 条的规定,立法者显然是为了保护受害者的利益而把医疗机构视为产品的销售者的。其次,关于销售者对缺陷产品给他人造成损害的责任承担问题,《侵权责任法》第 42 条、第 43 条分别作出规定。从文义解释的角度而言,《侵权责任法》的上述两条规定似乎并不一致。因为,该法第 42 条将"过错使产品存在缺陷"作为销售者承担侵权责任的构成要件,据此,销售者承担的应

---

① 为表述方便并与《产品质量法》保持一致,本文采纳医疗产品及医疗产品损害责任的说法,如无特别说明,本文所述医疗产品与前引医疗物品的范围一致,即包括药品、消毒药剂、医疗器械和血液。

② 《侵权责任法》第 42 条规定:因销售者的过错使产品存在缺陷,造成他人损害的,销售者应当承担侵权责任。销售者不能指明缺陷产品的生产者也不能指明缺陷产品的供货者的,销售者应当承担侵权责任。

③ 《侵权责任法》第 43 条规定:因产品存在缺陷造成损害的,被侵权人可以向产品的生产者请求赔偿,也可以向产品的销售者请求赔偿。产品缺陷由生产者造成的,销售者赔偿后,有权向生产者追偿。因销售者的过错使产品存在缺陷的,生产者赔偿后,有权向销售者追偿。

该是过错责任;而根据该法第 43 条的规定,销售者则不能以其没有过错为由对抗受害人的赔偿请求,故其承担的则属于无过错责任。但实际上,上述两条的规定并不冲突。依体系解释,《侵权责任法》第 43 条规定的是缺陷产品的销售者对受害人承担赔偿责任的归责问题,而该法第 42 条规定的则是缺陷产品的销售者终局责任的承担问题。也就是说,根据《侵权责任法》第 42 条、第 43 条的规定,缺陷产品的销售者承担产品责任的归责原则分为两个层面:相对于受害人而言,缺陷产品的销售者承担的是无过错责任,即对于受害人的赔偿请求,销售者不能以其没有过错作为免责事由;而相对于生产者而言,产品的销售者承担的则是过错原则,即销售者对受害人承担赔偿责任后,如果其没有过错,则可以向生产者进行追偿。[①]

### 三、医疗产品损害的责任承担

《侵权责任法》第 59 条仅规定了因药品、消毒药剂、医疗器械的缺陷,或者输入不合格的血液造成患者损害时,患者可以向生产者或者血液提供机构请求赔偿,也可以向医疗机构请求赔偿。而没有具体规定医疗产品的生产者、血液提供机构与医疗机构之间如何承担责任。从保护患者的权益出发,结合审判实际,笔者认为,应当按照如下原则适用法律。

(一)因药品、消毒药剂、医疗器械缺陷造成患者损害

在药品、消毒药剂、医疗器械本身存在着缺陷时,又可以分为以下几种情况。(1)药品、消毒药剂、医疗器械本身存在缺陷,医疗机构在采购产品时存在过错,比如,采购药品时,未严格把关,或者通过非法途径获得药品。这时候,医疗机构和药品、消毒药剂、医疗器械的生产者或提供者均应当承担赔偿责任。(2)药品、消毒药剂、医疗器械本身存在缺陷,医疗机构强制指定患者使用缺陷

---

① 本段论述,源于广州市中级人民法院在齐二药亮菌甲素注射液产品质量损害赔偿纠纷案中的判决理由。在该案中,法院依据《产品质量法》第 42 条和第 43 条认定,涉案假药亮菌甲素注射液给他人造成人身、财产损害的,中山三院、医保公司及金蘅源公司作为销售者,不能以其没有过错为由免予对赔偿权利人承担赔偿责任。参见广州市中级人民法院(2008)穗中法民一终字第 3081 号民事判决书。

医疗产品,造成患者损害的,医疗机构和医疗产品的生产者应当共同承担赔偿责任。(3)药品、消毒药剂、医疗器械本身存在缺陷,但医疗机构在采购产品时,已经尽到了足够的注意,但仍然未能发现产品存在的缺陷。此时,应当由产品的生产者承担赔偿责任,医疗机构不应当承担责任。医疗机构先行承担责任的,有权向医疗产品的生产者追偿。(4)医疗机构使用缺陷医疗产品致患者损害,无法确定缺陷医疗产品的生产者或者提供者的,应当由医疗机构承担赔偿责任。(5)医疗机构本身就是缺陷医疗产品的生产者,即医疗机构使用自己生产的缺陷医疗产品致患者损害的,则应当由医疗机构承担赔偿责任。

(二)输血感染造成患者损害

输血感染是指输入不合格血液即被病菌污染了的血液。血液一般是由血站提供给医疗机构,然后由医疗机构输入到患者体内的。如果血液是由血站提供的,按照《献血法》第10条的规定,血液质量的监测是由血站来完成的,医疗机构对血站提供的血液不再进行检查,但必须进行核查。如果医疗机构尽到了核查义务但仍未发现血液不合格的,应当由血液提供机构即血站承担赔偿责任。医疗机构先行承担责任的,有权向血液提供机构追偿。如果医疗机构未尽此等核查义务,就认为其有过失,应当与血站共同承担赔偿责任。

**四、医疗产品损害赔偿纠纷案件的诉讼主体**

关于医疗产品损害赔偿纠纷案件的诉讼主体,各界有不同的意见。

第一种意见认为,二者是共同被告。由于患者既可向医疗机构也可向生产者请求赔偿,患者选择医疗机构或者选择生产者起诉的,不用追加另一方参加诉讼。如果患者都起诉的,列为共同被告,可在分清医疗机构和生产者责任的基础上,要求它们对患者承担连带责任,实现对患者利益最大保护。

第二种意见认为,在医疗产品损害赔偿纠纷案件中,实际上医疗机构和医疗产品的生产者并不存在共同侵权的故意。在因药品、消毒药剂、医疗器械存在缺陷或者输入不合格血液造成患者损害的情形下,医疗产品的生产者实际上是终局责任人,受害人可以选择医疗机构或医疗产品的生产者作为被告。如果受害人同时将二者列为被告时,法院应行使释明权要求受害人明确被告,而不应判决二者承担连带责任。

第三种意见认为,在医疗产品损害赔偿纠纷案中,患者可以行使选择权,既可以向医疗机构主张,也可以向生产者等主张。如果患者同时起诉医疗机构和生产者,应当允许。因为这是患者的诉权。患者的损害确因产品缺陷造成的,医疗机构和产品生产者应当承担不真正连带责任。

如果患者仅向医疗机构主张的,可以根据医疗机构的申请将生产者追加为第三人参加诉讼。如果患者仅向生产者主张的,可以根据生产者的申请,追加医疗机构为第三人参加诉讼。

笔者同意第三种意见。理由如下:根据《产品质量法》第43条及《侵权责任法》第59条的规定,在医疗产品缺陷造成患者损害时,产品的生产者和医疗机构对患者承担的是不真正连带责任。[①]

按照《侵权责任法》第59条的规定,因医疗产品缺陷造成患者损害的,患者可以向生产者请求赔偿,也可以向医疗机构请求赔偿。从法理上讲,患者还可以同时向生产者和医疗机构请求赔偿,即在诉讼中将它们列为共同被告。[②]需要注意的是,在患者一方仅起诉医疗产品的生产者或者仅起诉医疗机构的情况下,在诉讼中法院无须追加未被起诉的另一方。原因在于,医疗产品损害虽发生连带责任,但并不属于《侵权责任法》第8条规定的共同侵权,一般不存在诉讼中追加未被起诉的另一方的必要。但是,在患者一方仅起诉医疗产品的生

---

① 缺陷产品的生产者及销售者对受害人承担责任的性质属于不真正连带责任,这一点各界并无争议。有争议的是不真正连带债务人在涉讼时能否作为共同被告以及不真正连带债务人是否需要承担连带责任。关于不真正连带债务的概念、特征以及在医疗产品损害责任中,医疗产品生产者和医疗机构的不真正连带责任如何承担的各种不同争论。参见余明永主编:《医疗损害赔偿纠纷》,法律出版社2010年版,第117~121页。

② 支持生产者和医疗机构为共同被告的一种观点认为,不真正连带债务人在涉讼时属于普通的共同诉讼,可以合并审理。另外,法律并未禁止受害人同时起诉生产者和医疗机构。参见余明永主编:《医疗损害赔偿纠纷》,法律出版社2010年版,第119页。

产者或者仅起诉医疗机构的情况下,为了查明事实的需要,法院可以依生产者或医疗机构的申请追加未被起诉的另一方为案件的第三人。

而在患者一方同时起诉缺陷产品的生产者和销售者时,如果患者一方的请求权成立,可以判决医疗产品的生产者和医疗机构对患者一方承担连带赔偿责任。① 但在判决理由中,应当论述清楚,缺陷产品的生产者和医疗机构承担的并非真正的连带责任,而是不真正连带责任。不负终局责任的一方当事人在承担了赔偿责任之后,可以依法向负担终局责任的其他当事人进行追偿。

此外,还需要注意的是,在患者同时起诉医疗产品的生产者和医疗机构的情况下,医疗产品的生产者与医疗机构之间可能互相推诿责任,或者要求在双方之间区分责任。考虑到医疗产品损害实行的是医疗产品的生产者与医疗机构对外承担连带责任的规则,这种情况下除非医疗产品的生产者与医疗机构之间能够就相互间责任达成一致,在案件中不应处理其内部责任关系。②

---

① 一种意见认为,患者将医疗机构和生产者同时起诉的,如果患者的请求权成立,法院在审理中,应当直接适用最终规则,确定缺陷产品的生产者承担侵权责任,不必先实行最近规则让医疗机构先承担责任再进行追偿。参见杨立新:《〈中华人民共和国侵权责任法〉条文释解与司法适用》,人民法院出版社2010年版,第419页。笔者认为,这种观点考虑到如果判决医疗机构先承担责任,有可能使没有过错的医疗机构承担追偿不能的风险,应该说有其合理性。但是,为了最充分保障受害人的权利,应该令生产者和医疗机构承担连带责任。也就说,与其让受害患者在生产者无力承担责任时索赔无果,倒不如让医疗机构追偿不能,这样才真正体现《侵权责任法》第59条侧重保护患者的立法宗旨。

② 单国军:《医疗损害责任》,中国法制出版社2010年版,第288页。

# 缺陷出生纠纷的法律关系

## ——以侵权责任法为视角

万　欣[*]

## 一、案情概要

吕某、佟某系夫妻。吕某怀孕后分别于 2010 年 10 月 9 日(孕 13 周)、2011年 1 月 21 日(孕 29 + 5 周)、4 月 1 日(孕 37 + 5 周)、4 月 7 日(孕 38 + 4 周)在某院行产前 B 超检查,但未遵医嘱在怀孕第 20 周至 22 周期其来医院进行系统筛查胎儿畸形。医院在吕某孕 29 + 5 周 B 超检查时,也未进行系统筛查。2011年 4 月 8 日吕某分娩一男婴(小佟),发现新生儿左手残缺。

原告诉称:原告进行孕期检查的目的就是要确定胎儿是否存在发育异常等先天缺陷,以便选择优生。但被告未认真履行职责,对胎儿体表左手残疾情况在几次彩超检查和筛查中未切实履行注意义务和告知义务,存在严重的过错,医院的过错行为严重侵犯了原告夫妻的知情权,从而剥夺了原告夫妻的生育选择权。

残疾孩子的出生给原告夫妻带来了巨大的精神痛苦,也增加了家庭的经济负担。为维护合法权益,吕某、佟某、小佟三原告共同起诉要求被告返还孕期检查费 2132.95 元,赔偿小佟残疾赔偿金 157934.4 元、18 周岁前的辅助器具费及

* 万欣,北京道信律师事务所执行合伙人、中国卫生法学会理事、北京师范大学教培中心客座教授、中国青年企业家协会会员、江西省青联委员、连任北京市律协医药法专委会副主任、朝阳区律协侵权责任法研究部部长。万欣律师对多种类型的医疗卫生法律业务均有深入的理论研究和丰富的实务经验;成功代理数百起在国内有重大影响的、复杂疑难的各类型医疗损害赔偿纠纷。E-mail:wanxin@ ch - lawfirm.com,微信公众号:医药法律人。

维修费 17820 元、18~60 周岁的辅助器具费及修理费 93280 元,赔偿鉴定费 11000 元、精神损害抚慰金 200000 元,共计 482167.35 元。

被告辩称:吕某、佟某诉被告的行为侵害其知情权和优生优育选择权,增加了对小佟今后治疗和护理的经济负担,诉求被告赔偿孕期检查费、医疗费和精神损害抚慰金等,而小佟起诉的是身体健康权,因此,三原告的起诉包含两个法律关系,不应在一个案件中审理,应裁定驳回部分起诉,单独审理一个法律关系。

小佟无权因自己出生而获得赔偿,并且即便产前检查,查出其先天缺陷,无论其父母作何选择,其都不可能成为权益受侵害的主体。另,小佟的缺陷系先天形成,诊疗行为与其残疾的形成没有因果关系,故法院应驳回小佟作为原告所主张的诉讼请求。

原告吕某、佟某的诉讼请求没有法律依据,优生优育选择权不是《侵权责任法》或者《民法通则》所列举的民事权利;即便吕某在孕 29 周被检出胎儿左手缺如,也不符合晚期引产的适应证,其也丧失了选择权。

综上,应驳回三原告的诉讼请求。

诉讼中,经原告申请,法院委托北京市某鉴定中心进行临床司法鉴定,委托鉴定事项:(1)医院对吕某、小佟的诊疗行为中是否存在医疗过错,若存在过错与患者的损害后果之间有无因果关系及参与度;(2)小佟的残疾程度;(3)假肢安装费用评估。

2012 年 6 月 11 日,该中心出具鉴定意见书,认定医疗行为存在过错,与残疾儿出生的损害后果之间存在一定的因果关系,医疗过错参与度为 C 级,参与度系数值为 20%~40%;患儿左手缺如构成五级残疾,与诊疗行为之间无直接因果关系;关于假肢安装费用,患儿 18 周岁以前可安装仿真手掌,费用为 4500 元,更换周期一般为 2 年,维修费用不超过假肢价格的 5%,满 18 周岁需安装仿真离断机电手,费用为 26500 元,更换周期通常为 6 年,维修费用不超过假肢价格的 10%。

**二、裁判要旨**

一审法院认为:被告医院在对原告吕某的诊疗行为中未尽到充分的注意义

务;存在过错。其行为使原告佟某夫妇丧失了对胎儿健康状况的知情权和选择权,已侵犯佟某夫妇的民事权益。

原告佟某夫妇作为胎儿的父母,未能对胎儿的健康给予高度重视并按期进行排畸检查,以致在最佳时期未进行排畸检查,其二人对残疾儿的出生也负有责任;故应减轻被告的赔偿责任。

原告小佟左手缺如系先天缺陷,其残疾的行程与医院的诊疗行为不存在因果关系,因此,不能认为被告侵害了原告小佟作为自然人所享有的身体权、健康权等权益,故其要求医院赔偿损失的主张,缺乏法律依据,不予支持。

法院最终判决被告返还原告吕某、佟某孕期检查费 2132.95,赔偿原告吕某、佟某抚养小佟需额外支付的抚养费 17 万元(包括增加的护理费、安装残疾辅助器具费)、精神损害抚慰金 5 万元。双方均未提出上诉,一审判决发生法律效力。

### 三、法理评析

(一) 何谓缺陷出生

缺陷出生是错误出生中的一种情形。在比较法上,"错误出生"(wrongful birth)是一个源起于美国法的概念,提出至今已有近半个世纪的历史。在美国法律中,所谓错误出生案件,是指由父母(单独或共同)提起的,因其生育自主权或堕胎选择权受到侵害而要求具有医疗过失的医生和医疗机构赔偿因非计划儿(unplanned children)或非期待儿(unwanted children)的出生而导致的损害的诉讼。①

在中国的社会实践中,错误出生的范围要更加广泛,通常包括以下几种情形:(1)在产前筛查以及产前诊断中,由于医务人员的过错,导致父母未能行使终止妊娠的选择权,最终娩出具有先天残疾的新生儿;(2)在避孕措施咨询中,由于咨询医生的不恰当判断和指导,导致父母避孕失败并生下新生儿;(3)在

---

① 王洪平、苏海健:"'错误出生'侵权责任之构成——一个比较法的视角",载《烟台大学学报(哲学社会科学版)》2008 年第 3 期。

绝育手术中(如输卵管或输精管结扎手术),由于手术医生的过错,导致手术后的夫妇再次怀孕并生下新生儿;(4)在流产手术中,由于医生手术操作不当导致流产失败,导致新生命的诞生;(5)在治疗妇科疾病过程中,妇女月经失调导致意外怀孕并生育;(6)由于非法性行为导致的怀孕,例如强奸、通奸,并基于某种特殊目的而继续怀孕并最终生育;①(7)在围产期、分娩过程中存在医疗过错,侵害新生儿健康权,新生儿娩出后出现医疗损害后果。

从娩出新生儿是否健康来看,第 2 种情形至第 5 种情形中,娩出的均可为健康新生儿,即由于医疗机构及其医务人员可能存在的过错导致孕妇未能行使终止妊娠的权利,或者未能实现孕妇有效终止妊娠的选择权,而并不考虑胎儿是否具有潜在的先天性缺陷的可能性。第 6 种情形的生育同样可为健康新生儿,只是该新生儿的出生并未违反孕妇的意愿,只是在伦理、法律角度来看,该出生是一种"错误"。第 1 种情形和第 7 种情形中分娩的新生儿均为具有缺陷的新生儿,但是缺陷产生的原因不同。第 7 种情形下,新生儿缺陷的原因在于医疗损害,故其实际上只是医疗损害责任的一种表现形式,无须赘述;而第 1 种情形,即为本案讨论的"缺陷出生"。

据卫生部报告,中国每年 1600 万新生儿中,出生缺陷总发生率约为 5.6%,每年新增出生缺陷数约 90 万例,每年临床明显可见的出生缺陷约 25 万例。根据全国出生缺陷监测数据,中国围产期出生缺陷总发生率呈上升趋势,由 2000 年的 109.79/万上升到 2011 年的 153.23/万。② 其中有不少比例即为缺陷出生,因此而产生的纠纷、诉讼也逐年增加。但是,由于《侵权责任法》《医疗事故处理条例》《关于审理人身损害赔偿案件适用法律若干问题的解释》等法律法规、司法解释等对于此类案件的处理均缺乏相应规范,导致各法院在处理此类案件时判决结果大相径庭。笔者曾就此咨询最高人民法院研究

---

① "12 岁女童称被 3 名老师强奸,决绝生下孩子当证据",载凤凰网,http://fashion.ifeng.com/baby/news/detail_2013_07/12/27439819_0.shtml.

② "中国出生缺陷防治报告(2012)",载中华人民共和国卫生部 http://www.gov.cn/gzdt/att/att/site1/20120912/1c6f6506c7f811bacf9301.

室有关领导。据介绍,最高人民法院在起草医疗损害责任司法解释过程中也曾关注到这一类问题。但是由于争议较大,司法解释规范此类问题时机尚不成熟。

目前,理论界对于本案这一类案件有多种定义,有的称之为"不当出生"[①],有的称之为"先天缺陷儿错误出生"[②],有的称之为"缺陷儿出生损害赔偿"[③]。笔者认为"不当出生"的概念大于本案这一类案件,与前述错误出生这一概念难以从表述上清晰地区分。而先天缺陷儿错误出生以及缺陷儿出生损害赔偿的称谓中,都存在一个主语"缺陷儿",使人容易认为在此类纠纷中,缺陷儿成为纠纷主体,或者使人认为缺陷儿的出生是一个错误或者是一种损害。这种称谓是对缺陷儿人格尊严的一种贬损。而实际上是因为新生儿所存在的先天性缺陷从一种潜在的因素因为分娩而成为现实存在,这种演变使得缺陷儿父母产生一个赔偿的请求权。故笔者认为以缺陷出生纠纷定义本案这一类案件比较准确。据此,笔者认为,"缺陷出生"仅指由于在产前筛查、产前诊断过程中,违反诊疗规范,导致可检出的胎儿严重缺陷未被检出,或者告知不充分,因而娩出存在严重缺陷的新生儿的情形。由于缺陷出生而产生的纠纷即为缺陷出生纠纷。

**(二) 缺陷出生纠纷的赔偿权利人**

**1. 新生儿不是缺陷出生纠纷的赔偿权利人**

缺陷出生纠纷中,往往新生儿的父母、新生儿都作为原告一并起诉医疗机构,本案即是如此。有观点认为"缺陷儿不是医疗服务合同的当事人,不能提起违约之诉,但可以提起侵权之诉,理由是缺陷儿也享有自己健康状况的知情权"。[④] 笔者认为此观点值得商榷。缺陷儿作为民事权主体自其诞生之时始,在此之前其为胎儿,不是民事权利主体,不存在享有知情权的问题。诞生之后,

---

① 刘华吉:"不当出生相关法律问题研究",华东政法大学 2011 年硕士学位论文。

② 易奕:"论先天缺陷儿'错误'出生的法律救济",中国政法大学 2007 年硕士学位论文。

③ 梁翠云:"缺陷儿出生损害赔偿研究",北京化工大学 2010 年硕士学位论文。

④ 梁翠云:"缺陷儿出生损害赔偿研究",北京化工大学 2010 年硕士学位论文。

其先天性缺陷已经发现,同样不存在知情权的问题。

而在此类案件中的原告认为,新生儿出生时存在的残疾虽然是先天性的,但是如果不存在医疗过错,新生儿不会出生,这样就可以避免其终生的痛苦和残疾的后果。因此,医院应当为新生儿的先天残疾承担赔偿责任。笔者认为这种观点是错误的。

以本案而言,其一,小佟无权因为自己的出生而获得赔偿。从基本的伦理角度来看,即便是有瑕疵的健康与没有获得生命两者相比较,孰轻孰重也是一目了然的。生总是比死要好,这就是生命的意义,也就是所谓生命的神圣性。在某唐氏儿及其父母诉妇幼保健院一案中,法院在判决中写道:即使对于有残疾的生命,从尊重生命本身的价值而言,其存在意义仍胜于无,不能因此低估生命本身的价值,而认定其生命属于应予赔偿的损害[1]。这就说明,一般而言,生命权高于健康权是我们这个社会的公序良俗,是需要尊重的。这也是医务人员发扬救死扶伤的人道主义的源泉。如果小佟因自己的出生而获得任何形式的赔偿,这无异于宣告生命权低于健康权,这显然是无法为社会所接受的,更何况也无法计算这种"损害"的赔偿数额。

其二,就本案而言,如果被告在产前检出了小佟的先天缺陷,其父母作何选择呢? 如果选择人工流产而娩出死胎,则小佟不能成为民事权利主体;如果娩出活胎,显然小佟是从此行为中获得了民事权利能力,而不是受到损害。如果其父母选择继续妊娠而最终娩出小佟,他就更加没有损害后果了。所以不论其父母作何选择,小佟都不可能成为权利受侵害的主体。

其三,小佟之缺陷系先天形成,其身体权和健康权并没有受到任何过错医疗行为的侵害。司法鉴定结论也已确认,诊疗行为与其 5 级伤残的状态之间没有因果关系。故小佟不应成为缺陷出生纠纷中的赔偿权利人。

2. 新生儿父母是缺陷出生纠纷的赔偿权利人

新生儿的父母是缺陷出生纠纷中当然的赔偿权利人,这一点几乎毫无争

---

① 李立凯、马俊军、宋儒亮、柯旭:"唐氏综合征引发之优生优育选择权诉讼及其鉴定选择",载《中国实用妇科和产科杂志》,2008 年第 24 卷第 8 期。

议。笔者也持这一观点，下面结合本案试析之。

在知情权和生育选择权的法律关系中，主张赔偿权利的主体只能是新生儿父母，而不可能包括新生儿。在此类纠纷当中，请求权基础实质上是基于母婴保健法而衍生出来的优生优育选择权，即如果医疗机构在特定时间段按照诊疗规范在产前 B 超检查时能检出胎儿先天缺陷并告知胎儿父母，其父母可以选择是引产还是分娩。但是，在产前检查过程中，小佟还未出生，还不是民事权利主体，不享有民事权利。对于优生优育选择权，当时还是胎儿的小佟无法决定自己出生与否，在他出生之后更是已经失去行使这项权利的前提基础。故优生优育选择权只能由胎儿的父母行使，基于所谓优生优育选择权被侵犯所产生的一系列所谓"损害后果"：因抚育缺陷儿而增加的经济负担、后续发生的孕期检查费、医疗费、精神损害抚慰金等，小佟均无权主张。故在缺陷出生纠纷中的权利主张主体只能是新生儿的父母。

（三）缺陷出生纠纷的客体是新生儿父母的优生优育选择权

缺陷出生纠纷的客体是新生儿父母的何等权利？目前，学界对此问题众说纷纭，有的称之为"堕胎自由权"，有的称之为"生育选择权"[①]，有的称之为"拥有充分知情的父母的利益"[②]。笔者认为，还是称之为优生优育选择权更为准确。

生育选择权的内涵和外延都较之优生优育选择权要大得多。笔者认为：生育选择权，首先，包括生育与否的权利，那么既包含采取避孕措施以避免怀孕、生育的权利；也包括怀孕后在不明确胎儿健康状态的情况下（如有的孕妇在根本不做孕前检查的情况下就决定人工流产以终止妊娠）决定是否生育的权利。其次，包括在进行孕期检查，对胎儿情况相对了解的情况下，决定是否生育的权利。这里既包括对检查结果显示健康胎儿决定是否生育的权利，也包括对应当存在的检查结果（即应当查出而未查出或已经查出）显示存在先天缺陷胎儿决

---

① 刘凯、卞亚穹："关于'缺陷儿出生'相关法律问题的探讨"，载中国医师协会 http://www. cmda. gov. cn/zilvweiquan/weiquanzhishi/2011 - 04 - 18/9506. html。

② 金福海、邵冰雪："错误出生损害赔偿问题探讨"，载《法学论坛》2006 年第 6 期。

定是否生育的权利,同时还包括对检查结果不明确(例如,唐筛结果高风险、部分肢体器官显示不清楚)的胎儿决定是否生育的权利。再次,甚至还包括在分娩过程中,面对胎儿生命与孕妇生命存在冲突时(如著名的李丽云案)决定是否生育的权利。最后,还应当包括决定采取哪种生育方式进行生育的权利。由此可见,本文讨论的缺陷出生纠纷实际上只是在应当存在的检查结果显示存在先天缺陷胎儿时决定是否生育的权利中的一种情形:应当查出而未查出。具体包括了如下几种情形:应当进行的检查而未进行检查,由于错误告知而使孕妇对检查结果有错误理解,或者放弃了进一步检查的权利。显然,以生育选择权作为缺陷出生纠纷的客体显然是不准确的。

有学者以"优生优育只能是一种公共道德和判断价值的体现,而不具有绝对的法律意义"为由,否认优生优育选择权是怀孕夫妻的一种权利或者权益①,笔者认为此观点是值得商榷的。

《母婴保健法》第 17 条、第 18 条规定,"经产前检查,医师发现或者怀疑胎儿异常的,应当对孕妇进行产前诊断","经产前诊断,胎儿有严重缺陷的,医师应当向夫妻双方说明情况,并提出终止妊娠的医学意见。"《母婴保健法实施办法》第 20 条规定:"胎儿发育异常或者胎儿有可疑畸形的,医师应当对其进行产前诊断。"卫生部《产前诊断技术管理办法》第 17 条第 2 款也规定:"胎儿发育异常或者胎儿有可疑畸形的,医师应当建议其进行产前诊断。"这一系列诊疗规范包含了两层意思,第一层意思是医务人员有对胎儿进行产前检查的义务,第二层意思是,如果发现胎儿存在规定情形,医务人员有告知的义务。综合来讲,即医务人员有检查和告知的义务。既有义务就有权利,与此对应的是夫妻的选择权,既有选择进行产前诊断的权利——因为部分产前诊断措施是有风险的,甚至有流产的风险,故必须由夫妻作出决定;同时还有在发现严重缺陷时,决定是否终止妊娠的权利。这首先体现为一种选择权自无疑问,但是这是一种什么选择权呢?

---

① 刘凯、卞亚穹:"关于'缺陷儿出生'相关法律问题的探讨",载中国医师协会 http://www.cmda. gov. cn/zivlweiquan/weiquanzhishi/2011 - 04 - 18/9506. html。

基于一般生活常识,在有选择的情况下,普通夫妻几乎百分之百愿意选择一个更加健康的孩子。在胎儿期,无法对胎儿智力进行任何判断的情况下,显然,选择一个在各肢体、脏器、器官看起来比较正常的胎儿,其娩出后健康的概率显然大于肢体、脏器、器官有缺陷的胎儿。这在福利院孤儿被收养的情况中可以得到印证。除非专职慈善的机构或者自然人,有意选择某种不健康的儿童进行收养,并给予相应治疗(在现实生活中,选择有疾病的孤儿收养的多数为外国人),以达到自己慈善的目的以外,凡是有意收养孤儿的不孕不育夫妻,在收养时,无不对孤儿的健康状况进行严格的筛选。甚至在不少收养的案例中,收养人甚至要求先行对拟收养儿童进行健康体检。以至于据一些福利院工作人员介绍"国内的家庭主要想收养没有疾病的正常孩子"①。所以在这种情况下,对发现胎儿存在严重畸形的夫妻来讲,他们行使的选择权,显然是为获得一个更为优秀、健康的孩子的目的,这显然是一种为了优生优育而行使的选择权,故称之为优生优育选择权更为恰当。

并且值得指出的是,优生优育选择权是一种在医疗法律关系之中,怀孕夫妻在妊娠的特定期间,所享有的一种权利,其来源于医务人员的诊疗规范,与医疗法律关系中的知情权属于同一等级的患者权利之一。而并非存在于所有自然人在任何时候所享有的权利,即便是孕妇夫妇,也并非在妊娠的所有阶段都有做出这种选择的权利(例如,在妊娠晚期,即便提前终止妊娠娩出的也是活胎,实际上已经不存在这种优生优育选择权了),更非法人所能享有的一种权利。

前述学者认为缺陷出生纠纷中的客体是"充分知情的父母的利益",即在此类纠纷中由于医生的过失,未能履行关于胎儿健康与否的告知义务,致使原告父母的这种获得充分知情的利益受到了损害,被告应该为自己的行为负损害赔偿责任。② 笔者认为这种观点只是将缺陷出生纠纷中的一种情形——错误告知进行了概括,却忽略了医务人员由于过错,对于应当查出的缺陷而未查出,

---

① "清远孤儿多因残疾遭遗弃",载《南方日报》2013 年 1 月 15 日。
② 金福海、邵冰雪:"错误出生损害赔偿问题探讨",载《法学论坛》2006 年第 6 期。

以及对于应当进行的检查而未进行的情形,故仅将缺陷出生纠纷的客体归纳为知情权显然是不全面的。

（四）过错及因果关系的判断

判断是否存在医疗过错以及医疗行为与损害后果之间是否存在因果关系并非单纯的法律问题,通常人民法院认为此为专业问题应委托鉴定来解决。据中华医学会负责医疗事故技术鉴定的同志在北京律协医药卫生法律专业委员会举办的缺陷出生法律问题研讨会上的介绍,考虑到患儿的缺陷为先天形成,与诊疗行为之间没有关系,医学会基本不受理此类纠纷的医疗事故技术鉴定。故目前法院一般的做法都是委托相应的司法鉴定机构组织进行司法临床鉴定,通过专家对诊疗经过进行鉴定以评判是否存在过错。由于此类鉴定专业性较强,下面我们结合本案对缺陷出生纠纷司法鉴定结论进行评析。

1. 判断是否存在诊疗过错的标准

笔者认为应当严格按照法律、法规、诊疗规范来判断诊疗行为是否存在过错。在上述案例中,接受法院委托的某司法鉴定中出具的鉴定书认定医疗行为存在的过错的理由主要为两个方面:一是,"在患者错过筛查期时未主动进行补漏检查";二是,"本例超声检查报告过于简单","四次超声检查均没有描述手的检查情况"。笔者认为这个结论是错误的!

鉴定结论认为,在患者错过筛查期时医方应主动进行补漏检查,然而在现今的卫生法律法规、诊疗规范均没有此方面的规定。医院在2012年7月5日《对鉴定书的异议》就此问题提出了异议。在2012年7月19日本案原告所委托的司法鉴定中心回复中说,此情形是靠医学理论来规范的,不是法律、诊疗规范的范畴。但是,目前根本没有鉴定人所依据的医学理论,其主张根本没有任何依据。

医院申请鉴定人出庭接受质询,在庭审质询过程中,鉴定人又提出"应当补漏检查",不是法律、法规、诊疗规范所规定的,而是靠医学伦理来规范的。同时鉴定人又进一步解释,医生的诊疗行为主要依据的不是诊疗规范,而是医学伦理。这完全是错误的。医学伦理是道德层面的问题,不道德的行为不一定就是违反法律的。根据《医疗事故处理条例》中判断医疗过错的标准是"违反医疗卫生管理法律、行政法规、部门规章和诊疗护理规范、常规"。《侵权责任法》第58条判断医疗机构存在过错的条件仍然是"违反法律、行政法规、规章以及其他有关诊疗规范的规定"。从法律和行政法规这两个最高层面的规范性文件来看,认定医疗行为存在过错均是指医疗行为违反有关法律、法规、诊疗规范,没有规定不符合医学理论或鉴定人所谓的医学伦理即构成医疗过错!

也就是说,认定医疗行为是否有过错,应看医疗行为是否违反了相关法律、法规、诊疗规范。不应当以出现不良后果后,当时应怎样做更好的标准认定医疗行为是否存在过错,更不应当依据所谓的法律、规范之外的"医学理论""医学伦理"来认定。所以,鉴定书认定"在患者错过筛查期时未主动进行补漏检查"即构成医疗过错的结论是没有法律依据的,是违反法律规定的。

2. 判断诊疗行为与损害后果之间的因果关系问题

(1) 根据现有诊疗规范,即便医院为孕妇进行了补漏检查,也不会对其左手缺如进行检查。根据《北京市产前诊断与产前筛查工作规范》,产前超声检查可分为三级:①常规产前超声检查,包括早、中、晚期妊娠的一般超声检查。②系统产前超声检查,在妊娠第20~24周进行。也就是产前筛查阶段。③针对性检查,在系统胎儿超声的基础上,针对胎儿及孕妇特殊问题进行特定目的的检查。

(产前诊断)早期妊娠检查的内容:测量胎囊(大小、形状、位置)、胎芽,观察胎心搏动、子宫、双附件情况;11~13+6周测量胎儿头臀长(CRL)、胎心率、胎儿颈背部透明区厚度(NT)、双顶径(BPD)、头围(HC)、腹围(AC)、股骨(FL)、鼻骨(NL)。

(产前诊断)中、晚期妊娠常规产前超声检查的检查内容:测量双顶径(BPF)、头围(HC)、腹围(AC)、股骨长(FL)、HC/AC、FL/BPF、FL/AC。可估计胎儿体重和百分位体重。测量脐动脉:S/D(A/B)、观察脐静脉有无搏动。测量最大羊水池深度或指数。观察胎盘的位置、厚度、分级。

(产前筛查)中晚期妊娠常规超声筛查内容如下。胎儿头部:测量双顶径、头围,观察是否无脑儿、有无脑积水或结构异常。胎儿脊柱:观察脊柱排列是否平行规整,观察有无明显的脊柱裂、脊膜膨出。胎儿心脏:检查心率、心律、四腔心结构、比例是否正常。胎儿腹部:测量腹围或腹横径,确定有无大的腹裂、脐膨出。胎儿股骨:测量股骨长度。羊水:测量羊水厚径或指数,发现有无羊水过多、过少。胎盘:胎盘定位、分级。

如上所述,在《北京市产前诊断与产前筛查工作规范》规定中,产前检查的任何阶段均无对手部检查的要求,《产前筛查机构报告单》样本中也无手部检查描述的要求。也就是说,即使按司法鉴定结论所述,在孕妇错过畸形筛查期应当进行补漏检查,根据规范要求也无须检查手部;即使报告单按照规范要求的检查项目进行了描述,对判断手缺如也没有任何帮助。退一步说,即使被告未进行补漏检查,且存在超声报告过于简单的问题,也与左手缺如儿出生没有因果关系。

(2)优生优育选择权行使的期间。首先,根据医学理论,妊娠满28周引产的属于晚期引产,晚期引产的适应证有:母体因素,如妊娠期高血压疾病、妊娠合并心脏病等;胎儿因素,过期妊娠、死胎、母儿血型不合、严重的胎儿畸形等,而严重的胎儿畸形是指严重致命性畸形,如无脑儿、脑积水、内脏外翻等。左手缺如并不属于"严重胎儿畸形",不符合晚期引产的指证。即便吕某29＋5周被检出胎儿左手缺如,也不符合临床诊疗常规中晚期引产的适应证。全国的任何一家医疗机构都不应为不具有适应证的孕妇进行晚期引产,吕某、佟某也就不存在享有选择权的问题。

其次,晚期引产是通过人工的方法(常用的是药物引产)诱发子宫收缩达到终止妊娠的目的,不允许宫内杀死胎儿。根据现有医学资料表明,24周以上、体重在1000克以上的新生儿的存活率已经很高了。而且民间也早有"七活八不活"的说法。意思就是至怀孕7个月时,胎儿的肺脏便具备了基本的呼吸功能,这也是新生儿能否存活的基本条件。因此,我们说7个月以前出生的新生儿不易存活,主要是因为呼吸功能不完善。而怀孕7个月以后的胎儿,由于其肺脏已基本发育健全,其他器官也基本成熟,已经具备了生存的基本能力。

目前检索到全世界已有怀孕21周零6天即出生的新生儿顺利存活的报道。并且据该报道介绍,英国当地法律禁止当胎儿24周大以后进行人工终止妊娠的手术①。

吕某孕29+5周到医院就诊,胎龄已满7个月,即使当时查出胎儿左手缺如,即使其选择引产,其也首先需要到北京产前诊断机构(北京市的三级医疗机构,全市仅有5家)进行确诊,然后到计生委进行审批,这样到其可以引产时胎儿已满30周以上。其孕29+5周的B超检查显示,胎儿体重预计已达1263克。因为左手缺如不是致命性缺陷,此时引产娩出的胎儿是活产(早产儿)的概率相当大。此时,吕某、佟某将面对的是两种情况,一是接受一个早产残疾儿并且可能因为早产带来更多的疾病,如脑瘫、缺血缺氧性脑病、肺部感染等,造成极大的支出;二是放弃抢救、治疗,放任不管,任其死亡,那么将可能因遗弃而承担刑事责任。

所以,笔者认为,吕某、佟某作为胎儿的父母享有选择权,也是在法定的筛查胎儿畸形的第20周至第24周这个时段享有选择权。到其孕晚期近30周的时候,在胎儿没有致命性畸形的情况下,不论是从伦理学还是从法律规定角度来看,胎儿的父母此时已经实际丧失了选择权。即便认为其仍有权选择引产,从以上分析可以看出,作为一个理智的人来讲,其显然不会选择面对一个早产残疾儿的无比巨大的风险。因此,医院的行为不存在侵害其选择权问题。

综上两点,笔者认为在本案中,即便认为医院存在应查未查的过错,也与原告的优生优育选择权之间没有因果关系,不应当认定为侵权。

(五)缺陷出生的损害赔偿范围

缺陷出生纠纷中的损害赔偿范围,在理论界和司法实践中均存在较大争议。

**案例1:**文女士怀孕后至漳州市医院进行孕妇产前保健,5次B超检查中4次为"胎儿肢体显示不满意"或"胎儿结构无法完整显示",后文女士就其所生

---

① "世界最小早产儿不足22周即出生,奇迹存活18个月",载搜狐新闻 http://news.sohu.com/20080523/n257025241.shtml。

孩子所患先天耳聋症诉漳州医院,一审以医院与所生孩子残疾没有因果关系为由驳回诉讼请求,二审则予以支持,判决赔偿精神抚慰金、医疗费、残疾人生活补助费、残疾用具费等合计 55 万元①。

**案例 2**:韩某夫妇至荆州市某医院进行产前检查,B 超报告单结论为"胎儿活动:四肢、脊柱活动好。"后韩某夫妇生下一左臂缺如的孩子,遂诉至法院,要求赔偿生育费、交通费、残疾赔偿金、精神抚慰金共计 30 多万元。一审认为物质损失难以计算,遂判决精神损害赔偿金 5 万元,二审调整为 2 万元②。

**案例 3**:鲁天成诉宁波市镇海区蟹浦镇卫生院医疗损害赔偿案中,原告以被告在对其母进行产前检查中,未能通过 B 超等检查手段及时检查出原告为先天性残疾而造成原告降生提起诉讼。法院判决认为案件实为侵害父母优生优育选择权之诉。鉴于产前检查时原告尚未出生,无民事权利能力,亦无法决定自己是否出生,故不能对自己生存权利做出选择,该案原告主体不适格,故依法驳回原告鲁天成起诉③。

上述三起案例,判决不一,案例 1 全面支持了原告的各项诉请,包括了残疾人生活补助费、残疾用具费;案例 2 未支持原告的物质性损失,仅支持了精神损害抚慰金;案例 3 则鲜明地反对缺陷儿在缺陷出生纠纷中作为赔偿权利人的地位。3 个案例中,案例 2 和案例 3 在法理上是一致的,和案例 1 在赔偿权利人和赔偿范围方面都存在较大差别。可见裁判尺度争议之大。

从此类案件的实践,我们会发现,原告(包括新生儿父母和新生儿本人)的诉讼请求往往包括以下几项,笔者逐一进行分析:

(1)孕妇围产期所支出的(不含分娩费用)孕期检查费、医疗费、交通费,必要的营养费、住宿费。孕妇支出上述费用的目的在于通过孕前的检查和治疗达到优生优育的目的,而诊疗规范也赋予了医疗机构及其医务人员这样的义务。由于医疗机构的过错,导致孕妇未能行使优生优育选择权,之前支出的上列费

---

① 梅贤明:"生下肢残儿,医院该不该赔偿",载《人民法院报》2004 年 11 月 16 日。

② 裘苗根:"B 超未查出残疾胎儿谁埋单",载《检察风云》2006 年第 23 期。

③ 易奕:"论先天缺陷儿'错误'出生的法律救济",中国政法大学 2007 年硕士学位论文。

用成为浪费,医疗机构当然应当根据过错参与度承担赔偿责任。从医疗服务合同的角度来讲,由于未能提供符合诊疗规范的医疗服务,因此而产生的费用予以退还也是应有之义。这一点争议不大。

(2)孕妇分娩所支出医疗费、交通费、必要的营养费、住宿费。对于此类费用,笔者认为应当不属于赔偿范围之内。因为假如不存在医疗过错,孕妇夫妇行使选择权要求提前终止妊娠,同样要产生人工流产等费用,故此类费用不应作为赔偿范围。

(3)残疾赔偿金和被扶养人生活费。根据最高人民法院《关于审理人身损害赔偿案件适用法律若干问题的解释》第 17 条第 2 款,残疾赔偿金是指受害人因伤致残的,其因增加生活上需要所支出的必要费用以及因丧失劳动能力导致的收入损失。如果针对缺陷儿的先天缺陷所构成的残疾主张残疾赔偿金,首先来讲,有权对此残疾主张权利也仅为缺陷儿本人,缺陷儿的父母不能作为原告对缺陷儿的残疾要求残疾赔偿金的主体。其次,对于缺陷儿来讲,其伤残的原因是先天畸形、属自身疾病,与诊疗行为无关,因此不应由医疗机构对其承担残疾的赔偿责任。本案中,法院没有支持小佟的残疾赔偿金的诉讼请求,显然是认可了笔者的上述观点。

至于被扶养人生活费,鉴于缺陷儿不存在法定的被扶养人,且与缺陷出生纠纷的损害赔偿范围并无因果关系,故已不存在这一项目的赔偿。

另外,还有的严重出生缺陷的新生儿经抢救无效死亡的,基于上述理由,也不应主张死亡赔偿金及丧葬费。

(4)残疾用具费。原则来讲,既然残疾赔偿金与医疗机构无关,残疾用具费似乎也应当不计入赔偿范围之内。但是,本案从本案的诉讼来看,体现出此类案件的一般特点:缺陷儿成年之前的残疾用具费和成年之后的残疾用具费,这在法理上属于两种不同性质的费用。在缺陷儿成年之前,其父母依法具有抚养的义务,相应支出的义务主体为缺陷儿的父母,故缺陷儿成年之前的残疾用具费实际上的权利主张主体是缺陷儿的父母,其性质属于由于优生优育选择权被侵害而产生的扩大支出的损失。这部分费用,应当由医疗机构按照过错参与度予以赔偿。

而缺陷儿成年以后，其父母已经不再具有法定的抚养义务，故由此产生的残疾用具费是由缺陷儿自己应当负担的，与缺陷出生纠纷并无因果关系，故不应由医疗机构负担。本案中，法院采纳笔者的上述观点，没有支持原告主张的小佟18岁之后的残疾用具费，应当说是正确的。

（5）残疾儿的抚养费。此项费用争议较大。有学者主张可以就全部的抚养费进行赔偿，认为不论是孩子的一般抚养费用还是因残疾而导致的额外抚养费用，在责任范围的因果关系上，都难谓与医师违反产前诊断义务的过失行为之间没有直接的因果关系。[①] 我国台湾地区学者王泽鉴认为："为适当限制医生的责任，鉴于养育子女费用及从子女获得利益（包括亲情及欢乐）之难以计算，并为维护家庭生活圆满，尊重子女的尊严，不将子女之出生视为损害，转嫁于第三人负担的扶养费用，而否定扶养费赔偿请求权，亦难谓无相当理由。"[②]

在司法实务中也有不同做法。不少法院认为由于医院的过失导致缺陷儿父母增加了抚养的支出，医院应当就此承担赔偿责任。但是，该部分赔偿项目没有明确法律依据，故法院在支持时，就有了不同的做法。有的法院认为"无论是从法律政策还是从责任范围的因果关系等基本理论出发，都不应当支持一般扶养费的诉讼请求。但是，就特殊扶养费用，即残疾辅助器具费、特殊的教育费用等，则应当予以支持"。[③] 在实践中，有的法院按照人均生活性支出计算至18岁。本案法院按照人均可支配性收入计算至18岁。以上的计算方式应该说都只是一种从权的做法，因为很难量化因为缺陷儿的出生给其父母扩大了多少支出。

如本案中的小佟，出生后左手缺如。在现实中，并不会因为左手缺如增加多少教育费用（可以进入正常学校学习生活）；也很难说增加了多少护理费用（因为其从小就开始锻炼只有一只手，在健康儿童具备生活自理能力之时，其

---

① 房绍坤、王洪平："医师违反产前诊断义务的赔偿责任"，载《法学论坛》2006年第6期。

② 王泽鉴：《王泽鉴法学全集》，中国政法大学出版社2003年版，第183页。

③ 张健、向婧："不当出生侵权诉讼民事审判实证研究"，载《法律适用》2009年第5期。

也可以具备自理能力)。社会上还有大量身残志坚的典范,不少上肢残障的人士甚至能够参加正常的社会生活。

但是,不可否认的是,仍然会有大量缺陷出生的儿童需要大量的护理费用、高额的特殊教育费用,但是每一个具体的案例均不一致。并且考虑到对此等情形评估、鉴定的难度极大,而如果全部待实际发生后另行主张又会明显增加当事人诉累和增加司法资源的耗费,故笔者认为仍然可以参照残疾赔偿金的定型化计算方式,求得一个大范围内大致的公平。笔者倾向于认为,以人均生活性支出作为标准,计算至缺陷儿18岁时止,应当可以基本涵盖扩大的扶养费。

(6)残疾儿的治疗费用。有不少缺陷儿出生后,需要及时对其缺陷进行治疗,因此而支出的医疗费、护理费、住宿费、住院伙食补助费、交通费等是否应当纳入赔偿范围? 如前所述,由于在缺陷儿成年之前,其父母依法具有扶养的义务,相应支出的义务主体为缺陷儿的父母,故缺陷儿成年之前必需的治疗费用实际上的权利主张主体仍然是缺陷儿的父母,其性质属于由于优生优育选择权被侵害而产生的扩大支出的损失。这部分费用,应当由医疗机构按照过错参与度予以赔偿。

(7)精神损害抚慰金。此类案件中,不少人认为由于缺陷儿的出生,给其父母带来了精神痛苦,因此责令有过错的医疗机构按照过错参与度给予一定的精神损害抚慰金是应当的。

但是笔者认为,缺陷儿的出生,不应被视为对父母的精神损害。

首先,大家会认为每一个孩子都是上天带给父母的礼物,无论这个孩子相貌如何,是否有肢体或智能上的缺陷,都是上天的礼物,父母不应该对孩子的出生本身加以抱怨。在20世纪70年代同类型美国法院判决的 Terrell v. Garcia 一案中,法官在判决中指出"在抚养孩子的过程中,父母所获得的精神满足和愉悦使得其所遭受的经济损失是值得的,这些无形利益是不能用金钱来衡量的。有谁能在孩子的一个微笑上贴上价格标签呢? 又有谁能在父母因孩子取得的成就而感到的自豪上贴上价格标签呢? 本法庭并不试图对这些无形利益作出价值上的评估,而是不言自明地做出如下决定:公众情感认为,父母所获无形利益超过了其抚养和教育一个健康、正常孩子的经济损失"。当然,考虑到我国社会所执行的计划生育政策,使得一些具有非严重残疾的缺陷儿父母失去了再次妊娠获得一个更为健康的孩子的机会,以及我国经济社会发展阶段与西方社会的不一致,上述判决所引用的损益相抵原则在中国显然不存在适用的土壤。但是,其中阐述的一些道理,也颇值得我们借鉴。

而且从另一个角度来讲,缺陷儿长大以后,如果了解到其父母以自己的出生为由,索要了大量的精神损害抚慰金,证明父母视自己为一个精神痛苦的来源,显然有损于缺陷儿的尊严,会对和谐家庭关系带来负面影响。故,笔者认为法院不宜支持缺陷出生纠纷中缺陷儿父母提出的精神损害抚慰金的诉讼请求。

（六）结论

本文所讨论的缺陷出生纠纷的法律问题,在目前的法律法规中并无明确规定。其中涉及很多难点问题,还要考虑到伦理问题、计划生育政策问题、中国社会的历史文化背景等一系列问题。缺陷出生纠纷是医患法律关系中一个热点问题,目前争议也很大。这些问题亟须最高人民法院出台相应司法解释统一规范,以免出现同案不同判的现象。

# 药品质量纠纷的侵权责任认定和法律适用

李洪奇*

药品质量纠纷是指不同当事人对某种药品的质量认定发生分歧或矛盾,并依法提出相关诉求的事实状态。药品质量纠纷涉及研发、临床试验、生产、流通、使用等各个环节,是形成合同之债与侵权之债的重要法律因素。

根据侵权责任认定和法律适用的不同,引发药品质量纠纷的原因可以分为两大类:药品缺陷和药品不良反应。其中,药品不良反应又分为注册前药品不良反应(即临床试验阶段药品不良反应)和注册后药品不良反应(即上市流通的药品不良反应)。

## 一、药品缺陷的侵权责任认定和法律适用

### (一)药品缺陷的责任认定

我国《产品质量法》规定:"缺陷是指产品存在危及人身、他人财产安全的不合理的危险;产品有保障人体健康和人身、财产安全的国家标准、行业标准的,是指不符合该标准。"可见,缺陷包括"不合理的危险"和"不符合标准"两个因素。

---

* 李洪奇,北京大成律师事务所高级合伙人、北京市律师协会医药卫生法律专业委员会主任、清华大学法学院硕士研究生联合导师、中国卫生法学国际研究院客座教授。李洪奇律师谙熟药品、医疗器械、产品注册、生产、经营、使用等相关事务。自 2001 年始,李洪奇律师开始为国内外大型医药企业提供专业法律服务,代理过大量非诉讼和诉讼案件,涵盖医药企业(包括医疗器械企业)的法律风险管理、内控合规、医药知识产权、重组并购、医药合同等事务。E-mail:hongqi.li@ dachenglaw.com,微信号:healthlawyer。

对于药品而言,"不合理的危险"是指药品存在明显或者潜在的,以及被社会普遍公认不应当具有的危险;"不符合标准"是指药品不符合我国《药典》所规定的药品标准以及卫生部和国家食品药品监督管理局颁布的药品标准,即部颁标准和局颁标准,但最新版《药典》收载的品种不再适用历版药典、部颁标准和局颁标准。

因此,药品缺陷就是某种药品存在包括明显或者潜在的不合理的危险,或不符合国家现行有效的药品标准,包括假药和劣药。按照《药品管理法》的规定,假药是指药品所含成分不符合国家药品标准或以非药品、他种药品冒充此种药品;劣药是指药品成分的含量不符合国家药品标准。

司法实践中,如果有证据证明药品包装或说明书不符合法律规定,足以误导公众药品使用并造成患者人身损害的,某些人民法院会通过司法鉴定认定其违法性,视同药品缺陷。

(二)药品缺陷的法律适用

在民事侵权责任范畴内,由缺陷药品引起的药品质量纠纷应适用《民法通则》《产品质量法》《侵权责任法》以及最高人民法院《关于审理人身损害赔偿案件适用法律若干问题的解释》等法律法规。

《产品质量法》第41条规定:"因产品存在缺陷造成人身、缺陷产品以外的其他财产损害的,生产者应当承担赔偿责任";第42条规定:"由于销售者的过错使产品存在缺陷,造成人身、他人财产损害的,销售者应当承担赔偿责任。销售者不能指明缺陷产品的生产者也不能指明缺陷产品的供货者的,销售者应当承担赔偿责任。"

《侵权责任法》第59条规定:"因药品、消毒药剂、医疗器械的缺陷,或者输入不合格的血液造成患者损害的,患者可以向生产者或者血液提供机构请求赔偿,也可以向医疗机构请求赔偿。患者向医疗机构请求赔偿的,医疗机构赔偿后,有权向负有责任的生产者或者血液提供机构追偿。"

由此可见,一旦药品被认定存在质量缺陷,药品生产企业就要承担民事赔偿责任,不以其主观上是否存在过错为侵权要件,即适用所谓的"无过错责任原则"(no - fault liability)，而且必须对法律规定的免责事由承担举证责任，即药品生产企业能够证明有下列情形之一的，不承担赔偿责任：

（1）未将产品投入流通的。

（2）产品投入流通时，引起损害的缺陷尚不存在的。

（3）将产品投入流通时的科学技术水平尚不能发现缺陷的存在的。

如果药品的缺陷是由于药品经营企业的过错行为造成的，并且产生了人身或财产损害后果，药品经营企业则要承担过错赔偿责任（liability at fault），需要对其经营行为是否存在过错承担举证责任。

## 二、药品不良反应侵权责任认定和法律适用

### （一）药品不良反应的侵权责任认定

根据世界卫生组织（WHO）的相关文件，药品不良反应是指 Any response to a drug which is noxious and unintended, and which occurs at doses normallyused in humans for prophylaxis, diagnosis, or therapy of disease, or for themodification of physiological function（为预防、诊断、治疗疾病或改善生理功能正常使用药品时出现的非预期的有害反应）。

在我国，1999 年国家药品监督管理局和卫生部联合发布了《药品不良反应监测管理办法（试行）》，把药品不良反应定义为："主要是指合格药品在正常用法用量下出现的与用药目的无关的或意外的有害反应。"2004 年 3 月修正的《药品不良反应报告和监测管理办法》继续沿用这一概念。2011 年 7 月 1 日第二次修正的《药品不良反应报告和监测管理办法》把药品不良反应定义修改为"指合格药品在正常用法用量下出现的与用药目的无关的有害反应"，删除了"或意外的"情形。

药品不良反应法定概念包含四个要素：

（1）药品必须合格。缺陷药品、假冒伪劣药品及其他不合格药品的人身损害不能认定为"药品不良反应"。

（2）用药必须是正常用法用量。必须严格符合药品说明书、诊疗规范和

《处方管理办法》等法律规定。违法、违规、不合理的用药不在此列。

(3)发生了有害反应,对患者的生命和健康造成了损害。

(4)这种有害反应是与用药目的无关的。

以上四要素缺一不可,必须同时满足才可认定为药品不良反应。

从《产品质量法》的角度看,药品不良反应属于"使用性能的瑕疵",但本"瑕疵"不影响药品应当具备的使用性能,生产者有义务作出说明。

《药品不良反应报告和监测管理办法》对"新的药品不良反应"也做出明确界定:"是指药品说明书中未载明的不良反应。说明书中已有描述,但不良反应发生的性质、程度、后果或者频率与说明书描述不一致或者更严重的,按照新的药品不良反应处理。"由于新的药品不良反应未在说明书中载明,其法律性质属于不良反应还是药品缺陷存在争议。

需要指出的是,近几年在国际卫生法学交流中更多使用药品不良事件(Adverse Event, AE)的概念。国际上对该概念认可的定义是 Anyinjury resulting from medical interventions related to a drug(与药物使用有关的一切损害)。显然,相对于药品不良反应(Adverse Drug Reaction, ADR),药品不良事件的概念内涵和外延都被扩大,既包括非人为过失的不良反应,也包括人为过失导致的其他负面药物作用,如医师、药剂师的医疗过错、患者不遵医嘱、超说明书使用(off-label use)和药物滥用(drug abuse)等。

为预防和控制药品不良事件,尤其是应对突发性不良事件,我国国家药监局于2005年发布实施了《药品和医疗器械突发性不良事件应急预案》,将不良事件分为两个等级予以相应级别的响应,同时细化了不良反应类别:药品突发性群体不良反应(事件);麻醉、精神药品群体性滥用事件;假劣药品引起的不良事件。

(二)药品不良反应的法律适用

1.注册前药品不良反应(即临床试验阶段药品不良反应)

临床试验阶段的药品,由于药品生产者尚未取得药品注册证,药品没有上市流通,因此不属于《产品质量法》《侵权责任法》和《药品管理法》等法律调整的范围,应当首先适用《药物临床试验质量管理规范》第 43 条规定:"申办者应对参加临床试验的受试者提供保险,对于发生与试验相关的损害或死亡的受试者承担治疗的费用及相应的经济补偿。申办者应向研究者提供法律上与经济上的担保,但由医疗事故所致者除外。"也就是说,临床试验阶段发生的药品不良反应主要由保险公司根据保险合同的约定进行赔付。

2. 注册后药品不良反应(即上市流通的药品不良反应)

如前所述,《药品不良反应报告和监测管理办法》规定的药品不良反应主要是指注册后药品不良反应。因为其定义"是指合格药品在正常用法用量下出现的与用药目的无关的有害反应",所以药品不良反应排除了药品本身的缺陷问题和用药过程中的人为过错问题。

按照药品不良反应的法定概念,药物质量纠纷所争议的事实一经鉴定为"药品不良反应",实际上已经排除了药品缺陷、人为过失和医疗过错。但由于我国现行法律没有要求上市药品提供产品质量责任保险的强制性规定,《产品质量法》又规定产品责任的前提是产品存在缺陷或生产者未对瑕疵作出说明,因此,单纯发生药品不良反应的患者往往得不到赔偿。

不过,2010 年 7 月 1 日实施的《侵权责任法》第 24 条规定"受害人和行为人对损害的发生都没有过错的,可以根据实际情况,由双方分担损失"。司法实践中,在各方都不存在过错而患者又受到实际损害的情况下,人民法院根据实际情况,适用公平责任原则由当事人分担民事责任,但这不具普遍性。

### 三、药品质量纠纷的民事赔偿原则

我国民事赔偿制度主要适用"实际损失补偿"原则,赔偿范围、赔偿项目和计算方法都有明确法律规定。药品质量纠纷中,药品生产企业需要对其药品缺陷造成的人身损害承担赔偿责任,有过错的药品经营企业和仓储运输企业需要对其过错行为造成的侵权后果承担赔偿责任。

《产品质量法》第 44 条规定:"因产品存在缺陷造成受害人人身伤害的,侵害人应当赔偿医疗费、治疗期间的护理费、因误工减少的收入等费用;造成残疾的，还应当支付残疾者生活自助具费、生活补助费、残疾赔偿金以及由其扶养的人所必需的生活费等费用；造成受害人死亡的，并应当支付丧葬费、死亡赔偿金以及由死者生前扶养的人所必需的生活费等费用。"

最高人民法院《关于审理人身损害赔偿案件适用法律若干问题的解释》规定的赔偿项目有医疗费、误工费、住院伙食补助费、护理费、残疾生赔偿金、残疾辅助器具费、丧葬费、被扶养人生活费、交通费、住宿费、死亡赔偿金和精神损害抚慰金等。

必须强调的是，《侵权责任法》增加了"惩罚性赔偿"条款，第47条规定："明知产品存在缺陷仍然生产、销售，造成他人死亡或者健康严重损害的，被侵权人有权请求相应的惩罚性赔偿。"

实际上，我国法律体系中早就存在有关"惩罚性赔偿"的规定，如《消费者权益保护法》规定，经营者有欺诈行为的，需要双倍赔偿；《食品安全法》规定，生产或销售不合格食品的，需要十倍赔偿。但作为我国第一部《侵权责任法》，新增"惩罚性赔偿"条款具有里程碑的意义。

"惩罚性赔偿"条款仅适用于产品责任案件，以侵权人"明知产品存在缺陷"和受害人"死亡或健康严重受损"为前提，不适用于财产损害。惩罚性赔偿与精神损害赔偿可同时适用。虽然目前法律没有规定惩罚性赔偿金的计算方法，但药品生产企业应当给予高度重视。

综上，药品质量纠纷的原因不同，其侵权责任认定和法律适用也不同。药品缺陷主要适用《民法通则》《产品质量法》《侵权责任法》以及最高人民法院《关于审理人身损害赔偿案件适用法律若干问题的解释》等法律法规；临床试验阶段的药品不良反应首先适用《药物临床试验质量管理规范》关于保险的强制规定；上市流通的药品不良反应则要根据具体案情，由法官决定是否适用《侵权责任法》的公平责任原则规定。

## 医疗鉴定理论研究

# 医疗过失鉴定需遵循的原则

## 王　旭[*]

　　近年来,医患纠纷大幅增加,已成为影响社会和谐、稳定的严峻问题。在这些纠纷事件的解决机制中,无论是诉讼还是非诉解决方式,医疗过失鉴定都起到了重要的技术支撑作用,甚至成为了事件处理的核心环节,并因此受到公众、政府、媒体的广泛关注。越来越多的学者认为:为了弥补法官在医学知识及技能方面的匮乏,在认定医疗行为是否存在过失时,必须借助鉴定来完成专业判断。而在司法实践中,这种专业判断的方式统称为医疗过失鉴定,包括医学会的医疗事故鉴定及医疗过错司法鉴定两种。医疗过失鉴定结论,由于其在证据体系中的特殊功能和地位,常常被视为"证据之王"而被法官"拿来"使用,有学者把法官的此种处理现象称为"司法鉴定依赖症"。这样,就出现了如下的情形,一方面,鉴定结论为案件的审理提供了厚重的证据砝码,几乎坚不可摧;另一方面,在现有诚信体制欠缺的社会背景下,鉴定结论也引来人们"不惮以最坏的恶意来揣测"的各种猜想,因而备受争议。其中,有法官医学知识缺失的问题,有鉴定人素养、能力、水平、职业操守等因素的影响,但最为重要的,是鉴定原则及标准的缺失。

　　* 王旭,中国政法大学证据科学研究院副院长、教授,主任法医师,硕士研究生导师。兼任中国法医学会医疗损害鉴定委员会副主任委员、法医临床专业委员会委员,《中国法医学杂志》审稿人,《法医学杂志》编委,中华医学会、北京市医学会医疗事故鉴定委员会专家库专家等。著有专著《医疗过失技术鉴定研究》《人身损害赔偿中的伤残标准研究》,参编书籍13部,发表专业论文40余篇。主持起草公安部行业标准《人身损害误工期、护理期、营养期评定准则》《人身损害后续诊疗项目评定指南》两项。

任何一种鉴定,都需要理论的支撑以及标准、程序的规范,而医疗纠纷的司法鉴定工作,到目前为止,仍缺乏系统的理论体系,缺乏鉴定必备的原则或标准,也缺乏规范的程序要求。那么,对于这样一个与医患双方利益息息相关,并最终决定着司法审判公正、客观的重要技术问题,亟须我们相关的研究与讨论。本文重点讨论医疗过失鉴定中应遵循的原则问题,供同行们参考,以期规范医疗过失鉴定工作。

### 一、"专业判断"的原则

法官依法而有权威,鉴定人则因具备专门知识而有权威。遵循"专业判断"的原则是司法鉴定的基本原则之一,在医疗过失鉴定中,此点尤为突出与重要。对医疗行为得与失的判断,要充分尊重医学科学自身的规律与特征,应主要进行专业判断,而避免过多地应用法学原理,避免过多地考虑社会影响、媒体导向等因素的影响。我国司法鉴定人的地位、属性基本等同于大陆法系的鉴定人,鉴定人常常作为法官事实审的辅助人的身份而出现。在大陆法系国家,司法鉴定人职责范围仅包含案件的要件事实。司法鉴定程序中,主观规则性要件属于法律上的判断,鉴定人无权进行认定,否则鉴定人就侵犯了法官的法律适用权,超越了鉴定人的职责。在我们国家目前情况下,医疗过失鉴定常常出现"司法鉴定"与"法庭审判"的边界之争,即司法鉴定人越权探究法律问题,认定行为人存在过错,如认定"某医务人员不具有某类行医资格,故其医疗行为存在过失,并与患者的不良后果存在直接因果关系"等。此类医疗过失鉴定回避其应该解决"专业问题"的职责,相反却越权行使法官的权力。此种鉴定情形,在医疗过失技术鉴定时并不少见,也是医疗过失鉴定常常被诟病的症结之一。司法鉴定存在的意义在于解决事实问题。在普通法国家,法官在排除专家证人意见时使用最多的规则之一就是"普通知识规则"。"如果一个专家的意见能够给法官或陪审团提供其知识或经验范围以外的科学知识的话,那么这种意见就具有可采性。如果法官或陪审团在没有别人的帮助下就能对某些事实作出自己的准确结论,那么法庭就不需要这方面的专家意见,在这种情况下,如果使用那些用专业行话装饰起来的专家意见的话,只会使得判断变得更加困难"。司法鉴定意见是回答案件中"超出常人(包括法官)经验和知识以外的专业问题"的,作为鉴定人,不可以越权而行使法官的职权。我们说事实问题(即医学的专业技术问题)不是法律问题。但在医疗过失鉴定中,有些问题,确实属于法律问题与事实问题的边界性问题。如"告知的问题",它主要是一个法律问题,当告知与不良后果存在因果关系时,则一定程度上讲属于一个技术问题。如白内障手术,术前视力0.3,术前没有充分告知Phaco手术可能带来的角膜内皮失代偿的后果,术后发生大泡性角膜变性而失明。此种时候,告知不当与不良后果存在因果关系,属于一个技术问题,应由司法鉴定来解决。但是,如果某项告知,从事实的层面上与后果无关,而司法鉴定不去深究技术层面上的问题,单纯就告知而作法律上的判断,其解决的不是"专门性问题",司法鉴定就失去了其存在的意义。医学作为一门自然科学,有其自身的科学规律及特征。这些规律及特征是在医疗过失鉴定中必须予以充分关注与考量的。医学是复杂的,有人说:人类对天体世界有多少未知,就对人体本身有多少未知。对待这样一门未知的领域,在鉴定时,应充分考量人体科学的未知性即医学的复杂性,从而给予适当的、合理的技术评判,是必要的。对"医疗过失"过于苛刻、刻板的评价都难免会使鉴定有所偏颇,甚至出现错误。长远来讲,这会阻碍医学的整体发展。

## 二、以"注意义务"作为医疗过失判断的基本准则

一般侵权法上把过失定义为对注意义务的违反。注意义务,是一种法律上的义务,是指法律、法规及社会日常生活所要求的为一定行为或者不为一定行为时应当慎重留心,以避免危害社会结果发生的责任。日本最高法院昭和三十六年二月十六日关于东大医院输血梅毒感染一案的判决,对医方的注意义务的内容进行了抽象性地概括。该判决认为:从事人的生命及健康管理业务的人,与其业务的性质相对照,要求负有为防止危险而在实际经验上必要的最善的注意义务。"最善的注意义务"即成为医务人员注意义务的抽象概括。日本最高

法院昭和四十四年二月六日关于国立东京第一医院某皮肤癌案件的判决,对"最善的注意义务"作了进一步的阐述,即作为医生,对于患者的症状应予以充分注意,并依当时的医学知识,在综合考虑效果及不良反应的前提下,确定治疗方法及程度,在万全的注意下实施治疗。医疗过失的本质属性就是对注意义务的违反,审查注意义务是医疗过失鉴定的核心,注意义务的各项内容的审查是判断医疗过失存在与否的鉴定条件。

在我国,上海市高级人民法院于2005年出台的《上海市高级人民法院医疗过失赔偿纠纷案件办案指南》(以下简称《指南》)中明确指出:"医方是否履行其应尽的注意义务是认定医疗过失行为的客观标准。"而对主要注意义务的相应判断标准即为注意标准。

在鉴定中,鉴定人应遵循如下的鉴定思路与流程。

(1)医疗卫生管理法律、行政法规、部门规章、诊疗护理规范中规定的医方的注意义务是判断医疗过失行为的具体标准,是判断医疗过失的依据。针对不同类型的医疗行为,上述标准略有不同,分为一般注意义务和特殊注意义务,前者包括就诊、诊疗、治疗、手术、注射、抽血、输血、放射线治疗、麻醉、调剂药物、护理过程等过程中的注意义务;后者包括说明义务、转医义务、问诊义务等。

(2)医方对患者进行的医疗活动,是否达到与其资质相应的医疗水准,是否尽到符合其相应专业要求的注意、学识及技能,是判断医疗过失行为的抽象标准。作为判断医疗过失的抽象标准,是指"一般注意程度"的标准。《指南》中指出,一般注意程度的标准就是日本松仓教授提出的"医疗水准"。在美国称之为医护人员职业行为标准,即医务人员于医疗之际,其学识、注意程度、技术以及态度,均应符合具有一般医疗专业水准的医务人员在同一情况下所应具备的标准,它是医务界公知公认的诊疗标准。

(3)医方的注意义务除来源于卫生管理法律、法规、部门规章、诊疗护理常规外,还来源于医学文献的记载。医学文献是指符合医学水准的医学、药学书籍、文章、药典等。其中有关各种治疗方法的记载、药品使用的说明等,是医方在实施医疗行为时所必须要遵守的。上述卫生法律、法规,诊疗护理常规规定的注意义务,以及医学文献规定的注意义务,共同组成了医疗业务上的注意义务。在医疗注意义务的三个组成部分中,以卫生法律等规范性法律文件所规定的注意义务为主,以诊疗护理常规和医学文献所规定的注意义务为补充。但是,它们所规定的注意义务在法律上、鉴定中具有同等价值,对任何一种注意义务的违反均构成医疗过失。

在鉴定中,评判医方的注意义务时,还需要注意以下几点。

(1)在医疗诊断和治疗领域里,有可能出现真正的不同意见。一名医生不能仅仅因其所作出的结论与该医学部门的其他医生的意见不同而被认为有过失,即不同医学学派的争论不能成为判断是否违反注意义务的标准。

(2)医方对于医学新知识的无知不影响对其未履行注意义务的确认(即过失的确认),"一名医生不能顽固地继续用陈旧的被淘汰了的技术进行治疗"。

(3)医学上的危险已被合理证实时,虽未普及为一般医生所明知,如果实行医疗行为的医生处于能够知悉之状态时,亦有预见义务,也即医方应尽最大的注意义务为患者提供医疗服务。"如果一名医生未能施展他具有的或声称具有的医术,他就违反了对治疗病人的注意义务,这样他便被认为是有医疗过失"。

(4)注意义务有时在于预见结果发生的可能性。损害结果的发生,本质上属于概率问题,发生的概率越高,应注意的程度越高。例如,医方在为患者伤口做手术时,未对医疗器械进行消毒,此种情况发生感染的概率极高,此种做法即属于违反注意义务。

(5)医疗行为包括诊断、治疗前的检查,治疗方案的选择,治疗后的管理等行为,各种行为对患者的人身均有可能产生危险,因此注意义务的范围应及于医疗行为之全部。

(6)医生需放弃导致危害结果发生的危险行为,这是结果避免义务的基本内容。如,当医方在自身及客观条件均不具备的情况下,对患者实施高难度的医疗行为,即属于未放弃导致危害结果发生的危险行为的情形。

### 三、以"是否尽到与当时的医疗水平相应的诊疗义务"为审查原则

《侵权责任法》第57条明确规定:"医务人员在诊疗活动中未尽到与当时

的医疗水平相应的诊疗义务,造成患者损害的,医疗机构应当承担赔偿责任。"也就是说,是否"尽到与当时的医疗水平相应的诊疗义务",是判断医方医疗过失的审查原则。笔者认为,上述原则的另外一种表达方式是:判断某种医疗行为是否达到与其资质相应的医疗水准。无论如何表达,其核心问题仍然是"注意义务"的问题,此原则可以被认为是"注意义务"标准的延伸,是"注意义务"标准在医疗过失鉴定中具体把握的尺度问题。"注意义务"是理想的,但并不意味着要求医生是完美的,他所强调的是"通常的注意",即一个负责任的医生在通常情况下不会予以注意时,则不能认定医生违反了注意义务。这就提示我们,在以注意标准分析医务人员是否存在医疗过失时,必须注意以下问题。

(一)诊疗行为与其资质相适应,即"合理性"

"合理性"指合理的注意与技能,强调的是"通常的注意",即通常的技能、知识、经验。因此,在鉴定中,不能用专科医生的水平来要求普通医院医生或者其他非本专科医生的诊疗水平;不能用高级别医生的诊疗水平来要求低级别医生的诊疗水平;而应以医疗常规为准。然而,医生不可忘记,在遇到困难时有请教更有经验的上级医生或其他医生的义务。至于医务人员专攻领域的认定,应以其执业登记注册的范围为标准。非该科医生对患者的病况不具有足够的能力自己判断的,对患者有说明及转诊的义务。比如说,实际鉴定中会遇到这样的情形:某建筑工人在工作期间,眼睛被铁屑崩伤,就诊于乡村一诊所,经简单处置(点眼药水、打消炎针),回家休养,多数情况几天后治愈。但是也有例外,如:铁屑等异物崩入眼内造成眼球内异物存留。此种情况,在患者初次就诊时没有明显的症状,同时,乡村诊所限于条件,没有 X 光、CT 等检查设备,不具备发现眼球内异物的条件;再者,即便是发现了球内异物,也不具备处理的能力。因此,其简单的处置即属合适范畴,但该乡村医生应告知患者可能的情形,如不排除"球内异物",应要求其转诊或必要时到专科医院就诊。需注意的是,鉴定时,对待乡村医生的诊疗行为,虽然在注意程度的要求上不高,但仍应要求其具备一般医务人员所应具有的最基本的注意能力。有的时候,乡村医生没有做到这一点,如:患者多次就诊(主诉症状明显加重、病情加重),仅给予简单处置,未履行转院等义务,而使患者病情延误,发生严重的眼内炎而失明,乡村医生是存在过失的。对于某一特定医疗领域内的专门医务人员,法律所要求的注意能力程度是相同的,以该领域的一般医疗水准,即作为该领域医务人员所通常应具备的知识与技能作为判断基准。若医务人员水平低于该医疗水准即可认定过失的存在。

(二)充分考量地域上的差异,即"地域性"

"地域性"指不同地区,由于经济、文化发展状况存在相当的差距,医疗机构的硬件设施以及医务人员的技术知识水平、医疗经验等也存在相当的差异。因此,不能以发达地区尤其是大城市的医疗机构医务人员的技术或知识水平、医疗经验为依据,而应以同地区或类似地区(指发展水平大致相当,环境、习俗相似的地区)的医疗机构医务人员的技术或知识水平、医疗经验为准。

一般来说,大城市中先进的医疗技术普及率较高,因而医疗水准也更高;相反,农村地区的医疗水准则较低些。因此,在医疗过失鉴定时,应当放宽对农村医务人员实施医疗行为时所考量的注意义务的水准。当然,此时,也并不是意味着乡村诊所或乡村医生就不需要尽注意义务,至少其在人员水平、物质配置不足的情形下,有转诊的义务,而违反此义务导致延误诊断、延误治疗,仍应承担相应过失的责任。同时,我们需要强调的是,"地域性"原则,不应涵盖医生责任心的内容,即经济发达地区与落后地区的医生,仅在医疗技术的层面上有地域性的考量,在医疗责任心方面不应有地域的差距。

(三)诊疗行为与医院等级相适当

中华人民共和国卫生部1989年11月29日颁布的《医院分级管理办法》中规定:"医院按其功能、任务不同划分为一、二、三级。"其中"一级医院:是直接向一定人口的社区提供预防、医疗、保健、康复服务的基层医院、卫生院。二级医院:是向多个社区提供综合医疗卫生服务和承担一定教学、科研任务的地区性医院。三级医院:是向几个地区提供高水平专科性医疗卫生服务和执行高等教育、科研任务的区域性以上的医院。""各级医院经过评审,确定为甲、乙、丙三等,其中三级医院增设特等,因此医院共分三级十等。"那么,很显然,在教学医院或大医院从业的医生,他们有相对充裕的医疗设施,有更多的研习机会。等级愈高的综合性大型医疗机构的设备愈精良、人才愈丰富。与此条件相对应的是,当患者到这些医疗机构内就诊时,期待在合理的程度内获得更佳的医疗服务的诉求越明显;反之,在小型医疗机构内,治疗水平低下也是正常的。这种治疗能力上的差距,在认定医疗过失时应予以充分考虑。尤其当小医院的医务人员依自己的能力充分地履行了注意义务,就只能依其实际医疗水准而不是大型医疗机构的医疗水准来认定其医疗过失的存在。

（四）"时间性"

即审查"注意义务"时,应以医疗纠纷事件发生当时的医疗水平为基准来审查,以"当时的"医务人员所应具备的知识、技能、经验来作为判断依据,引用的文献也应以"当时"事发前所公开发表的为准。

### 四、"医疗紧急处置行为的宽泛性"原则

医疗行为与其他业务活动相比,常常具有紧急性的特点。在对患者进行急救时,诊疗时间短暂,医务人员在技术上不可能作出十分全面的考虑与安排。在医务人员需要迅速决定采取何种急救措施的情况下,他们常常对患者的病情无法详细地检查并作出准确的诊断,此时,就难以要求医务人员的注意能力与平时相同。因此,在判断医疗过失时,需遵循"医疗紧急处置行为的宽泛性原则",即在紧急状态下,对医务人员的注意能力的要求应有所降低。如即将实施的《侵权责任法》第60条第2项规定:医务人员在抢救生命垂危的患者等紧急情况下已尽到合理诊疗义务的,医疗机构不承担赔偿责任。除上述情况之外,在紧急情况下,对患者实施了非本专业的医疗行为,这种特殊情况下,对过失的判断标准也应比照该专业领域内的标准有所降低。例如,日本三宅岛一位眼疾患者至妇产科医生处就诊,而岛上并无专门的眼科医生。该妇产科医生要求患者到岛外专门的眼科医生处就诊,而患者执意在此就诊,结果该医生未能查出患者患青光眼。东京地方法院判决认为,对该妇产科医生不能要求与眼科医生同样的注意义务,且该医生已履行了转医说明义务。因为患者自身的原因

未能及时前往专门医处就诊,致使其所患眼疾未能及时被查出,因而认定该医生的医疗行为不存在过失。

那么,非本专业的医务人员在特殊情况下从事该专业领域的医疗行为时,如何认定过失的存在呢?我们认为:专科医生之业务范围无排他性,但因其注意程度较高,故此,某医生对于非本专业的病症,难以适当诊断及治疗时,应有告知及协助转诊的义务;如果处于边远地区,必须紧急医疗时,如缺乏该专科的医生,实施紧急医疗行为的医生之注意义务,则应考量当时的具体情况,依一般全科医生水准的注意义务为判定的标准。例如,穷乡僻壤,缺少外科医生,内科医生在紧急救治情况下为患者实施外科手术时,其注意义务的判定基准,依一般全科医生的注意能力为基准,纵使手术失败,在鉴定上也不能认定为过失行为。

对于某些特定的新发疾病(如 SARS),过于罕见,医学界尚未掌握对该疾病的诊断与治疗方法,即缺乏现成的医疗水准,所以无法以医疗水准判断医务人员在此情况下其医疗行为是否存在过失。此时,“医生自应本于现阶段各科医疗发展之最高条件予以诊断、治疗”。在鉴定时,应从医务人员是否尽到“最善的注意义务”的角度来考虑医疗过失是否成立。同时,容许具有尝试性特点的治疗方式存在(如 SARS 应用大剂量激素),因而对医务人员的注意能力的要求自然应比普通疾病有所降低。

但是,现实生活中有些医院为了经济效益抢患者,收入院的患者不转走,即便是没有条件救治仍然留在该院治疗,进而延误治疗,此时将认定其存在医疗过失。

### 五、“告知—知情—同意”原则

知情同意权(informed consent),是指患者有权获得自己的病情信息,并对医务人员所采取的治疗措施给予取舍的权利。“知情同意”作为患者权利的重要组成部分,目前已广泛被医学界所采纳。同时,告知义务履行的情况就成为医疗纠纷诉讼中重点考核的内容。我国《医疗事故处理条例》第11

条规定:"在医疗活动中,医疗机构及其医务人员应当将患者的病情、医疗措施、医疗风险等如实告知患者,及时解答其咨询;但是,应当避免对患者产生不利后果。"《医疗机构管理条例》第33条规定:"医疗机构施行手术、特殊检查或者特殊治疗时,必须征得患者同意,并应当取得其家属或者关系人同意并签字;无法取得患者意见时,应当取得家属或者关系人同意并签字;无法取得患者意见又无家属或者关系人在场,或者遇到其他特殊情况时,经治医生应当提出医疗处置方案,在取得医疗机构负责人或者被授权负责人员的批准后实施。"

《执业医师法》第26条规定:"医师应当如实向患者或其家属介绍病情,但应注意避免对患者产生不利后果。医师在进行实验性临床医疗,应当经医院批准并征得患者本人或者其家属同意。"以上法律、法规明确规定了在医疗行为中,赋予患方知情同意权的内涵,即真实告知、充分知情、自行选择、同意或拒绝以及保护性医疗等内容。知情同意原则主张患者是医疗的主体而非客体,医生应该尊重患者的自主权,医疗措施要得到患者的知情、同意后方可实施;医生应该将重要的医疗资讯:如病情、可能的治疗方案、各方案的治愈率、可能出现的并发症、不良反应,以及不治疗的后果等资讯与患者分享,以帮助患者选择最适合个人生活价值的医疗方案。这个原则应用于医患关系,特别是在医疗手术、麻醉等重大治疗措施时,医方都会要求患者或其家属签署一张同意书,以保证"告知"一事形式上或程序上的合法性。

医疗行为常常具有侵袭性,小到为患者打一针,大到切除患者的患肢,都是对患者人体的"侵害"。而医生的行为之所以具有合法性,来源于以下两点:一方面,来源于职务授权,医生的行为是一种职务行为,系依照法律的授权或规定而取得;另一方面,医生行为的合法性则因其履行了告知义务而获得了患方的承诺而具有"违法的阻却事由"。医方履行告知义务,其目的是对患者人权的尊重;患者行使知情权,则是对医疗行为的理解和约束。两者共同的原则应体现疗效更佳、安全无害、痛苦最小、经济实惠等目的。

在鉴定中,应审查医方是否履行了如下的告知内容。

（1）所患疾病的诊断。

（2）不治疗的后果。

（3）所建议使用的处置措施的目的和方法。

（4）采用所建议的处置措施的预期效果及风险；可能出现的并发症、不良反应等。

（5）除了所建议的处置外，可供选择的其他处置方法，各方案的治愈率。

（6）拒绝接受所建议的处置的利与弊等。

根据我国目前的临床实践，下列诊疗活动应充分告知，须征得病人及家属的同意。

（1）构成对肉体侵袭性伤害的治疗方法及手段。

（2）需要病人承担痛苦、风险的检查项目。

（3）使用的药物的毒副作用大和个体素质反应的差异性。

（4）需要暴露病人的隐私部位。

（5）从事医学科研和教学活动的。

（6）需要对病人实施行为限制的等。

### 六、"并发症的审查"原则

"并发症"是临床上常用的词汇，也是医疗纠纷中最常提及的问题。那么，什么是并发症？根据世界公认的权威《Merriam – Webster 医学辞典》的解释，所谓"并发症"（complication），是指在某种原发疾病或情况（condition）发展进程中发生的、由于原发疾病或情况，或其他独立原因所导致的继发疾病或情况。从该并发症的定义可以看出：并发症的发生原因是多方面的。（1）可能是某原发疾病所致。如糖尿病导致视网膜病变、肠梗阻导致小肠坏死等。（2）可能是因为诊断、治疗措施方法所带来的手术风险，如甲状腺手术导致喉返神经损伤等。（3）还可能是不当的医疗行为所致，如处理肩难产时手法不当可能会造成新生儿臂丛神经损伤等。

作为并发症，有如下特点：

（1）可预见性。从临床实践来看，绝大部分并发症是可以预见的。比如说，我们翻开外科学，如胃大部切除的术后并发症（术后出血、十二指肠残端破裂、胃肠吻合口破裂或瘘、术后梗阻、倾倒综合征、低血糖综合征、碱性反流性胃炎、吻合口溃疡、贫血、脂肪泻，等等）。那么，既然是在书中明确写到的问题，其一定具有可预知性。同时，可预见性也是并发症与医疗意外的主要区别，因为后者常常是难以预见的。

（2）发生不确定性。并发症是否发生，与现代医学科学技术发展水平、医务人员的诊疗水平、医疗条件、患者的自身体质及地域等诸多因素密切相关，这也正是并发症较之医疗意外更为复杂的原因之一。并发症的发生虽然具有可预知性，但其发生又确实具有随机性，并不是每个人都会发生，也并不是相同的条件下都会发生。

（3）相对可避免性。并发症并非完全不可避免。随着医学科学技术的发展，人们对疾病认识程度的提高，越来越多的并发症通过医务人员的积极努力得以避免发生，使患者得以康复或病情得到缓解，这也是医学科学追求的终极目标。正是因为这一特点，国外有学者甚至将并发症归入"可防范的医疗风险"之列。

在鉴定中，对并发症的审查，仍然为注意义务问题。具体可从以下四个方面分析。

（1）医务人员是否尽到风险预见义务。并发症一般情况下是可以预见的，如甲状腺手术可能会损伤喉返神经等。如果应当预见而未能预见到并发症的发生，则说明医务人员未能尽到结果预见的注意义务而构成医疗过失。具体鉴定时，常常反映在对可能出现的并发症在术前讨论中没有显示，病历中鉴别诊断不充分等。

（2）医务人员是否尽到风险告知义务。在医疗关系中，患者享有两项基本权利：第一，充分了解医疗活动所含风险的权利；第二，获得适当、合理治疗的权利。医院相应负有两项义务：第一，详尽告知患者手术及特殊治疗的风险，并征得患者对该治疗手段的同意；第二，进行适当、合理的治疗。医方在履行告知义务时,其目的是对患者人权的尊重;患者行使知情权,则是对医疗行为的理解和约束。两者共同的原则应体现疗效更佳、安全无害、痛苦最小、经济实惠等目的。如果医务人员未能向患者或家属告知其治疗措施可能带来的医疗风险,则可以认定其违反了法定的告知义务而构成医疗过失。

(3)医务人员是否尽到风险回避义务。医务人员应当采取相应的诊疗措施以尽可能避免并发症的发生。在现实工作中,尤其是目前医患关系紧张的状态下,医生为了自保,常常不缺乏"知情同意书"形式要件,而且尽其所能地给予告知。我们认为:医生既然给予了告知就要严格地按照告知的内容予以防范。例如,在剖宫产手术中,手术医生应特别注意防止损伤患者的输尿管;在甲状腺切除手术中,防范喉返神经的损伤等。但是,应当注意的是,并发症的可避免性是相对的,在临床实践中,有时即使医务人员对并发症予以充分的注意并采取预防措施仍难以避免并发症的发生。例如,如果甲状腺肿物与周围神经粘连非常密切,则在切除过程中将难以避免神经损伤的发生。还有,在腹腔手术后出现的肠粘连等并发症则是临床难以避免的。在上述情况下,只要医务人员能够证明其在手术中严格遵守了技术操作规范,并对不良后果的发生给予了充分的注意,那么即使发生了并发症,医务人员也不存在过失。

(4)医务人员是否尽到医疗救治义务。在并发症发生后,医务人员是否采取积极的治疗措施以防止损害后果的扩大。以甲状腺中喉返神经损伤为例,因切断、缝扎导致的喉返神经损伤属永久性损害,而因挫夹、牵拉、血肿压迫所致者多为暂时性的,经过适当的理疗等及时处理,一般可能在3~6个月内逐渐恢复。因此,对于后者,医务人员应当采取积极有效的治疗措施,以最大限度地减少并发症的损害后果。

### 七、"医疗意外免责"原则

医疗意外是指在诊疗护理工作中,由于无法抗拒的原因,导致患者出现难以预料和防范的不良后果的情况。由于医疗意外常常突然发生,意外的病理变化和不良后果使得患者及其家属不能接受、不能理解。这种医疗纠纷在医疗过失鉴定中占小部分比例。与医疗意外相关的民法概念是意外事件,指非因当事人故意或过失而偶然发生的事件。

根据《医疗事故处理条例》第33条,医疗意外包括两种情况:

(1)在医疗活动中由于患者病情异常或者患者体质特殊而发生医疗意外。

(2)在现有医学科学技术条件下,发生无法预料或者不能防范的不良后果。

《医疗事故处理条例》第33条第2项同时规定:"在医疗活动中由于患者病情异常或者患者体质特殊而发生医疗意外的",不属于医疗事故。由此可见,医疗意外如同民法中的意外事件一样,作为一条免责事由,不属于医疗事故。医疗意外一般具有以下特点:(1)发生在接受诊疗护理过程中;(2)发生快、出现后果严重;(3)病员存在特殊体质或病情;(4)难以预料和防范。

判断医方在医疗活动中是否存在过失,所考量的依然是注意义务。

(1)医务人员是否充分履行预见危险发生的义务。此项义务包括:是否按诊疗常规对患者的身体健康状况进行了相应询问和检查,特别是对患者的既往过敏状况、特殊疾病状况进行全面的询问和检查;是否了解使用的药物和诊疗措施可能出现意外危险性状况。不应认为只要患者存在特殊体质或病情异常就一律认为是医疗意外,也不能将之作为绝对免除法律责任的条件。必须查明医方是否履行了相关的注意义务。

(2)医务人员是否充分履行防止危险结果发生的义务。此项义务包括是否严格检查使用的药物、器械的形状与品质;是否对某种意外危险性进行了必要的急救准备;是否对可能出现的意外危险性进行了急救准备;是否按照医学规范与标准进行过敏试验和观察判断结果。

(3)所实施的医疗行为是否符合医学诊疗常规。如果患者或求医者的病情根本没有必要施行手术、麻醉、输液治疗等,而医疗服务提供者由于个人的目的以及误诊误治的因素实施治疗行为导致医疗意外,那么这种医疗意外必须承担民事责任,而不属于免责对象。根据"最佳判断原则"还有其他手段加以诊治,没有必要非选择危险性较大的诊疗手段,而医务人员由于其他目的而采取这些措施,与患者的特殊体质或特殊病情结合发生人身损害的,也不能认定为医疗意外。

在鉴定过程中,要充分审查上述三项要求,决定医疗意外是否可免责。由此可见,主张成立医疗意外事件的医方,须证明两个事实:其一,医疗损害的发生归因于医疗机构和医务人员自身以外的原因,即非医方的过失行为,而是由于患者自身体质或病情的原因;其二,医疗机构和医务人员已经尽到他们在当时应当和能够尽到的注意。

# 人身损害受伤人员"三期"评定的基本原则

## 王　旭<sup>*</sup>

王　旭<sup>*</sup>

自 2004 年 5 月 1 日起施行的最高人民法院《关于审理人身损害赔偿案件适用法律若干问题的解释》(简称《解释》),是目前指导民事审判的重要法律依据。其中第 17 条明确规定了人身损害赔偿费用的项目。在这些费用的计算中,各种费用发生期限的确定(如误工费,需首先确定误工期)属于专业技术问题,是司法鉴定的范畴。其中"误工期、营养期、护理期"在司法实践中简称为"三期",属法医临床学鉴定中一个独立的鉴定项目。"三期"评定的结果,直接与民事审判最终赔偿的金额相关。

### 一、"三期"鉴定的现状与有关鉴定标准

目前,在司法实践中,法医临床学鉴定标准的制定及修订工作已明显滞后于司法审判的切实需求,其中"普通伤害伤残评定标准"、[①]"三期标准"的缺位,是最典型的例子。长期以来,因标准的缺位,各地区、各司法鉴定机构处理"三期"的方式有所不同。有的地区司法鉴定机构以咨询笔录的方式出具鉴定意见(如北京);有的地区以鉴定文书的方式出具鉴定意见(如上海)。方式不统

---

* 王旭,中国政法大学证据科学研究院副院长、教授,主任法医师,硕士研究生导师。兼任中国法医学会医疗损害鉴定委员会副主任委员、法医临床专业委员会委员,《中国法医学杂志》审稿人,《法医学杂志》编委,中华医学会、北京市医学会医疗事故鉴定委员会专家库专家等。著有专著《医疗过失技术鉴定研究》《人身损害赔偿中的伤残标准研究》,参编书籍 13 部,发表专业论文 40 余篇。主持起草公安部行业标准《人身损害误工费、护理期、营养期评定准则》《人身损害后续诊疗项目评定指南》两项。

① 王旭:"伤残标准及其赔偿方式的比较研究",载《证据科学》2009 年第 17 期。

一及缺乏对于"三期"评定原则的共识,造成鉴定结论差异性、随意性相对较大,表现为有的机械刻板、而有的又过于宽泛,一定程度地影响了司法鉴定的严肃性。

目前,越来越多的法官,希望或要求司法鉴定机构以鉴定文书的形式,对"三期"问题出具鉴定意见,以方便法官对专业性问题的判断,辅助审判。但是,法医临床学从业人员需要考虑的是:以鉴定文书的方式出具的专业性意见,其结论需有科学理论作为依据;而为保证结论(群体结果)的准确,使这项工作更加规范化、标准化,避免鉴定结论的科学性遭受质疑,就要求对这种鉴定逐步形成"同行专家公认"基础上的评定原则,形成询证医学视角下的鉴定标准或准则。

与"三期"有关的标准或指导意见,主要有以下五个。(1)中华人民共和国公共安全行业标准《人身损害受伤人员误工损失日评定准则》。该准则是目前司法鉴定最常应用的标准之一。(2)中华人民共和国国家标准《事故伤害损失工作日标准》。该标准在司法鉴定中较少应用。(3)北京市劳动和社会保障局2004年1月1日执行的《北京市工伤职工停工留薪期管理办法》。该办法在司法鉴定中很少被应用。(4)上海市司法鉴定工作委员会办公室2008年1月7日颁发的《人身损害受伤人员休息期、营养期、护理期评定标准(试行)》。(5)北京市司法鉴定业协会颁发并于2011年3月1日执行的《人身损害人员误工期、营养期、护理期评定准则(试行)》。

在上述所列标准或指导意见中,第一项和第二项可以称作"标准"。法律意义上的"标准"须由国家标准化委员会颁布。第三项为法规执行的配套性文件。第四项和第五项属于地方性指导意见。由此可见,在国家和行业层面上,前三项具有权威性,但其内容均为"三期"中的"误工期"范畴;而"营养期"和"护理期",国内尚缺乏明确标准。

目前,上海市司法鉴定中心、上海市人身伤害司法鉴定专家委员会的《人身损害受伤人员休息期、营养期、护理期评定标准(讨论稿)》,是此类规范性文件中最早的地方性指导意见。北京司法鉴定业协会为统一、规范本市法医临床学执业活动,加强标准化建设,解决诉讼活动的现实需求,于2011年2月11日下发了《人身损害人员误工期、营养期、护理期评定准则(试行)》一文,是由行业协会颁发的规范性文件。

## 二、"三期"的定义[①]

(一)误工期

误工期(又称休息期),是指人体损伤后,因损伤并接受医疗及功能康复,而不能参加正常劳动或工作的时间。司法鉴定中,一般参照"医疗终结时间"(亦称为医疗时限)和功能锻炼的时间来确定。

(二)营养期

营养期(又称营养补偿期),是指人体损伤后,需要补充必要的营养物质,以促进组织修复、提高治疗质量的期限。人体损伤后,因肌体组织代谢的变化(如摄入、吸收、利用营养素的能力不足,营养储备消耗等),日常饮食已不能满足受损机体对热量及营养物质的需求,需加强营养以促进机体恢复。通常情况下,一般性损伤(如角膜挫伤),不需要补充营养;而相对较为严重的损伤(如大量失血、骨折等)[②],创伤评分(即AIS评分,1为轻度、2为中度、3为较严重、4为重度、5为危重、6为最严重)在3分以上者,均须补充营养。在伤情趋于稳定时,机体功能得到纠正或改善,可以终止营养的补充。

(三)护理期

护理期(又称护理陪护期),是指人体损伤后,在医疗或者功能康复期间,其生活不能自理,需要他人扶助而设置陪护的期限。"护理期"与"护理依赖"的概念不同,前者指伤后短期生活不能自理的护理期限,后者则是伤者在损伤稳定后(即医疗终结后),因遗留残疾导致永久性生活不能自理(如植物生存状

---

① 夏文涛、沈彦、李强:"休息、护理、营养期限法医学鉴定的规范化和标准化",载《中国司法鉴定》2005年第5期。

② 孙乃祥、王岩:"创伤的AIS评分与损伤程度评定的对比分析",载《中国法医学杂志》2002年第17期。周志道:"创伤评分",载《中华创伤杂志》2001年第17期。

态)而需要设置的护理、陪护。这两者的不同,类似于"暂时性劳动能力丧失"与"永久性劳动能力丧失(即伤残)"在概念上的区别。在某些情况下,如植物生存状态,"护理期"与"护理依赖"两者在时间上有延续,前期的"护理期"与后期的"护理依赖"在时间上是延续的。

是否需要护理以及其期限的确定,主要以生活自理情况来判断,一般以ADL 指标(activitiesof daily living,即日常生活活动也称作生活自理能力)来界定[①]。作为规范的学术术语,ADL 最早由 Katz 于 1963 年首先提出。日常生活自理能力分为躯体或基本 ADL(PADL/BADL)和应用社会设施的工具性 ADL(IADL)两部分,其中,前者主要是指洗澡、进食、洗梳、穿衣、上下床、上厕所、控制排便等活动;后者则主要包括做饭、理财、乘车、购物等内容。上述两方面的功能测定反映了一个人基本生活的家庭功能和社会功能。护理期确定主要以人的基本日常 ADL 指标(即 PADL/BADL)为依据。

实际工作中,住院期间是否需要护理可根据治疗医院的意见确定,但也不排除医生受某些不良社会因素的影响,其意见有不可靠之可能性。故此,仍需要有一些询证医学的依据加以界定;出院后或者虽未住院但生活不能自理,需设专人陪护时,需要给定适当的护理期。

### 三、"三期"评定的原则

#### (一)循证化原则[②]

任何一种损伤,从群体统计学数据来看,都有其固有的发生、发展、演变、转归的规律可循,而这种规律应在现代医学技术手段背景下(或语境下)进行评判。如常说:伤筋动骨 100 天,是指长骨骨折一般的愈合期限是 3~4 个月。这样一种临床规律,就是确定"误工、营养、护理期"循证的医学基础。

---

① 汪家琮:《日常生活技能与环境改造》华夏出版社 2005 年版,第 23~24 页。张明园、朱紫青、陈佩俊等:"老年人日常生活能力与某些疾病关系的社区调查",载《中华医学杂志》1998 年第 2 期。
② 李琳、吴军:"人身损害赔偿'三期'的法医学鉴定",载《中国司法鉴定》2005 年第 4 期。刘瑞、程亦斌、范利华:"法医临床学'三期'鉴定中的若干问题思考",载《中国司法鉴定》2007 年第 4 期。

上海市、北京市相关"人身损害人员误工期、营养期、护理期评定"标准/准则的出台,旨在提供这样的一般性规律,以保证鉴定结论的群体准确性。如"头皮下血肿:误工 10 ~ 15 日,无需营养,无需护理"、"轻型颅脑损伤:误工 30日,营养、护理可以不考虑"、"胫骨骨折:误工 90 ~ 180 日,营养 60 ~ 90 日,护理30 ~ 90 日"等,已多年为大量司法鉴定实践所检验、证实。

（二）个性化原则

与损伤程度、伤残程度评定不同,"三期"评定突出的特点在于其个性化的原则。同一种损伤,因个体体质、年龄、性别、医疗干预情况的不同,会呈现出不同的转归及愈合规律,表现在"三期"时限上,可能明显不同。

"三期"标准提供的期限,是指群体的、平均的、大多数情况下的期限,但针对个体可能不准确。按照民事赔偿"完全补偿"的原则,应以其实际发生或实际需要的期限为准。例如,同样为股骨干骨折,年轻人的愈合期限可能为 3 个月,而老年骨质疏松患者可能为 8 个月;对少部分（即便是年轻人）患者,虽经历了 8 ~ 9 个月的修复,却发生骨折断端骨质的硬化、不愈合,必须行二次手术去除硬化的骨质并植骨等治疗,才能完成最终骨折愈合,此时,其实际期限远远超过 8 ~ 9 个月。又如,学龄前儿童,本身就缺乏生活自理能力,受伤后在临床治疗期间,应设置陪护。因此,"个性化原则为主,循证化原则为辅"是"三期"评定的总原则。据此,笔者认为"三期"评定的时机应以"医疗终结"为宜。

在下列情况下,应适当延长"三期"的期限。（1）老年或儿童;（2）自身存在某种影响损伤愈合的基础疾病,如糖尿病、高血压、动脉硬化等;（3）治疗阶段发生并发症或合并症;（4）自身体质差,如贫血、体弱;（5）损伤与疾病共存等。

（三）与伤残鉴定相衔接的原则

最高人民法院《关于审理人身损害赔偿案件适用法律若干问题的解释》第20 条明确规定"误工费根据受害人的误工时间和收入状况确定。误工时间根据受害人接受治疗的医疗机构出具的证明确定。受害人因伤残持续误工的,误工时间可以计算至定残之日前一天"。此为"三期"中关于误工期上限时间的规定。

在实际鉴定工作中,一般情况下,护理期、营养期的时限要小于或等于误工期。因此,可以通识性地理解为"三期"在特定情况下,其期限的上限均为"定残之日止",但一般以不超过 24 个月为宜。这也提示在伤残评定中,应严格掌握鉴定时限(即医疗终结时间):(1)一般情况下,不宜过早鉴定,以避免产生对"三期"评定的不合理影响;但另一方面,为避免案件久拖未结,又不宜机械性强调医疗终结时间;因此,鉴定时限掌握在 6 个月为宜。(2)特殊情况下,如刑事附带民事案件审限上需要尽早出具伤残鉴定意见,或当事人因经济/社会因素(如加害人经济条件差、若一味考虑医疗终结问题,可能难以执行等情况),被鉴定人方要求尽早作出伤残鉴定。此时,应告知相关人员上述原则以及鉴定风险(即过早鉴定可能对"三期"时限有所影响等),以减少不必要的鉴定争端。

(四)多发伤、复合伤的评定原则

近年来,工伤事故、交通事故致残数量大幅增加。巨大暴力导致多处损伤的情况明显增多;多发伤、复合伤的"三期"评定较为常见。此种情况下需注意:(1)计算时不能将多处损伤的"三期"时限进行简单累加,一般应以"三期"中时限较长者的时间为主。(2)应充分考虑复合伤、多发伤对人体组织机能的影响,及此种情况与单纯某种损伤对人体影响的差距,结合其他损伤及个体特征因素,适当延长"三期"期限,切忌机械性和过于严格。

笔者认为,需要再次强调:具体执行标准时,绝不能死搬硬套,应充分考量个体差异、治疗条件差异等诸多影响因素,根据被鉴定人具体情况客观进行评价。因为虽然从损伤的群体性特征看,每种损伤的"三期"有一般性规律,这也是制订"三期"相关规范性文件的依据,但每个人的损伤都有其独特性。如年老体弱或患有糖尿病、营养不良、骨代谢异常、慢性肝肾疾患者发生骨折,或多发伤、复合伤时,常会发生骨延迟愈合、骨不连或骨髓炎,势必延长"三期"的时限,此时应以被鉴定人实际临床治愈或者体征固定所需时间为准。

(五)"三期"各期之间的评定

"三期"的各期之间,存在一定内在规律,评定时可作参考:(1)一般情况下,护理期、营养期较误工期短,可掌握在误工时限的 1/3 ~ 3/4;如"脊柱骨折:

非手术治疗者误工 90～150 日,营养 60 日,护理 60 日。手术治疗者:误工 120～180 日,营养 90 日,护理 60～90 日"。(2)一般情况下,护理期比营养期更短;护理期、营养期最长期限与误工时限相等。(3)"三期"最长至评残日前一日,一般不超过 24 个月。(4)原发性损伤伴有合并症或需二期治疗的,应根据临床治疗恢复情况确定。(5)被鉴定人损伤后实际"三期"时限低于标准中规定的期限时,应以实际发生的"三期"时间为准。

（六）损伤参与度适当介入的原则

在"三期"鉴定时,需考虑损伤中自身疾病介入等因素。人体在某些疾病条件下,机体受到轻微外力作用即可出现严重后果,如肝硬化致病理性脾肿大患者,腹部受到轻微外力作用即可导致脾脏破裂。对于损伤与既往伤、病共存导致后果的,需分析损伤在现存后果中的作用,即引入参与度的概念。可参照北京市司法鉴定业协会(2009 年 12 月 1 日颁发)的《人体损伤致残程度鉴定标准(试行)》第 3.1.3 条关于损伤参与度的界定具体划分比例。即根据外伤在不良后果发生中原因力的大小,损伤参与度(理论系数)分为六级。A 级:不良后果完全由自身疾病或残疾造成,损伤参与度为 0;B 级:不良后果大部分由自身疾病或残疾造成,外伤在后果中作用轻微,其损伤参与度为 1%～20%(理论系数 10%);C 级:不良后果主要由自身疾病或残疾造成,外伤在后果中起次要作用,其损伤参与度为 20%～40%(理论系数 25%);D 级:不良后果由外伤与自身疾病共同作用导致,其损伤参与度为 40%～60%(理论系数 50%);E 级:不良后果主要由外伤所致,自身因素起次要作用,其损伤参与度为 60%～90%(理论系数 75%);F 级:不良后果完全由外伤所致,其损伤参与度为 100%。

（七）"三期"评定的时机

"三期"的评定,一般应在医疗终结后进行,以避免由于鉴定时限不同而导致鉴定结论不一致,但也要兼顾案件审理时限。医疗尚未终结但司法机关需要时,鉴定人可在鉴定书中对损伤的预后作一般规律意义上的评估,如:假定胫、腓骨骨折的误工期原则上为 4 个月,被鉴定人在骨折尚未愈合时(如 2 个月左右)进行"三期"鉴定,鉴定文书的表述可以为:"误工期掌握在 4 个月左右为宜;限于其目前骨折尚未愈合,具体时间难以准确判断,必要时可待医疗终结后再行复检"。这样既有利于案件的审理,又可减少由于鉴定时限不同而出现结论不一致的情况。

(八)特定损伤中"三期"的时限

如上所述,"三期"中各期之间,存在一定内在规律即一般性原则:护理期、营养期短于误工期,而护理期比营养期短。如失血性休克、身体重要器官损伤,AIS 评分在 3 分以上,其营养期长于或等于护理期。但在有些损伤中,护理期可能长于营养期。如:肢体重要神经损伤,或多个肢体多发性骨折,损伤后导致肢体功能的严重障碍。由于被鉴定人生活自理能力降低,其护理期限可以长于营养期而等于误工期。

## 四、与"三期"评定有关的其他问题

在"三期"评定中,有时需要对护理期、护理人数等内容予以表述。笔者认为,此点需与相关法律规定衔接。最高人民法院的《关于审理人身损害赔偿案件适用法律若干问题的解释》第 21 条中有相关规定:"护理人员原则上为一人,但医疗机构或者鉴定机构有明确意见的,可以参照确定护理人员人数。护理期限应计算至受害人恢复生活自理能力时止。受害人定残后的护理应当根据其护理依赖程度并结合配制残疾辅助器具的情况确定护理级别。因残疾不能恢复生活自理能力的,可根据其年龄、健康状况等因素确定合理的护理期限,但最长不超过二十年。"此条提示,护理人数的确定以 1 人为主,如伤者存在迁延性昏迷等意识障碍、瘫痪等情况,护理人数可以考虑为 2 ~ 3 人。

"去伪存真"仍然是保证鉴定质量的必要手段。人身损害司法鉴定中,因被鉴定人特殊的索赔、报复心理,往往主诉"伤情很重"或隐瞒既存疾病以求作出利己的"诊断"。鉴定人员要注意排除干扰、去伪存真、科学鉴定。应详细询问受伤(疾病)史,认真审阅伤后原始病历档案,进行全面系统的体格检查以及必要的影像学、电生理学和其他实验室检查,以确定原发性损伤、以及损伤引起的并发症和后遗症。

综上,"三期"评定是人身损害赔偿中的常见鉴定项目,其鉴定质量的优劣,直接影响司法审判的公正。因此,非常有必要对此问题展开深入的研讨及相关流行病学研究。同时,为适应人身损害赔偿案件审理的需要,加强司法鉴定规范化、标准化建设,建议有关部门尽快地制订全国统一的人身损害赔偿"三期"标准,以切实保证鉴定的质量,维护司法公平与正义。

# 医学会鉴定与司法鉴定之比较

陈志华[*]

医疗损害赔偿纠纷案件较之一般民事侵权案件最突出的不同之处在于其高度的专业性。面对医生引经据典的解释,患者、家属和法官感觉宛如云遮雾绕。法官并非医学专家,无法根据其掌握的专业知识对案件进行实体判断,因此,鉴定即成为大多数医疗损害赔偿案件必经的程序。2002年9月1日起施行的《医疗事故处理条例》(以下简称《条例》)对医疗事故技术鉴定制度的改革,使医学会鉴定较之以往卫生行政部门主持的鉴定更为公开和透明,但尚未达到社会公众的公正期望值。全国人大《关于司法鉴定管理问题的决定》,医学会鉴定与司法鉴定的共存,在让患方看到新希望的同时,亦使此类案件的审理变得更为复杂和漫长。《侵权责任法》的施行,解决了医疗损害赔偿案件的案由和适用法律的"二元化"问题,但却没有解决鉴定体制的"二元化"。新法实施后,医疗损害赔偿案件的专业鉴定将如何进行,医学会鉴定是否继续保留,目前仍存在诸多变数。患方渴望由法医主导的司法鉴定,而医方则对其恨之入骨,因为医方极少见到其没有过错的鉴定结论。因此,比较医学会鉴定和司法鉴定的异同,将有助于我们寻找更为合适的医疗损害技术鉴定模式,亦有助于

* 陈志华,医学硕士,北京市律师协会民法专业委员会主任、北京市人大常委会立法咨询专家、北京大学法学院法律硕士研究生兼职导师、北京陈志华律师事务所主任等。陈志华律师办理过大量医疗卫生方面的法律事务,包括众多在国内具有重大影响的医疗纠纷案件,具有丰富的办案经验。专著有《〈侵权责任法〉医疗损害责任深度释解与实务指南》《医疗律师以案说法》,主编《医疗纠纷案件律师业务》等书籍。联系地址:北京市丰台区右安门外大街2号迦南大厦2009房间,E-mail:chenzhihua@ vip. sina. com。

此类案件得到高效且公正的审理。

目前,我国医疗损害赔偿案件的专业鉴定主要分为两类:一类是医学会组织的医疗事故技术鉴定,主要判定具体病例是否构成医疗事故;另一类是各类司法鉴定机构组织的司法鉴定,主要判定医疗机构的医疗行为是否存在过错,如果存在过错,则该过错是否与患者损害后果之间存在因果关系。后者通常又被称为过错鉴定。医学会鉴定既可以在非诉阶段进行,也可在诉讼阶段进行,而司法鉴定一般是在诉讼阶段进行。当然,医患双方在非诉阶段经协商一致,也可共同委托司法鉴定机构进行司法鉴定,而某些司法鉴定机构也接受医患单方(通常是患方)委托的鉴定,但后者的鉴定结论往往会受到对方当事人的质疑,而且法院较少采信医患单方委托鉴定的鉴定结论。①

我国目前规范各类司法鉴定机构鉴定程序的文件,主要是司法部于 2007 年 8 月 7 日发布并自 2007 年 10 月 1 日起施行的《司法鉴定程序通则》(以下简称《程序通则》)。与此同时,规范医学会医疗事故技术鉴定的法律规范,主要是《条例》和《医疗事故技术鉴定暂行办法》(以下简称《暂行办法》)。对比两类鉴定机构的鉴定程序,我们会发现有以下相同点和不同点。

### 一、关于鉴定人员的资质

无论是医学会组织的医疗事故技术鉴定,还是司法鉴定机构组织的医疗过错鉴定,鉴定人员的组成是其核心问题,且将直接决定鉴定结论的科学性和公正性。鉴定人员的组成是两类鉴定最重要的区别之一,亦是构建医疗损害责任技术鉴定体制的焦点问题。

医学会鉴定的鉴定人员主要是由各科临床医学专家组成,涉及死因、伤残等级鉴定时,亦会有法医参加。对于医学会鉴定专家的资质,相关法规和卫生部规章有严格的条件限制。《条例》第 23 条规定:负责组织医疗事故技术鉴定工作的医学会应当建立专家库。专家库由具备下列条件的医疗卫生专业技术

① 例如,《上海法院关于委托医疗损害司法鉴定若干问题的暂行规定》第 5 条规定:对于诉讼前的既有鉴定结论,如系一方当事人单方委托鉴定的,一般应由法院委托重新鉴定。

人员组成:(1)有良好的业务素质和执业品德;(2)受聘于医疗卫生机构或者医学教学、科研机构并担任相应专业高级技术职务3年以上。同时该条还规定:符合前述第一项规定条件并具备高级技术任职资格的法医可以受聘进入专家库。

司法鉴定的鉴定人员由取得了《司法鉴定人执业证》的鉴定人组成。《司法鉴定人登记管理办法》第3条规定:本办法所称的司法鉴定人,是指运用科学技术或者专门知识对诉讼涉及的专门性问题进行鉴别和判断并提出鉴定意见的人员。根据《司法鉴定人登记管理办法》第12条规定:个人申请从事司法鉴定业务,应当具有相关的高级专业技术职称;或者具有相关的行业执业资格或者高等院校相关专业本科以上学历,并且从事相关工作5年以上。

通过对比可以发现,医学会鉴定人员的资质要求明显高于司法鉴定人的资质要求,即医学会要求鉴定人员必须具有高级技术职称,而司法鉴定人的最低要求是"具有相关的行业执业资格或者高等院校相关专业本科以上学历,并且从事相关工作5年以上"。因此,大量从高等医学院校毕业、没有从事过临床医学工作的人在司法鉴定机构工作一段时间后,即可通过考核获得司法鉴定人资格,成为司法鉴定人。

医学会的鉴定人员通常对所涉学科的医学专业知识和临床实践经验具有争议,但司法鉴定人却往往不具备此类专业知识。司法鉴定机构的鉴定人多系法医出身,相对缺乏临床实践经验。同时,即使部分鉴定人为临床医生,但由于目前医学科学技术的发展和临床分科的专业化,鉴定人也不可能通晓所有疾病的诊断和治疗。因此,在医疗损害赔偿纠纷案件的司法鉴定过程中,咨询临床医学专家成为部分鉴定机构解决专业知识不足的主要方式。尽管司法鉴定的鉴定结论参考专家意见,但由于专家并非鉴定人,因此,最终的鉴定意见应当由司法鉴定人出具并对其承担责任。

如此对比的结果是,医学会的鉴定人员具有专业知识,是医疗争议的实际鉴定人;而通过咨询相关专家得出鉴定结论并在鉴定书上署名的司法鉴定人是名义鉴定人,而非实际鉴定人。医学会的鉴定人员在专业素质方面较之司法鉴定人具有明显的专业优势,亦符合法院委托鉴定的专业资质要求。

### 二、关于鉴定结论的形成

《程序通则》第 4 条规定:"司法鉴定实行鉴定人负责制度。司法鉴定人应当依法独立、客观、公正地进行鉴定,并对自己作出的鉴定意见负责。"《程序通则》还规定,司法鉴定机构受理鉴定委托后,应当指定本机构中具有该鉴定事项执业资格的司法鉴定人进行鉴定。司法鉴定机构对同一鉴定事项,应当指定或者选择两名司法鉴定人共同进行鉴定;对疑难、复杂或者特殊的鉴定事项,可以指定或者选择多名司法鉴定人进行鉴定。

《条例》第 24 条规定:医疗事故技术鉴定,由负责组织医疗事故技术鉴定工作的医学会组织专家鉴定组进行。《暂行办法》第 17 条规定,在医疗事故技术鉴定过程中,专家鉴定组组成人员应为 3 人以上单数,即鉴定专家不得少于 3 人。《条例》第 25 条规定:专家鉴定组进行医疗事故技术鉴定,实行合议制。《暂行办法》第 33 条第 5 项规定:经合议,根据半数以上专家鉴定组成员的一致意见形成鉴定结论。

通过对比可以发现,司法鉴定实行的是鉴定人负责制,而医学会鉴定实行的是鉴定专家组负责制。从表面上看,医学会鉴定专家组负责制应更为科学、公正,但实际效果并非如此。鉴定专家组的集体负责制使得在实践中根本没有人对其鉴定结论负责。如此情形极大地影响了医学会鉴定结论的公正性,并时常受到当事人的质疑。

### 三、关于鉴定人签名制度

我国《民事诉讼法》第 77 条规定,鉴定人应当提出书面鉴定意见,在鉴定书上签名或者盖章。最高人民法院《关于民事诉讼证据的若干规定》(以下简称《证据规则》)第 29 条规定,审判人员对鉴定人出具的鉴定书,应当审查是否具有下列内容:(1)委托人姓名或者名称、委托鉴定的内容;(2)委托鉴定的材料;(3)鉴定的依据及使用的科学技术手段;(4)对鉴定过程的说明;(5)明确的鉴定结论;(6)对鉴定人鉴定资格的说明;(7)鉴定人员及鉴定机构签名盖章。

《程序通则》第35条规定:司法鉴定文书应当由司法鉴定人签名或者盖章。多人参加司法鉴定,对鉴定意见有不同意见的,应当注明。司法鉴定文书应当加盖司法鉴定机构的司法鉴定专用章。在鉴定书上签名并非简单的程序要求,更重要的是表示鉴定人对其鉴定结论负责。在医疗事故技术鉴定过程中,《暂行办法》第33条第5项也要求鉴定专家在鉴定结论上签名,但该签名记录并不对外公开或在法庭上出示,仅保存在医学会鉴定档案中,而在对外公开的鉴定书上仅显示医学会医疗事故技术鉴定专用印章。

对比我国《民事诉讼法》《证据规则》与《条例》对鉴定书的形式要件要求,最主要不同之处在于前两者要求所有鉴定结论必须由鉴定人签名,而后者却没有此项规定。由于《条例》的规定与我国《民事诉讼法》和最高人民法院有关规定相冲突,故而经常受到人们的抨击。《民事诉讼法》是由全国人大颁布的规范性文件,根据我国《立法法》的规定,其法律效力高于由国务院发布的《条例》。《证据规则》是最高人民法院正式颁布实施的司法解释,对法院审理案件具有约束力。如果医学会出具的医疗事故技术鉴定书没有参加鉴定的专家签名,那么根据《民事诉讼法》与《证据规则》的规定,该鉴定书因不具备法定形式要件而不具有证明力,不能作为法庭认定事实的依据。然而,我国目前的实际情况是,尽管医学会出具的鉴定书没有鉴定专家的签名,但是法庭却很少因此而不采信医疗事故技术鉴定书。其常见的做法是对此类鉴定书"视而不见",或直接采信并作为判决依据,或另行委托司法鉴定并直接采信其结论。

**四、关于鉴定人出庭作证制度**

鉴定结论是鉴定人根据委托人提供的鉴定资料,利用其具有的专业知识,就案件中涉及的专业性问题进行分析,结合相关科学原理做出的一种判断。因此,鉴定结论在证据的理论分类上属于人证或者言词证据。由于言词证据常常受到陈述者主观和客观因素的影响,因此,需要对影响其判断的可靠性的各种因素进行审查。根据我国诉讼法的规定,鉴定结论和其他证据一样,都必须在法庭上经过质证,才能作为定案的依据。因此,鉴定结论没有预定的证明力,同样需要结合其他证据对其可靠性进行审查,并综合全案证据对鉴定结论的证明力大小进行判断。

鉴定人出庭作证是一项诉讼活动,是由诉讼法所规定的参与诉讼的行为,是为法庭提供科学证据活动的重要环节。鉴定人出庭作证是确认鉴定结论的重要程序。司法人员对鉴定结论审查和确认的方法很多,但通过鉴定人出庭确认证据是其中最重要的方法。同时,鉴定人出庭作证是鉴定人的义务,是其鉴定工作的继续。

根据我国法律规定,鉴定结论仅属证据的一种,对鉴定结论的认定,需要经过双方当事人在法庭上进行质证。《证据规则》第59条规定,鉴定人应当出庭接受当事人质询;鉴定人确因特殊原因无法出庭的,经人民法院准许,可以书面答复当事人的质询。鉴定结论作为一种证据,未经法庭质证不得作为定案的根据。《程序通则》第7条规定:"司法鉴定人经人民法院依法通知,应当出庭作证,回答与鉴定事项有关的问题。"这是司法鉴定与医学会鉴定的重大区别之一,因后者罕见有鉴定专家出庭作证,故而导致医患双方无法就医学会鉴定结论在法庭上进行质证。鉴定人出庭制度的缺失,亦是法院不愿采信医学会鉴定结论的重要原因之一,因为鉴定人缺席法庭质证,使得当事人无法对其充分的质询。①

**五、关于鉴定程序的规范问题②**

程序公正是实体公正的前提条件。鉴定应当依法定程序进行,程序违法的鉴定结论不能作为认定事实的依据。《证据规则》规定,对于程序严重违法的鉴定结论,当事人有权申请重新鉴定。

《条例》规定,医学会出具的鉴定书应当包括对鉴定过程的说明;卫生行政

---

① 对此,2012年《民事诉讼法》已有更新。

② 因本文篇幅所限,本文对两类鉴定的其他程序对比不再展开讨论。有兴趣的读者可参阅作者的相关文章。

部门应当对其移交鉴定的鉴定程序进行审核;如果鉴定程序不符合《条例》的规定,应当要求医学会重新鉴定。相对应地,《暂行办法》详细规定了鉴定的组织者和分级管理制度、鉴定程序的启动、中止和终止,鉴定专家库的设立、鉴定专家组的形成和主要学科的确定,鉴定专家的回避,鉴定的依据、目的和原则,鉴定材料的提交、鉴定听证会程序以及鉴定结论的书写规范等内容。相反,尽管司法鉴定亦有相关的程序规定,但远不如医学会鉴定程序详尽和规范。例如,多数司法鉴定机关不召开医患双方参加的鉴定会,使得医患双方无法充分地陈述其观点。再例如,司法鉴定人因为其临床医学专业知识的欠缺,时常聘请有关医学专家参加鉴定并提供专家咨询意见,但却拒绝提供咨询专家的资料,使得医患双方申请咨询专家回避的权利无法得到实现,在实践中也经常引起双方的争议。

因此,尽管人们仍然对医学会鉴定结论的公正性充满诸多不信任,但是,医学会在医疗事故技术鉴定过程中设立并不断完善的程序规则,较之目前司法鉴定机构的鉴定程序更为规范、透明和详细,更具有借鉴意义。

根据上述对比可以看出,医学会鉴定和司法鉴定在医疗损害责任技术鉴定方面各有其优势,亦有其劣势。医学会的鉴定人员具有较高的业务素质,鉴定程序相对公开和透明,但却因鉴定专家不愿在鉴定书上署名,使其鉴定结论缺乏法定的形式要件。同时,医学会鉴定人员拒绝出庭接受质证,也使其鉴定结论无法被法院有效地加以采信。相反,司法鉴定的鉴定人普遍缺乏相关临床医学专业知识,导致其鉴定结论难以得到医疗机构的认可。而且,鉴定机构普遍存在的趋利性,导致其鉴定结论本身的公正性不断受到质疑。但是,由于其出示的鉴定结论符合法律要求,且鉴定人不敢拒绝出庭接受质证,故其鉴定结论更易被法院所采信。因此,两类鉴定机构均具有各自的优缺点。有理由相信,如果两类鉴定相互融合和补充,则会得出更为公正的鉴定结论。

# 该不该启动关于癌症患者的生存年限的鉴定

艾　清[*]

## 一、问题的提出

癌症晚期患者在接受医院治疗后去世,其家属向法院提起诉讼,要求院方按照责任比例承担标准为 20 年人均可支配性收入的死亡赔偿金[①]。医疗机构答辩,患者的预期寿命只有 2～3 年,远不足 20 年,遂要求法院启动关于癌症患者的生存年限的鉴定,那么法院应否启动这样的鉴定?

笔者曾经经历两例这样的医疗损害案件,案例中的医疗损害的患者都属于癌症患者。经过医疗过错司法鉴定,被告医院都存在一定的医疗过失,且过失与患者的死亡存在一定的因果关系。参与度一例为 30%,一例为 25%。在两例医疗纠纷中,死亡的患者都未满 60 周岁,不约而同的是,两例案例中被告医院都向法院提出申请患者生存年限的鉴定,理由是患者虽未满 60 周岁,但病症为癌症,即便不遭遇医疗损害,被告医院不存在任何医疗过失,从现有医疗水平的角度来说不可能还能存活 20 年,医院的答辩看上去似乎很有道理。医学上常用五年生存率表示各种癌症的疗效,为了统计癌症病人的存活率,比较各种治疗方法的优缺点,采用大部分患者预后比较明确的情况作为统计指标,这就

---

　＊　艾清,医学学士、法律硕士,专业医疗纠纷律师,北京京师律师事务所专职律师、北京市律师协会会员。E-mail:18600595418@163.com,个人网站:www.bjylls.com。

　①　《最高人民法院关于审理人身损害赔偿案件适用法律若干问题的解释》第 29 条规定,死亡赔偿金按照受诉法院所在地上一年度城镇居民人均可支配收入或者农村居民人均纯收入标准,按 20 年计算。但 60 周岁以上的,年龄每增加 1 岁减少 1 年;75 周岁以上的,按 5 年计算。

是医生常说的五年生存率。五年生存率系指某种肿瘤经过各种综合治疗后,生存五年以上的比例。用五年生存率表达有其一定的科学性。某种肿瘤经过治疗后,有一部分可能出现转移或复发,其中的一部分人可能因肿瘤进入晚期而去世。转移或复发大多发生在根治术后三年之内,约占80%,少部分发生在根治后五年之内,约占10%。所以,各种肿瘤根治术后五年内不复发,再次复发的机会就很少了,故常用五年生存率表示各种癌症的疗效。术后五年之内,一定要巩固治疗,定期检查,防止复发,即使有转移或复发也能及早治疗。另外,也有用三年生存率和十年生存率表示疗效的。

## 二、各种观点阐述

有的学者认为,从整体上看,晚期癌症患者的生存年限不长,若按照20年的年限计算死亡赔偿金,于医疗机构方有失公允,将导致医院避免风险拒收晚期癌症患者的可能。

也有对上述观点持反对意见的:法律不能保证绝对公平,但能够保证规则适用上的公平。正如新生婴儿受到侵害后的死亡赔偿金也按照20年的年限计算一样,对于癌症晚期患者,只要医疗机构存在侵权行为,且侵权行为与损害后果之间存在因果关系,医疗机构就应当就20年的年限承担责任比例内的赔偿义务。死亡赔偿金系法定年限赔偿金,不存在按预期生存年限缩减的可能,在认定医疗机构责任比例时,已经考虑到晚期肿瘤对死亡结果之原因力比例,故不存在考虑肿瘤晚期而缩减赔偿年限的必要。

另有观点中立的人认为,如果在鉴定人员对存在多因一果时能否准确判断过错程度存疑,导致无法清楚明晰的判断多种原因的责任比例,则按照20年的年限要求医院赔偿患方有失公允。

## 三、笔者的观点

笔者认为,首先,关于生存年限这样的鉴定申请违背伦理、人情,患者家属从感情上很难接受。在患者已经死亡的情形下,被告医院从减少死亡赔偿金的角度出发,提起这样一个关于患者生存年限的鉴定申请,对死者是莫大的不敬。如果法官在医疗纠纷案的审理中要考虑每一个因侵权死亡的人的生存年限,在其他人身损害侵权案中是否也都应该考虑呢?在交通事故案中,是否应该考虑因交通事故死亡的被侵权人,是位身体健康、年轻力壮的小伙子,还是一位罹患绝症的患者?更激进一点说,如果纯粹从经济效益的角度来看,如果仅仅站在侵权者的利益角度,为了减少赔偿金额,癌症患者不但不能为家庭创造经济效益,还要消耗家庭财富,是不是被侵权者的家属还得感谢侵权者呢?

其次,存活率,是个医学统计学上有意义的数字,具体到侵权案的个案,99%和1%,几乎没有什么意义。对个案来说,每个受侵害的癌症患者有可能是1%的幸运儿,也有可能是倒霉的99%。

最后,一般来说,医疗损害案件中,鉴定结论必然要考虑患者自身疾病对死亡的影响与参与度,法院一般也不会按全责的比例要求医院承担赔偿责任。

故笔者认为,从伦理人情、科学、法理的角度考虑,都不应该启动这样的鉴定。关于死亡赔偿金的法律规定,也不允许存在这样的空间。

# 医者人文

# 让医者从天使回归到人

## ——中国医文化初探及对现实的思考

王良钢*

也就十来年的时间,中国的医疗卫生机构和医疗卫生工作者成了众矢之的。传统媒体连篇地负面报道,网络无休止地抨击和漫骂,"白衣天使"堕落成了"魔鬼"!除了已被广泛研究讨论过的政治、经济因素外,我们是不是还忽略了什么?

从政治、经济制度的角度来考察医疗卫生,无疑是十分必要的,但任何制度的建立和为实现制度的操作,如果仅考虑政治、经济层面的因素,可能会被根深蒂固的文化所排斥,使制度的效用无法显现或被抵消。在历史的大尺度中,比政治、经济更能长远影响社会的就是文化传统。因此,通过对中国医文化的剖析,来反思现实对医者的普遍谴责就成为必要。

### 一、众神附体的医者与功利性崇拜

一部《神农本草经》和一部《黄帝内经》,尽管都是托名之作,但炎帝(神

* 王良钢,北京市盈科律师事务所高级合伙人,中国卫生法学会理事,北京市律师协会业务指导和继续教育委员会委员,医药卫生法律专业委员会委员、副主任,朝阳区律师协会民事业务研究会委员、副主任,中国政法大学法学院六年制法学实验班联合培养导师。长年专注于医药卫生健康法律事务。E-mail:bjwls@ vip. sina. com,微信:13801327041,QQ:1439500183。

农)和黄帝(轩辕)的医者身份(以现代的眼光来看可算是兼职),从古到今几乎无人置疑。我们都认可自己是炎黄子孙,从这一意义上说,我们也都是医者的后裔。中华民族对炎黄的膜拜当然也包括对他们医者身份的尊崇。这是医者神圣光环的肇始,而且这光环一戴就是几千年。

在中国悠久的历史中,有相当长的时间,巫与医是不可分的。巫是人与神对话的使者。巫在执业(祭祀、驱魔、治病)的时刻,他已不是人,而是神,起码是神仙附体。尽管古有"信巫不信医,六不治也"之说,现代人也认为巫是迷信,医是科学,但在我们民族的记忆中,巫与医的联系是割不断的。在当代农村仍有相当多的人对巫婆神汉(巫的衍生物),尤其是对处在执业状态的他们充满着敬畏。

在中国古代即使是比较纯粹的医者,也相当多的与炼丹存在千丝万缕的联系。灵丹妙药是医者与道士的共同追求。对大医之道骨仙风的赞誉,显然有几分对神仙的仰慕。

医者为仁者,医术为仁术。而"仁"是中国儒文化的内核,有至高无上的地位。从古到今,对"仁"诠释了两千多年,国人对"仁"的追求和顶礼膜拜也延续了两千多年。尽管医者之仁与儒学之仁不可同日而语(有共通之处),但这并不妨碍老百姓对二者一视同仁。

随佛教进入中国的药王菩萨和被遍地供奉在药王庙中的医药圣贤并不总是能被信众区分清楚,但国人在神像前祈求祛病安康的心愿是一致的。

医者被称为"白衣天使"的年代应该不会太长。尽管"天使"和"上帝"均见于中国古籍,但"天使"被普遍认为(或者说在人们的心目中)不是土生土长的神仙。当"天使"的形象和白求恩的形象与革命人道主义的教诲深入人心时,医者在现代中国就不再是传统的神仙,而是"又红又专"的神仙了。

大多数的中国人对神仙的崇拜并不是精神生活的需要,更多的是对现实物质生活的祈求,有求必应就是国人的精神寄托或信仰的根由,其自利倾向是明显的,因此,功利性是中国诸神崇拜的显著特点。医者被奉为神明或与神混为一体或沾上了仙气,实质上就是国人功利性崇拜的产物。

## 二、西学东进与神话的破灭

医者被神化,在中医为全部或主流医学的年代可能是必然的。在当时的文化科学背景下,有求之"必应"的发生或不发生,是需要相当的时间和空间的,时间和空间可以使"应"更显神秘,也可使"不应"淡化(或被认为是命中注定)。因此,在当时的历史条件下,人们保持对医者的尊崇是普遍现象,对医者的普遍怀疑是不会发生的。

西方医学的东进并成为现代中国的主流医学,只用了百余年的时间,足可见西医立竿见影的强势。但在包括西医在内的西方科学文化东进的过程中,"中学为体、西学为用"的观念,就是在今天的中国也是根深蒂固的。在我们的文化中,中医为道(理论和方法),西医为术(技术和手艺)或者说中医更深奥(博大精深),西医相对浅显的观点是大有市场的。追根溯源,希波格克拉底的"四体液学说"在西医中早被摒弃,而"阴阳五行学说"至今仍是中医之根本;现代西医一脉相承的近代西方医学的工匠特点与中医源远流长的学者特质也形成了鲜明对比(并无评价中西医优劣之意)。

国人功利性地接受了西医,而工匠却又始终不是中国文化的崇拜对象,神化不可避免地要被打破。但似现今这样对医者的普遍怀疑、谴责的现象在前溯二十年并没有发生。因为,在普遍处于"寡"而"均"的医疗状态下,医者是医疗公平的执行人,仍在满足人们相对低水平的有求必应,她没有走下神坛。

## 三、让医者从天使回归到人

中国的传统文化和革命的人道主义都对医者提出了很高的要求,或者说是将医者放置在了一个高而不当的位置。如果说对医者有普通人、职业人、圣人的不同层次要求,千万不要要求医者成为圣人(神的另一种表现形式)。

医者神圣的文化意识已被有求不一定应的现实击碎,无所不能的神与有所不能的人的差距,使神与医开始了真正的剥离。尽管人们仍然在内心深处摆脱不了对神医的希冀,但科学和理性都应当将医者赶下或请下神坛。

医者只是社会职业的一种，不是神仙的化身，不是上帝的使者。社会可以相对宽容地对待各种技术职业（包括其他人命关天的职业）的失误，特别地苛责医者恐有偏颇。

医者作为普通人是要食人间烟火的，是有七情六欲的；作为职业人，劳累了也会倦怠，收入少了他也会失去心理平衡。医者作为职业人当然要有职业道德，但只要恪守了基本职业道德就不应当被谴责。对每一位医者提出"高尚"的、"纯粹"的、"精益求精"的、"全心全意"的道德要求，肯定是脱离现实的，也是对医者的再次造神。

在市场经济的医疗卫生制度条件下，医疗卫生的旧平衡被打破，新的机制未能有效建立；传统的医患伦理支离破碎，新型的伦理有待重建。新旧混杂的伦理让医者承载了太多的社会责任，却又不明确医者与职业相适应的权利和义务；而在法律上拥有不完整权利的患者对权利充满着道德渴望，全社会（庞大的患者群体）几乎无条件地站在了患者的立场上；甚至将不属于医疗卫生范畴的矛盾都也转嫁到了医患关系之中。医者就这样由"善神"到"恶煞"，由"天使"变成了"魔鬼"。

几千年的"慢性"神化和十几年的"急性"妖魔化，可能是我们从道德感性到科学理性的升华过程，尽管文化的惯性使这一过程的完成还要很长时间，但毕竟已经开始了。从这一意义上来说，这十几年的"天使"到"魔鬼"的演化，可以看作是天使到人回归的矫枉过正，是医者走下神坛必须经历的短痛，长远的意义应当是积极的。

# 从医生到律师

艾 清[*]

## 一、从医的辛苦

2005 年 3 月,在内心无数次纠结之后,我终于下定决心,辞去了很多人都钦羡的医生工作。辞职后的第二天早上,拎着菜篮子走在熙熙攘攘的菜场里,轻轻松松地和菜贩子砍着价,第一次觉得生活是如此的美好、惬意。终于可以不用再在医院倒夜班了,终于可以踏实地睡个安稳觉了,那份轻松和安逸,有时梦里似乎都在笑,毫无失去工作后没有收入的一丝不安。

医生这个工作,到目前为止都似乎是一个很体面的职业。刚上医学院穿上白大褂的那份自豪、欣喜、神圣感,我想每个进入医学院校的人都曾拥有过,但是从医以来的酸、甜、苦、乐又有多少未曾进入过这个行业的人可以理解? 大一时的人体解剖课,解剖实验室充斥着刺鼻的福尔马林,往往上午上完课,中饭是吃不下去的。刚到医院工作时拿着听诊器,面对各种不同病痛的患者的那份忐忑、紧张,直至日复一日的夜班黑白颠倒,其中的艰辛是其他行业不能同日而语的。

笔者曾经是一名儿科医生,都说儿科医生的夜班就像"仰卧起坐",刚看完一个病人,准备到值班室休息片刻,刚躺下,耳边的值班电话就同午夜凶铃一样地刺耳、揪心。到了深夜,仍有轻重不同程度的急诊病人就诊,虽然已是身心俱

———————
\* 艾清,医学学士、法律硕士,专业医疗纠纷律师,北京京师律师事务所专职律师、北京市律师协会会员。E-mail:18600595418@163.com,个人网站:www.bjylls.com。

疲,但还得打起精神、堆起满脸笑容,面对每一个就诊的患儿及家属。终于熬到早上 8 点交接班时刻,看着小护士们一个个容光焕发地来上班,而自己经过一晚的苦熬,面色憔悴、心跳加速,那种心力交瘁的感觉至今记忆犹新。一上午要看三四十个病号,医生连上卫生间的时间都有限,有个刚参加工作的同事,因为怕耽误患者就医时间,不敢喝水,不敢上卫生间,硬是生生憋出了膀胱炎。

其实,对于医务人员来说,工作的辛苦还在其次,更让医护人员难受的是紧张的医患关系。由于患者和家属对治疗的不理解、不配合、对医护诊疗结果的过高期望,轻则对医护人员抱怨、谩骂,重则威胁、恫吓,甚至拳脚相向。所幸的是,也许是因为我在医院待的时间还不够长,没有挨过患者的拳脚和耳光,只受到几次为数不多但至今心有余悸的恫吓。

### 二、法学院的惬意时光

因为做医生有太多不为人知的苦、太多的累和心酸,辞职的想法,在我心里挣扎了无数回,毕竟我要承担养活一个家庭的责任,而且作为普通人来说,医生也是份体面、收入中等的工作。虽然医院领导也曾三次挽留,但思量再三,我还是毅然决定辞掉工作,备考全国研究生考试。在专业的选择上,我也曾犹豫过,是选择有基础的医学专业,还是选择自己曾感兴趣的法律专业。两套研究生复习资料我都备齐了,最终曾经日夜颠倒的辛苦和医患关系的紧张,促使我下定决心把医学的考研资料撤下了书桌,拿起了从未接触的法律书籍。

在备考研究生考试的半年时间里,每天 9 小时高强度的集中学习,依靠咖啡和浓茶,我顺利通过了 2006 年的全国全日制研究生考试,拿到了法学院的录取通知书。重新回到校园里,走在幽静的林荫道上,感受图书馆和教室的书香,有份惬意,更有份充实。三年的法学院的学习,在别的同学忙于各种资格考试包括司法考试的时候,我在导师的指导下,潜心读了很多国外的法学经典著作,阅读法学经典名著使我对法律的热爱与日俱增。在研三时,别的同学都选择了热门的部门法作为自己的方向和专业,而我选择了法理学。选择法理学作为自己的专业和方向,是觉得法律条文背后的东西比法条本身更具有研究价值。真正能体现一个法律人法律底蕴的东西是法理学,这是我喜欢并选择法理学的原因。

### 三、做律师的尴尬

研究生毕业后我没有像别的同学那样去参加法院、检察院的公考,而是备战司法考试,最终选择了律师这个职业。虽然参加司考的辛苦一点也不亚于考研,但拿到律师证的喜悦似乎远远超过拿到医师证。做律师以来,代理过医方作为被告,也代理过患方作为原告。代理被告的感觉还稍好点,毕竟代理的是曾经奋斗在一条战线上的同行,但是在代理患方的医疗纠纷案件时,面对坐在被告席上的穿着白大褂的同行,难免有同室操戈的尴尬。因为自己曾经也是医生,也深深地知道医生的艰辛和难处,而且正是因此才选择改行。当作为患方的代理律师时,面对因为院方的医疗过失耗去巨额医疗费用却还是失去亲人的患方家属,我也理解并深切感受到他们内心的悲痛和愤怒,作为普通人,我同情他们的遭遇,作为律师,我有义务维护他们的正当权利和利益。每当我坐在原告席上,感受到以前的医生同行投来的敌意的眼光,在这样犀利的目光下,只能去这样安慰自己:患者也有患者的权利。当他们选择法律这一条最后解决途径去维权的时候,作为律师,我只能选择维护职业的神圣和职业道德,让法律开口说话。

现在的中国宛如"怨妇社会",人们对国家体系心存不满,事事不论对错都埋怨。在当前日益恶化的医患关系上,这种说法得到了很好的印证。医疗纠纷中,既有确实医院存在医疗过失导致的医疗损害案例,也有的案例医院并没有过错,囿于目前的医疗水平、患者的疾病自身转归,而耗费巨额的医疗费的患者,对就医的过高期望,衍生的医疗纠纷甚至医闹。我曾有的经历迫使我不断反思:为什么现在医闹和医患纠纷越来越多,为什么杀医事件不断上演?

芸芸众生,不是每个人都有机会做医生,但每个人都有可能成为患者,或者说成为患者家属。医患之间,应该是能够和谐共处的。作为医疗方必须认真履行对患方的基本义务,同时要保证患方的知情同意权、自主选择权、个人隐私权、人格尊严权等权利不受侵犯。作为患者或患者家属,应当尊重科学、理解和支持医生的工作。

我希望现在作为律师的自己充当的是医患双方的解压阀,而不是原被告双方视为任何一方的帮凶。作为有医学背景且深切体会到医务人员的艰辛的笔者,虽然现在的身份是律师,但是特别希望能得到以前医生同行的理解!也绝不会为了一己私利,去鼓动患方去做无谓的诉讼。在医疗纠纷中,在某种程度上,医患双方都是受害者。从这个角度,希望发生医疗纠纷后对立的双方,都能换位思考,理性地对待自己的权益,理性地维权。

作为律师,也经常接到患者及家属的咨询电话,对于一些因为期望值过高、医务人员态度不够友好、缺乏人性关怀导致的医疗纠纷,也多次劝当事人理性对待,分析其诉讼风险,做到息纷止讼。

弃医从法,我希望能为遏制日益恶化的医患关系做点什么,使许多好医生不再无奈,患者不再成为无助的受害者。

# 无效医疗与医患关系

何铁强*

"健康所系,生命相托"。医疗是否能够真正承担这样的责任和满足人们求医问药时的期待呢?在诸多对医疗界批评的言论中,医疗的神圣责任受到严重质疑,医疗的目的和效果也受到严重挑战。《无效的医疗——手术刀下的谎言和药瓶里的欺骗》①用新近的事例引证了医疗科技中种种新方法和手段的无效,应当说其中许多已经被证实,也有一些仍有待争论和探索,但无论如何,这些医疗方法确实没有达到其预期的目的,因而被诟病。

没有人确信所有的科学探索和技术进步都一定能够天随人意、一帆风顺地带来好消息,心存向往和实际效果往往还是会有一定距离的。这种现象并不为医学科学化的时代所独有,其他行业在科技引领创新的今天也不乏这样的情况。包括那些我们可能需要为之付出代价,甚至是惨痛的代价(比如人为灾难)。但是对于医疗,人们的感受会有明显的不同,那就是期待落空的同时往往体验到切肤之痛,所以难免会有反思,而反思中难免会有苛责。

那就说说苛责的部分吧。因为如果不把反思中不适宜的推理演绎部分拿出来,引得被批评者的抵触,那么批评中希求改进的目的便无从说起。

医疗的无效,作为一种现象是事实,其中有些无效出自谎言和欺骗,也是一个事实,但是如果把情况推演到认为所有无效均因存在着处心积虑欺诈的动机

* 何铁强,男,1969年生,修习临床医学和法律若干年,现执业于中国医学科学院肿瘤医院医务处。

① [德]尤格·布莱克:《无效的医疗——手术刀下的谎言和药瓶里的欺骗》,穆易译,北京师范大学出版社2007年版。

和机制就未免夸大其词。诚然,医疗界可以凭借专业知识所形成的壁垒,为了维护自身的权威和利益而向社会公众和普通患者提供自己多半都认为无效的医疗,客观上也落实了医疗欺诈的构成要件。然而,医疗的科学认知、医疗特权以及由于体制因素构成的利益关系并不必然可以推导出医疗欺诈,因为欺诈指控一定要包含主观故意的存在,亦即实施恶意欺诈的行为意图或曰动机。也许知识壁垒确实可以掩盖医疗欺诈的事实存在或者使得医疗欺诈常常被忽视乃至可能在体制内因受蒙蔽而大量存在着,但是,起因于医疗欺诈的无效医疗根本在于要求追查所谓欺诈的"恶意",而那些更为常见的并非起因于医疗欺诈的无效医疗可能是"无意"的甚至也可能是"善意"的才是真正需要厘清和解释的医疗现象。

对无效医疗进行社会学反思是有价值的思想路径之一。通过这样的反思可以超越医疗界自身的科学反思,科学反思通常仅限于对科学认知中的错误进行一次有关科学的确认,而不会考察认知主体(如医生)可能会发生的问题,更不理会认知主体在所处的社会关系(如医患关系)中的相互作用。然而,正是医患关系,或者说是医患之间权力互动关系成为了社会学反思的逻辑起点。

抛开医疗黑幕说(也就是所谓医疗欺诈)的理解,让我们通过医疗发展史来回顾一种现象或者说是一个问题,为什么医疗上的缺陷总是一而再、再而三地被容忍? 也就是说,人们几乎是在了解到医疗效果的无常或者无效的情况下,仍然在寻求着医疗。

在某种疾病的治疗手段真正称为"有效"之前,往往存在着多种"无效"或"不太有效"的办法。如果不是有意的忘却,事实上人们都还记得在取得"有效"治疗之前,只能接受那些"并不有效"的办法,然而这些接受过那些"并不有效"的办法而又会指控医生的患者很少,似乎人们把注意力都放在终于"有效"的治疗手段上了。或者我们也可以常常听到遍访名医终获疗效的故事,那些故事里的患者接受的治疗总是充满了挫折,而挫折也就意味着"无效"医疗,但是故事的目的主要还是为了说明治疗的成功却很少是为了指控之前的"无效"医疗。另外,还有医学知识也在明示"尚未取得有效"治疗方法的疾病的问题,罹患这些疾病的患者是不是干脆就不用去寻求医疗了呢？然而，事实通常不是这样。

反过来看，对于医生而言，既然已经明知一些办法"无效"或者"不太有效"，那么是不是就不应该提供给患者了呢？患者有治疗上的要求怎么办？患者没有治疗上的要求怎么办？如何看待"安慰剂效应"？如何看待"循证医学"的要求？提供那些无效治疗手段的意义和价值何在？如果沿着临床试验已经走过的那些蜿蜒曲折的道路走下去，我们是不是可以"事后诸葛"地要求"截弯取直"呢？以上的追问只是想试图说明，医疗本身发展的历史路径通常是一系列无效医疗的后果。有些是无效医疗演进到有效医疗，还有更多的有效医疗来自于新的发现与创新，而其实压根儿和之前的无效医疗一点儿关系都没有。

卫生经济学还有供给诱导需求的假说，也是在说明一种医疗现象。由于知识壁垒，患者不了解医疗，就容易受到医生的诱导，因而产生出许多并非患者所真正需要的需求。这个假说起源于美国六十年代 Shain 和 Roemer 的发现，短期普通医院的每千人床位数和每千人住院天数之间的正相关关系。这种现象在城乡同样适用。也就是被称为"只要有病床，就有人来用病床"的 Roemer 法则或 Roemer 影响。但是，建立和预测供给诱导需求的正式模型还是十分困难的。看看知识壁垒这个约束条件，也就是信息不对称，如果医疗需求总是在不断地产生诱导，而诱导出来的医疗提供又总是充满缺陷，那么，这种需求为什么会在反复博弈和试错中丧失理性呢？比如，整形医疗用于美容的例子，可以说是医疗技术的一种衍生服务，如果大量使用，也可以说是供给诱导需求，提供此项服务的医生当然可以说也有诱导需求的动力，但是在实际情况下，不同国家不同地区似乎并不同样地发生整容的热潮。在发生热潮的地方，可能我们关注的知识壁垒不见了，取而代之的是那些接受服务的人实际真实的意愿。

如果说生的意愿、健康意愿，我们可以说几乎人人皆有，而美的意愿、美容的意愿就只能说是仁者见仁、智者见智的事情。但是，就生的意愿而言，我们也要注意到安乐死也是一种意愿，自杀也是一种意愿；就健康意愿而言，我们也要注意到有人不愿意放弃所谓不健康的生活方式的意愿，以及拒绝治疗或者放弃治疗的意愿。也就是说,当医疗服务欲行发生的时候,医疗的决策权似乎是掌握在知识者(医生)手中,但是患者的自我决定权完全可能否弃医疗决策,所以供给诱导需求应该还要基于需求方(患者)的意愿。这个意愿除了能够形成患者权利自由排他的基础之外,还赋予了患者在医患关系中的谈判地位。

回到知识壁垒或曰信息不对称的问题上,只不过是在说谈判地位受到了限制。解决这个问题,可以是良好的代理制度,要求医生承担受托义务,或者组织第三方(咨询顾问等)协助参与谈判,或者让聪明的病人便捷掌握更多的医疗信息。供给诱导需求假说应该说只解释了部分的暂时的现象,而且这种情况也在逐步地取得克服的办法。

所以用供给诱导需求来解释无效医疗的现象似乎很方便很容易,甚至把医疗界用药、诊断和治疗的根据也可以归结为经济利益、疏忽乃至谬误,似乎这样也同时解释了当前医患之间的纠纷争议和信任危机,但是这种解释的说服力很快面临的障碍就是所谓知识壁垒并非一成不变,信息不对称在科学认知的过程中在不断消除(科学除魅),并且信息社会也为信息的获取和利用提供了前所未有的便利。把医患关系简约为信息封闭条件下的刚性需求、刚性价格,医生对患者具有生杀予夺的权力似乎与事实越来越不相符。即便是在古代社会,对于巫医和神医的所作所为患者和家属也不都是一无所知、不明所以的,实际上对医疗的寻求和抱怨从那个时代就开始了。

总之,本文的意见并非是为无效医疗或者医疗界提供辩护,而是觉得需要指出的是,如果把无效医疗与医疗欺诈以及医疗界这个庞大的利益集团简单联系在一起,把医患关系简化为自由裁量与逆来顺受的关系,只会让公众获得妖魔化医疗的印象从而排斥和拒绝医疗,对于医疗服务的改进和推进更多的人获得更好的医疗的社会期待并没有太多助益。

下编

# 医事法实务案例研究

# 知情同意权

## 案例1　扩大手术范围未履行告知义务，医院担责

### ——王某与某医院医疗损害赔偿纠纷案评析

徐立伟[*]

### 一、案例

2009 年 12 月 4 日,王某到邓州市某医院就诊,被诊断为子宫肌瘤、轻度贫血,双侧附件未见明显异常。当日,王某入住该医院。次日医院在向王某及其家属解释了子宫全切术的必要性及风险后准备为其实施手术。但是,在手术过程中,医院将王某的子宫和子宫双侧附件一并切除。《手术记录》中也载明"拟施手术:子宫全切术。已施手术:子宫全切 + 双侧附件切除术"。术后,王某失眠、健忘,身心疲惫,得知双侧附件也一并被医院切除后,即主张医院没有告知自己切除双侧附件的必要性和风险,应赔偿相关损失。医院为逃避责任,伪造了王某丈夫刘某的签字并篡改了病历等资料,坚称刘某曾在《术前告知记录》上签字认可该手术方案,并非擅自切除。

---

　　* 徐立伟,先后在山东大学及中国政法大学获医学学士及法律硕士学位。现就职于中国医学科学院肿瘤医院医务处,负责医疗纠纷处理、医疗质量及安全管理等工作。对医疗纠纷现状及解决途径、医疗损害责任等有深入研究。参编《〈侵权责任法〉医疗损害责任条文深度解读与案例剖析》《医院投诉管理工作指南》等。在《医师报》《中国社区医师》等刊物发表多篇文章,用案例对医疗相关法律进行解读。E-mail:lwxu2007@126.com。

2010年2月,王某诉至法院,要求赔偿8万元。经该医院申请,某市医学会作出《医疗事故技术鉴定书》,认定医院诊断王某患有子宫肌瘤是正确的,采用子宫全切术进行切除也并无不当,但切除患者双侧附件,适应证掌握不严谨,存在医疗过失,与患者术后雌激素功能下降出现的不适症状有因果关系;本病例"构成三级丁等医疗事故,医方负次要责任"。2010年5月31日,法院限令该医院于15日内提交其曾向某市医学会提交的《术前告知记录》,但该医院一直拒绝提交,法院最终对《医疗事故技术鉴定书》中"医方负次要责任"的结论未予采信。

法院审理后认为,该医院在变更原拟定手术"子宫全切术"为"子宫切除术 + 双侧附件切除术"时未履行告知义务,切除患者双侧附件也缺乏合理的依据和理由,客观上对患者身体造成了损害,应当承担全部责任,故判决医院赔偿王某残疾赔偿金、精神损害抚慰金等共计74582.76元。宣判后,双方均服判息诉,并已实际履行。

**二、法律评析**

结合上述案件事实及判决,可以从以下几个方面进行分析。

第一,医务人员要重视患者的知情同意权,严格履行告知义务。知情同意权是患者的一项重要权利,是患者在明白和知晓相关诊疗措施的风险、疗效、并发症、替代方案等情况的前提下对是否接受有关诊疗措施及接受何种诊疗措施进行选择的权利,也是赋予医务人员的医疗加害行为以合法性的重要依据。知情同意权包括知情权及同意权,前者是后者的前提,后者是前者的结果。只有充分保障了患者及患者近亲属的知情权,即将诊疗行为相关的风险、疗效、并发症、替代方案等情况告诉患者或近亲属,患者或近亲属才有可能作出是否同意诊疗方案的选择。与患者一方的知情同意权相对应的就是医疗机构及医务人员的告知义务,即医务人员在实施诊疗行为时必须严格按照法律法规的规定,依据诊疗行为的类型和风险程度等因素向患者或近亲属告知相关事项。这项义务是法定的义务,不是可为可不为的,而是必须遵照执行的。如果医务人员未履行告知义务,且造成了患者的损害结果,那么医疗机构及医务人员就要按照《侵权责任法》第 55 条的规定承担赔偿责任。

本案的情况就是如此,医院告知了患者子宫肌瘤的治疗措施,向患方说明了子宫全切术的相关情况,因此在子宫全切术方面履行了告知义务。但是,医院在手术过程中擅自决定同时切除患者的双侧附件,则没有向患方履行告知义务,既没有事先进行告知,也没有在手术过程中进行告知,因此就违反了告知义务,且这种义务的违反还造成了患者双侧附件被切及术后雌激素功能下降引起不适症状的后果,因此医疗机构就必须承担相应的赔偿责任。

在类似的情况下,医务人员正确告知的做法可以有两种:一种是事先告知,即在术前的告知书中将术中可能根据手术所见改变术式的情况予以提前告知;一种是术中告知,即在手术过程中根据手术的具体情况暂停手术,然后向患者或患者近亲属进行告知。实践中,将这两种告知相结合运用会比较好,既在事先进行概括性的告知,又在术中根据具体情况进行专门告知,将更加有利于保障患者一方的知情同意权。这种相结合的告知方式在患者术前、术中诊断差异较大,术式改变较大的情况下尤为必要和重要。

第二,医务人员必须妥善书写和保管病历资料,严禁伪造、篡改病历资料。病历资料是记录患者医疗过程方方面面内容的重要载体,具有重要的教学和科研用途,而且随着医疗纠纷的增加和相关法律规定的完善,病历资料越来越具有证据的作用,而且是整个医疗纠纷民事诉讼中至关重要的证据。从《侵权责任法》中医疗损害责任的相关规定来看,病历资料就具有非常重要的作用。该法第 61 条从正面规定了医疗机构及医务人员应按照规定妥善书写和保管病历资料,并允许患者查阅和复制,第 58 条还明确规定了隐匿、拒绝提供、伪造、篡改或者销毁病历资料应当承担的法律后果。这些规定都对医疗机构及医务人员对病历资料的书写、保管等方面提出了较高的要求,并通过对法律后果的明确规定来保证实施。实践中,有的医疗机构及医务人员出于隐瞒事实、掩盖过错的目的经常会对病历资料进行"整理"、"完善",其实质就是对病历资料的伪造、篡改。这样的行为在实践中比较常见,但是其后果也是很严重的,一旦发生医疗纠纷,这些行为将带来严重的不利后果。

在本案中,医院在医疗纠纷发生后,为了掩饰没有对患者一方告知双侧附件切除的事实,便伪造了王某丈夫的签字并篡改了病历资料,还坚称患方曾在《术前告知记录》上签字认可该手术方案,这样伪造和篡改病历资料的行为性质是很严重的,从行政法上属于违反《病历书写基本规范》的违法行为,从民事法上也属于违法行为,需要承担相应的侵权责任。本案中医院称患方签字认可手术方案,但是在法院要求其出示该记录时又拒绝提供,明显是出于掩盖不利事实的目的,因此法院据此认定医院承担全部责任也是恰当的。

第三,认定医疗损害责任成立必须满足侵权责任构成的四个要件。按照《侵权责任法》的规定,侵权责任的构成须满足四个要件,即有损害后果,违法行为,因果关系和过错。医疗损害责任的构成同样需要满足上述四个要件,而且缺一不可。对本案的事实进行分析,患者王某双侧附件被切除,且术后因雌激素水平下降而造成一系列不适症状是损害后果,医务人员未履行告知义务且伪造、篡改病历资料是违法行为,而这种违法行为和损害后果之间存在引起与被引起的关系,也就是具有因果关系,且医务人员在实施双侧附件切除术时存在考虑不够周全、适应证把握不够严谨的问题,也就是具有过错。因此,本案中医务人员的行为构成医疗损害责任,理应承担相应的赔偿责任,法院据此判定医院赔偿患者 7 万余元的费用也是恰当的。

# 案例2 功能恢复锻炼告知不明导致
医院承担赔偿责任

## ——袁某与北京某医院医疗损害赔偿纠纷案评析

赵长新\*

## 一、案例

2008 年 6 月 20 日 2 时许,袁某因右手刀划伤到北京某医院急诊治疗。初步诊断:右示中指刀划伤,屈肌腱指部位损伤(中),皮裂伤(示)。某医院在手术同意书中手写的"术前、术中、术后的预防措施"包括术后感染、肌腱粘连二次手术、术后功能障碍等,该同意书有袁某签字,但袁某不认可上述手写内容。

手术记录记载,当日某医院为袁某进行右臂丛麻醉下行右示、中、环指切割伤清创探查,神经肌腱修复术。探查见示指屈指深、中指屈指深浅及中指桡侧指神经断裂,予以修复示、中指屈指深、浅三根肌腱及中指桡侧指神经。术后石膏固定。术后处理意见包括"2 日换药 1 次、2 周拆线、4 周拆石膏,预防感染用抗生素,病情变化随诊"。最后诊断为"示指屈指深、中指屈指深浅肌腱断裂(右),中指桡侧指神经断裂(右),环指裂伤(右)"。术后袁某每隔 1 日在该医院换药,于 2008 年 7 月中旬拆线,4 周拆石膏。2009 年 1 月,袁某做手指弯曲

\* 赵长新,法律硕士。北京市西城区人民法院民八庭(侵权案件专业审判庭)副庭长、审判员。2009年开始专门从事医疗纠纷民事案件的审理工作,迄今已审结各类医疗纠纷案件八百余件。曾先后多次荣获北京市法院系统"优秀法官""民事审判业务标兵"等称号。撰写的多篇论文在《人民司法》《疑难侵权案件理论与实务研究》等学术刊物、著作中发表,并曾获得全国法院系统学术研讨会三等奖。2013年 3 月,参与创建了具有西城法院特色的医疗纠纷"三位一体"解决机制。

功能恢复锻炼时发现中指仍不能弯曲。

袁某认为,由于手指得不到及时有效的治疗,不能恢复弯曲功能,给其精神上造成极大的伤害,故起诉至西城区法院,要求判令某医院退还医疗费,赔偿误工费、精神损害抚慰金、残疾赔偿金、就医交通费等共计20万余元。

某医院称:本院对袁某的诊断正确,手术适应证选择合理,严格履行告知义务,对术后可能出现的肌腱粘连并需二次手术进行了告知,手术方案考虑全面,手术顺利,不存在过错。袁某出现的肌腱粘连是肌腱损伤修复术后的常见并发症,需进行二次手术进行肌腱松解,与手术、治疗、功能锻炼指导无关。故本院不同意袁某的诉讼请求。

诉讼前,西城区及北京医学会先后出具医疗事故技术鉴定书,认为本例手术操作不违反此类疾病的医疗操作常规。目前袁某右手中指屈曲功能障碍是肌腱粘连所致,属于肌腱断裂吻合术后的常见并发症,需进行二次肌腱粘连松解术及康复训练。术后袁某多次复查,某医院对复查情况没有相应的记载,违反了《病历书写基本规范(试行)》的有关规定,但与袁某的损伤无因果关系。最终结论为,本病例不属于医疗事故。

北京医学会出具《袁某案例专家答复意见》中认为:肌腱粘连与多种因素有关,包括损伤程度、手术操作、术后功能锻炼等。通常患者应在医生指导下进行术后功能锻炼。但就本例患者而言,由于医方对袁某术后复诊情况未做记录,医方是否对其进行了必要的功能锻炼指导,专家无法做出判断,同时亦无法证明有患者术后功能练习不当的情况存在。

诉讼中,袁某对医学会鉴定意见不服,申请进行医疗过错司法鉴定,并对其伤情进行伤残评定。经双方协商,西城法院委托北京某司法鉴定所就某医院的医疗行为是否存在过错、过错参与度、袁某的伤残等级进行司法鉴定。2009年12月2日,该所出具《法医学鉴定意见书》,分析认为:袁某右手损伤后1年余,经临床手术及对症治疗已愈合,现遗留右手活动功能部分障碍(双手活动功能障碍>5%),根据《人体损伤致残程度鉴定标准(试行)》第2.10.49条之规定,其目前状况构成十级伤残。袁某的右示指、中指损伤后致示指屈指浅、中指屈指深浅肌腱损伤,某医院对其进行了清创、肌腱吻合术,术前进行了详细告知并签订了手术同意书,故某医院的诊断明确,病情告知及治疗行为未见明显过错。

袁某目前的右手活动状况为肌腱粘连所致,肌腱粘连为肌腱损伤术后常见并发症;某医院在袁某术后的病历材料中,未见对复诊及功能锻炼情况的相关记录,此属医疗缺陷,该缺陷作为诸多因素之一,与袁某目前状况之间存在间接的因果关系,建议其参与度以掌握在 10% 为宜。

西城区人民法院经审理认为:对于袁某术后出现的肌腱粘连情况,某医院虽然在其提供的手术同意书中有所体现,但由于该告知为手写内容,且手术同意书由某医院单方保管,在袁某不予认可的情况下,某医院无法证实已向袁某告知了上述内容。故某医院在术前及术后告知方面存过错,并与袁某目前的损害结果有一定的因果关系。考虑到某医院进行的手术并无过错,袁某的损害后果并非手术直接造成,故认定某医院承担 10% 的民事赔偿责任,判决某医院赔偿袁某医疗费、误工费、残疾赔偿金、精神损害抚慰金等共计 9 千余元。

## 二、法律评析

### (一)医疗行为的内容

医疗行为始于患者就诊,医患关系建立,这一点毋庸置疑。但医疗行为到底以何作为终止的标志,在医学、法学等不同领域中,的确存在着一定的争议。有些专家、学者倾向于以合同法为视角衡量医疗行为的终止。他们认为:当医疗机构按照医患双方的约定,实施了相应的医疗行为,达到了预定的医疗目的,医疗合同自动终止,并不以完全治愈为前提。[①] 此种归纳难免过于笼统。

诚然,医疗之公益性的特点决定了医疗行为不应当也不可能伴随患者从就医至病愈的整个过程,许多时间需要患者"遵医嘱"自我进行院外的"后医疗"康复以及恢复。但这并不代表医务人员就该阶段的康复以及恢复即可放任。实际上医疗行为是一个需要耗费一定时间的过程,由挂号、体检、辅助检查、综

---

[①]　黄丁全:《医事法》,中国政法大学出版社 2003 年版,第 179 页。

合分析、实施治疗、再分析及调整治疗方案、康复等一系列环节组成。一旦患方作出就诊的要约,医方就应当完成包含所有医疗环节的医疗行为,体现了医疗行为延续性的特点。[①]

在法院审理的医疗纠纷案件中经常会发现,一些医务人员往往注重医疗行为的即时效果,如用药是否对症,手术是否成功。但忽视了对患者离院,脱离医疗关注的情况下应当如何延续在院期间医疗行为的效果,从而达到治愈的目的。这种关注义务尽管没有被列入法定的注意义务,但却是医务人员"树立敬业精神,遵守职业道德,履行医师职责,尽职尽责为患者服务"[②]这一执业原则所应包含的,应当被医务人员重视并执行。该项义务即前文所提到的"后医疗行为的关注义务"。

(二)功能恢复锻炼的重要性

"后医疗行为的关注义务"最集中体现在骨科、外科等需要手术治疗方面。骨科医学公认的三大治疗原则是复位、固定和功能锻炼。复位、固定一般都在医院通过医务人员直接实施,但都只是完成了初步治疗工作,只能达到骨折愈合的目的。而功能锻炼的目的是在骨折术后通过主动、被动运动等方式,促进患肢血液循环,减少肌肉萎缩,保持肌肉力量,防止关节僵硬,促进骨折愈合。因此,要是使实施手术的肢体尽快恢复功能,还必须在医生指导下进行科学的功能锻炼,并定期到医疗机构进行复查,以及时发现术后问题,进行对症治疗。

(三)功能恢复锻炼的告知

良好的复位及恰当的固定是早期功能锻炼的基础,而积极、正确的功能锻炼是患者早日恢复正常生活、工作能力的关键。[③] 在西城法院审理的许多医疗纠纷案件中,涉及患者对手术效果不满意,很多都是因术后功能锻炼不当引起的。如骨科手术后过早负重或者长期卧床,导致骨折不愈合或者关节粘连,造

---

① 刘鑫等:《医事法学》,中国人民大学出版社 2009 年版,第 231 页。

② 参见《执业医师法》第 22 条的规定。

③ 中华医学会编著:《临床诊疗指南——骨科分册》,人民卫生出版社 2009 年版,第一篇第一章:创伤与急救基本问题。

成二次手术,甚至不可逆的损害后果。但是,目前医疗机构内部资源相对就诊量而言并不充足,特别对于一些知名医院而言更为突出,因此患者术后进行功能恢复锻炼几乎不可能在医院内部通过医生直接指导、辅助完成,多数情况下只能靠患者自身完成。由于医患双方就医疗知识了解程度的不对等,决定了医务人员应当在患者手术以后至离开医院前,针对其具体情况,在功能锻炼的方法以及功能恢复的注意事项方面给予指导。医务人员未向患者告知,或者未充分告知,导致患者在进行功能恢复锻炼等方面出现错误,应认定医疗机构未尽到告知义务。①

(四)告知义务如何证明

功能锻炼的告知义务如何证明,在医疗同业人员与业外人员之间存在着分歧。

就本案而言,袁某在某医院进行神经肌腱修复术后一段时间,出现右手活动障碍,为肌腱粘连所致。北京医学会虽然认定患者应在医生指导下进行术后功能锻炼。但认为医方对袁某术后复诊情况未做记录,医方是否对其进行了必要的功能锻炼指导,专家无法做出判断,从而未作出医方存有过错的认定。而法医则认定:在袁某术后的病历材料中,未见某医院对复诊及功能锻炼情况的相关记录,属医疗缺陷。

"在侵犯患者知情权的纠纷中,针对患方主张医院消极不告知的事实,按照有行为义务者承担举证责任的法理,医院应当对其履行告知义务承担举证责任。"②因此,医疗机构是否履行了向患者一方说明病情、医疗措施、医疗风险、替代医疗方案等情况的义务,应由医疗机构承担举证责任。人民法院应当根据病历记载、知情同意书等证据进行综合认定。在没有相关证据证明的情况下,医疗机构应当承担举证不能的不利后果。因此,医疗机构应当以病历记录、告

①　参见《北京市高级人民法院关于审理医疗损害赔偿纠纷案件若干问题的指导意见(试行)》高京法发〔2010〕第 400 号第 38 条第 3 项。

②　张柳青、单国军主编:《医疗损害责任纠纷裁判精要与案例解读》,法律出版社 2012 年版,第 57 页。

知书等证据证实已就功能锻炼问题向患者履行了告知义务。

本案中,某医院没有提供证据证实已向袁某履行了关于术后定期复查、功能锻炼的告知义务,应当赔偿其因此造成的损失。

(五)告知义务如何履行

本案中,某医院并未就术后功能锻炼提供任何证据。那么如何履行上述告知义务呢?从西城法院审理的医疗纠纷案件中可以发现,许多医务人员对于上述告知仅在病历中写明"注意康复锻炼",进一步的有写明"免负重1个月"等。但都没有把功能锻炼的具体内容写明,也无法让患者切实得到指导。况且对于功能锻炼具体的实施方法,也很难在病历、诊断中写明。因此,建议医疗机构将不同手术后功能锻炼具有共性的方法以及问题整理成"功能锻炼手册",在患者离院时除了医生口头讲解以外,将手册交予患者,由其在术后康复过程中参照执行。同时,应当在病历、诊断证明中将术后复查的时间予以明确,以防延误患者治疗。①

---

① 某患者骨折术后原计划1周出院,但因术后感染3周才出院,出院诊断载明复查时间为"术后1个月"。但患者误以为出院后1个月复查,结果造成复查延迟,创口继发感染。由于患者术后一般会在医院观察一段时间才办理出院,因此要求医务人员对于复查的时间尽量以出院作为起点,以免让患者产生歧义。

# 案例3 未达到手术目的,忽视手术
# 告知医院担责

## ——张某与北京某医院医疗损害赔偿纠纷案评析

魏亮瑜[*]

## 一、案例

患者张某,女,45岁,2007年2月因右肩部疼痛到甲医院骨科就诊,甲医院骨科接诊医生依据患者主诉及相关辅助检查结果,诊断其为"右肩冈上肌钙化性肌腱炎",并给予了一定的保守对症治疗。经过几个月的治疗,患者右肩部疼痛有所缓解,但是自2007年8月起,患者张某右肩再次出现疼痛加重症状。再次就诊时医生建议行清除钙化灶的手术治疗。饱受疼痛折磨的患者同意并积极要求接受该手术治疗入院完善一系列术前检查后,医患双方于9月15日履行了手术说明告知与知情同意手续。当时医患双方签署的手术知情同意书中详细列明了术中、术后可能出现的风险及并发症,包括:⋯⋯术中清除钙化灶后肌腱缺损大,需行肩袖修补;术中可能行钙化灶清除、肩袖修补;术后肩关节疼痛、活动受限及继发性冻结肩、术后钙化性冈上肌腱炎复发⋯⋯9月16日,

* 魏亮瑜,男,南京铁道医学院、东南大学医学法律专业毕业,法学学士,北京科技大学公共管理硕士。现任卫生部北京医院医务处副处长、医患关系办公室主任,北京医院公职律师,北京大学医学网络教育学院客座教授,中国医师协会维权委员会委员,中国医师培训咨询委员会副主任委员,中国医院协会医疗法制专业委员会委员,北京卫生法学会理事,北京市第二中级人民法院人民陪审员,《中国卫生法制》和《中国医药科学》杂志编委,《中华医院管理杂志》审稿专家。2006年被授予"2001~2005年全国卫生系统法制宣传教育先进个人"部级荣誉称号。E-mail:wlydorei@163.com。

医生为患者行"全麻下右肩关节镜检、钙化灶清除、备肩袖修补术"。手术顺利,医生未向患者及家属告知任何不正常情况。患者术后感觉疼痛症状有所缓解,恢复一段时间后顺利出院。

但是,患者张某于术后复查时,拍摄的右肩关节 X 光片却显示原来的钙化灶竟然还在。带着疑问患者张某到甲医院调阅了自己的病历资料,当其看到 9 月 16 日手术记录时才清楚了甲医院手术的"真相"。依据手术记录的记载,手术当天全麻成功后……反复检查冈上肌腱和冈下肌腱,未见明显草莓斑样炎症反应区,以针刺法反复探查该肌腱止点附近,未探及钙化灶。考虑到该钙化灶较小,目前无炎症反应,术后有吸收的可能,为避免切开肩袖探查造成的额外损伤,未行切开冈上肌腱探查。了解清楚整个手术过程以及现在肩部病灶仍然存在的真实情况后,患者心理上无法接受,成了其心中的一块阴影,总感觉到肩部又开始疼痛起来。

经查,甲医院于 2007 年 9 月 16 日为患者张某所实施的"全麻下右肩关节镜检、钙化灶清除、备肩袖修补术"并未达到患者所要求的目的。手术医生在探查不到钙化灶的情况下,自行决定终止手术。患者张某认为医院的治疗没有达到其自身的治疗目的,仍需要再次手术以彻底清除钙化灶,但这样不仅将使其再次承受痛苦,而且也将产生额外的经济损失,故要求医院赔偿并向法院起诉。而甲医院则认为,医方在诊断、手术适应证的把握及手术过程中,均已尽到了谨慎的注意义务,且在术前履行了详尽的说明告知义务;手术过程记录详尽,手术中医生出于保护患者,避免医源性损害的目的,采取了正确的处理方法,不存在医疗过失。此案在审理过程中,法院委托某司法鉴定中心就此案进行了鉴定。最终,司法鉴定中心做出鉴定结论:(1)诊断明确、手术适应证存在。但手术目的未达到,医方术中"考虑到该钙化灶较小,目前无炎症反应,术后有吸收的可能"的推测存在判断失误;(2)术中告知不充分,如果医院在手术前考虑到患者右肱骨外上方斑点状钙化灶较小,有深藏于肌腱内的可能,为避免患者的损害,应当告知患者,或者在术中发现此情况后,及时向患者家属或者授权委托人进行告知,并由患者或有权决定的人做出明确表示,同意或放弃手术。而本案中,医院术前并没有充分告知患者术中可能发生的情况及处置方式,术中发现问题后也未向患者家属说明告知,便自行放弃了手术的目的或部分手术目的,侵犯了患者的知情同意权;(3)医院存在过错,虽未加重患者原有病症,但是欲解除病痛,缓解症状,特别是解除患者心理上的阴影,仍需要再次对患者行手术治疗。这使得患者需再次承担二次手术的风险与损失。受诉法院也依据鉴定结论判决甲医院承担部分损害赔偿责任。

## 二、法律评析

手术同意书与手术记录是本案涉及病历资料中的两项重要组成部分,手术同意书体现的是手术患者的知情同意权利;手术记录则是对手术这一医疗行为的客观记录。

对患者采取手术等有创医疗措施前,医务人员需要取得患者的理解与书面同意,这是保护患者法定的知情同意权利的题中之义,也是医师已经善尽说明告知义务的重要书面证据。此外,作为客观上侵袭他人身体的侵权行为,手术这种医疗行为类型之所以能够被容忍并认可、作为"侵权人"的医务人员之所以能够被免予追责,也实赖于此。从医疗技术与医学自身的角度来看,因其高难、专业、局限、高风险等特点,[1]导致了一些损害是无法避免甚至无法预见的,正如学者所说"医学技术是在紧迫情况下基于患者利益而向其提供却可能使患者成为受害者的缺陷技术"。将各种可能出现的损害,即类型化的并发症及风险,逐项列明在手术同意书中,并允许医生手动填写未尽的其他可能出现的风险,已成为医界合法的通行做法。术前通过医生的解释说明,患者真正理解了各种手术风险后所作出的同意手术的决定,是手术同意书真正具有效力的前提。

此外,因为医疗行为具有闭锁性[2]或是密室性[3]的特点以及患者隐私权保

---

[1]　李宜同:"正确理解和维护患者的知情同意权",载《基层医学论坛》2009 年第 13 期。

[2]　龚赛红:"医疗损害赔偿研究",中国社会科学院法学研究所 2000 年学位论文。

[3]　黄丁全:《医师法新论》,法律出版社 2013 年版,第 34 页。

护的要求,医生采取医疗行为特别是手术时,只允许相关医护人员在场,其他无关人员包括患者家属都无法亲眼见证手术过程,对所有手术的过程进行录像保存的情况也并不普遍,经济上也不实际。因此,当事医务人员以外的人员,包括患方、司法机构、鉴定机构及医务管理人员,要想了解详细的手术情况,就只能通过该手术过程的客观记录文件,由此可见手术记录作为医疗行为是否存在过错的书面证据的重要地位。

本文所述案例中涉及的手术记录,涵盖了法规要求书写的各项内容,包括手术医生在手术过程中遇到了意外的情况时,如何从患者利益出发,审慎的采取应对措施,堪称完美。但是,即使是一例如此完美的手术记录的医案,却仍引发了一起值得反思的医疗纠纷。

术中的说明告知义务易被忽视医疗行为是动态发展的过程,具有不可复制性,其间由多个相互紧密联系的环节组成,环环相扣,又有重叠。手术同意书所代表的患者行使手术知情同意权利的环节不仅存在于术前的准备环节,在术后、乃至术中,都可能涉及。医生极易忽视的,正是术中的知情同意环节。

在目前的"平等—合作型"医患关系模式下,①需要手术治疗的患者与医疗机构订立住院治疗的医疗服务合同后,作为合同一方当事人的患者就有义务遵循一定的诊疗流程,配合医务人员,如实向其告知病史、病情,接受合理的术前检查,停药、输液服药等术前准备,认真听取医生关于拟行手术的讲解并及时提出自己的疑虑,待真正理解了手术的必要性及风险,并经过深思熟虑后,在手术同意书上签署自己的意见。这正是直接体现患者参与医疗决策、行使知情同意权的环节。

当患者做出了有效的同意手术的决定后,医生就开始准备实施手术。手术解除病痛,是患者愿意接受手术治疗的直接动因,自然也是整个医疗行为的核心环节,术前的一切准备都是为其服务的,术后的严密照护也是为了巩固手术的效果。在这一重要环节中,医生将成为"主角"与医疗行为的主导,其独立做

① 孙东东主编:《医疗告知手册》,中国法制出版社 2008 年版,第 4 页。

出各种决策,亲自实施手术,掌握一切与手术有关的信息。手术结束后,医生又依据其亲身经历,术后 24 小时内将整个手术过程记录下来制作成手术记录。不管是从医学资料的角度,还是从应诉证据材料的角度,它都成为反映医疗行为的第一手资料。

可见,即使是"平等—合作型"的医患模式,也难以否认医生才是整个医疗行为的主导的现实。追本溯源,这似乎还是由于医患双方所掌握的信息的严重不对称性造成的。医生作为掌握极其专业的医学知识与医疗资源的人,也成为无助茫然的患者信赖、依靠并放心委托的人。居于主导地位的医生,更愿意将精力放在治疗患者疾病的手术上,力求手术做到完美。至于知情同意的工作,大多医生认为术前一旦签署了手术同意书,就毕其功于一役了。在这样的思维模式下,自然就会出现术中遇有新的情况时,忽视患者知情同意权而替患者做决定的现象了。这样的做法其实是将患者知情同意与手术过程割裂开,认为这是两个相互独立的环节,否认了两者的联系,这样即使医生将手术记录书写得再规范,也难以避免医疗纠纷的发生。这正是本文所述案例的关键症结所在。

手术知情同意权应贯穿于手术过程始终。一般手术患者在术前即可由手术医师确定好病灶位置、范围,制定好各种替代医疗方案。因此,手术中可能出现的风险也大都可以预见到并采取措施尽量予以规避,出现其他意外的概率较低。医生在术前进行说明告知时涵盖了上述各项内容,之后进行的手术也会按照既定计划进行,因此基本不会再出现术中需要再另行告知的情况。

但是,也有相当比例的需要手术的患者,因病情复杂或术前的辅助检查无法十分准确地定位病灶等原因,需要在手术过程中进一步探查。这种情况下,多会出现手术进行过程中需要临时改变术式、采取紧急救护措施或改用其他治疗措施的情况。这对于患者及患者家属来说,是一种新的情况,需要医生就此再进行详细的说明告知,否则患方无法做出判断与决定。而在缺乏患方知情同意的情况下,医生单方面决定采取计划外的措施,即使是出于对患者利益的考虑,也因未获得受害人同意而不能阻却医疗行为的违法性①。对于患方来讲,他们丧失了一次在掌握全面、全新信息的前提下对于自身的处置权利。具体到本案,由于医生未将术中探查遇到的新情况告知患者家属,即自作主张放弃了继续切开冈上肌腱探查以切除钙化灶的方案。这样虽然可以避免切开肩袖探查而造成额外损伤,但无疑也使得手术目的无法达成。当两种不利摆在患者面前时,谁也无法预知患者将会如何取舍。而且患者在下决心接受手术治疗时,可能已经因"破釜沉舟"而具有了对手术根治病灶的很高的期望值。

因此,笔者认为患者知情同意权,特别是本文所论述的手术知情同意权,应当是贯穿于术前、术中乃至术后的整个过程中的,不应当仅仅停止于术前知情同意书的签署这一个环节。手术期间以及术后,患者病情是千变万化的,当出现之前没有预料到的情况,特别是术前签署的手术同意书未能涵盖的情况时,医生应当具备针对新的情况及时向患方再次进行说明告知并取得患方意见的意识。

### 三、侵犯患者知情同意权的医疗侵权类型及反思

侵犯患者知情同意权是医疗侵权行为的一种类型,《侵权责任法》第55条第2款规定,医务人员未尽说明告知义务,造成患者损害的,医疗机构应当承担赔偿责任。依据本例医疗纠纷的经验,手术患者的知情同意权容易在两个环节中被侵犯,一是术前医生未能充分告知,二是术中遇有新的情况时未能及时告知。

具体到本案,如鉴定结论所述,如果医院在行术前检查时就能够考虑到患者右肱骨外上方斑点状钙化灶较小,有深藏于肌腱内的可能,即使进行手术也可能无法达成清除钙化灶的目的,而手术毕竟是有创的,为避免患者受到不必要的损害,医生就应当将这些考虑告知患者,患者权衡利弊后,可能选择继续尝试手术,也可能选择放弃手术,继续行保守治疗。本案是十分明确地侵犯患者

---

① 王泽鉴:《侵权行为》,北京大学出版社2009年版,第227页。

知情同意权的行为,发生在手术过程中,在寻找不到钙化点的情况下,医生未向患者家属进行说明告知便自行放弃了手术的目的或部分手术目的,虽然这是术者本着减轻患者损伤、维护患者身体健康利益的"好心"所作的专业决定,但是却与患者所持的决心清除病灶、根除疼痛的本意南辕北辙。换言之,如果患者当时能够及时了解到手术中的新情况,那么患者也很可能做出"同意继续切开肌腱,不惜造成一些副损伤,也要彻底清除钙化灶"的决定。同样,因患者家属当时无法掌握新的信息,也无法做出完全合乎患方本意的处置,自然是侵犯了患者的知情同意权利。鉴定结论明确指出"术中告知不充分,致使患者在未能完全知情的情况下行使处置权"。

通过分析与讨论本文所述案例,笔者认为手术医生应当在临床工作中树立起患者知情同意权贯穿于医疗行为始终的意识。一份知情同意文书的签署并不代表医生说明告知义务的终结,一旦出现了原知情同意文书未能涵盖的新情况,医生就应当重新履行说明告知义务。目前,法律明确认可的可免除医方说明告知义务的情形为《侵权责任法》第 55 条所规定的保护性医疗以及第 56 条所规定的:因抢救生命垂危的患者等紧急情况,不能取得患者或其近亲属意见的,经医疗机构负责人或者授权的负责人批准,可以立即实施相应的医疗措施。此外,在实践中还有诸如肌肉或静脉注射、使用表皮擦剂等一些依据生活经验无须告知的医疗行为。[①] 本案案情显然不属于上述情形。

①　黄丁全:《医事法》,中国政法大学出版社 2003 年版,第 258 页。

# 案例 4　手术同意书授权不明,告知不充分, 医院担责

## ——王某某与某医院医疗纠纷案评析

聂　学[*]

## 一、案例

王某某,女,40 岁,因发现盆腔包块 20 余天来某医院要求手术治疗。某医院术前诊断为盆腔包块性质待定,卵巢肿瘤可能性大,取得患方同意后为患者实施了剖腹探查术。术中见双侧输卵管增粗质硬,左输卵管与左卵巢包裹,不能分开。切除双侧输卵管、左卵巢,待冰冻病理检查回报为输卵管重度炎症,手术顺利结束。后来患者认为某医院未经许可切除了双侧卵巢和一侧输卵管,造成不孕后果并构成伤残,起诉要求某医院赔偿残疾赔偿金等共计 470193.7 元。

某医院答辩认为患者具有切除双侧输卵管、左侧卵巢的手术适应证,术前签署了手术同意书。手术同意书就手术风险一项,即载明了双侧卵巢切除的风险,患者签字接受该风险即意味着授权医生在必要时可以切除双侧卵巢,因此某医院尽到了注意义务和告知义务,不存在有过错的诊疗行为,不同意承担赔偿责任。

---

　* 聂学,北京市华卫律师事务所律师、北京大学法律硕士、北京大学医学部医院管理 EMBA 研修、国家药监局 GCP 资格认证。13 年的临床医师包括急诊科、内科、麻醉科工作经历,2005 年转向法律职业至今。目前主要从事医院风险防范、医疗损害责任纠纷处理等法律业务。担任多家医院法律顾问,兼卫生部信访处特邀专家接待上访群众,兼中国医师协会医师定期考核专家委员会成员承担医师定期考核出题、教材编写等工作。E-mail:niexue120@ sina. com,电话:010 – 62111516 – 605。

　　法院审理查明:术前签署的手术同意书载明诊断为盆腔包块,卵巢肿瘤,拟施手术,剖腹探查。手术风险包括:术后可能出现双侧卵巢切除后出现更年期症状或更年期症状加重;根治术后膀胱功能恢复缓慢等并发症等。区医学会医疗事故鉴定结论为不构成医疗事故;市医学会鉴定结论为不构成医疗事故,分析意见中认为某医院在告知方面存在不足。司法鉴定结论为患者构成七级伤残。某医院在切除卵巢以前没有告知患者并得到患者同意切除的明确授权,导致患者丧失了保守治疗的机会。该告知方面的过失与患者的左侧卵巢、双侧输卵管缺失后果存在因果关系。考虑到患者自身重度炎症属于切除手术的适应证,某医院告知不足的过错需要承担轻微责任。

　　法院判决:某医院应该履行告知义务,在切除卵巢、输卵管等重要器官时应当告知当时探查的情况和切除该器官的目的和后果,并得到患者或者家属的签字同意。原告事先签字的手术同意书中拟实施手术名称为剖腹探查术,没有任何授权同意实施器官切除的确切内容。因被告未经原告同意对其实施左附件、右输卵管切除术,属于履行告知义务不全面,存在过错,应该按责任程度承担赔偿责任。据此,法院判决某医院赔偿残疾赔偿金等共计 61135.67 元。

## 二、法律评析

　　本案历经三年,进行了两次医疗事故鉴定,一次司法鉴定。三次鉴定均认为患者具有手术适应证,某医院存在的唯一过错就是告知不充分。那么,对于实践中广泛存在的剖腹探查手术,应当如何进行告知才是正确、全面的告知?从本案判决可知,法院认为,对于可能切除器官的手术,应当在手术同意书中明确记载需要实施某某器官切除术,而不能仅仅在手术风险中告知器官切除风险或者以为剖腹探查等手术名称本身包含了器官切除内容而不再另行告知。换言之,如果医生在术前不能确定是否要切除器官而告知手术方式为探查的话,术中根据探查情况决定进行器官切除前,还需要对患方进行病情和手术方式的告知。只有取得患方对器官切除的明确授权,医生才能够实施器官切除手术。

　　法院之所以如此认为,是因为虽然医生对器官切除司空见惯,但器官是人体的一部分,并且器官切除之后一了百了,再也难以恢复原状,故应当对患方进行充分的告知以便患方接受器官永远失去的后果。充分告知,既体现对患方身体自主权的尊重,也是促进医患和谐的重要手段,更是促进患方正确理解手术及其后果的唯一措施。因此,为了避免不必要的纠纷和承担不必要的责任,在涉及器官切除等手术时,医生最好是使用简单直白的语言明确告知需要切除某某器官及该器官切除以后的后果。具体到本案,如果手术同意书中拟施手术中记载为:剖腹探查,必要时切除双侧卵巢、输卵管,手术风险中载明不孕,相信本案也不会发生或者即便发生某医院也不需要承担赔偿责任。

在此我们建议,对于术前诊断不是很明确或者进行带有诊断性质的手术如剖腹探查手术时,术前告知时应当就术中可能需要进行的不同手术方案均进行告知以得到患者的提前授权。如果医生不愿意采取术前告知各种可能情况的方式,也可在术中根据实际情况再次向得到患者授权的家属进行告知并取得关于手术的授权后再行手术治疗。

# 案例5 产前检查不仔细,未尽告知义务,医院担责

## ——王某与某医院医疗损害赔偿纠纷案评析

唐泽光　李　刚*

## 一、案例

王某怀孕后,自2010年8月起多次到某医院就诊,做过多次B超,报告单脐动脉,医生未记录,也未告知先天畸形发生率明显增加,也未建议进一步筛查或检查。2010年11月29日,王某在妇产医院产下一名男婴,出生后肠梗阻,11月30日转到首都儿科研究所附属医院,确诊为先天性肠闭锁、胸椎以下椎板未闭合,切除了闭锁肠管,做了肠道吻合。2011年1月因肠梗阻做了回肠造瘘术。6月11日转到上海新华医院,8月16日行巨结肠根治术和肠造口术。经过多次手术治疗后,婴儿出现了短肠综合征,极度营养不良,脊柱畸形,不能站立和行走。王某认为某医院在B超发现单脐动脉情况下,未告知单脐动脉可致胎儿先天性畸形,未检查出肠管闭锁和脊柱畸形,导致小孩缺陷出生,给孩子和父母都造成了巨大痛苦和损失,为此诉至法院,要求被告赔偿医疗费、住院

* 唐泽光,北京市金栋律师事务所律师、北京律师协会医药法律专业委员会委员、中国卫生法学会委员、中国法学会委员。对医药案件有丰富的实际操作经验,擅长处理重大医疗、医药损害赔偿案件。代理的全国首例试管婴儿案件,京华时报曾连续报道,上海卫视进行了专访。甲氨蝶呤事件中,代理白血病患者起诉上海某药厂取得最高赔偿。E-mail:Tangzeguang2009@163.com,QQ:1731286203。

李刚,北京市金栋律师事务所律师。

伙食补助费、营养费、伤残赔偿金、精神损失费、护理费等各项损失60余万元。

法院受理案件后,首先组织原、被告对本案诉讼主体进行辩论。原告主张新生儿及父母均为医疗损害责任纠纷案件适格原告,虽然各自赔偿项目和诉讼请求不同,但因家庭财产混同,可以列为共同原告。被告主张本案不是医疗损害责任纠纷,属于其他人格权纠纷,新生儿先天畸形不是被告造成的,新生儿不是适格原告,也不同意支付残疾赔偿金。考虑到司法鉴定过程需要新生儿参与,法院同意搁置主体争议,先行鉴定明确过错和因果关系。经过北京市高院摇号确定北京市天平司法鉴定中心进行鉴定。原告律师在鉴定听证中提出某医院存在如下过错:(1)某医院是三级甲等医院,具有北京市卫生局认证的产前诊断机构资质,妇产科医生在B超显示胎儿单脐动脉的情况下,没有考虑胎儿畸形发生可能性,未按照相关规定追踪监测,反而向家属交代胎儿正常;(2)B超医生检查不仔细,未检查出胎儿先天性肠闭锁、胸椎以下椎板未闭合这两种先天性疾病。以上两点原因导致小孩缺陷出生后果。2012年6月鉴定中心出具报告:某医院在B超检查提示单脐动脉情况下,产前检查中未记录,也未向产妇详细说明可能出现的风险,未尽告知义务,与患儿缺陷出生存在一定关系。患儿小肠闭锁为四级伤残,完全护理依赖程度,需要一人长期护理,需要后续治疗和支持营养。法院采纳了鉴定结论,在随后的审理中认定:患者享有知情权和选择权,医疗机构负有如实向患者及家属告知病情、医疗措施、医疗风险等义务,医疗机构违反告知义务使患者未能行使选择权,造成患者损害后果的,医疗机构应承担相应的损害赔偿责任。根据司法鉴定结论,某医院未尽告知义务,应承担赔偿责任。本案中新生儿父母可以作为生育选择权的共同权利人起诉,主张医疗费、交通费、住院伙食补助费、残疾用具费、精神抚慰金、抚养费增加部分,上述费用虽系治疗新生儿先天性疾病而发生,但如果其知情权、选择权得到充分保障,此费用自不必支付。在法院释明下,撤回新生儿的起诉,由父母作为原告起诉。一审法院判决被告赔偿医疗费、住院伙食补助费、交通费、抚养费、造瘘袋费、精神抚慰金、抚养费合计13万余元。原告认为赔偿比例过低,而被告认为赔偿抚养费没有法律依据,均向中级人民法院提出上诉。经中院主持调解，某医院一次性赔偿原告 20 万元。

## 二、法律评析

缺陷出生的案件越来越多，但对于此类案件如何审理和赔偿没有具体法律规定。新生儿先天性缺陷是胎儿在母体中孕育自然发生的，非医疗行为所致。在这种情形下，由新生儿向法院起诉要求赔偿缺乏充分的理由。新生儿本人不能主张在自己出生之前就应堕胎，本人就不会出生，就不会残疾和痛苦，也不会给家人造成损失了。这种主张显然侵犯残疾人的人格和生存权利。从优生优育角度进行产前筛查没有争议，是否将先天缺陷的胎儿堕胎是一个世界性争议，涉及法律、人权和伦理，中国现阶段国情是由父母决定。根据《母婴保健法》，父母有权利决定终止妊娠。也就是，胎儿的父母有权决定先天缺陷孩子是否出生，当然也要承担相应的法律后果。因此，未尽告知义务侵害的是父母的优生优育选择权。但缺陷胎儿是否出生，仍由父母决定。告知与否，并不能直接导致缺陷出生，但有显而易见的因果关系。综上，笔者也认为应由患儿父母来主张赔偿。但就具体的赔偿项目，因《关于审理人身损害赔偿案件适用法律问题的解释中》所规定的赔偿项目指向的权利人为患者本人，以此为依据判决医院赔偿医疗费、残疾用具费等值得商榷，尤其该《解释》中无"抚养费"赔偿项目。此类案件客观损失存在，在目前司法实践中缺乏具体法律规定的情况下，建议参照《民法通则》有关赔偿的一般规定处理，并希望最高院尽快出台司法解释，明确裁判依据和标准。

# 医疗注意义务

## 案例1 患者输液卡记错名，家属质疑输液差错
### ——颅咽管瘤患者术后死亡案评析

樊 荣 匡莉萍*

### 一、案情简介

（一）患者病情摘要

死亡患者王某，男，65 岁。家属：小王，关系：父子。

2013 年 8 月 9 日，患者王某因"无明显诱因出现记忆力下降、多饮多尿半年，并伴有嗜睡及情感方面的改变"就诊，以"颅内占位性病变"收入某医院神经外科病区。经核磁检查和术前常规检查，确诊为：颅咽管瘤（鞍上，三脑室）。

2013 年 8 月 18 日，某医院术前讨论拟行手术切除肿瘤，并提出注意保护下丘脑等重要部位，严密注意并发症的出现。严格执行知情告知并征得家属同意后，王某于 2013 年 8 月 19 日在全麻下接受"经胼胝体入路肿瘤切除术"。术后病理证实：造釉细胞型颅咽管瘤（WHO I 级）。患者术中可见肿瘤突入第三脑室，已达鞍区，与周围组织、神经粘连严重。术后患者神志模糊，一般状态尚

* 樊荣，苏州大学医学院医学学士、北京大学医学部公共卫生管理硕士在读。先后担任北京市第二医院门诊办公室主任、医疗保险办公室主任、医院评审办公室副主任，现任北京市第二医院医务科科长、中国医院协会医疗法制专业委员会委员、北京卫生法学会患者安全专业委员会委员。熟悉医政医保管理、质量管理与持续改进、医疗纠纷处理等医院管理工作。所写文章多次刊登在《健康报》《医师报》《中国医学论坛报》《中国医院院长》《中国卫生人才》等报刊杂志上。

匡莉萍，北京市第二医院护理部副主任。

可,监测血钠在 157～167mmol/L 波动。患者曾有缓解,但是始终没有恢复正常,并伴有精神症状。

(二)患者死亡前诊疗经过

2013 年 8 月 31 日 8 点 15 分,患者呼吸加快,达到 25 次/分,脉搏 120 次/分,血氧饱和度监测显示 95%。神经外科立即请呼吸科会诊并完善心肌酶、离子等检查。2013 年 8 月 31 日 9 点 14 分,患者病情无好转,责任护士(有正式执业资质的护师)为患者更换液体,新换液体为 5% 葡萄糖氯化钠,内含奥美拉唑 40 毫克、胰岛素 8 单位和氯化钾 10 毫升(该液体为差错输注液体)。2013 年 8 月 31 日 9 时 35 分,该责任护士巡视患者,发现患者突发右上臂紫癜,查血氧饱和度为 85%,随后血氧饱和度下降至 73%。2013 年 8 月 31 日 9 时 40 分,患者出现呼吸、心跳停止,某医院立即组织抢救,行气管插管,心肺复苏,请麻醉科会诊。2013 年 8 月 31 日 10 时 32 分,给予呼吸机辅助通气,持续胸外按压,但患者心率及血氧饱和度持续下降。同时,某医院向患者家属交待目前患者病情危重,呼吸循环衰竭,呼吸、心跳有可能随时停止导致临床死亡,恢复可能性不大,预后极差。

(三)输液差错发现经过

由于患者家属术前知情告知时已经充分了解了该手术的高风险和术后死亡率,此时主动提出放弃抢救,自动出院,返回老家。10 时 50 分停止抢救,家属带患者出院。后据患者家属反映:患者在返回当地途中死亡,其家属偶然发现患者携带液体输液卡的名字不是患者本人,而是另外一个患者"蒋某"。为此家属对患者死亡原因提出异议。

**二、处理结果**

某医院院方接到患者家属投诉后,院领导非常重视,立刻责成科室进行调查,分别组织责任科室和院内专家讨论会。初步结论如下:(1)按照患者病情变化判断,患者猝死原因可能为急性肺栓塞所致,也不排除手术后继发的下丘脑功能衰竭。(2)经查,责任护士确将 26 床蒋某的液体错输给了 22 床死亡患者王某,差错原因为输液时未严格执行查对制度及患者身份确认,未按照规定扫描腕带所致。(3)不能明确输液差错与患者死亡之间有无因果关系。

某医院经反复与患者家属沟通,患者家属同意通过北京市医疗纠纷人民调解委员会(以下简称医调委)调解解决。2013年9月2日经过医调委工作人员的调解,与患者家属沟通并达成一致调解意见。2013年9月4日,双方正式签署调解协议,协议内容为某医院一次性赔偿王一、王二、王三、王四医疗费、住院伙食补助费、护理费、交通费、住宿费、营养费、丧葬费、死亡赔偿金、精神损害抚慰金及处理本次纠纷发生的各项费用等共计人民币50万元整。当日双方履行完毕法院司法确认程序。本案做一次性终结处理。

### 三、评析意见

医疗损害责任的构成有四个要件:主观过错、违法行为、损害结果、因果关系。四要件缺一不可。

就本案而言,某医院的护士责任心不强,疏忽大意,未履行《查对制度》的要求以及《卫生部关于加强医院临床护理工作的通知》中对住院患者的护理职责,未按照《静脉治疗护理技术操作规范》和《常用临床护理技术服务规范》进行临床实践操作。其行为具备主观上的过错和客观上的违法性,致使本案最终出现了患者的死亡。因此,在本案中,判定医疗损害责任最关键的是医务人员的上述违法行为与患者损害结果之间是否存在因果关系。

在本案中,患者因"颅咽管瘤"接受了"经胼胝体入路肿瘤切除术",术后患者一般状况尚可,但间断存在高钠血症并伴有精神症状。8月31日在护士输错液之前的8点15分,患者即已出现了呼吸心率加快,血氧饱和度下降,急请呼吸科会诊并完善相关检查。此疾病早期的发生发展,与输错液的行为不具备时间上的先后顺序,不具备因果关系。

此后,护士错将26床蒋某的液体为22床患者输注。就该患者当时的病情,术后已第12天,虽间断存在高钠血症,但一般状况尚可。而且在高钠血症的临床治疗中,并不是禁止钠的摄入。高渗性失水早期可以予糖盐溶液先纠正休克,再用低渗溶液降低晶体渗透压,而后再使用等渗溶液补充血容量。22床患者当日本应输注的第三瓶液体也是 100ml 0.9% 氯化钠注射液。而误输注的液体为 5% 葡萄糖氯化钠,内含奥美拉唑 40mg、胰岛素 8 单位和氯化钾 10ml。这几组药是神经外科常规药物,奥美拉唑预防应激性溃疡,葡萄糖加胰岛素,氯化钾是维持内环境稳定的。从溶液载体来看,按这个浓度及用法用量、使用时间,其钠含量并不足以一定导致突发疾病而致命。

因此,在判定二者因果关系时,院方认为应充分分析考量其专业性问题,应申请司法鉴定或进行尸检来判断因果关系。综合患者当时在被输错液之前的早期病情变化以及后续疾病的快速进展,根据疾病特点和转归,院内组织专家进行讨论。专家组最终认为,不能明确输液差错与患者死亡之间有无因果关系,患者猝死的原因可能为急性肺栓塞所致,也不排除手术后继发的下丘脑功能衰竭。而患方坚持认为是错误用药导致患者的死亡。患者家属拒绝尸检,客观上造成了鉴定的无法进行。

虽然从临床医学的观点来说,患者猝死的原因更多的是考虑急性肺栓塞或下丘脑功能衰竭,但从法理的角度分析,判断过错医疗行为与损害结果之间的因果关系,既不要求达到充分条件,也不要求满足必要条件,而是要求具备"相当性"。广州市中级人民法院法官官健认为,是否符合相当性之要求,实质上是"一个可能性的判断过程"。这种"可能性"可以表现为增加了损害发生的几率,也可以表现为减少了损害得以避免的机会。如果把医疗活动中患者发生损害作为一种风险的话,若医方没有过错,这种损害属于合理风险;若医方之过错可以增加损害发生的几率或者减少损害得以避免的机会,该过错为损害发生添加了不合理之元素,即可认定该过错医疗行为与损害后果之间存在相当因果关系。[①] 就本案而言,如果没有输错液的行为,患者也可能由于急性肺栓塞或下丘脑功能衰竭而死亡。不能明确输错液的行为与患者死亡的因果关系,但也同样意味着不能排除为一个高钠血症输注 100ml 0.9% 氯化钠导致患者死亡的可能性,即使这种可能性在临床看来很小。输错液的行为无疑增加了患者死亡的

---

① 官健:"医疗损害责任纠纷的审判理念、思路与模式",载医事法微信公众号"haitanlegal",2014年 10 月 20 日发表。

可能性,为死亡的发生增加了不合理之元素。因此,从法律角度分析,输错液的行为与患者死亡之间存在着相当因果关系。

### 四、对策建议

人非圣贤,孰能无过。医务人员同样会犯错。但正是因为医务人员特殊的职业属性,所面对的是患者的健康与生命。所以特殊的职业赋予医务人员超出一般注意义务的特殊注意义务。日本学者将这种注意义务称为"良父义务"。医务人员在诊疗活动中应时刻像一名"良父"一样对待自己的患者,履行最善的注意义务。但在实际工作中,护士队伍人员紧张,工作负荷重,精神压力大。且护士多是合同制,工资待遇低,工作时间不规律,生物钟紊乱,相比医生不受尊重,每天身处紧张医患关系的一线,时常遭受患者或家属不良情绪宣泄,同时作为女性还承担着来自家庭的诸多事务。以上诸多因素造成护理队伍人员流动频繁,人员流失率高。因此,在出现查对差错的时候,作为医院管理者,应综合分析事件发生的原因,不应简单将责任直接地归于当事护士处分了事。在这方面,笔者十分赞同北京大学人民医院医务处多年坚持的"见不贤而内自省"的管理思路。在发生不良事件或差错后,应着力通过管理优化、流程再造、加强环节质控和节点管理来预防此类不良事件的发生。因此,针对查对环节管理,笔者提出以下建议:

(一)加强护理人员法制教育,强化风险意识,培养慎独精神

让大家从思想上增强责任意识,时刻以法定义务作为行为的底线,将职业要求贯彻在工作中的每一个细节,用心做好。通过法制培训,强化风险意识,主动预防风险的发生,并积极参与管理流程改造,避免环节漏洞。尤其在独自操作时,更应该把工作严谨落实,实施自我管理、自我警示、自我质控。

(二)实施高峰时段弹性排班制度

合理评估工作负荷,针对工作中的高峰时段,优化人力资源配备,采取弹性排班制,通过人员的补充,减轻每个人的相对工作负荷,增加查对的时间,减少错误概率。

（三）严格执行查对制度

护士在给患者进行输液之前，对患者落实查对制度。同时要采用反向查对，例如"请问您叫什么名字？""请问您的住院号是多少？"……让患者回答你的问题来进行核对。这样就避免了单向提问有可能存在的没有听清的问题，从而提高查对的准确性。根据《医院工作制度与人员岗位职责》（2011 年版）中《查对制度》要求执行医嘱时严格执行"三查七对"：输液前、中、后查，对床号、姓名和服用药的药名、剂量、浓度、时间、用法、有效期。

（四）优化输液卡制度，将核对签字前移

将过去输液完成后与患者核对并让患者在输液卡上签字，改变为每一组输液之前与患者核对身份、药品并签字。这样既落实了每一组输液的查对制度，防范了查对错误的风险，又能够同样保证输液工作的完成时限。提高了护士在独立输液时的诊疗安全系数。

（五）规范患者身份识别方式

根据《国际患者安全目标》，对住院患者至少要求使用两种确认患者身份的方法，如患者姓名、身份证号、出生日期、手腕条形码或其他方式。两种确认患者身份方法不包括患者房间号、床号或特定区域代码。因为后者在实际工作中核对效力较差，经常由于房间调换而发生改变，在整个住院过程中不具备唯一性。

（六）优化输液摆放

在治疗室配液、治疗车摆放等环节中，根据患者医嘱单，将输液分次分筐放置，并贴好输液标签。避免操作中的误取误放。通过空间上的相对区分，来降低人眼区分的误差。

（七）充分发挥信息化应用优势，简化临床操作流程

将物联网技术应用于临床实际工作中去，利用信息化手段来降低人工核对的差错概率。通过信息网络、智能化设备、全程物流可追溯，来保证临床工作的准确性。例如，在查对中，使用 PDA 等类似便携式电子设备通过扫描输液卡、液体、患者腕带三者进行方便快速的查对；在输液过程中，使用重力感应设备，输液快结束时自动发送信息，提早警示护士准备续液，并有充足时间进行信息

核对。避免了护士在接受呼叫后,先至患者床旁查看呼叫原因,核实是否需要续液等流程,同样避免了原流程中需要为患者暂时关闭输液所引起的回血、管路凝集堵塞等风险几率。不仅提高了工作效率,还提高了工作的准确性。

(八)实施定时巡视制度

尤其是在高峰时段,应安排一名经验丰富的护理人员进行巡视,查看并核对患者与输液信息,观察患者输液过程中的管路通畅情况、用药后效果及不良反应情况、局部红肿疼痛等相关情况,及时避免差错发生。

**附1:本例纠纷的人民调解协议书经司法确认后的民事裁定书**

## 北京市东城区人民法院
## 民事裁定书

(2013)东民调确字第＊＊＊＊＊号

申请人:王一。

申请人:王二。

申请人:王三。

申请人:王四。

申请人:某医院。

法定代表人:院长。

委托代理人:某某。

本院于2013年9月4日立案受理了申请人王一、王二、王三、王四、某医院请求确认人民调解协议效力一案。依法指定审判员岳某对调解协议进行了审查。

申请人因医疗损害责任纠纷于2013年9月4日在北京市医疗纠纷人民调解委员会的主持调解下,达成如下协议:

一、本协议签字后十五日内,某医院一次性赔偿王一、王二、王三、王四医疗费、住院伙食补助费、护理费、交通费、住宿费、营养费、丧葬费、死亡赔偿金、精神损害抚慰金及处理本次纠纷发生的各项费用等共计人民币 500000 元整。大写五十万元整。

二、本协议签字后生效，王某某医疗纠纷终结，双方不再追究对方责任，不得以任何理由、任何方式向对方提出任何要求，不得实施有损对方声誉的行为。

如因该协议内容而给他人造成损害的，双方愿意承担相应的民事责任和其他法律责任。申请人于 2013 年 9 月 4 日共同向本院提出申请，要求对上述协议的效力进行司法确认。

本院经审查认为，上述调解协议是申请人的真实意思表示，其内容明确，未违反法律、行政法规的强制性规定，未损害国家、集体或者第三人利益及社会公共利益。依照《中华人民共和国民事诉讼法》第一百九十四条、第一百九十五条、《中华人民共和国人民调解法》第三十三条之规定，裁定如下：

确认申请人王一、王二、王三、王四、某医院于二〇一三年九月四日在北京市医疗纠纷人民调解委员会的主持调解下达成的医调字第＊＊＊＊号医疗纠纷人民调解协议书合法有效。

人民法院依法确认调解协议有效，一方当事人拒绝履行或者未全部履行的，对方当事人可以向人民法院申请执行。

审判员　岳　某

二〇一三年九月四日

书记员　陈　某

## 附2：本案相关法律法规索引

### 一、《护士条例》

第十六条：护士执业，应当遵守法律、法规、规章和诊疗技术规范的规定。

第三十一条：护士在执业活动中有下列情形之一的，由县级以上地方人民政府卫生主管部门依据职责分工责令改正，给予警告；情节严重的，暂停其 6 个

月以上 1 年以下执业活动,直至由原发证部门吊销其护士执业证书:

1. 发现患者病情危急未立即通知医师的;

2. 发现医嘱违反法律、法规、规章或者诊疗技术规范的规定,未依照本条例第十七条的规定提出或者报告的;

3. 泄露患者隐私的;

4. 发生自然灾害、公共卫生事件等严重威胁公众生命健康的突发事件,不服从安排参加医疗救护的。护士在执业活动中造成医疗事故的,依照医疗事故处理的有关规定承担法律责任。

**二、《护士守则》**

第四条:护士应当履行岗位职责,工作严谨、慎独,对个人的护理判断及执业行为负责。

**三、《卫生部关于加强医院临床护理工作的通知》( 卫医政发〔2010〕7 号)**

"护士应当按照《护士条例》和《护士守则》的规定,全面履行义务,根据患者的护理级别和医师制订的诊疗计划,完成临床护理工作。护士对住院患者履行的护理职责包括:密切观察患者的生命体征和病情变化;正确实施治疗、用药和护理措施,并观察、了解患者的反应;对不能自理的患者提供生活护理和帮助;为患者提供康复和健康指导。"

**四、《静脉治疗护理技术操作规范》( WS/T433 – 2013)6 操作程序 6.1 基本原则**

6.1.1 所有操作应执行查对制度并对患者进行两种以上方式的身份识别,询问过敏史。

**五、《常用临床护理技术服务规范》( 卫医政发〔2010〕9 号)**

十二、密闭式周围静脉输液技术(二)工作规范要点 1. 遵循查对制度,符合无菌技术、标准预防、安全给药原则。

**六、《医院工作制度与人员岗位职责》(2011 年版) 中《查对制度》**

1. 临床科室

1.1 开医嘱、处方或进行治疗时,应查对病员姓名、性别、床号、住院号(门诊号）。

1.2 执行医嘱时要进行"三查七对"：摆药后查；服药、注射、处置前查；服药、注射处置后查。对床号、姓名和服用药的药名、剂量、浓度、时间、用法、有效期。

1.3 清点药品时和使用药品前，要检查质量、标签、有效期和批号，如不符合要求，不得使用。

1.4 给药前，注意询问有无过敏史；使用毒、麻、限剧药时要经过反复核对；静脉给药要注意有无变质，瓶口有无松动、裂缝；给多种药物时，要注意配伍禁忌。

### 七、《侵权责任法》

第五十四条　患者在诊疗活动中受到损害，医疗机构及其医务人员有过错的，由医疗机构承担赔偿责任。

第五十七条　医务人员在诊疗活动中未尽到与当时的医疗水平相应的诊疗义务，造成患者损害的，医疗机构应当承担赔偿责任。

# 案例2 急性心肌炎延误诊断
## ——急性心肌炎患者延误诊断死亡案评析

刘 宇*

## 一、案例

患者为女性29岁,平素体健,某晚来到某医院急诊室,自述恶心呕吐一天,无其他明显症状,查体血压85/55mmHg。心率110次/分,无其他明显阳性体征。医生考虑为消化系统疾病,以"呕吐待查"留观,并认为一天进食进水不佳加之呕吐导致血压偏低,治疗以补液和对症支持为主。当晚留观期间输入约2000ml液体,呕吐稍好转,留观10余小时内病历中护理记录记载测过3次血压,均为高压65~80mmHg,低压45~55mmHg,治疗仍为持续补液。次日凌晨4时,患者突发心悸,做心电图显示室性心动过速,急入抢救室给予针对性治疗,但病情仍急剧恶化,至早7时心跳、呼吸相继停止,最终抢救无效死亡。

医院死亡讨论认为,患者死于"暴发性心肌炎"可能性大,因患者家属不同意尸检未完全证实。

患方对于年轻患者到急诊就诊仅14个小时就死亡不能理解,提出医院诊断失误,对患者长时间休克不予重视,在急诊就诊11个小时后才做了第一张心

* 刘宇,法学硕士、执业医师、公职执业律师。北京协和医院医务处副处长、北京平谷区医院副院长(挂职)、研究员(医院管理专业)。社会任职:中国医院协会医疗法制专业委员会常务委员、副秘书长,北京卫生法学会患者安全专业委员会副主任委员,《中国卫生法制杂志》编委,《中华医院管理杂志》审稿专家,北京市第二中级人民法院人民陪审员。从事以下专业领域的工作和研究:医疗质量和医疗安全管理,医院风险控制和医疗纠纷处理,医院法律事务管理和法律诉讼等。

电图,认为这是导致心脏病变没有得到及时治疗的原因。

医方认为患者症状不典型,确诊心肌炎难度很大,并提出病历护理记录中的血压是护士对自动血压监测的结果记录,可能不准确。医生曾亲自以普通血压计测血压高于 90/60mmHg,但未记入病历。

经过第三方调解机构审查,认为医院存在低血压患者未做心电图、长时间休克状态未及时请二线医生和其他科室会诊等医疗缺陷,医院因此对患者的最终死亡承担部分责任。最终根据调解医方赔偿患方 29 万元。

### 二、评析意见

医学分析:"血压低于 90/60 叫休克。"这是如此简单却经常被忽略的道理。休克必有原因,必须干预。此案例中患者刚就诊时,医生考虑患者一天来入量不足和呕吐导致体液丢失造成低血压,这个诊断分析在当时是合理的,补液为主的医嘱也算正确。但问题在于,在已经接受了一段时间的补液治疗入量明显补充的情形下,患者的休克状态不纠正,血压还有继续下降的趋势,这必须引起值班医生的高度警觉,寻找其他产生休克的原因并干预,遗憾的是当事医生对此缺乏足够的敏感性。另外,患者来急诊时心率 110 次/分,已属快速心律失常,当时医生判断患者大老远跑到医院路上劳顿导致心律快也可以理解,但之后在急诊 11 个小时再不测心率就不可理解了,况且在一开始对心律失常的病人做一个心电图检查不是很有必要吗? 上述都是导致暴发性心肌炎没有及时诊断和治疗的原因。有人问:医生对于这个失误要承担多大责任? 这与患者病情变化留给医生的判断时间直接相关。如果患者来急诊后两三小时内猝死,就不能苛求医生对不典型发病的心肌炎做出诊断,责任接近于零;如果已经七八个小时休克不纠正医生还没引起重视,大概要负次要责任;如果十几个小时过去了还延误,那就是主要责任甚至完全责任了。同时,是否有其他症状体征上的提示(如心动过速)也是加重或减轻医生责任的因素。

本案例医生答辩时提出自己曾经手测血压高于 90/60mmHg,但未记入病历,而病历中护士记载的血压是仪器测定不准确。这可能是事实,但恰恰反映了一个医疗界普遍缺乏的法律观念:证据意识! 病历是还原医疗过程的最重要甚至唯一的证据。病历记录的笔就在医生手上却不加以善用。休克状态好转这么重要的病情变化都不记入病历,那病历还有什么用? 护士记入病历的血压医生毫不关心吗? 请注意:医生忽略病历中的证据,法律就会忽略医生的权利!

本案例在医院管理角度也有可反思之处。在很多医院急诊科都是异常忙碌的科室,一线医生常常没有精力对患者病情做深入思考,但急诊也设置了二线甚至三线医生。一线医生在遇到疑难病情时可以向上级医生求助,问题是什么情况下求助上级医生很大程度上取决于一线医生的经验判断。通过本案例的教训,是否可以考虑设置某些"硬指标",如休克状态持续多长时间以上就必须请上级医生检视患者,以避免某些重要病情被忽略。再者,很多医院的急诊缺乏夜班期间的上级医师查房,病人在夜间的病情变化容易漏诊,基于急诊科不同于其他科室的特点,条件允许时应考虑将夜间的上级医生重点查房规范化。

从社会的角度,现代都市工作压力大,生活节奏快,年轻人"过劳死"愈发多见。仅 2013 年 5 月,奥美 24 岁年轻员工在办公室突发心脏病身亡,搜狐 24 岁男性员工在上班途中突发心肌炎猝死的消息就先后见诸报端。在此一年前,普华永道的一个年轻女孩得急症不治。因"过劳"引发猝死,罪魁祸首一般都在心脏,都市中的医生应当强化一个社会认识,非常年轻的病人也不能忽略严重心脏急症的可能性,即使心脏症状不典型。

# 案例3 术中钻头遗留患者体内

## ——姜某与上海某医院医疗损害赔偿纠纷案评析

朱丽华[*]

## 一、案例

2011 年 12 月 24 日,患者姜某跌倒,致右股骨转子间骨折。当日患者以"跌倒致右髋关节疼痛功能障碍 30 分钟"入住上海某区医院。据该院住院病历记载,当时患者右髋关节疼痛,功能障碍,无头痛、头晕,无恶心、呕吐,无大小便失禁,急呼"120"接来该院。门诊查右髋关节 X 摄片、CT 显示:右转子间骨折,遂以"转子间骨折"为诊断收入科室。患者既往有丙肝史,有结肠全切手术史及脾肾分流手术史。查体:BP160/90mmHg,心肺腹无异常,右髋关节处皮肤完整无破损,右下肢外旋缩短畸形,髋关节疼痛性功能障碍,股动脉搏动可,皮肤痛、温觉无异常,余无异常。初步诊断:右转子间骨折等。诊疗计划:入院后完善相关检查,患肢牵引,择期手术治疗。

2011 年 12 月 26 日,该院手术记录记载:16∶00 手术开始,17∶50手术完成,共计 110 分钟。手术经过:麻醉成功后,患者仰卧位,右下肢骨科牵引架牵引,透视下右转子间骨折对位、对线可,依次切开皮肤、皮下组织、筋膜、分开外展肌,开孔进入髓腔,用伽马钉与导向器连接后插入髓腔近端沿导向器钻入导针,

* 朱丽华,北京市盈科律师事务所律师、北京市律师协会会员,专业医疗纠纷处理团队首席律师。E-mail:bjylls@163.com,个人网站:http://www.9ask.cn/souask/user/index.asp? id=5554543。

透视下沿导针钻孔,分别置入两枚拉力螺钉,透视下可见一折断之钻头,位于大粗隆断端处,因考虑病人身体状况及取出折断的钻头将引起局部软组织及股骨损伤,所以未取出,远端置入两枚螺钉,透视骨折断端对位、对线好,固定可、锁定位置可、牢固,上髓内钉尾帽,冲洗伤口,放置引流管,清点器械无误,逐层缝合,手术顺利,麻醉满意,术后安返病房。2012 年 1 月 26 日,患者可在助行器帮助下下床活动,遂出院。

患者认为:术中断钻头是医院操作不当造成的,术前未做检查,医院应当承担责任;术中钻头断在体内,医院非但未告知家人,反而写成手术顺利,说明医院掩盖手术情况,侵犯患者的知情权。

医院认为:术中钻头折断是骨科手术中的常见情况,也是医疗意外,并非医院医疗行为过错所致,其结果对病人也不会造成重大影响,故医院不需要对患者承担过错赔偿责任;同时,医院也否认未告知患者钻头折断的事实。

双方对赔偿事宜协商不成,患方遂将医院起诉至上海市某区法院。因涉及专门性问题,某区法院依法委托某司法鉴定中心对该案进行了医疗过错司法鉴定。鉴定意见认为:医院存在术前对医疗器械准备不足的过错。该过错与患者目前状况间存在因果关系,并酌定了过错比例,同时通过鉴定确定了患者的伤残等级。法院也依此作出了对患者进行合理赔偿的判决。

## 二、法律评析

外科手术中,将手术器械或用具遗留在患者体内的案件时有发生,不停见诸报端。那么,这类案件医院到底有没有责任呢? 是不是可以用普通的医疗意外或医疗风险来解释呢? 普通的医疗意外或医疗风险,医院通常要做到以下几点,才可减轻或免除相关法律责任:

(1)术前已预见到,并已充分告知了患者或家属此次手术的难度,及可能发生的该种风险;

(2)术中采取相关措施,积极防范该种风险;

(3)发生了风险中的事实后,积极地和患者或家属沟通,告知患者或家属

目前的情况,以及下一步可选的医疗方案及每种方案可能产生的新风险,取得患者或家属意见;

(4)取得患者或家属的意见后,结合该意见对患者进行下一步诊疗和救治,积极防止损害后果的进一步扩大。

医院只有在以上风险预见、告知、积极防范、发生后积极防止损害扩大等四类措施都做到的情况下,才可能减轻或免除医院的损害赔偿责任。

术中医院将不该留在体内的异物遗留在患者体内,不同于普通的手术意外和风险,要区分以下情况,厘清医院不同的法律责任:

(1)因违反手术安全核查制度,术后发现手术用物遗留患者体内的,医院要负全责。《手术安全核查制度》第5条"实施手术安全核查的内容及流程"中规定:患者离开手术室前:三方(手术医师、麻醉医师和手术室护士)共同核查患者身份(姓名、性别、年龄)、实际手术方式,术中用药、输血的核查,清点手术用物,确认手术标本,检查皮肤完整性、动静脉通路、引流管,确认患者去向等内容。该通知第6条规定:手术安全核查必须按照上述步骤依次进行,每一步核查无误后方可进行下一步操作,不得提前填写表格。

依此通知中的内容可以看出,在患者的诊疗过程中,医生和护士要严格执行手术安全核查制度,术毕清点手术用物,每一步都要核查无误,方能结束手术。在此情况下,如果有任何手术用物在术后没了踪迹,而又查找不到,那么医护人员就要考虑是否仍在患者体内,从而避免手术器械等手术用物遗留在患者体内的情况发生。如果上述三方没有及时清点相关手术用物,就草率关闭手术,事后发现某器械等遗留在患者体内,依法应该承担全部赔偿责任。

(2)如果术中、手术结束前,已发现手术用物因折断等原因难以取出、留在患者体内的,医院要区分以下几种情况,承担相应责任:

第一,如果因术前医生未完善相关检查、术前选用器械不当、术中对器械操作不当等原因,导致手术用物滞留体内且无法取出的,医院应该承担相应法律责任。

根据《侵权责任法》等的相关规定,医生的诊疗行为应该符合相应的法定诊疗规范。外科手术前，针对不同的手术，完善不同的术前检查，是诊疗规范的要求，也是手术成功的前提。如果因为相关医生未进行相关的必要检查，对手术相应情况认识或估计不足，导致术前选用器械不当，或因为相关医师术中操作不当等原因，导致类似于钻头折断体内，且不易取出等情况的发生，医院应该承担法定赔偿责任。

另外，根据《医疗器械监督管理条例》第 27 条规定，医疗机构对一次性使用的医疗器械不得重复使用；使用过的，应当按照国家有关规定销毁，并作记录。如果相关诊疗机构违规，重复使用一次性医疗器械，导致相关产品在硬度或韧性等方面丧失应有的品质，导致轻易折断、滞留患者体内且无法取出等情形的，医疗机构应该承担全部赔偿责任。这种情况可以视为违规选用手术用物或对手术用物的违规操作。

第二，若因手术器械等手术用具的质量缺陷原因，导致其损坏后滞留体内、不易取出的，医院也要承担相应赔偿责任。

根据《医疗器械监督管理条例》第 76 条规定，医疗器械，是指直接或间接用于人体的仪器、设备、器具、体外诊断试剂及校准物、材料以及其他类似或者相关的物品，包括所需要的计算机软件；其效用主要通过物理等方式获得，不是通过药理学、免疫学或者代谢等方式获得，或虽然有这些方式参与但只是起辅助作用，其目的是：

①疾病的诊断、预防、监护、治疗或缓解。

②损伤的诊断、监护、治疗、缓解或功能补偿。

③生理结构或者生理过程的检验、替代、调节或者支持。

④生命的扶持或者维持。

该条例同时规定，医疗机构不得使用未经注册、无合格证明、过期、失效或者淘汰的医疗器械。

如果医疗机构违反上述条例规定，擅自使用无产品注册证书、无合格证明、过期、失效、淘汰的医疗器械的，或者从无《医疗器械生产企业许可证》《医疗器械经营企业许可证》的企业购进医疗器械的，从而造成本文案例中相同或类似的损害后果的，医疗机构应该承担相应的法律赔偿责任。

另外有一种值得注意的情况是，若医疗机构使用了证照齐全、形式上合格、但是实质上有质量缺陷的医疗用具，导致患者使用后遭受损害的，那么医院也应该承担相应的损害赔偿责任。此时，若医院确实没有诊疗技术上的其他过错，也没有因为不按照医疗器械的说明书标注的使用范围、操作方法使用器械的，可以向该器械的生产、销售厂家追偿相关的赔偿费用。

本文开头的案例中，诊疗机构应该根据患者术前的相关检查结果，选用适合患者伤情、手术部位的医疗器械等医疗用具。但是，根据鉴定机构的认定，医院存在术前对医疗器械准备不足的过错，与患者目前钻头遗留的损害后果具有因果关系，因此该院此时就要因此承担相应的法律责任。

同时，本案还有另外一个值得关注的法律点，即患者强烈争议的告知问题。患方对自己的身体状况和手术风险相关情况，享有无可争辩的、法定的知情权。这就需要医院在手术之前，利用自己的专业知识和经验，充分告知患者所面临的各种手术风险。但是，本案书面的告知中，未见有"手术用具可能遗留患者体内、且可能无法取出"等类似的风险告知，可见，医院并没做到对该风险的预见和对家属的有效告知，不能印证某区医疗辩称的"术中钻头折断是骨科手术中常见情况，也是医疗意外"的说法，因为若是院方常见意外情况，就应该对患者进行常规告知。另外，某区医院在"透视下可见一折断之钻头，位于大粗隆断端处"的情况下，"因考虑病人身体状况及取出折断的钻头将引起局部软组织及股骨损伤，所以未取出"，可见某区医院在损害发生并未告知家属，未取得家属意见的情况下，擅自决定不取出患者折断的钻头，确实侵犯了家属的知情、同意、选择权，应因此承担相应的法律责任。

另外，本案术中所用的医疗器械，即钻头是否存在质量问题，该质量问题是否是钻头折断的一个原因，因为没有相关合法质检机构的质量检验报告，所以不得而知。但是，在法律实务中，这却是一个不容忽略的责任认定考虑方向。

# 案例4 如何理解与"当时的医疗水平"相应的诊疗义务

## ——赵某与北京某医院医疗损害责任纠纷案评析

陈 特[*]

## 一、案例

赵某于2002年1月26日在北京某医院出生。病历记载:孕32周早产,剖宫产,阿氏评分1分钟、5分钟均10分,为进一步诊治转入儿科。入院诊断为:早产儿、极低出生体重儿、小于胎龄儿。诊疗计划之一为头罩吸氧。长期医嘱包括特级护理、氧气罩给氧等。其中氧气罩给氧共用氧16天,每天24小时持续用氧。赵某在北京某医院住院治疗至2002年4月1日,共计65天。出院诊断:新生儿败血症、新生儿肺炎、胆汁淤积性肝炎,早产儿、极低出生体重儿。出院医嘱之一为:2002年4月18日返院随诊。2002年4月18日及5月30日门诊病案显示检查均未涉及眼睛。2002年6月28日门诊病案记载:……眼注视不好,对光有反应。……晶体似混浊,光反射不敏感,注视不好……尽快赴同仁医

* 陈特,北京市高级人民法院法官,中国人民大学律师学院兼职教授,中国青年政治学院法学院硕士研究生导师,北京司法鉴定业协会惩戒委员会委员,北京卫生法学会理事,医事法、民商法实务微信公众号"海坛特哥"(haitanlegal)编辑。陈特法官在北京市高级人民法院工作期间,长期负责民事审判及督导调研工作,对房地产、建设工程、劳动争议、婚姻家庭、医药卫生等民事审判法律问题十分熟悉。曾参与编撰《侵权责任法疑难案例解读》《物权法审判实务疑难精解》《北京民事审判疑难案例与问题解析》《医疗损害赔偿诉讼实务》等著作,发表论文80余篇。E-mail:642038745@qq.com。更多作品,请百度陈特法官。

院眼科检查……

2002 年 7 月 1 日,赵某父母带赵某前往北京同仁医院检查。该院医疗手册载:2002 年 7 月 1 日……双 B 超,请眼底组会诊。2002 年 7 月 2 日家长发现视物无反应一月余,孕 32 周生产,有吸氧史……双 ROP V 期。北京同仁医院医生建议赵某父母带赵某去复旦大学附属医院眼耳鼻喉科治疗。

2002 年 7 月 7 日、8 日,赵某前往复旦大学附属医院眼耳鼻喉科进行门诊检查。后该医院做出病情处理意见书。诊断:双眼早产儿视网膜病变 ROP V 期。处理:……左眼可试手术;因我院全麻、设备等条件限制,建议转往日本福冈大学医院手术治疗。

2002 年 7 月 21 日,赵某父母带赵某前往日本福冈大学医院联系手术事宜。2002 年 8 月 4 日再次前往日本开始治疗。2002 年 9 月 13 日,日本福冈大学医院出具诊断书:"病名:(双)早产儿视网膜脱落(左)增殖性玻璃体视网膜脱落(右)眼球痨。该患者根据上述诊断由中国到本院求诊手术治疗。现在右眼已失明无实施手术的余地。左眼属于早产儿视网膜脱落症的末期状态,并于 2002 年 8 月 13 日在本院就左眼实施了第一次手术。今后仍需进行定期的观察及实施数次手术。该病例实为极度重症,今后在本科至少需要数月以上的治疗。"2009 年 11 月 12 日,日本福冈大学医院再次出具诊断书,证明了赵某在该医院的治疗情况:"赵某在我院共进行了 8 次治疗:时间自 2002 年 8 月 5 日至 2003 年 7 月 31 日,分别为环扎、晶状体切割术、玻璃体切除术、硅油注入、注气术等。鉴于其右眼毫无手术指征,因此,未对右眼进行手术并且右眼已经是眼痨状态。上述治疗后,病人出院并且在手术期间,病人总共在门诊进行常规检查共 24 次。在最后一次,视网膜无明显改变并且双眼视力依旧毫无光感。本院最终检查于 2003 年 8 月 27 日做出。就其眼睛状况并无进一步手术的可能。"

2006 年 6 月 12 日,赵某父母诉至法院,同时申请进行医疗过错及伤残鉴定。2006 年 7 月一审法院委托中天司法鉴定中心进行鉴定。中天司法鉴定中心要求补充提交护理记录,北京某医院称护理记录已销毁。赵某父母认为:北京某医院不提供护理记录,不能证明其对用氧进行了监测,亦不能证明其尽到了合理的注意义务。

2009年10月,中天司法鉴定中心做出鉴定意见书,认为:

(1)患儿赵某为早产儿(孕32周出生)、极低出生体重儿(出生体重1000克)、小于胎龄儿,在救治过程中会面临很多临床问题,医方(北京某医院)对其用氧治疗有一定的必要性,但在用氧时间等方面存在一定的不足之处。

(2)根据病历记载分析,患儿赵某所患眼疾系早产儿视网膜病变(ROP)。早产、低出生体重、长时间氧疗、动脉血氧分压波动过大、感染(真菌败血症)等均是ROP发生的重要危险因素。本病是因早产儿视网膜血管发育未成熟、在吸氧、贫血、感染等外因作用下,视网膜血管向周边部伸延、发育成熟的过程受阻,大量视网膜异常新生血管形成,进而产生增殖性视网膜病变、牵引性视网膜脱离。

(3)患儿赵某属于早产儿视网膜病变的高危人群,在其住院治疗期间,北京某医院没有对其进行相应的眼科检查,亦未邀请眼科会诊,出院时亦未告知患儿家属及时进行必要的眼科检查,说明医方对ROP未能引起足够的重视。致使患儿赵某失去了早期发现、早期治疗ROP的机会。

(4)早产儿视网膜病变(ROP)在其早期阶段,如能密切观察,必要时进行有效的手术干预,能阻止ROP病程的进展。综上所述,北京某医院对患儿赵某的医疗行为存在一定的过错,且与其目前状况(双眼球内陷,萎缩,双眼无光感)存在因果关系。考虑到当时国内的医疗水平(如卫生部尚未出台《早产儿治疗用氧和视网膜病变防治指南》等)及ROP疾病的特点,北京某医院应承担主要责任。

鉴定意见:(1)北京某医院对患儿赵某的医疗行为存在一定的过错,且与其目前状况存在因果关系,应承担主要责任。(2)被鉴定人赵某的目前状况属于三级伤残。

2006年6月12日,赵某父母起诉至北京市第二中级人民法院。赵某父母诉称:2002年1月26日赵某在北京某医院处出生。北京某医院在赵某没有吸氧指征,也没有事前告知赵某家长吸氧可能产生的损害后果的情况下,让赵某吸氧共 16 天,期间也没有按诊疗规范进行氧浓度和血氧浓度、血氧分压的监测。另外,北京某医院明知长时间吸氧会导致患儿发生视网膜病变,却不仅在住院期间没有对患儿进行眼底检查和眼科会诊,而且在 2002 年 4 月 1 日赵某出院时,也没有告知赵某父母需定期为赵某进行眼底检查;更有甚者,当赵某家长遵医嘱复查已经向医生提出孩子有视物异常时,接诊医生却轻率认为此系早产儿的正常反应,没有进行任何检查,再一次错过了治疗的有效时机。后虽经过北京同仁医院、上海复旦大学附属医院眼耳鼻喉科、日本福冈大学医院治疗,终因没有在患病早期及时进行干预治疗,手术最终宣告失败,赵某目前双目失明。故诉至法院,要求北京某医院赔偿医疗费 686153.14 元、护理费 825910.45 元、交通费 50032 元、住宿费 39067 元、住院伙食补助费 61499.8 元、病历复印费 536 元、残疾赔偿金 427648 元、邮寄费 98 元、鉴定费 6000 元、精神损害抚慰金 200000 元、其他合理损失 530564.03 元,各项损失共计 2877508.42 元。

　　北京某医院辩称:北京某医院在为赵某诊疗过程中,诊断正确、治疗及时,未违反相关诊疗护理规范,不存在医疗过错。给予赵某头罩吸氧指征明确、治疗方法得当,已经尽到了充分的注意义务。赵某所患的视网膜病变(亦简称 ROP)缘于自身病情及就诊时的医疗水平,与北京某医院的医疗行为不存在因果关系,且赵某自身宫内生长发育迟缓是病变形成的基础,其自身病情也是主要的致病因素。又因北京某医院为赵某的诊疗只能限于当时的国内医疗水平,不可能达到目前对视网膜病变的认识水平。同时,《早产儿治疗用氧和视网膜病变防治指南》颁行的时间为 2004 年 4 月 2 日。故赵某的诉讼请求缺乏充分的事实和法律依据,请求法院予以驳回。

　　本案在一审开庭时,就早产儿视网膜病变与用氧关系的问题,赵某父母向法庭提交了 20 多篇文献资料。其中一篇文章刊登在《中华儿科杂志》,该文的作者是北京某医院的两名医生。该文章发表时间早于《早产儿治疗用氧和视网膜病变防治指南》的出台时间及赵某的出生时间。①

　　一审法院经审理认为：人民法院委托鉴定部门作出的鉴定结论，当事人没有足以反驳的相反证据和理由的，可以认定其证明力。北京某医院虽然不认可其承担主要责任的鉴定结论，但其要求重新鉴定的理由不符合法律规定，法院不予支持。故中天司法鉴定中心的鉴定结论，法院应予采信。北京某医院对赵某的医疗行为存在过错，赵某要求赔偿给其造成的损失，理由正当，应予以支持。虽然卫生部《早产儿治疗用氧和视网膜病变防治指南》颁布实施的时间为2004年4月，晚于赵某的治疗时间，但早在赵某出生之前数年，医学界对早产儿视网膜病变即已开始重视。多部教科书、北京某医院提交的多部医学专著及论文均早已对早产儿氧疗的注意事项予以明确。北京某医院作为国内权威的医疗机构，应当具备符合其专业要求且不低于行业一般水平的医学知识和技能，应对赵某吸氧可能出现的后果有所预见并采取相应的防范措施，但北京某医院未能做到，违反了医学专业人士应负的谨慎注意义务。赵某为特级护理，且中天司法鉴定中心鉴定前亦要求北京某医院提交护理记录，故医疗行为及其责任判断均需保存护理记录。现北京某医院称护理记录已经销毁，致使赵某的血氧浓度及是否进行监测均无证据证明。故北京某医院称其已尽到注意义务，没有事实依据，应承担举证不能的法律后果。故北京某医院应当依法并根据鉴定结论承担赔偿责任，责任比例由法院酌定。

　　综上所述，依据《民法通则》第119条，《最高人民法院关于审理人身损害赔偿案件适用法律若干问题的解释》第17条、第18条、第19条、第20条、第21条、第22条、第23条、第24条、第25条之规定，一审法院判决：北京某医院赔偿赵某医疗费559973元、护理人员误工费217719元、护理费262800元、交通费54029元、住宿费35017元、住院伙食补助费5310元、在日本未住院期间的伙食费38745元、营养费45000元、鉴定费5400元、其他损失（办理护照、签证、公证、翻译等）6016元、残疾赔偿金385027元、精神损害抚慰金90000元。（以

---

　　① 具体案情，参见本案一、二审法律文书，分别为：北京市第二中级人民法院（2006）二中民初字第09921号民事判决书及北京市高级人民法院（2011）高民终字第71号民事调解书。

上共计 1705036 元,笔者注)

一审判决后,赵某、北京某医院均不服,分别上诉至北京市高级人民法院。在二审法院审理期间,经法院主持调解,双方当事人自愿达成调解协议:北京某医院向赵某赔偿人民币 160 万元。本案现已执行完毕。

### 二、法律评析

本案是一起十分典型的医疗损害责任纠纷。在本案中,双方当事人争议的焦点是北京某医院对赵某的诊疗过程中是否存在过错,即是否违反了相应的诊疗义务。北京某医院认为,该院的诊疗行为并未违反诊疗义务,其理由是赵某出生于 2002 年,而卫生部《早产儿治疗用氧和视网膜病变防治指南》的颁布时间为 2004 年。也就是说在赵某出生时,我们国家还没有早产儿治疗用氧和视网膜病变防治方面的诊疗规范。既然没有诊疗规范,何来违反之说? 也就是说,北京某医院为赵某的诊疗只能限于当时的国内医疗水平,不可能达到本案诉讼发生时对视网膜病变的认识水平。北京某医院尽到了与当时的医疗水平相应的诊疗义务,因此,其在本案中不存在过错。而赵某一方则认为,虽然在 2002 年,国家的相关诊疗规范即《早产儿治疗用氧和视网膜病变防治指南》还未颁布,但是北京某医院的医生早已就该疾病的相关问题发表过文章,北京某医院的医疗水平显然要高于一般的医疗机构。因此,在本案中,北京某医院未尽到与当时的诊疗水平相应的诊疗义务,存在过错,并最终导致赵某损害后果的发生。

到底哪方当事人的主张成立呢? 这里均涉及一个概念,即"当时的医疗水平",与此密切相关的是"诊疗义务""医师的注意义务",等等。这些概念应如何理解? 在医疗损害责任纠纷案件中又该如何判断医疗机构是否尽到与当时的医疗水平相应的诊疗义务呢? 笔者拟对此做以分析。

在本案中,赵某出生的时间是 2002 年;在多家医院诊疗的时间是 2002 ~ 2003 年;赵某起诉的时间是 2006 年;鉴定机构对本案作出鉴定结论的时间是 2009 年底;一审法院作出判决的时间是 2010 年 11 月;二审法院主持双方当事

人达成调解协议的时间是 2011 年 8 月。在这期间,《侵权责任法》于 2009 年
12 月 26 日颁布,自 2010 年 7 月 1 日起施行。正如卫生部的诊疗规范吸收了医
疗界的科研成果一样,《侵权责任法》的立法也吸收了法学界的研究成果。例
如,《侵权责任法》第 57 条的规定即采纳了学界提出的以"当时的医疗水平"作
为判断医疗机构是否存在过错的标准。①《侵权责任法》第 57 条规定,医务人
员在诊疗活动中未尽到与当时的医疗水平相应的诊疗义务,造成患者损害的,
医疗机构应当承担赔偿责任。因此,虽然本案并未适用《侵权责任法》来进行
裁判,但是,对《侵权责任法》第 57 条进行解读将有助于我们理解本案一审判
决的形成过程。

笔者认为,《侵权责任法》第 57 条规定的是违反诊疗义务的侵权行为。医
务人员在从事病情检验、诊断、治疗方法的选择,治疗措施的执行,病情发展过
程的追踪,以及术后照护等诊疗活动中,存在不符合当时医疗水平的过失行为,
医疗机构应当承担赔偿责任。

(一)医务人员的注意义务

医疗损害责任作为一种特殊的民事责任,主要是指医疗机构的医疗过失责
任。过失是医疗损害责任不可或缺的要件之一。如果医疗机构及其医务人员
的医疗行为不存在过失,即使患者有损害后果发生,医疗机构也不承担损害赔
偿责任。医疗过失是因为医务人员在实施具体的诊疗行为时没有充分履行其
应尽的注意义务而引起的。

医务人员的注意义务是指医务人员在实行医疗行为过程中,依据法律、行
政法规、规章以及有关诊疗规范,保持足够的小心谨慎,以预见医疗行为结果和
避免损害结果发生的义务。应该说,医务人员的注意义务是其执业义务的核心
内容。它要求医务人员在医疗行为的实施过程中对患者生命与健康利益具有
高度责任心,对每一环节的医疗行为所具有的危险性加以注意。医务人员的注
意义务一般表现为对相关的法律和规章所规定的具体医疗行为的操作规程和

---

① 奚晓明主编:《〈中华人民共和国侵权责任法〉条文理解与适用》,人民法院出版社 2010 年版,第
406~410 页。

医疗惯例是否遵守和执行。因此,为了避免诊疗行为所带来的损害,医务人员在治疗之前必须对一切可能发生的损害后果有所认识,并且采取措施防止损害的发生。

（二）注意义务的内容

医务人员的注意义务主要包括结果预见义务和结果避免义务两种。①

1. 结果预见义务

在判断医务人员是否违反结果预见义务时,需要注意以下几点:(1)医务人员是否具备基本的医学知识。对于危险是否有预见的可能应以一般医务人员的医学知识为判断标准,不能以医务人员自己主观的医学知识及经验为判断标准。如果医务人员欠缺必要的知识、技能而导致错误诊疗,就构成对注意义务的违反而应负相应的法律责任。(2)医务人员对医学新知识是否知晓。医务人员对医学新知识欠缺认识而导致医疗损害后果的发生,是对此项义务的违反。(3)预见义务在于预见发生结果的可能性。结果是否发生是概率问题,发生的概率愈高,医务人员应注意的程度愈大。医学上的危险即使发生的可能性极低,但有发生的可能且为一般医务人员所知悉时,即有预见的义务。(4)医疗行为包括病情检查、诊断、治疗方法的选择、治疗措施的执行、病情发展过程的追踪以及术后照护等行为。这些行为对患者的人身均有可能产生危险。因此,注意义务的范围应及于医疗行为的全部。

2. 结果避免义务

结果避免义务的内容要求医务人员在保持应有谨慎的情况下而为的法律所要求的一定的作为或不作为。违反结果避免义务成立过于自信的过失。一般而言,避免结果的发生有两种方式,一是舍弃危险行为,二是提高注意并采取安全措施。② 具体说:(1)舍弃危险行为。它要求医务人员对其预见到的医疗行为将会给患者带来危险的结果应舍弃,如果医务人员继续施行该医疗行为而给患者造成损害,就被认为存在过失。但是,如果患者处于危急状态,不立即手

---

① 艾尔肯:"论医疗注意义务",载《法学杂志》2006 第 6 期。
② 刘鑫、王岳、李大平:《医事法学》,中国人民大学出版社 2009 年版,第 85 页。

术就会有生命危险,而周围没有医术更好的医务人员,也来不及转往其他具备医疗条件医院的情况下,造成患者损害的,则可以为紧急避险抗辩,否定医务人员的过失。(2)提高注意并采取安全措施。医务人员在认识或预见其医疗行为的危险后,仍继续实行这种医疗行为,如果医务人员提高警觉而保持客观必要的更高注意,并采取了各种必要的安全措施,而使危险行为不致发生损害结果,意味着医务人员没有过失。当然,医务人员在实施该医疗行为时,必须履行其应尽的注意义务,以避免损害结果的发生。如果自信其不发生而不采取对策,一旦损害结果发生,则认定其违反了结果避免义务而承担过失责任。

(三)医疗过失的判断标准

医务人员注意义务的根据一般表现在相关的法律、行政法规、规章以及有关诊疗规范之中,在法律法规对注意义务有明确的规定时,对医疗过失责任的认定就比较容易。反之,在法律、行政法规、规章以及有关诊疗规范没有明确规定的情况下,判断医务人员的过失,应当采用"当时的医疗水平"标准,即医疗机构及医务人员在诊疗活动中应当尽到与当时的医疗水平相应的注意义务。所谓"当时的医疗水平",是指医务人员在进行医疗行为时,其学识、注意程度、技术及态度均应符合同一时期具有一般医疗专业水平的医务人员在同一情况下所应遵循的标准。[①]

笔者认为,在实践中,判断何为"当时的医疗水平",应当考虑以下因素:

1. 医疗条件

医疗条件与治疗能力密切相关。综合性大医院往往技术先进、设施齐全、人才丰富,而小医院在设备、技术、人才等方面都与综合性大医院相差甚远,其治疗能力和医疗技术水平相差悬殊。在认定过失时必须考虑到医疗条件对医疗行为产生的影响。

2. 医疗水准

医疗水准可分为"学术上的医疗水准"和"实践中的医疗水准"。前者为研

---

① 陈现杰主编:《中华人民共和国侵权责任法:条文精义与案例解析》,中国法制出版社 2010 年版,第 359 页。

究水准被学术界所认可,后者为经验水准,属普遍实施的技术。判断医生是否履行注意义务的基准应当以实践中的医疗水准为依据。

3. 医疗的地域因素

落后地区在资金、技术、人才、药品等方面都不同程度地落后于经济发达地区,故而经济发达地区与经济落后地区在医疗水平上存在差异。落后地区受到当地种种不利因素的影响,医疗技术水平不可能达到发达地区的水平。判断医疗过失应结合该地区具体情况认定,依据该地区的标准进行判断。[①]

4. 医疗的专门性因素

随着经济的发展和科技进步,现代医疗技术日趋高度专门化,其具体表现在医院的专门化和医生分工日益专业化。医务工作者依其专业,有医生、护士、检验师、麻醉师、药剂师等分工;综合性医院又分内科、外科、儿科、妇产科等科室,每个科内都有专门的医师,他们的注意标准应依其所属专业而加以判断。从专业分工的角度,专科医师对其专门领域内的注意义务标准要高于一般医师的注意义务,而对其专业领域之外的医疗行为,其注意义务不能等同于该领域的专门医生,法律应结合该医生的具体情况加以衡量。法律对某领域内的专门医生所要求的注意义务以该领域的一般医疗水准为判断标准,如果医生因医疗技术水平低于该领域的一般水准而对该患者造成损害时,可认定医生存在过失。

综上所述,判断医疗过失的标准,应当依照《侵权责任法》第57条规定,以"医务人员在诊疗活动中未尽到与当时的医疗水平相应的诊疗义务"为标准。判断医务人员注意义务时,应当适当考虑地区、医疗机构资质、医务人员资质等因素。[②]

---

① 对此,杨立新教授认为,确定医疗过错应以医疗当时的医疗水平位标准,同时参考地区、医疗机构资质和医务人员资质,确定医疗机构及其医务人员应当达到的高度注意义务。参见杨立新:《医疗损害责任法》,法律出版社2012年版,第146页。

② 在实务中,部分地区法院亦采纳了该观点。例如,北京市高级人民法院《关于审理医疗损害赔偿纠纷案件若干问题的指导意见》第29条以及安徽省高级人民法院《关于审理医疗纠纷案件若干问题的指导意见》第29条的规定。参见梁展欣编订:《民事司法规范大全——侵权卷》,人民法院出版社2013年版,第745~765页。

　　具体到本案,北京某医院作为国内权威的医疗机构,应当具备符合其专业要求且不低于行业一般水平的医学知识和技能,应对赵某吸氧可能出现的后果有所预见并采取相应的防范措施。但是,在赵某住院治疗期间,北京某医院没有对其进行相应的眼科检查,亦未邀请眼科会诊,出院时亦未告知患儿家属及时进行必要的眼科检查,说明医方对视网膜病变没有足够的重视,违反了医学专业人士应负有的谨慎注意义务。而赵某所患早产儿视网膜病变(ROP)在其早期阶段,如能密切观察,必要时进行有效的手术干预,能阻止 ROP 病程的进展。① 北京某医院的上述疏忽,使赵某丧失了这些机会。据此,一审法院认定北京某医院在本案中存在过错并判决北京某医院承担赔偿责任是妥当的,正是基于此,双方当事人才会在二审法院达成调解协议并履行完毕。

---

① 参见卫生部《关于印发〈早产儿治疗用氧和视网膜病变防治指南〉的通知》(卫医发〔2004〕104 号)。

# 案例5 会诊纠纷中共同过错责任的承担

## ——宋某、姜某、方某与南京某医院医疗
## 损害赔偿纠纷案评析

### 王 静[*]

## 一、案例

2006 年 5 月 26 日,姜某入住甲医院精神科。病历记载患方主诉没有特殊既往病史,入院诊断为"反复发作性躁狂症"。5 月 28 ~ 31 日护理记录单多次记载姜某主诉腹疼,医院未予必要的检查和治疗。6 月 2 日上午 11 时,姜某呕吐咖啡色胃内溶物约 500ml,甲医院以"洛赛克"治疗,并请本院 ICU 及乙医院消化内科会诊。11 时 42 分,甲医院开出会诊单,邀请乙医院协助诊治,并在会诊单上注明了姜某的病情。甲医院将会诊单交给宋某(姜某之妻),宋某当天中午将会诊单交至乙医院并办理了相关手续。乙医院于下午 17 点左右派出医生。该医生于 17 时 20 分左右赶至甲医院会诊。18 时,乙医院出具会诊意见:"消化道大出血……外科会诊是否手术治疗?"后经抢救无效,姜某于 21 时 30 分死亡。南京市公安局对姜某进行法医学检验,物证鉴定意见为姜某系十二指肠后壁消化性溃疡致大出血死亡。

---

\* 王静,南京市中级人民法院研究室副主任,中国保险法学研究会理事,南京大学中国案例研究中心研究员,南京大学法学院院长助理、兼职副教授。长期从事民商事司法审判实务工作及司法制度等研究,出版个人专著《保险类案裁判规则与法律适用》,在《南京大学学报》《法律适用》《人民司法》等中文核心刊物发表论文数十余篇。曾作为课题组主要成员承担国家社会科学基金项目、最高人民法院司法调研重大课题等多项国家级重点调研课题。E-mail:lerl@163.com。

一审审理期间,委托南京医学会对医院的行为是否存在医疗过失以及过失行为与姜某死亡之间是否存在因果关系进行鉴定。南京医学会作出医疗事故技术鉴定,鉴定分析意见为:甲医院的医疗行为未违反医疗规范,在患者发生上消化道大出血时,及时请专家会诊,各项救治工作得当。由于该病例的特殊性及甲医院精神科医务人员对非本专业知识的局限性,导致患者"溃疡病"的早期诊断存在不足;另外在医疗文件书写方面也存在缺陷。乙医院在接受外单位会诊的环节上存在不足,致患者未能得到及时会诊。患者死亡后经尸检,诊断为"十二指肠后壁消化性溃疡,溃疡底部小动脉被侵蚀破裂"。其自身疾病是死亡的主要原因和直接原因,死因明确。鉴定结论为本例不属于医疗事故。宋某等对该鉴定提出异议。南京医学会书面答复认为:(1)分析意见中提到"甲医院精神科医务人员对非本专业知识存在局限",指的是对消化系统疾病认识的局限性。消化科专业知识并非其他专科医生必须掌握的知识,为解决此类问题,卫生部制定了会诊制度。甲医院系专科医院,并无消化科,遇到相关问题,需请外院会诊。(2)患者系精神病人,且既往无"溃疡病"史。该患者未能早期诊断,有其自身的特殊性,并非医方违法、违规行为所致。"溃疡病"的诊断需要"胃镜"或"上消化道钡餐"的支持,而该患者属于此类检查相对禁忌范畴。(3)如能通过正常检查确诊"溃疡病",进行及时、正确治疗,肯定会减少相关并发症的发生。"溃疡病"如能及时、正确的治疗,现有效控制率超过95%。

原告宋某等认为甲医院、乙医院在诊疗过程中违反基本诊疗常规,导致患者的病情没有得到控制和及时有效的治疗,对患者的死亡负有连带责任。请求判令甲医院、乙医院连带赔偿医疗费2100元、死亡赔偿金246380元、精神损害赔偿金50000元、丧葬费10478.59元、被抚养人生活费30177元、尸检费2500元,并承担诉讼费。

甲医院辩称其诊疗行为符合医疗常规,患者的死亡与其病情的凶险和医学科学的局限性有关,且精神科医生的注意能力和法定义务有别于消化专科医生的标准和要求,因此不应承担赔偿责任。乙医院辩称姜某与乙医院不存在医疗服务关系,其会诊行为符合卫生部关于会诊的规范,患者的死亡是自身疾病导致的后果,与乙医院的会诊行为没有因果关系,因此不应承担责任。

南京市鼓楼区人民法院经审理认为:普通医生应具有对于消化性溃疡病的基本医学知识。姜某的溃疡病早期症状属于一般医师应该掌握的医学知识,甲医院对此应具有相应的注意能力与义务。但在姜某多次腹痛的情况下,甲医院疏于履行注意义务,构成医疗过失行为,且该过失行为与姜某死亡之间存在因果关系,甲医院应承担赔偿责任。甲医院在邀请乙医院会诊时,交由患者家属自行送交会诊单的行为也违反了会诊的相关规定。乙医院接受会诊请求,即负有在合理的时间内诊治的义务。但乙医院在当天中午接受了会诊请求后,迟至下午17时才派出医生会诊,造成对姜某诊治的迟延,构成医疗过失。乙医院的医疗过失行为致患者未能得到及时会诊,与患者的死亡之间具有因果关系,也应承担赔偿责任。"溃疡病"如得到及时、正确治疗,疾病的有效控制率较高。由于两家医疗机构的过失,姜某未得到及时诊治,因此,医疗过失行为是姜某疾病发展至死亡的主要原因。同时,姜某住院时无溃疡病的既往病史陈述,其自身精神疾病又属于相关检查的相对禁忌范畴,也影响了正确诊断和治疗,且当姜某发生消化道出血后,其抢救难度增大,故酌定甲医院、乙医院对其医疗过失行为共承担60%的赔偿责任。乙医院与甲医院的各自医疗过失行为间接结合致损害后果发生,二者应各自承担相应的赔偿责任。甲医院在姜某疾病发生的早期未能尽到注意义务,是姜某死亡的主要原因,应承担65%的赔偿责任。乙医院会诊迟延是姜某死亡的次要原因,应承担35%的赔偿责任。据此,判决甲医院赔偿宋某等医疗费、死亡赔偿金、丧葬费、法医学检验费、精神损害抚慰金及姜一的被扶养人生活费等共计人民币138393.6元;乙医院赔偿宋某等医疗费、死亡赔偿金、丧葬费、法医学检验费、精神损害抚慰金及姜某被扶养人生活费等共计人民币74519.7元。

宣判后,甲医院和乙医院不服一审判决,提起上诉。南京市中级人民法院经审理认为,甲医院和乙医院均有医疗过失行为,且其过失行为与姜某的死亡之间有直接因果关系,其中,甲医院的医疗过失行为是主要原因,乙医院的医疗过失行为是次要原因,原审法院事实清楚,适用法律正确,判决:驳回上诉维持原判。

## 二、法律评析

### (一)会诊医院是否构成侵权行为

侵权行为的构成要件包括四个方面,即加害行为、主观过错、损害后果、因果关系。本案中,患者入住甲医院,甲医院即对受害人负有救治义务,由于甲医院医生怠于救治的行为致使患者死亡,患者死亡这一损害后果与甲医院的行为之间无疑具有因果关系,本案的关键是甲医院在主观上究竟有无过错。甲医院辩称精神科医生不具有其他疾病的专业知识,认为其未能及时发现患者的"消化性溃疡"主观上无过错。但是,从一般社会认知出发,执业医生对于非本专业的疾病应当具备起码的基本知识。精神科医生均受过医学专业教育,消化性溃疡作为常见性疾病,其理应了解该疾病的一般症状,且从姜某在甲医院的住院病历来看,在其主诉"胃胀""喉咙痛"时,甲医院给予多潘立酮、急支糖浆等对症用药,说明甲医院的医生亦掌握一定的非精神科专业医学知识。但在姜某连日多次诉"腹痛""小腹痛""腹部仍有点痛"之时,甲医院只在 2006 年 5 月 29 日进行了腹部透视检查,在当日的病程记录中作了一次记载,在未能发现姜某"腹痛"原因的情况下,未再采取其他相应的对症检查和治疗。根据住院病历的记载,可以认定甲医院未能重视姜某对病症的主诉,未在能力范围内采取及时、有效的检查和治疗措施,延误了姜某疾病的诊治,存在医疗过失。另外,甲医院还主张由于精神疾病患者对于病症的诉说具有不确定性,因此妨碍了其对患者非精神疾病的判断与治疗。甲医院作为一家专门治疗精神性疾病的医院,对于精神疾病患者所负之注意义务显著高于其他普通医疗机构,其理应仔细甄别患者对于身体症状的主诉哪些是由精神症状引起的,而哪些又是其他疾病引起的。患者的精神疾病不应成为其降低注意义务的理由,甲医院的这一抗辩理由显然不能成立。

乙医院作为会诊医院,是否存在医疗过失的问题则相对比较复杂。首先,乙医院对患者是否有加害行为。乙医院在接受甲医院的会诊请求之前与患者之间没有医疗服务关系,但在其接受会诊请求之后,其与患者之间即产生了医疗服务关系,应当及时地对患者的病情进行会诊并提出治疗建议。乙医院在13时30分同意了甲医院的紧急会诊请求后,就应当立即派专科医生前往会诊,但由于乙医院内部管理上的疏忽,专科医生直到17时20分才赶到甲医院,而且两家医院相距极近,乙医院未及时派遣医生进行会诊,违反了医疗机构应尽的基本注意义务,构成医疗过失,造成患者可能存活机会的丧失,与患者的死亡之间具有一定因果关系。乙医院辩称由于目前尚无明确的规定要求会诊何时进行,因此其迟延会诊行为主观上没有过错。卫生部《医师外出会诊暂行规定》第 7 条规定:"会诊医疗机构接到会诊邀请后,在不影响本单位正常业务工作和医疗安全的前提下,医务管理部门应当及时安排医师外出会诊。"但乙医院并没有提供证据证明其未安排医师及时会诊是受"本单位正常业务工作和医疗安全"的影响。况且,乙医院与甲医院仅一墙之隔,会诊医生竟然在会诊指令发出后四小时才赶到甲医院,其主观过错极为明显。因此,乙医院的行为已符合侵权行为的构成要件,理应承担侵权责任。

(二)会诊医院与治疗医院之间是否构成共同侵权

如前所述,甲医院和乙医院的行为均已构成医疗侵权行为,但两家医疗机构是否构成共同侵权行为? 其责任又应如何分配?

所谓共同侵权行为是根据侵权行为人个数对侵权行为所作的分类,是相对于单独侵权行为的一种侵权行为形态。传统民法理论认为共同侵权行为是指两个或两个以上的民事主体,基于共同的过错或行为,侵害他人人身权利或财产权利的违法行为。构成共同侵权的,各加害人对受害人损失承担连带责任。共同侵权行为有以下三个特征:(1)主体的复数性。即有两人或两人以上的加害人存在。其中,加害人可以是自然人,也可以是法人或其他社会组织,且均为独立承担民事责任的主体。(2)主观上一般应具有共同过错。这种过错不是指每个行为人都有致人损害的过错,而是强调侵权行为人具有共同致人损害的故意或过失。正是这种共同的故意或过失使数人的行为联结为共同行为。这是一般共同侵权行为最本质、最重要的特征之一，此特征使一般共同侵权行为区别于其他数人侵权行为。（3）行为所致损害后果是统一的、不可分割的。侵权行为是原因，造成他人损害是结果，任何一个共同侵权行为人的行为都对结果的产生发挥了作用，即各种行为交织在一起，共同发生了作用。在数个行为人的行为中，共同侵权行为并不要求每个行为人都实际地从事了某种行为，它可以是两个人共同决定，由一个人完成；也可以是一人起主要作用，另一人起辅助作用，如教唆、帮助等。在共同侵权中，因果关系不是从每个人的个别行为的原因力来判断的，而是从共同侵权行为整体对结果的原因力来判断的。行为所造成的后果是同一的，如果各行为人是针对不同的受害人实施了侵权行为，或者即使针对同一受害人，但是不同的权利分别遭受侵害，损害后果在事实上和法律上能够分开，则有可能构成分别的侵权行为，而不是共同侵权行为。

从共同侵权的发展历史来看，经历了从主观主义说向客观主义说的演变过程，主观主义强调各侵权人之间主观上要有共同过错。早期的共同侵权强调各侵权人之间的意思联络，即共同侵权以共同故意为必要，数人的共同过失不能成立共同侵权，但将共同过失排除在共同侵权之外，与侵权法的过错责任原则有冲突，且不利于保护受害人利益。因此，共同故意说开始向共同过错说发展，认为只要数行为人主观上有共同过错（共同故意和共同过失）即可构成共同侵权。但是，随着社会经济历史条件的发展，共同过错说（主观主义立场）在保护受害人方面仍然存在着不足，为更充分地保护受害人的利益，客观说应运而生。客观说主张共同侵权不需要主观上的共同过错就能够成立，当各加害人赔偿能力不一致时，连带责任可以提高受害人可能得到全部赔偿的可能性，但客观说对加害人显然过于苛刻。

传统上，我国侵权法的司法实践和理论一直采共同过错说。但最高人民法院《关于审理人身损害赔偿案件适用法律若干问题的解释》（以下简称《解释》）在承认主观主义立场的同时，也承认了客观主义立场，《解释》第3条第1款将"无共同故意或共同过失，但其侵害行为直接结合发生的同一损害后果的"，也构成共同侵权，应当承担连带责任。《侵权责任法》也采取这一立场，第

11条规定"二人以上分别实施侵权行为造成同一损害,每个人的侵权行为都足以造成全部损害的,行为人承担连带责任"。在此,共同侵权并不需要《民法通则》及《侵权责任法》第8条所要求的"共同实施",数个侵权人即使没有共同过错的,但其"分别实施"的侵权行为和整个损害后果间有因果关系的,也构成共同侵权,须承担连带责任。①

因此,从《解释》和《侵权责任法》的角度来判断本案中两家医疗机构的行为是否构成共同侵权就不能仅仅从是否具有共同过错这一标准来判断,而要以两家医疗机构的行为是否"直接结合"或每一行为是否均"足以造成全部损害"的角度来判断。首先,甲医院和乙医院没有"共同实施"医疗侵权行为。甲医院怠于治疗的行为在前,乙医院迟延会诊的行为在后。两家医疗机构主观上无意思联络,均没有加害的故意;患者的死亡也不是其共同造成的结果。共同故意显然是不存在的。那么,两家医疗机构是否构成共同过失呢?民法上所谓过失是指行为人"应注意能注意而未注意"致损害发生,是"预见及预防侵害他人权利的行为义务"。② 共同过失是指各行为人对其行为所造成的损害后果具有相同或相似内容的过失,即在共同实施行为的过程中,行为人对共同行为可能造成的损害后果具有共同的可预见性,但因疏忽或者懈怠而违反了共同的注意义务,未采取合理的措施避免损害的发生,并由此造成同一损害后果。在共同的生产、经营和其他社会活动中,人们相互间协作、联系和影响的机会日益增加,共同行为就会产生出共同的注意义务,对共同的注意义务的违反,即为共同过失。

本案中,甲医院和乙医院并未共同进行医疗行为,其各自的医疗行为所负的注意义务内容并不相同。对甲医院而言,其理应认识到受害人的"腹痛"可能是消化性溃疡,并应采取及时的治疗措施,但因懈怠而未积极对症治疗;对乙医院而言,其理应在接到会诊单后及时派出专科医生进行会诊,但由于疏忽而未及时会诊。两医疗机构既无共同的注意义务,也就谈不上对共同注意义务的

---

① 叶金强:"共同侵权的类型要素及法律效果",载《中国法学》2010年第1期。
② 王泽鉴:《债法原理·侵权行为法》,中国政法大学出版社2001年版,第259~260页。

违反,当然也不能成立共同过失侵权。

根据《解释》和《侵权责任法》的规定,即使没有共同故意或者共同过失的,但如果行为人的侵权行为"直接结合"或者分别实施的侵权行为均足以造成全部损害后果的,即使不能构成共同侵权,也须承担连带责任。那么,本案中两家医疗机构的行为间是否符合此种特殊形态的共同侵权呢?

所谓侵害行为的直接结合在侵权行为法上也称行为竞合,是指数个行为结合程度非常紧密,对加害后果而言,各自的原因力和加害部分无法区分。[①] 通常可以从以下几个方面去判断:其一,各行为人的行为均为积极的加害行为,即直接侵害他人生命、身体、健康等权利客体的行为。其二,各行为人的行为与行为之间是一个直接的、不可分割的整体,加害行为在时空上具有同一性。加害行为相互结合而为损害结果的唯一原因。其三,损害结果不可分,即具有同一性。二人以上的行为符合以上条件的,即属行为竞合,构成共同侵权,各侵权责任人承担连带责任。本案中,两家医疗机构的行为都不是积极的加害行为,而是消极的不作为,而且各自的加害行为在时空上不具有同一性,因此,不能认定两者的侵权行为之间是直接结合,两家医疗机构无须承担连带责任。

与行为竞合密切相关的是原因竞合。所谓原因竞合,即数个原因间接结合发生同一损害结果,也就是所谓多因一果。在多因一果的情形下,多个原因行为的结合具有偶然性,但这些行为对损害结果而言并非全部都是直接或者必然地导致损害结果发生的行为,其中某些行为或者原因只是为另一个行为或者原因直接或者必然导致损害结果发生创造了条件,而其本身并不会也不可能直接或者必然引发损害结果。《解释》称原因竞合为"间接结合",《解释》第3条第2款规定"二人以上没有共同故意或者共同过失,但其分别实施的数个行为间接结合发生同一损害后果的,应当根据过失大小或者原因力比例各自承担相应的赔偿责任"。多因一果系数人无意思联络的分别行为间接结合在一起,相互助成而发生同一损害后果。其构成要件是:第一,各行为人的行为对损害结果

---

① 最高人民法院民事审判第一庭编著:《最高人民法院人身损害司法解释的理解与适用》,人民法院出版社2004年版,第63页。

的发生均有原因力。第二,各行为人的行为相互间接结合。间接结合的判断标准:数行为作为损害结果发生的原因不具有同时性,通常是相互继起,各自独立,但互为中介;数行为分别构成损害结果的直接原因和间接原因。第三,各行为人没有共同的意思联络,且各行为人主观上非属故意侵权或者故意犯罪。第四,损害结果同一。由于多因一果致人损害并非数人共同积极加害,故其责任承担与共同侵权不同,即不承担连带责任,而是根据行为人的过错大小或者数行为致损害结果发生的原因力比例分别承担相应的民事责任。

本案中,甲医院和乙医院的行为应当属于原因竞合。具体而言,甲医院的不当治疗行为是患者死亡的直接原因;乙医院的迟延会诊行为是患者死亡的间接原因。两家医疗机构分别独立实施的侵权行为共同造成了患者死亡这一损害后果。这两个相互继起的加害行为在时空上不具有同一性,且均不足于造成全部损害后果,因此,属于典型的"间接结合"的侵权行为,应当以"过失大小"或者"原因力比例"来确定两家医院所应承担的赔偿责任份额。患者在甲医院接受治疗,甲医院在患者住院期间多次忽略了其较为典型的消化性溃疡症状,致使患者的消化性溃疡发展至消化道大出血从而最终导致患者死亡。根据医学会的答复意见,消化性溃疡如能得到及时、正确治疗的,死亡率极低。因此,甲医院怠于治疗的行为是患者死亡的主要原因,应该承担主要赔偿责任;乙医院迟延会诊的行为则使患者进一步丧失了及时获得救治的存活机会。因此,乙医院应承担次要责任。由此,法院酌定判令两家医院分别承担65%和35%的赔偿责任。

在处理涉及多家医疗机构的医疗行为共同造成某一医疗损害后果时,首先需要判断各家医疗机构的医疗侵权行为是否具有共同过错,如果没有共同过错但各侵权行为是直接结合导致损害后果发生的或者每一侵权行为均足以造成全部损害后果的,则构成共同侵权,须承担连带责任;如果各侵权行为是间接结合造成同一损害后果的,则应分别承担责任;如果能够确定责任比例的,各自承担相应的责任,不能确定责任比例的,则应当平均承担责任。

# 非医疗过错类型医疗纠纷

## 案例1 患者索要手术标本投诉处理
### ——王某文与某医院医疗纠纷案评析

刘 鑫 陈 伟[*]

### 一、案例

患者王某真,男,70岁。2011年5月13日,患者因患糖尿病20多年,左下肢坏死1月余来院就诊。医师在做了全面系统检查后明确了诊断:糖尿病伴左下肢坏死。因左下肢坏死严重,无法保留,且有进一步蔓延趋势,可能造成更为严重的后果。因此,经治医师提出行左下肢截肢术的方案。在与患者及其家属充分沟通之后,患者本人及家属都同意行该手术,于是签署了知情同意书。2011年5月19日上午8时,在全麻下行左下肢截肢术,手术顺利,患者安全返回病房。然而,让人意想不到的事情在下午发生了。

下午2时许,患者的大儿子王某文来到医院找主刀医师张某军索要其父王

* 刘鑫,中国政法大学证据科学研究院教授、硕士研究生导师,《证据科学》编辑部主任,医药法律与伦理研究中心主任。主要兼职:北京大学法学院硕士研究生导师,中华医学会、北京市医学会医疗事故技术鉴定专家库成员,中国法医学会医疗损害鉴定专业委员会主任委员等。出版著作:《医院投诉管理工作指南》《医疗损害赔偿诉讼实务》《侵权责任法医疗损害责任条文深度解读与案例剖析》《医疗侵权纠纷处理机制重建》《医事法学》等。发表论文:《医疗过错鉴定规则体系研究》《医疗损害鉴定之因果关系研究》等。
陈伟,北京积水潭医院患办主任、社会工作师、中国卫生法学会理事、中国医院协会医疗法制专业委员会委员、中国医师协会维权委员会委员、北京卫生法学会患者安全专业委员会秘书长、中国政法大学医药法律与伦理研究中心副主任。QQ:69452369。

某真手术中切下来的肢体。面对患者儿子索要手术标本,主刀医师琢磨,这切下来的肢体毫无用处,而且是生物组织,常温下无法保存,他们家要这东西干什么呢?但北京的医师大多都有一定的政治觉悟,主刀医师张某军转念一想,不对,万一他们家真有什么官司或者麻烦,家人扛着这手术切下来的标本到政府部门或者敏感场所上访,那就麻烦了。想到这里,主刀医师张某军认为不应当把这手术切下来的肢体给患方。但是,面对主刀医师的拒绝,患者儿子丝毫没有退让罢休的意思,坚决要主刀医师把其父亲的肢体给他们。所以双方为此发生了争吵,最后还发生了肢体接触。

医患办林主任接到骨科护士长的电话后,5 分钟不到就赶到了骨科病区,介入到主刀医师和患者儿子的这场纠纷中来了。林主任在简单了解了纠纷发生的前因后果之后,突然他意识到一个关键的问题并没有搞清楚——患者儿子为什么要这手术切下来的标本?如果没有弄清楚这个问题,这就是一场糊涂纠纷。

于是,林主任对患者儿子说:"咱们先不着急啊,坐下来慢慢说。"

患者儿子王某文闹了一天了,又渴又累,当即表示愿意跟医患办主任聊聊。随后跟医患办林主任来到医患办接待室。

林主任在简单安抚患者儿子王某文后,单刀直入对其发问:"这手术切下来的东西都是医疗废物。你能告诉我你为什么要这手术切下来的肢体吗?如果你讲得在理,我会支持你,站在你这边,我帮你跟院长和主刀医师说去;如果你讲得不在理,那我也无法支持你。"

患者儿子王某文说:"我妈去世早,我爸这一辈子不容易,在我们很小的时候母亲就去世了,一直是爸爸一个人在抚养我们几兄弟。现在我们哥几个长大了,也挣了点钱,都想让他老人家安度晚年,结果没想到他老人家得了糖尿病,还发生了足坏死,也怨我们没有及时带他就医,耽误了,弄成现在这个样子,成了残疾人。"

王某文说到这儿,喝了一口水,咳了两声,接着说:"所以我们几兄弟都很自责,昨天晚上大家碰一块商量了一晚,最后大家说,无论如何也要给老人做最后的弥补,把他的腿拿回家去,储存好,将来百年之后,还他一全……"患者儿子突然意识到不吉利,所以后面的"尸"字没有说出了。

林主任说:"王先生,别难过。通过你讲的这些,我明白了,你们几兄弟都是孝子,我敬佩你们,我也愿意站你们这边,支持你,我同意让你们把你父亲的腿拿回家去。我有一个两全其美的办法,你看行不行。"

"什么办法?"患者儿子着急地问。

"我们医院专门有一个烧标本的焚化炉。既然你们要老人的腿,而目的又是为了百年之后使用,我可以跟我们医院管焚化炉的师傅打个招呼,让他单给你爸这腿烧一炉,然后你把这骨灰拿回家去,不就得了吗? 既实现了你们作为子女的愿望,又便于保存。"

没想到患者儿子马上就表态:"行,就按您的意见办,我们同意。谢谢您,林主任!"

接下来,林主任叫来管患者王某真的住院医师,制作了《手术标本火化处理知情同意书》。医患双方签了字,很快患者王某真手术切下来的肢体便火化了。

最后,患者儿子高高兴兴地抱着他父亲的腿的骨灰就回家了。

这起患方索要手术标本的投诉圆满解决了,其实最近几年来,患方索要手术切下来的标本的纠纷时有发生,在林主任工作的医院发生了好几起,媒体也报道过类似的诉讼案件。医患办接下来根据医院的《医疗风险防范与改进制度》制定了相应的防范这类纠纷再次发生的方案。

他们的办法是,相关手术科室在制作知情同意书的时候,把患者标本的处置内容加进去,让患者在签署知情同意书时,同时对手术标本的处理明确表态。手术同意书加入以下内容(涉及死胎处置的告知,与此相似):

手术切下的比较大的人体标本所有权归患者,但如果患者患有传染性疾病可能造成传染病传播的,由医疗机构按照《传染病防治法》和《医疗废物管理条例》的有关规定进行消毒处理,并按医疗废物进行处置。

经查患者未患有传染病的,手术标本处理方式有两种:(1)较大的手术标本可由患者自行处置;(2)患者也可授权医院代为处置,医院可以按照有关规定,按医疗废弃物处理。(患方选择自行处理者,还应当告知自行处理的要求及处理不当的法律后果。)

对于本人的手术标本,本人自愿选择以上第几种处置方式。

如患方对手术标本处置不予表态,视为患者授权医院对手术标本按照相关规定进行处置。如果涉及医疗机构对手术标本做病理检验,应当在病理检验之后患方自行来院取走标本,逾期不取走者,视为授权医院代为处理。

## 二、法律评析

### (一)医疗废物处理的相关法律规定

凡人类一切活动过程产生的,且对所有者已不再具有使用价值而被废弃的物质统称为废物。有时特指废弃物,指被丢弃的固体状物质和泥状物质。其实,废物只能说是一个相对概念,因为世界上没有一种绝对没有使用价值的东西。我们将某一物体称之为废物,是因为它对其目前的所有者来说确实没有什么使用价值了,或者说目前没有使用价值了,因而给其贴上废物的标签。但其实,如果这一物品转移到另外一个人手上,则可能具有使用价值,有时甚至具有非常大的使用价值。所以,有人说废物是由于人的认识上的局限性,而不知道它的用处或未被认知的东西、事物等。废物是相对的,不是绝对的。

#### 1. 医疗废物的定义与特点

医疗废物,是指医疗卫生机构在医疗、预防、保健以及其他相关活动中产生的具有直接或者间接感染性、毒性以及其他危害性的废物。这一定义出自2003年6月16日国务院颁布的《医疗废物管理条例》。因此,这是目前我国对医疗废物的权威定义。

关于医疗废物的定义,包含以下三层意思。一是医疗废物首先是废物,它应当符合一般废物的要求,具有一般废物所应当具备的特点;二是它产生于医疗过程之中,是医疗活动产生的没有使用价值的东西;三是有可能产生危害,具体而言可能造成疾病传播,或者对环境或者他人、动物产生毒性作用,或者可能产生其他的危害。尤其是医疗废物可能产生危害的这一特点,因而对于医疗废物的处理必须要谨慎,不可随便给其他单位或者个人,不可随便丢弃,不可与生活垃圾混装,而应当做无害化处理。《医疗废物管理条例》及其相关的配套文件正是在这样的背景下制定的。医疗废物中可能含有大量病原微生物和有害化学物质,甚至会有放射性和损伤性物质,因此医疗废物是引起疾病传播或相关公共卫生问题的重要危险性因素,因而医疗废物已列入《国家危险废物名录》。

2. 医疗废物的分类

《医疗废物分类目录》将医疗废物分为五类。

(1)感染性医疗废物是指携带病原微生物具有引发感染性疾病传播危险的医疗废物;塑料制品医疗废物,包括被病人血液、体液、排泄物污染的物品,传染病病人产生的垃圾等。

(2)病理性医疗废物是指在诊疗过程中产生的人体废弃物和医学试验动物尸体,包括手术中产生的废弃人体组织、病理切片后废弃的人体组织、病理蜡块等。

(3)损伤性医疗废物是指能够刺伤或割伤人体的废弃的医用锐器,包括医用针、解剖刀、手术刀、玻璃试管等。

(4)药物性医疗废物是指过期、淘汰、变质或被污染的废弃药品,包括废弃的一般性药品,废弃的细胞毒性药物和遗传毒性药物等。

(5)化学性医疗废物是指具有毒性、腐蚀性、易燃易爆性的废弃化学物品,如废弃的化学试剂、化学消毒剂、汞血压计、汞温度计等。

3. 手术标本属于医疗废物

手术标本是指患者在医疗机构接受手术的过程中,因手术需要对正常人体组织进行剥离而产生的废弃的组织,以及发生病变、破损、功能丧失无法保留或者不宜保留的组织或者器官。根据《医疗废物管理条例》及《医疗废物分类目录》的相关规定,手术标本属于医疗废物,具体归入医疗废物的类别则需要区别其有害性质,一般可以归入感染性医疗废物、病理性医疗废物。有的手术标本切下来之后,医疗机构为了明确诊断,还需要对其进行病理学检验,之后按照医疗废物予以处理。有时手术标本则无需做后续的医学检验,直接作为医疗废物予以处理。当然,还有的手术标本,由于有独特的医学科研、教学价值,因此,医疗机构会加以反腐败处理,长期保存。

(二)身体权、尸体权及离体组织器官相关的权利

1. 身体权

(1)身体权的概念。身体权是指自然人保持其身体组织完整并支配其肢体、器官和其他身体组织并保护自己的身体不受他人违法侵犯的权利。身体是生命的物质载体,是生命得以产生和延续的基础;健康是身体维系运转的保障,是身体各组成的组织、器官有机联络并发挥功能条件。可见,身体权与生命权、健康权密切相关。由此决定了身体权对自然人至关重要,侵害自然人的身体往往导致对自然人健康的损害,甚至造成生命的终结。不过,生命权、健康权、身体权的内容还是有明显的界限。生命权以保护自然人生命的延续且不得非法剥夺为内容;健康权是保护自然人的生理机能正常运转并不为他人侵犯为主要内容;而身体权所保护的是身体组织的完整及对身体组织的支配,排斥其他任何人的非法侵害。

身体权的概念在我国法律中虽然没有直接规定,甚至包括与保护公民基本权益的《侵权责任法》也没有身体权的概念。[①] 但是,在我国相关的法律中明确规定,公民享有其身体不受侵犯、不受伤害以及保持其完整的权利。我国《宪法》第 37 条第 3 款规定:"禁止非法拘禁和以其他方法非法剥夺或者限制公民的人身自由,禁止非法搜查公民的身体。"我国《民法通则》第 119 条规定:"侵害公民身体造成伤害的,应当赔偿医疗费、因误工减少的收入、残废者生活补助费等费用;造成死亡的,并应当支付丧葬费、死者生前扶养的人必要的生活费等费用。"此外,最高人民法院在《关于贯彻执行〈中华人民共和国民法通则〉若干问题的意见(试行)》第 146 条、《刑法》第 234 条都有类似的保护性规定。

---

① 《侵权责任法》第 2 条第 2 款规定,本法所称民事权益,包括生命权、健康权、姓名权、名誉权、荣誉权、肖像权、隐私权、婚姻自主权、监护权、所有权、用益物权、担保物权、著作权、专利权、商标专用权、发现权、股权、继承权等人身、财产权益。

（2）身体权的特征。身体权是人身权的一种，是人身权的下位概念，一般来说身体权具有如下三个方面的特征。

第一，身体权为公民的基本人格权之一，是自然人对自己的身体所具有的完全性的支配权。因此，身体权受我国宪法、刑法以及民法的保护，属于《侵权责任法》调整的重要内容。身体权和所有权都属于支配权，但它们支配的客体不同。所有权支配的是物，身体权支配的是公民的人格。

第二，身体权的客体是自然人的人身，是自然人身体保持完整的利益。身体是自然人成为社会活动主体的载体，是自然人存在于客观世界的形式，因而也是具体的"人"的表现。身体是自然人具有权利能力的物质前提，离开身体，自然人就无任何权利。如果人的身体残缺，就会导致自然人全部或者部分丧失行为能力，因而实际上也无法享有某些利益。身体权的设定，就是要保护公民身体的完整性及由此而产生的相关利益，且不被非法破坏或者侵犯，即使遭到破坏或者侵犯，也能得到适当的救济。

第三，身体权体现在身体权人有权支配自己身体的组成部分。自然人可以将自己身体某些组成部分，如皮肤、肾脏等，转让给他人。如果其他人违反公民的意愿，使用公民身体的某些组成部分，就侵犯了公民的身体权。不过，身体权人在行使对自己身体组成部分的支配权利时，应当受到一些制约。比如，器官捐赠，一般是身体权利人生命终结时才能捐赠，如果是活体器官捐赠，必须要满足一定的条件，比如捐赠不能有对价；不满18周岁不得活体捐赠，等等。

2. 尸体权利

自然人死亡之后即意味着生命权的终结，健康权也就不再存在，但是作为生命、健康所承载的物质基础——"身体"，此时称之为尸体，却仍然存在，只是现在不再具有生命。随着时间的推移，如果没有适当的外界条件的干扰，尸体将逐渐走向消灭。从这个角度来说，尸体似乎没有任何的法律意义了。但是，尸体是一个自然人个体在曾经有生命时作为社会角色产生的所有社会价值内容的投射对象，在其生命终结之后，这些具有社会意义的所有的东西仍然会与尸体密不可分。所以，从这个角度来说，尸体仍然具有法律意义。

尸体权包括两个方面。一是指自然人死亡之后其尸体保持完整性并不得随意侮辱、处置的权利。其近亲属行使这项权利,并排斥任何其他人不得非法阻碍这项权利。当然,保持尸体完整性的权利不是绝对的,如果死者生前有遗体捐赠或者死后器官捐赠的意愿,在其死后其近亲属有义务来完成死者的遗愿,通知接受捐赠方。接受捐赠者必须尊重遗体,按照法律和伦理要求对尸体或者组织器官处置。二是死者近亲属享有吊唁死者的权利。中国乃重孝道之国,吊唁是死者的近亲属及友人怀念死者、纪念死者、感激死者的一种特殊形式。吊唁权也是一种特殊的人格利益,老人故去,子女进行吊唁乃人之常情,亦是受法律保护的一项权利。尸体权利中,不涉及由医疗机构处置的问题,但涉及尸体器官捐献与摘取的问题。因此,任何非法侮辱、破坏尸体的行为,任何非法摘取尸体组织器官的行为,都于法不容,因而相关的行为人应当受到法律的追究。

3. 离体组织器官相关的权利

自然人身体上的组织器官是与其人身密不可分的有机组成部分,任何人不得非法摘取或者侵犯,这比较好理解。但是,如果相关的组织器官因为特殊原因脱离了自然人人身,该自然人还对这些组织、器官享有所有权吗?

组织、器官脱离人体的原因有:一是因为意外事件发生组织器官的脱离,多见于工伤事故、交通事故;二是因为医疗需要切除、摘取,当然包括医疗事故的误切、误摘。但是,无论是哪种原因,由于这些离体的组织器官原本属于原自然人身体的一个部分,现在因特殊原因造成了离体,这些器官对原所有者而言仍然具有特殊的价值或者意义。一方面,可以通过医学手段将这些组织器官与原所有者恢复为一体,使其仍然成为该自然人身体的一部分,恢复其原有的功能和作用。这对该组织器官的原所有人来说,意义非常重大,法律当然要保护。另一方面,即使这些离体的组织器官无法与其原来所依附的身体恢复为一个整体,或者是该组织器官已经有严重的病变,没有必要与其原来依附的身体恢复为一个整体,这样的组织器官似乎是医疗废物,但是,对于该组织器官原所有者而言,仍然是其身体权的延伸,对原所有人有着特殊的意义和价值。比如,该原所有人希望用医学方法予以保存,以便将来可以查看或者纪念;或者原所有人担心别有用心的人采用不恰当的方法处置,因而要求自己亲自处理;或者原所有人有特殊的宗教信仰,自己的离体不能存活的组织器官必须特殊处置。显然,离体组织器官的所有权仍然归其原所有人。任何人未经其原所有人同意而非法占有、使用、收益或者处分,都是违法行为,都应当承担相应的法律责任。

(三)患方自行处理尸体及离体组织器官权利的限制

前已述及,死者近亲属享有处理死者尸体的合法权益,任何人不得非法阻挠或者非法处置。患者对其离体的组织器官享有所有权,自己有权决定其最终的归属、去向的权利,任何人不得非法阻挠或者未经患者同意而非法处置。但是,死者近亲属和患者本人的这类权利是有限制的,权利主体在行使这类权利的时候,应当受到法律的限制。

1. 尸体处置权的限制

尸体处置权的限制主要在于两个方面:一是死者生前患有传染性疾病,尤其是烈性传染性疾病,对死者尸体首先应当进行专业化的卫生处置,方能由相关的尸体处理专门机构进行处理。《传染病防治法》第46条规定,患甲类传染病、炭疽死亡的,应当将尸体立即进行卫生处理,就近火化。患其他传染病死亡的,必要时,应当将尸体进行卫生处理后火化或者按照规定深埋。卫生部2005年9月1日实施的《传染病病人或疑似传染病病人尸体解剖查验规定》第15条也有类似规定。二是如果死者的遗体有特殊的科研价值,有关单位向有关部门提出申请后,在征得死者家属同意的情况下,对死者的尸体也不做火化,而是予以保留供科学研究之用。或者在征得死者家属同意之后,相关机构对尸体进行解剖之后,再交由家属处理。

2. 离体组织器官处置权的限制

患者对其离体组织器官享有的处置权同样也受到限制。一是患者患有传染病的情况下,其离体组织器官应当按照《医疗废物管理条例》等有关规定进行处理。《传染病病人或疑似传染病病人尸体解剖查验规定》第12条规定,在解剖查验过程中,对所产生的医疗废物应当按照《医疗废物管理条例》等有关规定进行处理。卫生部2005年3月31日在《关于产妇分娩后胎盘处理问题的批复》中明确规定,如果胎盘可能造成传染病传播的,医疗机构应当及时告知产妇,按照《传染病防治法》《医疗废物管理条例》的有关规定进行消毒处理,并按照医疗废物进行处置。二是为了明确诊断,对手术等医疗行为切下来的组织器官进行病理学检验,以明确基本诊断或者查清楚病因。由于病理学检查需要制作切片,或者进行特殊的组织化学处理,对手术切下来的组织器官必然有损耗,不可能全部复原或者归还患者,因此,应当允许医疗机构依诊疗需要而对手术切下来的组织器官予以适当处理,患方不得以此追究医疗机构的法律责任。三是离体的组织器官有重要的教学或者科学研究价值,相关机构在征得原所有人同意后,可以保留作教学或者科学研究之用。所以本案中患者家属要求医院将手术切下来的患者的肢体还给患方,由于患者没有传染性疾病,其肢体也没有涉及科学用途,因此其要求符合法律规定,医疗机构应予归还。不过,医疗机构的最终处理方法更合理,它权衡了肢体处理的各种权利和可能存在的问题,目前来看不失为一种最佳处理措施。

（四）死胎及胎盘处置的法律问题

1. 死胎处置的法律问题

死胎是一种特殊的"尸体",说它是特殊"尸体"是因为它是胎儿死亡后留下的"遗体",然而胎儿不是人,不具有自然人的基本属性,当然也就不是尸体。但是胎儿具有准人格权,因而有准生命权、准健康权和准身体权。胎儿死亡后,自然应当有准尸体权。所以对于死胎不能随便贴上医疗废物的标签。

死胎由于已经没有生命,因而死胎相关的权利与《继承法》中规定的保留胎儿的继承份额的先期法律权益的保护有所区别,也不存在延续的人格利益保护的问题。但是死胎,尤其是足月死胎,仍具有一定的人格利益和伦理道德因素的特殊的物。其所有权应归于其亲属,如何处置应当尊重其亲属的意愿。

因此,关于亲属对死胎享有权利的主要内容应当包括四个方面:（1）对死胎享有管理和殡葬的权利;（2）对死胎享有部分处分权,但仅限于不违背善良风俗的死胎捐献与合法利用;（3）对于捐献死胎给予补偿的收取权;（4）当死胎受到侵害时,享有防止侵害、祛除损害的请求权以及损害赔偿的请求权。① 由此可见,孕妇在医疗机构内,无论什么原因造成流产或者施行引产术,术后产生的死胎如何处理,只要没有涉及法定应当限制患者处置权行使的情形,都应当尊重患者处置死胎的意愿和权利,因此应当由患者做出选择。不过,对于患方选择自行处理死胎的,医疗机构有义务告知患方相关的内容:(1)死胎是生物组织,常温下可以保存的时间不长,死胎会逐渐发生腐败;(2)死胎由于已经初步具有人形,随意丢弃会引起公众恐慌而发生治安问题,因此,患者不可随便遗弃,尤其不能与生活垃圾一起丢弃于生活垃圾箱;(3)随便丢弃死胎的法律责任,如果患者丢弃死胎造成社会恐慌,违反相关法律,可能会受到相关部门的法律追究;(4)其他事项。

2. 胎盘处置的法律问题

胎盘符合民法上物的特征。胎盘是产妇分娩后的身体脱落物,是一种客观存在,具有一定的形体,占据一定的空间而且能够为人所感知,所以胎盘具有物之物理属性,是脱离人身之外的物质实体,具有客观物质性;脱落的胎盘具有可支配性,能为人力所控制,为人类所占有、使用、收益和处分,从而成为权利客体;人体胎盘具有药用价值,可以制成中药及保健品,有实用效益性。可见,就如同人体分离出去的部分器官以及与人格相分离的尸体。胎盘是民法上的物。

我们明确了胎盘的法律性质,确认了其物的属性,这为我们确认其所有权归属奠定了基础。随着人们对胎盘使用价值的日益认可及权利意识的日渐增强,产妇渐渐开始关注胎盘的去向问题,谁有权利拥有胎盘? 产妇还是医院? 医院可否擅自以医疗垃圾处理? 为了解决日渐增多的胎盘纠纷,卫生部 2005 年 3 月 31 日专门为胎盘归属问题作出了《关于产妇分娩后胎盘处理问题的批复》,解决胎盘的权属问题,明确了产妇分娩后,胎盘应当归产妇所有,任何单位和个人不得买卖胎盘。只有在胎盘可能造成传染病传播的情况下,医疗机构才有处置产妇胎盘的权利,而且这种情况必须及时告知产妇。公民对其私人的

---

① 杨立新:"死胎的法律性质及其民法保护",载《人民法院报》2005 年 6 月 8 日。

合法财产受法律保护。胎盘属于母体所有,所有权及处理权均应该归属于产妇本人。

这里涉及民法上所讲的所有权问题。所谓所有权,是指所有人依法对自己财产所享有的占有、使用、收益和处分的权利。它是一种财产权,所以又称财产所有权。所有权是物权中最重要也最完全的一种权利,具有绝对性、排他性、永续性三个特征,具体内容包括占有、使用、收益、处置等四项权利。人体组织、器官也是一种物,是人体的有机组成部分,无论其是否与人体相分离,无论是在作为自然人的个体处于生前还是死后,都是具有所有权的。与本案争议的胎盘相类似的可能引起当事人产生所有权争议的"物"还有手术或者特殊治疗后切下来并与人体分离的多余的、受损无功能的或者发生病理改变的组织、器官。从生理学的角度来看,这些器官虽然已经没有生理功能和价值,但是却还可能有其他的功能或者价值,比如,其他医用价值,患者对自己的组织器官予以收藏的价值等。胎盘在脱离母体后仍属于产妇的一种物,物的灭失由谁造成,就应当由谁承担赔偿责任。

卫生部《关于产妇分娩后胎盘处理问题的批复》中规定,产妇放弃或者捐献胎盘的,可以由医疗机构进行处置。任何单位和个人不得买卖胎盘。如果胎盘可能造成传染病传播的,医疗机构应当及时告知产妇,按照《传染病防治法》和《医疗废物管理条例》的有关规定进行消毒处理,并按照医疗废物进行处置。《传染病防治法》第 39 条第 4 款规定,医疗机构对本单位内被传染病病原体污染的场所、物品以及医疗废物,必须依照法律、法规的规定实施消毒和无害化处置。《医疗废物管理条例》第 19 条第 1 款规定,医疗卫生机构应当根据就近集中处置的原则,及时将医疗废物交由医疗废物集中处置单位处置。该条例第 21 条规定,不具备集中处置医疗废物条件的农村,医疗卫生机构应当按照县级人民政府卫生行政主管部门、环境保护行政主管部门的要求,自行就地处置其产生的医疗废物。自行处置医疗废物的,应当符合下列基本要求:(1)使用后的一次性医疗器具和容易致人损伤的医疗废物,应当消毒并作毁形处理;(2)能够焚烧的,应当及时焚烧;(3)不能焚烧的,消毒后集中填埋。

　　根据以上规定,对于产妇胎盘的处置,可以分三种情况:第一,孕产妇经检查患有传染性疾病或传染性疾病病毒阳性者,胎盘可能造成传染病传播的,医师应当进行告知,并由接产医疗机构按照《传染病防治法》和《医疗废物管理条例》的有关规定,按医疗废弃物处理方式进行消毒并处置。第二,胎盘经查未被传染病传染的,可由孕产妇自行处置。第三,胎盘经查未被传染病传染,孕产妇自愿放弃或者捐献本人胎盘交由医院处置的,医院应当按照有关规定处置。

# 案例2 患者因自身原因不能接受手术，拒绝出院

## ——关于医院下达出院通知书后患者仍滞留医院的思考

谢　丹*

## 一、案例

患者王某某，因"子宫肌瘤，如孕 14＋周"入院，拟手术切除子宫。患者诉既往有高血压病史，入院后监测 3 日血压情况并请内科会诊，认为可择期手术。手术当日，进入手术室麻醉前，血压为 160/100mmHg，麻醉医生经过观察、安抚患者对症处理，患者血压不降反升，飙升至 180/110mmHg。为患者安全起见，暂停手术，并向患者交代病情，建议其出院，至综合性医院系统治疗高血压病，待血压调整平稳后，再入院进行手术。患者表示理解，医院当日下达出院通知书。考虑其血压高，建议其先在医院休息，第二日再离院。

随后患者得知，本次住院未进行手术，费用不能报销，故拒绝离院，要求住院治疗高血压，直至能接受手术。医生反复与患者沟通，医院为专科医院，治疗高血压病经验有限。患者未结账，仍滞留于医院，致使后续病人不能入院接受治疗。两日后，医患办介入，与患者及家属沟通。患者弟弟把残疾证摔在桌上："我是精神病，有残疾证，你们看着办！""必须给我姐做手术！"医院耐心解释，子宫肌瘤不是急症，可择期手术，但高血压状态下手术，术中可能会出现生命危

* 谢丹，妇科医生，北京妇产医院医务处副处长、医患办主任。QQ:1341332。

险。"我不管,就是死也要死在医院!"

在驻院民警的调解下,医方耐心向患者及家属解释。期间患者儿子不断与患者前夫电话联系。患者弟弟指着医患办主任的鼻子叫嚣:"我把我姐放这了,要是我姐出了什么事儿,我和你们没完!"随后扬长而去。患者和患者之子跟随而出,几分钟后返回。患者要求:"免了我的住院费,我就出院。""你们压根就没给我治病!"医方:"您虽然没做手术,但住院期间做了相应的检查、监护、会诊、治疗……"可患者却不再对医方的谈话做出反应,坐在椅子上,闭着眼睛,呼之不应。为防止意外发生,医院即刻请内科、院内急救小分队到场,测血压 180/110mmHg,瞳孔等大等圆,生理反射存在,病理反射未引出。平车将患者送急诊抢救室观察,对症处理。整个过程患者均无反应,监护结果,生命体征大致正常。医院建议,送患者去外院行头部 CT 检查,排除外脑血管意外,家属拒绝。最后在民警的协调下,双方达成协议,医院免去患者本次住院费用,另外补偿患者人民币 400 元,作为患者至外院行 CT 检查的费用。患者离院。

**二、法律评析**

处理事件过程中,患者认为,"我来做手术,医院没有给我做,就不能收我的钱"。从医院的角度来讲,患者确实是来做手术,医院按照相关的诊疗常规做了相关的术前准备。这些诊疗活动客观发生了,医院为患者提供了相应的医疗服务,收取相应的费用是合理的。最终因患者的自身条件不能接受手术,但不能因此否认医院为患者的付出。下达出院通知书后,患者仍然滞留医院,院方该如何处理呢?一部分医生认为,既然已经下达了出院通知,就诊过程已结束,此患者便不再是我们的住院病人。她拒不离院,可以报警求助。另一部分医生认为,毕竟患者还没有结账,且没有离开医院,这种情况下,双方的合同能够算是终结了吗?如果患者出现了意外,医院可能需要承担责任。

类似事件在很多医院都可见到,有的病人甚至赖在医院里好几年不走。处理起来很是棘手,其中,确认医患双方的合同何时终结,是最为关键的一点。为此,我们特意请教了清华大学法学院侵权法专家程啸教授,程教授给予了耐心的解释。从合同法上说,患者和医院之间存在着医疗服务合同,而医疗服务合同应当准用委托合同的规定。例如,在医疗服务合同的解除上可以准用《合同法》第410条,委托人或者受托人可以随时解除委托合同。因解除合同给对方造成损失的,除不可归责于该当事人的事由以外,应当赔偿损失。但是,由于诊疗活动具有高度的专业性,而医疗合同具有高度的人身信赖性,所以在医疗服务合同是否履行完毕的判断上又有特殊之处。主要表现在医疗机构有权基于自己的专业判断,就治疗是否结束、能否出院等做出判断。也就是说只要医院下达了出院通知书,无论患者是否认同,医疗服务合同均已经终止(履行完毕而终止或单方解除而终止)。当然,如果由于医院错误的让患者出院,给患者造成伤害的,应当承担赔偿责任。

我们该如何预防类似事件再次出现呢?

(1)应该建立完善的社会保障及救助制度。在本案中,这个患者确实因为生活条件比较困难,因某种原因,住院费用不能报销,导致其提出了无理要求。对于其遭遇医院是很同情的,但是医院出于同情就免去其费用,让本已超负荷工作的医护人员白白付出,似乎也有失公允。如果这个患者此次的住院费用能够报销,或者有相应的救助措施能够对其做出一定的补偿,她还会以滞留医院的手段要求医院免除其费用吗? 我们相信,绝大多数患者都是善良的,如果有完善的社会保障及救助措施,将会大大减少类似事件的发生。

(2)要做到有法必依,执法必严,违法必究。目前,对于医患双方的合同终止已有了相应的法律规定,前文已经提到,因解除合同给对方造成损失的,除不可归责于该当事人的事由以外,应当赔偿损失。也就是说,由于医院错误的让患者出院,给患者造成伤害的,应当承担赔偿责任。但对于医患双方合同已终止,患方为了某种目的拒不离院,干扰医疗秩序,长期占用有限的医疗资源这一行为,我们又该怎样为其定性呢?《侵权责任法》第64条规定医疗机构及其医务人员的合法权益受法律保护。干扰医疗秩序,妨害医务人员工作、生活的,应当依法承担法律责任。《治安管理处罚法》第23条规定,扰乱机关、团体、企业、事业单位秩序,致使工作、生产、营业、医疗、教学、科研不能正常进行,尚未造成严重损失的,处警告或者 200 元以下罚款;情节较重的,处 5 日以上 10 日以下拘留,可以并处 500 百元以下罚款。由此可见,医院下达出院通知书后患者仍滞留医院,这种行为可以定义为违法行为。但是,在实际工作中,此类行为出现该由谁来阻止并追究其法律责任呢?由于医院没有执法权,不能采取强制患者离院的措施。如果医院主动提起诉讼,一方面,诉讼周期较长,另一方面,即便法院判决医院胜诉,执行的难度依然不减。就目前情况来看,此类行为还是屡见不鲜的,医院苦不堪言,又束手无策。要做到有法必依、执法必严、违法必究还需要各方面不断地努力。

(3)要加强医疗纠纷第三方调处的力度。我们相信,绝大多数患者都是善良的,不是以敲诈医院为本意的。出现滞留医院的情况,往往是因为与医院间产生分歧,得不到满意的答复,通过滞留医院来达到自己的目的。从情感上讲,只要不是无理取闹,我们是同情患方的,但医院不是讨价还价的地方,医疗纠纷的处理不是以治疗效果是否达到患者的预期为标准,也不是以医院单方面的结论为依据的,必须通过公正的第三方,经过科学的评估,得出客观的结论,才是解决问题的正道。即使医院有失误,并对自己的失误完全认可,也要在第三方的监督下,医患双方达成和解协议。如能对此进行明文规定,同时不断加强医疗纠纷第三方调处的力度,让患者有了"冤情"有处可诉,能够快速得到公正的结论,并且明白,和医院纠缠是不能解决问题的,医疗纠纷的处理才会越来越规范,患者以滞留医院来"要挟"医院的现象才会越来越少。

# 案例3 患者院内摔伤涉及的法律问题

## ——孙某、杨一、杨二诉某医院医疗损害赔偿案评析

白 松[*]

## 一、案例

2010年6月4日,杨某因膀胱癌术后、腹胀3月等入住某医院治疗。6月6日7:00,护士巡房时发现杨某倒卧于卫生间,经抢救无效,于7:45宣布临床死亡。7:55左右,某医院通知杨某家属。某医院初步考虑杨某的死亡原因为:心源性休克导致猝死。

据某医院杨某住院病历记载:否认心脏高血压史、心脏病史、糖尿病史,否认肝炎、结核等病史,否认心肝脑肾等重大脏病疾病史,否认输血史,否认药物过敏史。查体指标正常。入院诊断:膀胱癌术后,灌注化疗后,乙状结肠占位性病变待查。2010年6月4日、5日的病程记录,均反映患者情况一般,未见明显不适。杨某死亡后,未对其进行尸检。

2010年7月,孙某、杨一、杨二起诉称:某医院未履行医疗护理职责,是造成杨某没有得到及时救治并致死的主要原因,现要求某医院赔偿医疗费490.84元、丧葬费用32628.5元、死亡赔偿金213904元、孙某护理费98796元、

* 白松,北京大学法学学士、清华大学法律硕士。1996年起任北京市第二中级人民法院助理审判员,开始民事审判生涯。2001年起担任审判长,一直负责医疗纠纷专业审判,个人审结了500余件医疗纠纷民事案件。审结的医疗纠纷案件调撤率一度超过50%,得到医患双方当事人的褒扬。先后被授予"全国法院办案标兵"、北京市"人民满意的政法干警标兵""首都五一劳动奖章"等荣誉称号,并荣立个人二等功2次、三等功5次、个人嘉奖12次。

杨一和杨二办理丧事期间误工费 9976.25 元、精神损害抚慰金 50000 元。

某医院辩称：杨某入院时状况良好，生命体征平稳，故我院予其 3 级护理，并交代其留陪伴 1 人。在护士巡视发现其摔倒后，我院立即组织多科室医师对其进行抢救，整个诊疗过程没有违反诊疗护理常规，不存在医疗过错，故不同意孙某、杨一、杨二的诉讼请求。

原审法院在审理中，经某医院申请，依法委托北京市红十字会急诊抢救中心司法鉴定中心（以下简称"鉴定中心"）就某医院的医疗行为有无过错；如有过错，与杨某的死亡有无因果关系及责任程度进行司法鉴定。

鉴定中心经鉴定，作出北京市红十字会急诊抢救中心司鉴中心〔2011〕临鉴字第 692 号司法鉴定书（以下简称"鉴定意见书"），分析认为某医院在对杨某的诊治过程中，存在如下过错：（1）陪护交代不足。被鉴定人杨某属高龄膀胱癌术后患者，护理安全问题应当特别注意。其住院后，院方虽对其进行了相关内容的宣教，但关于陪护方面内容应当向相关陪护人员明确，详细交代具体事项和要求，并确定实施情况。在明知患者杨某无陪护人员进行陪护时，应做好督促工作，并有义务密切关注其护理安全方面的问题。（2）病房管理存在一定缺陷。根据司法鉴定听证会调查情况明确，杨某住院时，由于病床紧张等因素，病房内存在男女患者病房在同一病房的现象，但此缺陷与杨某的死亡无因果关系。

因被鉴定人杨某死亡后，未对其进行解剖检验、死亡原因鉴定，其明确的死亡原因无参考依据。根据送检材料及司法鉴定听证会调查情况分析，某医院在对杨某的诊治过程中，由于医方存在护理交代不足的过错，造成杨某因潜在可致其死亡的疾病发病时不易被发现，进而错失对其可能的最佳抢救时机。该过错与杨某的死亡后果之间存在一定因果关系，应承担轻微责任，其过错参与度理论系数值为 10%，参与度系数建议为 10%。

孙某、杨一、杨二对鉴定中心作出的鉴定意见书真实性无异议，但两次对鉴定结论提出质疑，鉴定中心对此予以答复称该鉴定结论是根据现有资料依照合法程序做出的。

另,孙某、杨一、杨二提交照片 10 张,主张杨某被发现时已死亡多时,某医院认可照片的真实性,经原审法院向鉴定中心询问,鉴定中心出具复函,称该10 张照片不影响我中心〔2011〕临鉴字第 692 号司法鉴定意见书的鉴定意见。孙某、杨一、杨二对上述两份回函真实性均无异议,但不认可鉴定中心的鉴定结论。某医院主张医院不存在过错,但认可鉴定意见及回函。

庭审中,孙某、杨一、杨二申请法院调取某医院 2010 年 6 月 5 日晚20:00至6 月 6 日早 8:15 腹部外科一病房的监控录像资料,称其已向潘家园派出所报案要求保存该录像,并提交谈话录音为证。某医院对该谈话录音真实性不予认可,称没有派出所持公函到医院要求封存证据,确曾收到派出所电话询问录像问题,但患者杨某所在旧外科楼录像保存时间不超过 14 天,接到电话时已经超过 14 天,录像早已覆盖,医院已答复派出所。

原审法院经审理认为:根据经北京市红十字会急诊抢救中心司法鉴定中心的鉴定意见,可确认某医院应对杨某的死亡承担轻微责任,其过错参与度理论系数值为 10%。孙某、杨一、杨二虽不认可该鉴定意见,但未提交相关反驳证据,故法院对该鉴定意见予以采信。综合考虑本案实际情况,责任比例本院酌定为 20%。孙某、杨一、杨二主张的医疗费、死亡赔偿金,于法有据,本院按责任比例予以支持,但孙某、杨一、杨二未提交票据原件的医疗费部分,系由杨某生前所在单位支付,对其该部分诉讼请求,法院不予支持。

孙某、杨一、杨二主张丧葬费及相关费用共计 32628.5 元,超过相关司法解释规定的标准,法院将按相关司法解释及责任比例确定数额。孙某有退休收入,不属于丧失劳动能力又无其他生活来源的人员范围,故对于孙某赡养费之诉讼请求,法院不予支持。孙某、杨一、杨二要求某医院赔付孙某护理费的诉讼请求,没有法律依据,法院不予支持。关于杨二、杨一处理丧事误工费的诉讼请求,没有事实及法律依据,法院不予支持。杨某的死亡,必然给孙某、杨一、杨二带来精神痛苦,故孙某、杨一、杨二主张精神抚慰金的诉讼请求,于法有据,法院予以支持,但孙某、杨一、杨二主张的数额过高,对过高部分本院将予以调整。

据此,原审法院于 2012 年 7 月判决:(1)被告某医院于本判决生效之日起

7 日内给付原告孙某、杨一、杨二医疗费 34 元。(2)被告某医院于本判决生效之日起 7 日内给付原告孙某、杨一、杨二丧葬费 5607.3 元。(3)被告某医院于本判决生效之日起 7 日内给付原告孙某、杨一、杨二死亡赔偿金 52644.8 元。(4)被告某医院于本判决生效之日起 7 日内给付原告孙某、杨一、杨二精神损害抚慰金 3 万元。(5)驳回原告孙某、杨一、杨二的其他诉讼请求。

判决后,原告不服,上诉至本院称:原审判决认定某医院的责任过低。完全是由于某医院不负责任,没有按照规定的每两小时巡视一次病房,才导致杨某摔倒后无人知晓,并最终发生死亡的后果。故我们要求撤销原判,依法改判支持我们的原诉请求。某医院同意原判。

在二审法院审理期间,在法院主持下,双方当事人达成调解协议,本案以调解方式结案。

## 二、法律评析

根据《人身损害赔偿司法解释》第 6 条的规定,医院作为医疗服务的提供者,属于从事其他活动的法人、其他组织,应当提供安全的服务环境,最大限度地保障他人免受伤害。由于医疗机构的特殊性,对于进入到医院的患者、家属、探望患者的人员甚至途经的人员,不但承担着上述安全保障义务,对于住院(或是留观)的患者还承担着护理义务,这种护理义务有时会与普通的安全保障义务重合。也就是说住院患者(留观患者)在院内摔伤时,可能是医院未尽安全保障义务,比如卫生间地上有水,使患者滑到摔伤;也可能是应该尽的护理义务,没有尽到,导致患者摔倒。

审判实践中,患者(特别是住院患者)发生院内摔伤事件,往往会选择医疗损害赔偿纠纷起诉,个别案件也会选择医疗服务合同纠纷起诉。如果是在医疗机构内办理其他事物(包括探望患者等)的人员发生摔伤等意外,只能按照医疗机构未尽安全保障义务处理。法院这两种情况的处理应该有所不同。对于后者,法院审理时应着重审查被诉医疗机构是否尽了安全注意义务,如楼梯、台阶处是否有明显标志,卫生间地上是否有水或其他易致人滑到的异物等;而对于前者,除审查被诉医疗机构是否尽了安全注意义务外,更主要的是要审查该医疗机构给予患者的护理级别是否符合患者年龄、自身状况、病情等需要,比如对于:高龄患者、因患病无法独自活动的患者,医院应当在日常活动、护理及安全方面尽到比一般普通患者更高的注意义务。如果医院无法明确此类患者摔伤时是否有护工或者其他护理人员在场,应当认定医院未能尽到其应有的安全保障义务,医院当然应当承担赔偿责任。

同时,应当指出,实践中还应审查是否存在免责事由。医院承担安全保障义务应当有合理的范围,如果不区分情形都判决医院承担责任,则无疑会增加医院的运营成本,也不符合法律规定。如保洁刚拖完地,已经放置了"小心地滑"等警示标志,患者未注意而摔伤,此时医院已经有所提示,尽到了善良管理人应尽的注意义务,患者也应当承担相应的注意自身安全的义务,此种情形可以考虑适当较少或免除被诉医疗机构的责任。

杨某在某医院院内卫生间里被发现摔倒并死亡的时间是2010年6月,属《侵权责任法》实施之前。法院在审理过程中,首先审查了某医院卫生间地上是否有水导致杨某摔倒后死亡,因发现杨某尸体时仅医疗机构人员在场,医疗机构否认地面有水,法院对此无法查证;对于杨某是摔伤后导致死亡还是自身突发疾病摔倒并死亡,以及某医院对于杨某的诊疗护理行为是否有过错,并导致此次事件发生,因涉及专业问题,原审法院审理时已委托司法鉴定机构进行鉴定。

经司法鉴定机构鉴定,认为某医院存在如下过错:(1)陪护交代不足。杨某属高龄膀胱癌术后患者,护理安全问题应当特别注意。其住院后,院方虽对其进行了相关内容的宣教,但关于陪护方面内容应当向相关陪护人员明确,详细交代具体事项和要求,并确定实施情况;在明知杨某无陪护人员进行陪护时,应做好督促工作,并有义务密切关注其护理安全方面的问题。(2)因被鉴定人杨某死亡后,未对其进行解剖检验、死亡原因鉴定,其明确的死亡原因无参考依据。根据送检材料及司法鉴定听证会调查情况分析,某医院在对杨某的诊治过程中,由于医方存在护理交代不足的过错,造成杨某因潜在可致其死亡的疾病发病时不易被发现,进而错失对其可能的最佳抢救时机。该过错与杨某的死亡后果之间存在一定因果关系,应承担轻微责任,其过错参与度理论系数值为10%,参与度系数建议为10%。故原审法院参照此鉴定结论确定的某医院应当承担的责任比例,核算了原告一方的合理损失,确定了某医院应当承担的赔偿数额。

判决后,原告不服并上诉。二审法院认为,杨某住院期间,夜间在卫生间内摔倒,清晨被护士发现时已经死亡。原审法院就涉及医疗专业问题委托双方鉴定机构进行了鉴定,鉴定机构给出了结论性意见,确认某医院存在的不足及与杨某死亡后果的因果关系,原审法院据此判决某医院按照10%的比例承担赔偿责任,没有明显不当。但是,考虑一个老人去医院治病,却意外地摔倒在卫生间,被发现时已经死亡,这对患者家属的心理是一种极大的伤害,某医院又不能提供监控录像等证据,来说明其尽了对住院病人的管理职责。在此情况下,原审确定的赔偿数额略低,应适当予以调整。适当增加了部分赔偿金后,双方调解结案。

# 案例 4  医院管理不严,"非正式护工" 护理不当导致医疗纠纷

## ——多部门合作解决医患纠纷实例评析

樊 荣 匡莉萍 陈 伟*

## 一、案例事实

### (一)事情经过

老年患者王某,男性,86 岁。主因"精神弱,乏力 1 天"于 1 月 2 日就诊于某医院急诊科,入院后给予抗感染、化痰、改善循环和对症退热治疗,患者症状好转。19 日患者突发高热,伴恶心呕吐少量白色黏液,医疗机构给予复查血象,调整治疗方案及退热等对症治疗。考虑诊断:支气管哮喘合并感染(重症),心功能不全。22 日患者病情无明显好转,患者家属不同意转入呼吸专科治疗。医务人员与家属反复沟通后,家属签署有创抢救知情同意书,但仅同意无创面罩呼吸机辅助通气,不同意有创机械通气和心外按压、电除颤抢救治疗。

* 樊荣,苏州大学医学院医学学士、北京大学医学部公共卫生管理硕士在读。先后担任北京市第二医院门诊办公室主任、医疗保险办公室主任、医院评审办公室副主任,现任北京市第二医院医务科科长、中国医院协会医疗法制专业委员会委员、北京卫生法学会患者安全专业委员会委员。熟悉医政医保管理、质量管理与持续改进、医疗纠纷处理等医院管理工作。所写文章多次刊登在《健康报》《医师报》《中国医学论坛报》《中国医院院长》《中国卫生人才》等报纸杂志上。

匡莉萍,北京市第二医院护理部副主任。

陈伟,北京积水潭医院医患办主任、社会工作师、中国卫生法学会理事、中国医院协会医疗法制专业委员会委员、中国医师协会维权委员会委员、北京卫生法学会患者安全专业委员会秘书长、中国政法大学医药法律与伦理研究中心副主任。QQ:69452369。

后患者反复喘憋,病情加重,考虑是"肺性脑病、Ⅱ型呼吸衰竭、支气管哮喘合并感染(重症)"。29日虽经过积极抢救和无创面罩呼吸机辅助通气,患者心率、血压、血氧仍不能维持,最终死亡。

(二)患方意见

患者死亡后,其家属就向某医院医患办提出投诉,内容如下:(1)护工服务态度恶劣,护理不当,导致老人卧床后产生褥疮;(2)要求某医院严厉打击并清理非正式护工;(3)护士长及部分护士在工作中责任心不强,同时对护工管理不善,护士对于患者产生的褥疮等不良后果亦应承担责任;(4)治疗过程及用药选择不当,导致患者死亡。

(三)调查过程

医患办接到患者投诉后马上展开了调查,调查内容及过程如下:

(1)关于护工问题。患者家属在患者入院后,自行雇用了长期在急诊揽活的"非正式护工"。作为护士的补充角色,住院病人对护工的需求日益增加,然而,由于资源不足,患方聘请"非正式护工"的现象日益增多,由于"非正式护工"没有具体部门对其进行管理,也没有经过专业培训,收费标准也都是个人与患者相互协商而定,导致某医院整个陪护工作的混乱,严重影响到某医院正常医疗工作的开展。患者家属和非正式护工由于陪护费未能达成一致,是产生医疗纠纷的导火索。

(2)关于护理管理工作。请护士长针对患者意见写出具体事情经过。

(3)请临床科主任就患者整个治疗过程写出书面病历摘要及有无过错和不足的科室意见。

(四)组织接待

医患办把所有材料调查清楚后于患方投诉五个工作日内组织急诊科主任、护士长、保卫处领导、警务工作站领导共同接待患方家属。科主任和护士长分别阐述了医疗和护理过程,在接待过程中,患方家属情绪激动,措辞激烈,但在医患办的安抚下逐渐平息了怒火,最终医患双方通过协商达成共识:某医院坚决打击和清理非正式护工;护理部负责调查和处理护士长的工作责任心及态度问题;患方对医院诊疗方面的诉请通过医疗纠纷人民调解委员会处理。

(五)解决过程

(1)医患办协调保卫处、警务工作站及驻地派出所多次严厉清理和打击非正式护工,但由于非正式护工颇有市场,存在着轰走后又回来的情况,甚至于部分患者家属声称非正式护工是自己的近亲属,阻止保卫部门清理。

(2)为进一步缓解供需矛盾,医患办协调护工办公室克服困难,为急诊派出了 8 名正式护工,从源头上阻断了非正式护工的市场,再加上与保卫部门通力配合,将非正式护工彻底清理干净。

(3)协调护理部主任接待了患者家属,找出了护理工作的不足,并对护士长的管理责任进行了追究。

(4)患者对诊疗方面的意见经过医调委专家讨论,认为在治疗中确实存在一定不足,存在轻微责任,因此医疗机构赔偿了患方一定的经济损失。

(六)患方反馈

经过医患办多方协调,清理非正式护工这样的顽疾最终圆满完成,患者家属得到了应有的赔偿,更重要的是得到心理上的安慰,患方家属对医疗机构积极协调,快速高效的处理表示满意。

## 二、本案相关法律法规、规定梳理

(一)《关于进一步加强护理管理工作的通知》(卫医发〔1997〕第 23 号)提出:建立、健全护士制度

当前,多数医院在岗护士严重不足,护士承担着大量非护理技术性工作,致使护理工作简化,严重影响了护理质量,医患双方反应强烈,这种状况亟待改变。为此,根据一些医院的经验,要建立和完善护士队伍。

1.建立护工培训持证上岗制度

2.护工的聘用原则

(1)护工的配备标准,根据护理单元床位数计算,以 10 张床位配一名护工为宜;(2)护工属临时工作人员,可以由医院统一选聘。

3. 护工的管理

(1)医院要制定护工工作制度,加强护工工作质量的监督检查;(2)护工由护理部统一管理,各护理单元护士长具体负责护工的工作安排和质量监督;(3)严格界定护工岗位职责,其工作内容可包括:外送病人(途中无危险者)进行各种检查,送取各类检查化验标本、报告单及病房用物,规定物品的清洗、消毒,在护士指导下对病人进行简单生活护理和床单的清洁消毒等工作。护工不能从事护理技术性操作及对危重病人的生活护理;(4)严禁以护工代替护士从事护理工作。省、自治区、直辖市卫生行政部门需根据实际情况,制定护工管理办法。

(二)《卫生部关于加强医院临床护理工作的通知》(卫医政发〔2010〕7号)提出:"医院应当坚持'以病人为中心'的服务理念,切实改进临床护理服务,特别要扎实做好对患者的基础护理工作,改善服务,规范行为,努力提高基础护理质量,逐步解决依赖患者家属或者家属自聘护工承担患者生活护理的问题,减轻患者的家庭负担。"

医院要结合护士队伍分级管理,明确基础护理职责,建立和完善护士全面落实护理工作的责任制,落实护士负责患者的基础护理工作。

护士必须履行对患者的基础护理职责。在护士人力暂时不能满足临床护理工作的情况下,经同级卫生行政部门同意,医院可以聘用少量经过培训的护理员协助护士从事患者生活护理。护理员不得从事重症监护患者和新生儿的生活护理,不得从事护理技术工作。

(三)关于印发《医院实施优质护理服务工作标准(试行)》的通知(卫医政发〔2010〕108号)(节选)

3. 护士配备合理。

依据护理工作量和患者病情配置护士,病房实际床位数与护士数的比例应当≥1:0.4。每名责任护士平均负责患者数量不超过8人。

4. 实施责任制整体护理。

病房实施责任制分工方式,责任护士为患者提供整体护理服务,履行基础护理、病情观察、治疗、沟通和健康指导等护理工作职责,使其对所负责的患者提供连续、全程的护理服务。

每个责任护士均负责一定数量的患者,每名患者均有相对固定的责任护士对其全程负责。

11.护理员管理使用(适用于有护理员的病房)。

建立完善的护理员管理制度,严格限定岗位职责。

护理员必须经过专业培训,协助护士完成非技术性照顾患者工作。

护理员不得从事重症监护患者和新生儿的生活护理,不得从事护理技术工作。

(四)《住院患者基础护理服务项目(试行)》(卫医政发〔2010〕9号)住院患者基础护理服务项目

具体包括晨间护理(包括整理床单、面部清洁和梳头、口腔护理)、晚间护理(包括整理床单、面部清洁、口腔护理、会阴护理、足部清洁)、对非禁食患者协助进食/水、卧位护理(包括协助患者翻身及有效咳嗽、协助床上移动、压疮预防及护理)、排泄护理(包括失禁护理、床上使用便器、留置尿管护理)、床上温水擦浴、其他护理(包括协助更衣、床上洗头、指/趾甲护理)和患者安全管理等八个方面。

(五)《医院工作制度与人员岗位职责(2011年版)》中《探视、陪伴管理制度》

1.为促进患者早日康复,使医疗护理工作有秩序的进行,要尽可能减少陪伴

2.陪伴适用原则

(1)各种疾病导致多脏器损害,病情严重,且不在专科监护室监护者。

(2)病情有可能突然发生严重并发症者。

(3)疾病诊断不清或病情反复、发展等情况而致生活不能自理者。

(4)各种原因造成的精神异常、意识障碍者。

(5)各种介入治疗、手术后者。

（6）语言沟通障碍、失明及失聪者。

（7）有自杀倾向者。

（8）年龄过大（75岁以上），年龄过小（10岁以下）者。

（9）医师认为诊疗需要陪伴的其他患者。

3. 凡患者病情需陪伴者，需经主管医生及护士长同意，发给陪伴证（盖章有效），方可陪伴

病情稳定后，停止陪伴同时收回陪伴证，并随需要增发或收回。

4. 陪伴者须遵守下列规定

（1）与医护人员密切配合，在医护人员指导下照顾患者。

（2）自觉遵守医院各项规章制度，不随地吐痰，不在院内吸烟，不串病房，不在病房里洗澡、洗头、洗衣服和蒸煮自带的食物，不得自带行军床、躺椅等。不吃患者饮食，保持病房的安静和清洁卫生。

（3）节约水电，爱护国家财产，损坏公物须照价赔偿。

（4）陪伴只限一人，设定换班时间，出入院出示"陪伴证"，携带物品出院需经病房值班护士开具证明。

（5）有事离开患者，必须通知医护人员。

（6）不得私自将患者带离至院外。

5. 陪伴人员如违反院规或影响医院治安，经说服教育无效者，可停止其陪伴，并与有关部门联系处理

《护理员职责》：

（1）在护士长领导下和护士指导下进行工作。

（2）担任病人生活护理和部分简单的基础护理工作，不得从事临床护理技术操作。

（3）随时巡视病房，应接病人呼唤，协助生活不能自理的病人进食、起床活动及递送便器等。

（4）做好病人入院前的准备工作和出院后床单、铺位的整理以及终末消毒工作。协助护士搞好被服、家具的管理。

（5）及时收集送出临时化验标本和其他外送病人工作。

（六）《国家卫生计生委办公厅关于开展优质护理服务评价工作的通知》（国卫办医函〔2014〕522号）规定改善临床护理服务。病房管理井然有序，不依赖患者家属或家属自聘护工护理患者，陪护率明显下降，保障患者医疗安全

（七）《北京市卫生局、北京市人力资源和社会保障局、北京市工商行政管理局关于加强护理员规范管理的通知》（京卫医字〔2009〕208号）的规定

护理员（含护工）是在注册护士指导下为住院患者提供生活照顾的人员，主要工作内容包括床单的清洁、协助病人进餐、排泄、洗浴等。凡在本市医疗机构专职从事对病人生活护理的人员，应在护理员定点培训学校参加护理员职业技能培训，取得相应证书方可上岗。

护理员不属护士编制，其使用人数参照《综合医院组织编制原则试行草案》（卫医字〔1978〕1689号）和《关于进一步加强护理管理工作的通知》（卫医发〔1997〕23号）中的配备标准，综合医院按照每3名护士或每10张床配一名护理员的标准配备，护理院按照每名注册护士配2名护理员的标准配备，各医疗机构可根据护士人力及病区工作量适当调整。

各医疗机构按标准配置护理员，并负责本机构内护理员的管理，严格探视陪住制度，杜绝无资质的"非正式护工"为患者提供护理服务。

（八）福建省卫生厅、福建省人力资源和社会保障厅、福建省物价局关于开展规范医院护工管理试点工作的意见（闽卫医〔2013〕68号）　·

凡从事护理员岗位工作的人员，应持有二级以上医疗机构出具的健康检查合格证明、劳动保障部门颁发的护理员岗位培训《结业证书》或中等及以上专业学（职）校护理专业毕业证书。

医院实行统一调配护理员制度。医院根据临床需要和患者意愿，由病区通过护理员管理机构安排护理员从事陪护工作，住院患者应服从医院的安排，不得私自聘用护理员。因特殊情况需要自带陪护人员的，应经医院同意并接受医院管理。对不接受医院管理的自带陪护人员，医院有权予以拒接。

建立护理员退出机制。医院应建立护理员个人档案,建立健全以职业道德、业务水平和患者满意度为主要内容的护理员考核评价办法,定期对护理员进行考核评价,并将考核结果计入护理员个人档案,对考核评价优良的优先聘用上岗,考核评价不合格的要责令其立即整改,对拒不改正,或不服从医院管理、职业道德差、乱收费、侵害患者合法权益的,应取消其护理员资格。

### 三、"非正式护工"的现况及原因

护工的发展是和我国社会发展相关的新兴行业。20世纪90年代,随着人口老龄化的逐步凸显,中青年人社会竞争的紧张、工作压力的加大,过去住院患者的陪床家属负责的生活护理工作,逐渐开始由一支新生的队伍承担,这便出现了护工行业。

护工由最初的护工与患者家属之间口头协议的松散管理,逐步发展成为如今由专门的护工公司与医疗机构协议向住院患者提供有偿生活护理服务,逐步显示其专业化、规范化的发展方向。

1997年卫生部的《关于进一步加强护理管理工作的通知》建立护工培训持证上岗制度的最初目的是减轻护士承担的大量非护理技术性工作,简化护理工作,提高护理质量。而随着护工行业的发展,护工的护理质量和规范管理一直存在着困局,一定程度上影响着患者住院的安全管理,同时也给患者及其家属带来了额外的经济压力。2010年,同样是为了改善服务、规范行为,提高护理质量,卫生部发布了《关于加强医院临床护理工作的通知》以及《医院实施优质护理服务工作标准(试行)》,提出以"夯实基础护理,提供满意服务"为口号的优质护理工作,要求全面落实护理工作责任制,护士必须履行对患者的基础护理职责。以解决患者对于护工的依赖,减轻患者的家庭负担。仅可配备少量经过培训的护理员协助护士从事患者生活护理,并且对护士与护理员的职责进行了划定。随后发布的《住院患者基础护理服务项目(试行)》更是对于护士承担住院患者基础护理的具体项目进行了明确。

但目前的实际情况是,尽管卫计委多年来一直以床护比1∶0.4来要求加强护理人员的配备,但现实中能做到这个配备标准的医院不多。护理人员总数的绝对不足导致人员配备的要求在全国范围内几乎无法完成。尽管近年来,国家一直大力扶植护理人才的培养,2013年,我国注册护士达到278.3万,比2005年增加了143.3万,增长幅度为106%。我国每千人口护士数达到2.05人。但较欧美国家,差距依然明显。2011年,美国的每千人口护士数为9.8人,英国为10.3人,均远远超过我国。在护理人员紧缺的现实情况下再额外增加大量的基础护理内容,无疑将对已满负荷运转的护理人员进一步增加负担,无异于压给骆驼的最后一根稻草。而护理员的人员配备同样紧张,其配备标准多年来一直沿袭1997年每3名护士或每10张床配一名护理员的标准配备,依然不能满足患者日益增长的护理员需求。因此,就出现了"非正式护工"存在的土壤。

究其存在原因,主要有以下几点:

(1)市场供不应求。由于护理人员和护理员的不足,以及患者尤其是老龄化的出现,生活护理需求量增加,有市场需求就必然催生各种资源供给。

(2)制度缺乏。目前法律法规并未禁止住院患者陪伴人员。通常过去患者近亲属作为陪伴人员,但如今,很多患者家属让"非正式护工"以患者家属的身份作为陪伴人员为患者提供生活护理。从制度上难以对"非正式护工"现象形成有效制约。医疗机构也没有时间、能力和权限去对患者陪伴人员的真实身份进行核实。造成医疗机构监管不力的现状。

(3)价格优势。由于正规护理员多是由第三方护工公司提供或者直接由医疗机构聘用,并且经过专门的职业技能培训,具备相应的资质证书,因其人员培训与管理的成本,其服务价格也是相对较高。而"非正式护工"不具备相应的资质,也不需要缴纳任何的管理费用,因此其服务价格也相对较低。对于长期卧床的慢性病老年患者,聘请护工的费用是一笔不菲的开销,而这正是"非正式护工"存在的优势所在。

"非正式护工"的存在,影响了正常的临床护理工作。表现在以下几点:

(1)缺乏合同制约。不同于患者或其家属与医院或护工公司签约,聘用护理员提供护理服务，"非正式护工"的聘用通常没有正式的合同，而只是与患者或其家属之间的一个口头协议，甚至连对方的真实姓名与身份都不了解。由于没有合同制约，对护理职责方面同样不明晰，有时会出现逃避职责的情况发生。在缺乏合同制约的情况下，在发生责任问题，出现纠纷的时候往往难以让患者的权利得到保护。甚至有的"非正式护工"在出现严重责任问题的时候一走了之，导致患者或其家属无处追究，严重影响了正常的医疗秩序。

（2）技能欠缺规范。不同于护理员经过专门的职业技能培训，"非正式护工"的技能多是通过多年的经验积累获得的，当然，大部分的"非正式护工"则是处于没有经验的随意操作阶段，完全靠个人理解和习惯去进行护理操作。还有些"非正式护工"原来属于护工公司，后因为收入原因出来单干的，这一类算是比较好的。有相应的培训经历和成熟的工作经验。很多人选择做"非正式护工"的原因是自身文化水平低下，缺乏能够立足的知识技能，而"非正式护工"没有职业准入，没有入职门槛，往往是他们求职的首选方向。而现实中，正是由于"非正式护工"文化水平、知识技能的不足，导致他们往往固执地按照自己的习惯进行护理操作。他们或许对于家庭照护能起到一定效果但是缺乏对患病人群的护理知识，很多操作均是和现行护理操作规范严重不符甚至相悖的，即使护士反复告知培训也较难学习掌握并遵照执行。

（3）人员流动性大。对"非正式护工"而言，经验是他们宝贵的财富。学习能力较强的人能够在经验中学习提高，而随着经验丰富、技能提高后，这些人便做好准备随时更换工作。因为市场需求巨大，求职的相对容易，又缺乏合同的有效制约，加剧了人员流动性的加大。这就给患者的护理连续性造成了较大影响。

（4）缺乏有力监管。"非正式护工"队伍以患者家属的身份对患者实施生活护理，既没有护工公司的管理，医院护理部也无权统一监管，在日常护理工作中，护士长和护士通常只能对医院通用住院病人守则相关内容对其进行监管，而技术方面缺乏有效的监管权限和依据。而患者家属作为雇主，有权履行监管责任，但因长时间不在医院，缺乏监管的条件，这就造成了"非正式护工"客观上处于无人监管的状况，最终导致患者护理质量难以保障。

## 四、应对建议

如前所述，对于医疗机构而言，不具备条件区分"非正式护工"和陪伴人员。因此，针对以上"非正式护工"的管理问题，实际应为针对住院患者陪伴人员的管理问题。因为即使是患者亲属，同样应对患者实施规范的生活护理措施。对于陪伴人员的管理，笔者提出以下建议：

（一）实施统一调配护理员制度

医院根据临床需要和患者意愿，由病区通过护理员管理机构安排护理员从事陪护工作，住院患者应服从医院的安排，不得私自聘用护理员。因特殊情况需要自带陪伴人员的，应经医院同意并接受医院管理。对不接受医院管理的自带陪伴人员，医院有权予以拒接。

（二）确定陪伴原则

根据《医院工作制度与人员岗位职责（2011 年版）》，确定陪伴人员适用原则，根据疾病判定是否需要陪伴，避免没有必要性的临床陪伴，减轻护士长及护士的管理负担，利于诊疗秩序的维护。

（三）履行风险告知

对于需要生活护理的住院患者，要充分向患者及其家属告知说明当前病情、疾病风险、治疗预后、生活护理依赖程度，并建议其选择正规渠道聘用护理员协助提供非技术性护理操作。同时，充分告知其陪伴人员提供生活护理由于专业性技能的欠缺，会给住院患者带来相应的风险，影响其治疗期间的安全。且陪伴人员须接受医院管理、自觉遵守医院各项规章制度，并由患者或其家属签字同意。

（四）建立并实施登记备案制度

各病区护士长建立住院患者陪伴人员登记簿，记录并留存陪伴人员身份证复印件与联系方式。陪伴人员夜间需租用医疗机构陪伴床。自带寝具应经护士长审核后准许带入病区，归病区陪伴床统一管理存放。陪伴人员备案完成后发放"住院患者陪伴人员证",每一位住院患者只允许有一名陪伴人员。夜班护士凭"陪伴人员证"发放陪伴床。无陪伴人员证的人员,不允许滞留病区。这不仅是规范管理的必要基础,更是对病区其他患者的安全保障。

（五）明确岗位职责

参考《卫生部关于加强医院临床护理工作的通知》《医院实施优质护理服务工作标准（试行）》和《医院工作制度与人员岗位职责（2011年版）》,陪伴人员类似于护理员,必须经过专业培训,在护士长的领导和护士的指导下,协助护士完成非技术性照顾患者工作,承担病人生活护理和部分简单的基础护理工作,主要工作内容包括床单的清洁、协助病人进餐、排泄、洗浴等。陪伴人员不得从事重症监护患者和新生儿的生活护理,不得从事护理技术工作。而且,陪伴人员仅是协助护士完成相关工作,并不能完全替代其工作。责任护士为患者提供整体护理服务,履行基础护理、病情观察、治疗、沟通和健康指导等护理工作职责,使其对所负责的患者提供连续、全程的护理服务。

（六）定期技能指导

根据上述文件要求,类似于护理员,陪伴人员应明确接受护士长和护士的指导。护理单元的护士定期为陪伴人员进行生活护理和简单基础护理的相关技能培训指导。

（七）鼓励不良事件上报

对陪伴人员同样要实施不良事件上报制度,对于日常护理中出现的不良事件,应该采取无惩罚性质的鼓励上报手段,鼓励将在初期预防和解决医疗风险的发生,切实保障患者的医疗安全。

（八）建立并实施监管评价、退出建议机制

各护理单元护士长及其护士对陪伴人员进行监管、综合评价,考核评价不合格的要建议其改正并再次接受培训。对拒不改正,或不服从医院管理的,医院应向患者或其家属书面告知退出更换的建议。

# 争议案例网友讨论综述

## 案例1　隆鼻术案例讨论综述

@海坛特哥

### 一、案例

母亲甲因担心女儿乙鼻梁低难看影响大学期间找对象及将来找工作,遂于女儿高三时带她去某医院整形外科做隆鼻术,手术时因乙17岁半尚未成年,故手术知情同意书由甲和乙共同签字。后乙考入大学后,即以某医院侵害其知情权、自主决定权为由将某医院诉至法院要求赔偿。起诉时乙已成年。问题:(1)术前甲、乙的签字是否有效?(2)监护人是否有权替未成年人决定做整形手术?(3)本案是否需要追加甲为当事人?(4)本案应如何处理?

### 二、网友观点综述

(一)关于案情部分

第一,有网友问,手术效果如何?补充说明如下,手术效果尚可,非争议焦点。

第二,有网友认为,题干有些自相矛盾。看母女的目的,应去医疗美容科,但去的科室却是整形外科。如是整形外科手术,则与一般医疗行为无异。如是医疗美容就有讨论的余地。整形外科不能做医疗美容手术,二者属不同诊疗科目。笔者经查阅《医疗机构诊疗科目名录》,整形外科属于外科目录下的二级科目,医疗美容是与外科并列的诊疗科目。就此,本人请教了相关专家,专家解释说医疗美容科即脱胎于整形外科,目前两科还有许多交叉项目。这一点笔者在中国医学科学院整形医院网站上的项目设置中也得到了证实。即整形外科可以开展隆鼻术。

（二）关于甲、乙的签字效力问题

有网友指出，该问题之所以产生的原因是，我国现行法律不加区分地否定了未成年人的医疗同意权，针对未成年人实施的医疗行为均由其法定代理人代行医疗同意权，却没有任何限制此种代行同意权的实体规范和程序约束，《民法通则》中亦仅有"监护人应当履行监护职责，保护被监护人的人身、财产及其他合法权益……"这样的原则性规定。

对此，有网友认为，17 岁少女对自己身体的认识，以及对医疗风险的判断不低于普通成年人，属于《民法通则》12 条"可以进行与他的年龄、智力相适应的民事活动"；本案有甲乙共同签字，无上述问题，则签字有效。仅以侵害知情权为由起诉应驳回。

还有网友认为，要考虑原告当时对整容的认识和判断能力，如果其当时的年龄和智力状况对整容有基本认知，即便没有其监护人签字，也不能认定医院侵害了其知情权。

另有网友倾向于认定：监护人和当事人本人共同商定的结论是真实表达其意愿的，具备法律效力。此外，还有观点认为，签字有效，未成年人实施医疗美容手术，必须经法定监护人同意。

（三）关于监护人是否有权替未成年人决定做整形手术

有网友认为，可以划定一个范围，不影响未成年人发育的整容，在监护人陪同下允许做，其他的项目一概禁止。

还有网友认为，至于是否有权，倾向于无权决定。因为对于自己人身的处分，应只有当事人自己才有权，否则如肯定父母对子女身体的处分，就相当于肯定子女是父母的财产。

此外，有网友指出，如果从医学角度判断，则进行美容手术（例如去除疤痕等），监护人有权为未成年人做出决定，除此之外，监护人无权作出决定。即不能纯粹为了变得更美而实施医疗美容手术。

还有网友指出,目前没有法律明确禁止未成年人整容,好像只有广东还是哪个省的未成年人保护法是禁止的,所以只要是监护人同意,医院都会给做。既然法律没有明文禁止,还不好说是违法行为。韩国划定了未成年人不能做整容的范围,其他不禁止的项目,规定必须在监护人陪同下做。后经该网友核实,《广州市未成年人保护规定》第 44 条规定,不提倡未成年人实施医疗美容项目。未成年人确因特殊原因需要进行医疗美容的,须经其法定监护人同意。医疗机构及其医务人员为未成年人实施医疗美容项目前,应当向未成年人及其法定监护人书面告知治疗的适应证、禁忌证、医疗风险等事项。

（四）关于是否需要追加当事人

有部分网友认为,这个女孩子应该起诉自己的母亲而不是医院。如果手术没有达到预期效果,那是监护人的过失。医院整容过失的话,承担的是医疗损害的赔偿责任。也有网友认为,因为本案其起诉的是侵权,所以可追加其母为当事人。

还有网友认为必须追加甲为共同被告。

（五）本案应如何处理

多数网友认为,仅以知情权起诉应驳回起诉。有网友进一步指出,不是裁定驳回起诉,而是判决驳回原告的诉讼请求。

有网友认为,本案中母亲为未成年女儿擅作决定为其整容,而该行为不属于"保护被监护人的人身、财产及其他合法权益",不应将其界定为监护。《民法通则》第 18 条第 3 款规定,"监护人不履行监护职责或者侵害被监护人的合法权益,应当承担责任",若该整容行为确实侵害了女儿的合法权益,其母应当承担责任。

有网友具体分析说,在处理上,因为整容时女子已近 18 周岁,不是无民事行为能力人,其对自己身体权应有基本的保护义务,对于其母的整容要求未明确反对,而且整容可以说是对其无害的行为,所以应驳回诉讼请求。此外,有观点认为,是否支持原告诉求,应当考虑医生术前是否已经将手术效果,手术风险以及禁忌证等充分告知和做出解释说明。

来自本文整理人@海坛特哥的声明,这是笔者设想的一个虚拟案例,非真实案例,因此,它并没有标准答案。所以,也感谢所有网友的热情参与。

# 案例2　医生接诊后在非处方单上为患者开具购药清单的案例讨论综述

@海坛特哥

## 一、案例

某网友提供的基本案情及提出的问题:某医院医生在给患者甲检查后,建议患者住院,患者拒绝。后医生开具几种药,因医院无这几种药出售,医生便建议其到外面药房购买。患者持医生开具的购药清单(注:不是处方单)到药房购药服下后发生药物中毒。问题:医生这种建议购药并出具购药清单的行为是否为医院的诊疗行为? 某医院是否应该对患者中毒承担责任?

后该网友补充案情如下:是医生所列药品,无医生签字,但医生承认是其书写;是药物中毒,都是处方药。在讨论中,该网友再次补充:患者是否超量使用的事实现有证据无法证实,医生没有交代用法用量,甚至药物品牌都没交代,只是列了几种药物通用名称。

## 二、网友观点综述

根据网友讨论情况,将讨论内容分门别类综述如下。

(一)医生应该如何写处方

首先,有网友指出处方的构成。处方共有三部分:(1)处方前记,包括医院全称、科别、病人姓名、性别、年龄、日期等。可添列特殊要求的项目。麻醉药品和第一类精神药品处方还应当包括病人身份证明编号、代办人姓名、身份证明编号。(2)处方正方,处方头。处方以"R"或"RP"起头,意为拿取下列药品;接下来是处方的主要部分,包括药品的名称、剂型、规格、数量、用法等。(3)处方后记,包括医生、药剂人员、计价员签名以示负责,签名必须签全名。

其次,有网友指出,不能依据单纯是处方还是普通纸张去判断是否为诊疗行为。如果门诊患者拒绝购买门诊病历本,要求医生在其笔记本上记录,医生注明了门诊随访。而患者因未遵医嘱随访导致意外。患者也举证笔记本上是医生的笔迹。我们可以认定医方未进行诊疗告知吗?

笔者认为,医生开具处方应该遵守《处方管理办法》的规定。

(二)医生开具购药清单行为的性质

对此,形成两种意见。一种意见认为构成诊疗行为。另一种意见认为不构成诊疗行为,是医生的个人行为。

第一种意见认为构成诊疗行为。

(1)有网友认为,医生建议患者外出购药,应该视为医院的诊疗行为,购药清单应该视为处方。

(2)还有网友论述道,如果废纸上的意见认定不算诊疗,那以后会不会医生为了逃避责任而主动在废纸上书写呢?

(3)另有网友具体分析说,在本案中,患者就诊了,大夫检查了,并建议住院,只是患者拒绝住院。购药清单是大夫基于诊断作出的,应视为诊疗行为的一部分。

(4)还有网友指出,建议购药并出具购药清单的行为是医生在对疾病做出专业判断的基础上,意图通过药物改善病人健康状况的诊疗行为,在医疗机构内基于职务行为开具,不是医生个人行为。

(5)另有网友认为,从法律角度,医生在工作时间、工作地点做出的与患者就诊疾病相关的用药建议,都是有医学意义并要负担责任的。即使在草纸上写,如果出现指导错误也要担责。最不好举证的就是口头嘱托。

与前述意见相反,第二种意见认为是医生的个人行为。

(1)持该反对意见的网友认为,不是诊疗行为。理由是,患者自主脱离医生的诊疗控制,医生提出替代解决意见,属于推荐建议,不是诊疗,主要考察的是医生是否涉嫌误导。

(2)还有网友指出,本案中要特别强调未开具处方!处方是医疗文书,废纸上写几个字不算诊疗行为。

(3)还有网友进一步指出,写哪里都不是事儿,判断性质关键在于失去了控制,从诊疗范围逸出。失去了控制,便脱离了医疗服务合同。

(4)还有网友坚持认为,医生写药品清单,未写剂量,未写用法,根本不能称为治疗的延续。该行为不是诊疗行为,也绝不是违规行为。

(5)还有网友认为,医生个人对此事承担法律责任。因为其行为不能表示为该医院的职务行为;所以医院无责,这样也可以防止医学伦理风险。

针对上述第二种意见,持第一种意见的网友反驳道,我不赞成用处方的形式要求来否定"购药清单"。相反,如果不把"购药清单"视为"处方",医院的责任就更大了。况且,处方的形式要件再复杂,核心内容还是在传达用药信息,而且要跟"药品说明书"基本一致。根据《处方管理办法》规定,"处方药应当凭医师处方销售、调剂和使用"。本案中,大夫对患者进行了检查和诊断,后因患者拒绝住院,故让患者自行购买处方药,按规定大夫应当开具处方的。所以如果"购药清单"不视为"处方",那就是说医生没有开具处方,过错更明确了。

(三)关于药物中毒

有网友认为,本案中,患者药物中毒,可能属于药物不良反应的范畴。关于药品不良反应,在 2011 年卫生部《药品不良反应报告和监测管理办法》里有定义。该办法第 63 条规定,药品不良反应,是指合格药品在正常用法用量下出现的与用药目的无关的有害反应。

有网友认为,如果医生告知剂量符合常规,就无所谓"中毒"。还有网友认为,有的药品无论在哪里购买,对于特定的人都会产生毒副反应。这与医生一点关系都没有。有很多药品都有毒副反应,只体现在极少数人。这个要召集专业的药师进行鉴定。

(四)关于本案的处理思路

有网友质疑,医生开的都是什么药? 这些药是否存在配伍禁忌? 何为药物中毒？这一诊断的真实性是否确凿？是药物原因，还是剂量原因，还是患者特殊体质原因？

还有网友指出，首先应看患者的主诉、症状、体征是什么？是否做了相应的实验研究检查？医生做出的是什么诊断？开具的药品是否有用药指征？用药的计量、方法、给药途径是否正确？在药店买药有否药品说明书？药品的不良反应、副作用是什么？这些药品有否患者所谓的中毒的表现？如果没有记载，就不能认定是服药造成的，与医生的诊疗行为无关。如果有中毒表现的相关记载，医生是按药品说明书的规定用药的，医生用药无违规则此医生无责。

还有网友建议从以下方面考虑，药物中毒，是药品本身质量问题，药店问题，药物不良反应，自身体质特异，还是药物剂量过量。如果医师建议该药与其疾病无关，医师有部分责任；如果可以治疗该疾病，医师无责。

还有网友分析说，患者中毒的原因确实很重要。要区分是药品选择错误、药品剂量错误还是意外的不良反应。医生的责任就跟他开处方出同样情况基本一样。

另有网友认为，法律不会纠结医生建议并出具购药清单行为是不是诊疗行为。因为患者可选择侵权而不是合同责任，法律需要考察的只是医生开具这几种药是否有过失，比如是否符合适应证、剂量等。还有，至于院方是否有责，还需考察医生的开药行为与中毒有无因果关系，包括分析中毒的具体原因等。

需要说明的是，笔者同意某网友的以下意见，具体转述如下：本案涉及医院和药店对患者用药损害的责任划分和承担问题。依据责任主体不同，患者发生药物中毒的原因可以概括为三种：（1）处方错误（用法用量，配伍禁忌）；（2）药品不良反应（合格药品正常使用）；（3）药品质量缺陷（生产，流通，储存）。

本案中，应当主要考虑药店的责任。根据《药品经营质量管理规范》关于药品零售的质量管理的有关规定，"企业应当按照国家有关规定配备执业药师，负责处方审核，指导合理用药"。所以，药店如果认为"购药清单"不是处方，就不应该卖药给患者；如果认为是处方，就应按规定审核处方，指导用药。

此时,药店的执业药师实际上代替医院的执业药师履行了《处方管理办法》里规定的职责,这就是医疗机构和零售药店的质量管理衔接问题。显然,即使医生处方错误,药店也有责任审核和修正,如果不存在处方错误,医院就不用承担任何责任了。至于本案如果属于药品不良反应和药品质量缺陷,其最终责任承担者,是生产企业。

（五）关于药房的责任

在药房的责任上,网友们意见比较一致,认为药房违规售药,应承担责任。对此,有网友指出,既然是处方药,患者持的不是处方,应当与医院无关。药房不应将药物卖给患者。

（六）关于医院和医生的责任

有网友认为,如果医生开的药符合诊疗规范,剂量合适,但患者仍发生了药物不良反应。应该说医生没有责任。

还有网友认为,如果医师建议该药与其疾病无关,医师有部分责任,如果可以治疗该疾病,医师无责。另有网友认为,患者发生药物中毒,医院只有在一种情况下才需要承担责任,即处方错误的责任。

笔者同意某网友的以下（本段）论述,患者看病,医生诊断后应该有个结论,实际上也是如此。这个结论可以是住院继续治疗,可以是转诊、转院,也可以带药回家;当然也可以拿着"处方"去药店买药。所以,本案可以把"购药清单"视为"处方",让患者按照说明书用药,只要这几种药符合用药适应证,没有禁忌证,也不存在配伍禁忌,医院就可免责。

此外,还有网友猜测,估计患者不在用药禁忌范围内,医生无恶意,但可能指导不当。

还有网友认为,医院那个医生肯定是职务行为。医生的建议也属于诊疗行为,但并不是有行为有后果就要担责。主要看他的建议药物是否有适应证,是否必须,该患者是否有禁忌证。如果医生的建议是合理的,他就无过错。如果错误医疗行为与不良后果之间存在因果关系,医生所在医院方能担责。

关于医生个人有没有责任,有网友认为,本案中,医生的行为已经超出了医院对其的合法授权,也超出了正常适当的医务授权,所以不应当认定为医院的医疗行为。但由于医生毕竟出具了具有治疗意义的药物,对病人具有指导价值,病人的信赖利益应受法律保护,因此医生应当承担法律责任。需要说明的是,在讨论中,该观点是少数观点。

（七）给医疗机构的建议

有网友建议,在医院管理中应要求医院加强患者自备药管理。因为医院有专业人士来识别假劣药、规范用药,观察与处理能力优于患者。因此,医生对患者使用自备药有告知风险、谨慎审核的义务。

（八）给医生的建议

有网友指出,实践中,有些医院门诊医生就经常犯懒不写病历。也出现过许多在非病历本上写处置意见的事。这些都引发过纠纷。需要引起重视。

还有网友分析,以上案例中,从医院管理的角度,我们发现医生给病人的用药建议,大部分以处方形式完成,但也有在病历本上写完整处方内容但却不真开方的"方式 2";有在病历本上写药名不写用法的"方式 3";有在一张草纸上写处方内容的"方式 4";有在一张草纸上写药名无用法的"方式 5"等等。这些方式的法律意义业界并无研究定论,值得讨论。而从管理的角度,我们建议医生在不开具处方但给出用药建议（即"非处方医嘱"）时,规范地按照两种形式,一是完整地在病历本中写出处方全部内容,二是只写药名后标注:用药请遵处方医生嘱托。不得口头嘱托。

（九）给药房的建议

有网友认为,同样的药品不同的厂家甚至相同的厂家会有不同的剂型,医生怎么知道用多少呢? 既然是处方药,销售方又不能拿一个没有医生签名的便签来当作处方,他一定会让坐堂大夫开处方,这个大夫就有告知义务。

对此,有网友建议药房要严格遵守《药品经营质量管理规范》《处方管理办法》等规定。对于未持正规处方购药的患者,药房应予拒绝。

（十）给患者的建议

有网友建议,患者就诊时应配合医生的诊疗。在医生建议住院治疗时,应该慎重考虑,尽量克服困难住院治疗。在用药问题上,首先应该凭处方在就诊医院购药,因各种原因确需院外购药的,也应持医院的医生处方购药。不得擅自购买处方药。

来自本文整理人@海坛特哥的声明:笔者组织讨论、整理本讨论综述的初衷是厘清对此类问题的分析路径。因此,本文仅供各界参考,请勿将此文作为医疗管理、审理案件的直接依据。

# 案例3  关于"中医能否开西药"的讨论综述

*@海坛特哥*

## 一、目前的困惑

中医能否开西药？

许多网友均表示，这是个好问题。

某网友表示，我原来在门诊办时就存在此疑问。后来问过本地卫生局，卫生局说"没说过不能"。

还有网友说，这是一个连卫生局主管官员都说不清楚的问题，我曾经多次询问，但都没有答案。

还有网友表示，这个问题讨论很有意义。我个人以前是中医类别的中西结合医师，就因为这个原因，重新考了执业医师，重新注册执业类别为西医临床。

## 二、网友讨论综述

(一)各地区、各医院的做法

有网友指出，各省、各院有各自的规定。记得福建是可开，我的一家顾问单位是不可开。卫生部中药局关于中医全科医师和中西医结合医师的规定，含有规范中西医开药、手术之义，但不够直白，理解各异。

还有网友补充说，现实中互开(中医开西药，西医开中药)是一般，禁开是特殊。

另有网友指出，有些地方的卫生行政部门专门下发通知，列明哪些药可以开，哪些不可以。

来自某医疗机构的网友表示,上级部门没有规定,我们医院的规定是西医仅可开中成药,不可开草药。中医可开西医非处方药和非专科用药。

另一来自医疗机构的网友说,我们医院的中医科只能开中药或者中成药,但是不允许开西药,没有权限。

还有的网友说,我院中医科是中西医结合,什么药都能开。

还有网友补充,事实上,在有的医院,中医师不仅开西药,并且可以做各类西医手术。

(二)相关法律规定

《执业医师法》第 21 条:医师在执业活动中享有下列权利:(1)在注册的执业范围内,进行医学诊查、疾病调查、医学处置、出具相应的医学证明文件,选择合理的医疗、预防、保健方案;(2)……

《执业医师法》第 23 条:医师实施医疗、预防、保健措施,签署有关医学证明文件,必须亲自诊查、调查,并按照规定及时填写医学文书,不得隐匿、伪造或者销毁医学文书及有关资料。医师不得出具与自己执业范围无关或者与执业类别不相符的医学证明文件。

《处方管理办法》第 14 条:医师应当根据医疗、预防、保健需要,按照诊疗规范、药品说明书中的药品适应证、药理作用、用法、用量、禁忌、不良反应和注意事项等开具处方。开具医疗用毒性药品、放射性药品的处方应当严格遵守有关法律、法规和规章的规定。

(三)可以还是不可以

第一种意见:可以。理由如下:

(1)《处方管理办法》没有明确规定中医医生不能开西药处方,或者说西医医生不能开中药处方。根据《处方管理办法》第 14 条的规定,这是医师关于开具处方的规定,就是说没有明确规定中医医生不能开具西药。只要遵守上述规定即可。

同样西医也可以开具中药,但要遵守诊疗规范、药品说明书中的药品适应证、药理作用、用法、用量、禁忌、不良反应和注意事项。

（2）中、西医学本科教育在国内是有交叉的。

（3）中医局曾因为西医大量开中成药而发起过西医合理使用中成药的广泛培训，这就说明中医局是允许西医开中药的。那么，卫生局也就并未限制中医开西药。

但是，认为中医可以开中药的某网友也补充说，为了避免医患纠纷，最好还是中医不要开西药，西医不要开中药。

第二种意见：不可以。部分网友认为，中医专业应禁止开西药，可以开中药或者中成药。有的进一步指出，中医要绝对禁止做各种手术包括有创检查。理由如下：

（1）术业有专攻，西医开中药也挺奇怪的。西医分科很细了，中医还不分科，如果内外妇儿都看，所有检查手段和用药都与西医相同，还是中医吗？

（2）虽然从法律规定来说，不禁止互开。但从科学体系来说，个人主张不可互开。

（四）中医开西药是否超出执业范围，是否违反《执业医师法》

有网友指出，每个医疗机构申请批准时，卫生局都会批准执业范围和科目，大的或宏观管理是有的，不会混淆的。具体诊疗手段和用药权限，没有规定详细。

有网友认为，这个问题的焦点是医师的执业范围怎么确定了。药品只有剂型的差别，目前中药也有被加工成西药制剂注射或口服的。所以，西药范围太广泛。《执业医师法》要求医生在注册的执业地点、机构、类别、范围内执业。中医师开西药制剂口服应该不违反执业医师法，但如果开西药输液治疗，应该超出了执业范围。

有网友针对上述观点指出，执业范围，是指不同医学学科的诊疗方法。中医医生的执业医师证的执业范围为中医专业，是指中医医生只能运用中医方法从事治疗活动，不能从事口腔、外科、产科之类的西医诊疗活动，否则就是超范围执业。这与中医执业医师能否开西药处方是两回事，不能等同对待。

（五）中医能否做手术，西医能否开中药

有网友认为，西医没有系统学过中医药理和配伍，开中药处方不是超出执业范围吗?

还有网友认为,在某地区,中医局曾因为西医大量开中成药而发起过西医合理使用中成药的广泛培训。这就说明中医局是允许西医开中药的。

有网友指出,关于中医或者中西医结合专业能不能做手术,能不能开抗生素,有的中医院是有手术的。但是,有的医院非中医医生包括中西医结合医生可以开中成药,但是不能开中药。

### (六)小结

中医能否开西药,这个问题之所以产生,说明实践中需要中医开西药。比如有网友指出,中医科人少,一般如果仅开药可以挂这个科,什么药都可开。

那么我们为什么要讨论它,因为开药涉及患者的身体健康安全问题。正如某网友指出的:

有的药品针剂在使用之前需要做皮试,如果是阳性,不准用此药。如果不做皮试,直接给患者使用,容易小部分单位内造成患者的过敏性休克,严重的导致死亡。

在为患者开具两种以上药品时,有的药品直接有拮抗作用(就是药品之间起相反作用的意思),医生要注意这样的药品不能同时为患者开具。

有的药品有禁忌证,比如有的药品孕妇儿童运动员慎用或者禁止使用,医生要注意。

每个药品都有适应证,一定按照适应证使用。国内和国外对每个药品的适应证不一样。我国的医生按照国外的标准给患者适用,违背了药品适应说明。如果患者死亡,医院要承担责任。实务中亦有类似案例。

关于剂量,每个药品都有不同的使用剂量,有最大使用剂量。医生有权限在一定范围内使用,如果超过最大使用剂量。视为违规。

以上都说明一个问题,药品涉及患者健康安全。因此,笔者认为,不论是中医开西药,还是西医开中药。都需要具备两个条件:第一,该医生在接受医学教育时学过相关知识。第二,该医生在执业后接受过相关培训,获得培训合格证书或者取得专项许可。唯有如此,才能做到用药安全。

# 附　录

## 1. 医疗司法解释条文及说明(民间建议稿)

关于审理医疗损害责任纠纷案件
适用法律若干问题的解释(民间建议稿)

北京市高级人民法院　陈　特

微信订阅号:海坛特哥(haitanlegal)

为正确审理医疗损害责任纠纷案件,依法维护当事人的合法权益,根据《中华人民共和国民法通则》《中华人民共和国侵权责任法》《中华人民共和国民事诉讼法》等法律规定,结合审判工作实践,制定本解释。

### 一、案件受理

**第一条(医疗损害责任纠纷的受理)**　在诊疗活动中受到损害,患者一方起诉要求医疗机构,药品、消毒药剂、医疗器械的生产者、销售者或者血液提供机构承担侵权责任的,人民法院应当按照医疗损害责任纠纷案件予以受理。

患者一方,是指直接遭受人身损害的患者以及死亡患者的近亲属。

【说明】本条规定主要有两个目的:第一,根据《侵权责任法》第54条、第55条、第59条①的规定及《民事案件案由规定》第九部分"侵权责任纠纷"②的规

---

① 《侵权责任法》第54条规定:患者在诊疗活动中受到损害,医疗机构及其医务人员有过错的,由医疗机构承担赔偿责任。第55条规定:医务人员在诊疗活动中应当向患者说明病情和医疗措施。需要实施手术、特殊检查、特殊治疗的,医务人员应当及时向患者说明医疗风险、替代医疗方案等情况,并取得其书面同意;不宜向患者说明的,应当向患者的近亲属说明,并取得其书面同意。医务人员未尽到前款义务,造成患者损害的,医疗机构应当承担赔偿责任。第59条规定:因药品、消毒药剂、医疗器械的缺陷,或者输入不合格的血液造成患者损害的,患者可以向生产者或者血液提供机构请求赔偿,也可以向医疗机构请求赔偿。患者向医疗机构请求赔偿的,医疗机构赔偿后,有权向负有责任的生产者或者血液提供机构追偿。

② 关于医疗侵权纠纷,《民事案件案由规定》(法〔2011〕42号)第九部分是这样规定的:第一级案由为"侵权责任纠纷",第二级案由为"侵权责任纠纷",第三级案由为"医疗损害责任纠纷",第四级案由包括:(1)侵害患者知情同意权责任纠纷;(2)医疗产品责任纠纷。

定对医疗损害责任纠纷案件作出定义;第二,为使司法解释行文简练,依据《侵权责任法》第18条第1款①的规定对"患者一方"作出界定。

此外,本条规定明确了患者因诊疗活动遭受损害提起侵权之诉的,统一定性为"医疗损害责任纠纷",不再区分医疗事故损害赔偿纠纷和医疗事故以外的其他医疗损害赔偿纠纷。

**第二条(美容损害责任纠纷的受理)** 在医疗美容活动中到损害,患者一方起诉要求医疗机构承担侵权责任的,人民法院应当按照医疗损害责任纠纷予以受理。非医疗机构实施的美容活动引起的损害责任纠纷,人民法院应当按照生命权、健康权、身体权纠纷予以受理。

【说明】本条是关于美容损害责任纠纷的规定,目的在于区分医疗美容纠纷和非医疗美容纠纷的受理。

根据《医疗机构管理条例实施细则》第4条、第88条,《医疗美容服务管理办法》第2条、第16条,以及《关于加强美容服务管理的通知》的有关规定②,医疗美容是指运用手术、药物、医疗器械以及其他具有创伤性或者侵入性的医学技术方法对人的容貌和人体各部位形态进行的修复与再塑。而生活美容则通过运用化妆品、保健品和非医疗器械等非医疗性手段,对人体进行诸如皮肤护理、按摩等带有保养或保健性的非侵入性的美容护理。由此可以看出,医疗美容是一种医疗行为,它必须遵守卫生行政主管部门对医疗执业或从业的要求;

---

① 《侵权责任法》第18条第1款规定,被侵权人死亡的,其近亲属有权请求侵权人承担侵权责任。被侵权人为单位,该单位分立、合并的,承继权利的单位有权请求侵权人承担侵权责任。

② 《医疗机构管理条例实施细则》(卫生部令1994年第35号)第4条规定,卫生防疫、国境卫生检疫、医学科研和教学等机构在本机构业务范围之外开展诊疗活动以及美容服务机构开展医疗美容业务的,必须依据条例及本细则,申请设置相应类别的医疗机构。第88条规定,医疗美容是指使用药物以及手术、物理和其他损伤性或者侵入性手段进行的美容。《医疗美容服务管理办法》(卫生部令2002年第19号)第2条规定,本办法所称医疗美容,是指运用手术、药物、医疗器械以及其他具有创伤性或者侵入性的医学技术方法对人的容貌和人体各部位形态进行的修复与再塑。本办法所称美容医疗机构,是指以开展医疗美容诊疗业务为主的医疗机构。第16条规定,实施医疗美容项目必须在相应的美容医疗机构或开设医疗美容科室的医疗机构中进行。《关于加强美容服务管理的通知》(国家国内贸易局/卫生部,内贸局联发服务字〔2000〕第10号)第2条规定,生活美容包括美容知识咨询与指导、皮肤护理、化妆修饰、形象设计和美体等服务项目。

而生活美容则是一种非医疗行为,简单说即是一种商业服务行为。因此,在实务中,因医疗美容造成患者损害引发纠纷的,属于特殊侵权纠纷,人民法院应作为医疗损害责任纠纷受理。因生活美容造成消费者损害引发纠纷的,或者生活美容机构违规开展医疗美容引发纠纷的,在性质上则属于一般人身损害赔偿纠纷,人民法院应作为生命权、健康权、身体权纠纷受理。两类纠纷在案由、举证责任、案件审理方面均有不同,有必要做出区分。

**第三条(预防接种损害责任纠纷的受理)** 在医疗机构开展的预防接种活动中受到损害,患者一方起诉医疗机构要求赔偿的,人民法院应当按照医疗损害责任纠纷予以受理;但患者一方起诉要求医疗机构承担给付预防接种异常反应相关待遇的,人民法院不作为民事案件受理。

【说明】本条规定旨在明确预防接种损害责任纠纷的不同处理方式。根据《疫苗流通和预防接种异常反应管理条例》【国务院令(2005年第434号)】第40条、第41条、第45条至第47条的规定①,受种者接受预防接种之后发生的损害包括预防接种异常反应和预防接种造成的一般损害。其中,预防接种异常反应是一个专有名词,特指合格的疫苗在实施规范接种过程中或者实施规范接种后造成受种者机体组织器官、功能损害,相关各方均无过错的药品不良反应。

发生预防接种异常反应和预防接种造成的一般损害,二者的鉴定程序、救济途径、损害填补等均不同。据此,参照《疫苗流通和预防接种异常反应管理

---

① 《疫苗流通和预防接种异常反应管理条例》第40条规定,预防接种异常反应,是指合格的疫苗在实施规范接种过程中或者实施规范接种后造成受种者机体组织器官、功能损害,相关各方均无过错的药品不良反应。第41条规定,下列情形不属于预防接种异常反应:(一)因疫苗本身特性引起的接种后一般反应;(二)因疫苗质量不合格给受种者造成的损害;(三)因接种单位违反预防接种工作规范、免疫程序、疫苗使用指导原则、接种方案给受种者造成的损害;(四)受种者在接种时正处于某种疾病的潜伏期或者前驱期,接种后偶合发病;(五)受种者有疫苗说明书规定的接种禁忌,在接种前受种者或者其监护人未如实提供受种者的健康状况和接种禁忌等情况,接种后受种者原有疾病急性复发或者病情加重;(六)因心理因素发生的个体或者群体的心因性反应。第45条规定,预防接种异常反应的鉴定参照《医疗事故处理条例》执行,具体办法由国务院卫生主管部门会同国务院药品监督管理部门制定。第46条规定,因预防接种异常反应造成受种者死亡、严重残疾或者器官组织损伤的,应当给予一次性补偿。预防接种异常反应具体补偿办法由省、自治区、直辖市人民政府制定。第47条规定,因疫苗质量不合格给受种者造成损害的,依照药品管理法的有关规定处理;因接种单位违反预防接种工作规范、免疫程序、疫苗使用指导原则、接种方案给受种者造成损害的,依照《医疗事故处理条例》的有关规定处理。

条例》的上述规定，《建议稿》明确，患者一方起诉请求医疗机构承担给付预防接种异常反应相关待遇的，人民法院不作为民事案件受理。

**第四条（多个医疗机构的情形）** 患者因同一疾病或相关疾病在两个以上医疗机构诊疗后，以各医疗机构为共同被告提起诉讼的，人民法院应予准许。

患者一方起诉部分医疗机构，被诉医疗机构申请追加其他医疗机构为案件第三人的，人民法院应予准许。

**【说明】**本条是关于患者在多个医疗机构就诊情形下如何确定诉讼主体的规定。对此，有两点需要说明。

（1）实践中经常发生患者在某一家医院就诊后，又转院到其他医疗机构就诊。这种情况下如何确定案件的被告需要作出明确规定。以患者转一次院为例，这时损害后果是由前一个医院所致还是后一个医院所致，抑或是两个医院在损害后果的发生上均有作用，往往不明确。如经查明只有一家医院有过错医疗行为且与损害结果存在因果关系，自然只有该家医院承担侵权责任。在两家医院均有过错医疗行为与相应因果关系的情况下，患者一方起诉的，则可能存在需分别适用侵权责任法第11条或者第12条①规定的情形。按照上述规定，两家医院可能承担连带责任，也可能承担按份责任。因此，为便于查明事实、解决纠纷，正确认定两家以上的医疗机构是否应当承担责任，抑或是否应当承担连带责任，患者一方以各医疗机构为共同被告提起诉讼的，这种情形下人民法院应当准许。

（2）患者先后在两个以上的医疗机构就诊，发生损害后可能仅起诉部分医疗机构。此时人民法院是否可以依被诉医疗机构申请追加其他医疗机构为当事人，法律没有明确规定。在这种情况下，各医疗机构是否应当承担责任，是否承担连带责任，在案件事实查明以前，很难作出认定。从有利于查明事实，并尊重原告诉权的角度出发，人民法院应当根据被诉医疗机构的申请追加其他医疗

---

① 《侵权责任法》第11条规定，二人以上分别实施侵权行为造成同一损害，每个人的侵权行为都足以造成全部损害的，行为人承担连带责任。第12条规定，二人以上分别实施侵权行为造成同一损害，能够确定责任大小的，各自承担相应的责任；难以确定责任大小的，平均承担赔偿责任。

机构为第三人。① 当然,在诉讼中,如果经鉴定发现被追加的医疗机构存在过错且该过错医疗行为与患者的损害后果有因果关系,则患者一方很可能变更诉讼请求,此时,人民法院应根据患者一方的申请改列各医疗机构为共同被告。

**第五条(多数人侵权的情形)** 因其他侵权行为与医疗行为共同造成患者损害,患者一方以医疗机构和其他侵权人为共同被告提起诉讼的,人民法院应予准许。

患者一方起诉医疗机构请求赔偿,被诉医疗机构申请追加其他侵权人为第三人的,人民法院应予准许。

【说明】本条规定旨在解决因交通事故、工伤事故等人身伤害行为就医后,患者一方认为发生医疗损害起诉要求赔偿时的诉讼主体问题。起草理由同上条规定。

**第六条(医疗产品责任纠纷的诉讼主体)** 因药品、消毒药剂、医疗器械的缺陷或者输入不合格的血液造成患者损害的,患者一方同时起诉产品生产者、产品销售者、血液提供机构以及医疗机构要求赔偿的,人民法院应予准许。

患者一方仅起诉部分责任主体,人民法院可以依被诉责任主体的申请追加未被起诉的其他责任主体为案件的第三人;人民法院也可以依职权追加第三人。

【说明】本条解决医疗产品责任纠纷②的诉讼主体问题。《侵权责任法》第59条规定,因药品、消毒药剂、医疗器械的缺陷,或者输入不合格的血液造成患者损害的,患者可以向生产者或者血液提供机构请求赔偿,也可以向医疗机构请求赔偿。患者向医疗机构请求赔偿的,医疗机构赔偿后,有权向负有责任的生产者或者血液提供机构追偿。

由于对医疗机构是否属于销售者以及血液是否属于产品争论较大,因此,

---

① 《民事诉讼法》第56条第2款规定,对当事人双方的诉讼标的,第三人虽然没有独立请求权,但案件处理结果同他有法律上的利害关系的,可以申请参加诉讼,或者由人民法院通知他参加诉讼。人民法院判决承担民事责任的第三人,有当事人的诉讼权利义务。

② 本文所指医疗产品责任纠纷,包括因药品、消毒药剂、医疗器械等医疗产品的缺陷引发的医疗纠纷,以及因输入不合格的血液引发的医疗纠纷,下同。

本条规定的起草和制定过程颇费周折。但是,在《侵权责任法》颁布后,各界均认可本条规定是关于产品责任的特殊规定,即医疗产品责任,也就是说,立法者为了便于患者一方求偿,在立法中将医疗机构视为医疗产品销售者。同时,对于输入不合格的血液造成损害的,也是比照医疗产品责任来适用法律。①

关于医疗产品责任纠纷案件的诉讼主体,各界有不同的意见。② 第一种意见认为,在医疗产品责任纠纷案件中,实际上医疗机构和医疗产品的生产者并不存在共同侵权的故意,在因药品、消毒药剂、医疗器械存在缺陷造成患者损害的情形下,患者一方可以选择医疗机构或医疗产品的生产者作为被告。如果患者一方同时将二者列为被告时,法院应行使释明权要求受害人明确选择被告。

第二种意见认为,在医疗产品责任纠纷案件中,患者一方可以行使选择权,既可以向医疗机构主张,也可以向生产者等主张。如果患者一方同时起诉医疗机构和生产者,应当允许,因为这是患者一方的诉权。如果患者一方仅向医疗机构主张的,可以根据医疗机构的申请将生产者追加为第三人参加诉讼。如果患者一方仅向生产者主张的,可以根据生产者的申请,追加医疗机构为第三人参加诉讼。

我们同意第二种意见。理由是:根据《侵权责任法》第 43 条③及第 59 条的规定,在医疗产品缺陷造成患者损害时,产品的生产者和医疗机构对患者承担的是不真正连带责任。④ 按照《侵权责任法》第 59 条的规定,因医疗产品缺陷

---

① 参见陈现杰主编:《中华人民共和国侵权责任法条文精义与案例解析》,中国法制出版社 2010 年版,第 206 页。

② 为行文方便,下文以典型的医疗产品(包括药品、消毒药剂、医疗器械)代替医疗产品和血液,以产品生产者和医疗机构代替产品生产者、产品销售者、血液提供机构和医疗机构来说明医疗产品责任纠纷的诉讼主体问题。

③ 《侵权责任法》第 43 条规定,因产品存在缺陷造成损害的,被侵权人可以向产品的生产者请求赔偿,也可以向产品的销售者请求赔偿。产品缺陷由生产者造成的,销售者赔偿后,有权向生产者追偿。因销售者的过错使产品存在缺陷的,生产者赔偿后,有权向销售者追偿。

④ 缺陷产品的生产者及销售者对受害人承担责任的性质属于不真正连带责任,这一点各界并无争议。有争议的是不真正连带债务人在涉讼时能否作为共同被告以及不真正连带债务人是否需要承担连带责任。

造成患者损害的,患者可以向生产者请求赔偿,也可以向医疗机构请求赔偿。从法理上讲,患者还可以同时向生产者和医疗机构请求赔偿,即在诉讼中将它们列为共同被告。① 而在患者一方仅起诉医疗产品的生产者或者仅起诉医疗机构的情况下,为了查明事实的需要,法院可以依生产者或医疗机构的申请追加未被起诉的另一方为案件的第三人。在必要时,人民法院也可以依职权追加未被起诉的另一方为案件的第三人。据此,《建议稿》做出上述规定。

### 二、举证责任和证据的审核

**第七条(医患双方的初步举证责任)** 在医疗损害责任纠纷诉讼中,患者一方应当首先证明其与医疗机构之间存在医疗关系及发生了医疗损害。双方当事人均应当提交各自保管的与纠纷有关的所有病历资料说明相应的诊疗过程。

医疗机构应当提交医嘱单、检验报告、手术及麻醉记录、病理资料、护理记录、医疗费用等客观性病历资料以及死亡病例讨论记录、疑难病例讨论记录、上级医师查房记录、会诊意见等主观性病历资料。

【说明】本条规定旨在解决所有医疗损害责任纠纷案件的初步举证问题,或者说,解决侵权责任构成中"违法行为"和"损害后果"这两个要件的举证责任分配。本条规定有三层意思。第一,在医疗损害责任诉讼中,患者一方对其损害赔偿请求权的成立,负有初步的举证责任。即患者一方应当首先证明其与医疗机构间存在医疗服务合同关系,接受过医疗机构的诊断、治疗,并因此受到损害。第二,患者一方为完成举证,有提交由其保管的病历资料的义务。但是,医疗机构同时也有提交由其保管的病历资料的义务。理由是诊疗过程中的检查、化验、病程记录都由医疗机构方面实施或掌握,医疗机构是控制证据源、距离证据最近的一方,由其承担举证责任,符合举证责任分配的实质标准。第三,

---

① 支持生产者和医疗机构为共同被告的一种观点认为,不真正连带债务人在涉讼时属于普通的共同诉讼,可以合并审理。另外,法律并未禁止受害人同时起诉生产者和医疗机构。参见余明永主编:《医疗损害赔偿纠纷》,法律出版社2010年版,第119页。

针对实践中医疗机构依据《侵权责任法》第 61 条①的规定主张在诉讼中只需提交客观性病历资料的现象。我们认为,《侵权责任法》第 61 条的规定应如何理解和适用尚有争议,但是,为查明案件事实需要,医疗机构理应提交包括客观性病历资料和主观性病历资料②在内的全部病历资料。进一步说,在诉讼中,医疗机构提交的病历材料均为证据材料,患者一方可以复印。

**第八条(医疗损害责任纠纷的举证责任)** 患者一方主张医疗行为存在过错,以及过错医疗行为与损害结果之间存在因果关系,应当承担相应的举证责任。

【说明】本条规定解决医疗损害责任构成要件中医疗过错以及过错医疗行为与损害后果之间的因果关系这两个要件的举证责任分配问题。其对应的条文是《侵权责任法》第 54 条。

对医疗损害责任纠纷案件的举证责任,以往民事法律中并无明确规定。最高人民法院《关于民事诉讼证据的若干规定》(以下简称《民诉证据规定》)第 4 条第 1 款第 8 项从程序规则的角度规定,对医疗过错和医疗行为与损害后果之间的因果关系实行举证责任倒置。《侵权责任法》第 54 条规定,患者在诊疗活动中受到损害,医疗机构及其医务人员有过错的,由医疗机构承担赔偿责任。侵权责任法出台后,医疗损害责任案件的举证责任分配问题引起了广泛的争论。医疗侵权责任四个构成要件,包括医疗行为、损害后果、医疗过错、过错医疗行为与损害后果的因果关系。举证责任的分配问题争论的焦点是医疗过错、

---

① 《侵权责任法》第 61 条规定,医疗机构及其医务人员应当按照规定填写并妥善保管住院志、医嘱单、检验报告、手术及麻醉记录、病理资料、护理记录、医疗费用等病历资料。患者要求查阅、复制前款规定的病历资料的,医疗机构应当提供。

② 一般认为,关于客观性病历资料和主观性病历资料的分类来源于《医疗事故处理条例》的规定,条例第 10 条规定,患者有权复印或者复制其门诊病历、住院志、体温单、医嘱单、化验单(检验报告)、医学影像检查资料、特殊检查同意书、手术同意书、手术及麻醉记录单、病理资料、护理记录以及国务院卫生行政部门规定的其他病历资料。患者依照前款规定要求复印或者复制病历资料的,医疗机构应当提供复印或者复制服务并在复印或者复制的病历资料上加盖证明印记。复印或者复制病历资料时,应当有患者在场。第 16 条规定,发生医疗事故争议时,死亡病例讨论记录、疑难病例讨论记录、上级医师查房记录、会诊意见、病程记录应当在医患双方在场的情况下封存和启封。封存的病历资料可以是复印件,由医疗机构保管。

过错医疗行为与损害后果的因果关系应当由患者一方还是医疗机构负担举证责任。对此,我们认为,患者一方应当承担举证责任,其理由主要为:

第一,立法机关对《侵权责任法》第54条的解释是,医疗损害责任应当适用过错原则的归责原则,而不是过错推定原则。① 实体法上的改变,也带来了程序上的变化。对于医疗损害责任纠纷案件,不应再适用《民诉证据规定》关于举证责任倒置的规定。第二,对医疗活动引起的纠纷,应当适用一般过错责任,只在特殊情况下如医务人员有严重违规诊疗行为、医疗机构伪造、篡改或者销毁病历资料或者隐匿、拒绝提供与纠纷有关的医学资料,才适用过错推定原则。患者和医院之间信息不对称问题,应当通过信息交流和病历公开等办法解决。即《侵权责任法》对医疗过错实行的是"谁主张、谁举证"的一般原则,也就是一般由患者一方对医疗过错承担举证责任。第三,《侵权责任法》对医疗损害因果关系没有作出特殊规定,所以对医疗损害因果关系也应当采取"谁主张、谁举证"的立法态度。② 据此,《建议稿》做出了上述规定。

**第九条(侵害患者知情同意权责任纠纷的举证责任)** 医疗机构是否依法履行了向患者一方说明病情、医疗措施、医疗风险、替代医疗方案等情况的义务,由医疗机构承担举证责任。人民法院应当根据当事人的陈述、病历记载、知情同意书等证据进行综合认定。

【说明】本条解决侵害患者知情同意权责任纠纷的举证责任分配问题。其对应的条文是《侵权责任法》第55条、第56条。

《侵权责任法》制定之前,我国关于患者知情同意权的规定散见于一些法律和其他规范性文件中。如《中华人民共和国执业医师法》(以下简称《执业医师法》)第26条、《医疗机构管理条例》第33条、《医疗机构管理条例实施细则》

---

① 参见王胜明主编:《中华人民共和国侵权责任法解读》,中国法制出版社2010年版,第269～273页。

② 参见全国人大常委会法制工作委员会副主任王胜明于2009年6月27日在十一届全国人大常委会专题讲座第十讲上的讲稿——《我国的侵权责任法律制度》。

第62条、《医疗事故处理条例》第11条、《病历书写基本规范》第10条等①，都规定医疗机构无论是在日常的医疗活动中，还是在对患者施行手术、特殊检查或者特殊治疗时，在不对患者可能造成不利后果的前提下，都应充分履行对患者及其家属的告知义务；具体措施多为在施行医疗行为前征得患者同意，并取得家属或者关系人的同意并签字；只有在为抢救患者，又无法取得患者的法定代理人或被授权人的签字的情况下，才可由医疗机构负责人或者授权的负责人签字。

《侵权责任法》则专门以第55条和第56条②对医疗机构的告知义务的相关问题进行了规定。《侵权责任法》较之以前的规定，具有三个明显的特点：一是明确了行使知情同意权的主体，首先是患者，当患者无法行使时，才是其近亲属，两者之间系选择关系；二是增加了替代医疗方案的告知内容；三是首次规定了违反告知义务的赔偿责任。

---

① 《执业医师法》第26条规定，医师应当如实向患者或者其家属介绍病情，但应注意避免对患者产生不利后果。医师进行实验性临床医疗，应当经医院批准并征得患者本人或者其家属同意。《医疗机构管理条例》第33条规定，医疗机构施行手术、特殊检查或者特殊治疗时，必须征得患者同意，并应当取得其家属或者关系人同意并签字；无法取得患者意见时，应当取得家属或者关系人同意并签字；无法取得患者意见又无家属或者关系人在场，或者遇到其他特殊情况时，经治医师应当提出医疗处置方案，在取得医疗机构负责人或者被授权负责人员的批准后实施。《医疗机构管理条例实施细则》第62条规定，医疗机构应当尊重患者对自己的病情、诊断、治疗的知情权利。在实施手术、特殊检查、特殊治疗时，应当向患者作必要的解释。因实施保护性医疗措施不宜向患者说明情况的，应当将有关情况通知患者家属。《医疗事故处理条例》第11条规定，在医疗活动中，医疗机构及其医务人员应当将患者的病情、医疗措施、医疗风险等如实告知患者，及时解答其咨询；但是，应当避免对患者产生不利后果。《病历书写基本规范》【卫医政发〔2010〕11号】第10条规定，对需取得患者书面同意方可进行的医疗活动，应当由患者本人签署知情同意书。患者不具备完全民事行为能力时，应当由其法定代理人签字；患者因病无法签字时，应当由其授权的人员签字；为抢救患者，在法定代理人或被授权人无法及时签字的情况下，可由医疗机构负责人或者授权的负责人签字。因实施保护性医疗措施不宜向患者说明情况的，应当将有关情况告知患者近亲属，由患者近亲属签署知情同意书，并及时记录。患者无近亲属的或者患者近亲属无法签署同意书的，由患者的法定代理人或者关系人签署同意书。

② 《侵权责任法》第55条规定："医务人员在诊疗活动中应当向患者说明病情和医疗措施。需要实施手术、特殊检查、特殊治疗的，医务人员应当及时向患者说明医疗风险、替代医疗方案等情况，并取得其书面同意；不宜向患者说明的，应当向患者的近亲属说明，并取得其书面同意。医务人员未尽到前款义务，造成患者损害的，医疗机构应当承担赔偿责任。"第56条规定："因抢救生命垂危的患者等紧急情况，不能取得患者或其近亲属意见的，经医疗机构负责人或者授权的负责人批准，可以立即实施相应的医疗措施。"

从《侵权责任法》的上述规定不难看出,医疗机构履行告知义务的范围分为两个层次:第一个层次是在通常的诊疗活动中履行说明义务的范围。这种诊疗通常对患者不存在可能性的伤害,因此告知方式简单,简要说明即可,不强调患者的同意。如常规注射、用药等,并不需要向患者详尽说明。第二个层次,是在实施手术、特殊检查、特殊治疗①活动中的履行说明义务的范围。这种医疗行为在治疗患者的同时,可能会对患者产生较大的伤害,有较大的医疗风险性,医疗费用也较高,因此要求医疗机构应当全面及时告知,需要向患者说明病情、医疗措施、医疗风险、替代医疗方案、相关费用等情况,告知方式也应更规范。原则上要求进行书面告知,必要时应该由患方签订知情同意书。

在临床实践中,常见的医务人员的具体告知方式有如下几种:(1)口头告知。对于常规的对患者通常不会造成侵害的医疗行为,一般仅要求进行口头告知。但实践中如何证明是个难题。(2)病历记载。对患者比较重要的医疗信息,在说明之外,还应当在病历上记载。如:药的服用方法及禁忌,出院后日常注意事项等等。(3)知情同意书。对重要的医疗事项,如实施手术、特殊检查、特殊治疗,必须采取知情同意书的方式。包括手术知情同意书、麻醉知情同意书、接受实验性药物等治疗的同意书等。

基于上述分析,《建议稿》对侵害患者知情同意权责任纠纷的举证责任分配问题做出了规定。本条规定有两层意思:(1)关于医疗机构是否履行告知义务的举证责任问题。在侵犯患者知情权的纠纷中,由于医务人员未尽到告知义务,对于患者一方而言属于待证法律事实中的"消极事实",其对此难以举证,要求患者一方承担举证责任,不尽合理。按照有行为义务者承担举证责任的法理,医院应当对其履行告知义务承担举证责任。(2)关于医疗机构主张已经履行告知义务的认定问题。其核心的问题是,在对患者施行手

---

① 《医疗机构管理条例实施细则》第88条规定,特殊检查、特殊治疗是指具有下列情形之一的诊断、治疗活动:(1)有一定危险性,可能产生不良后果的检查和治疗;(2)由于患者体质特殊或者病情危笃,可能对患者产生不良后果和危险的检查和治疗;(3)临床试验性检查和治疗;(4)收费可能对患者造成较大经济负担的检查和治疗。

术、特殊检查、特殊治疗的情况下,是否均应当要求医疗机构提交书面的知情同意书才能认定医疗机构尽到了告知义务。对此,我们认为,书面知情同意书仅仅是证明履行告知义务的重要证据之一,但不是唯一证据。医疗机构是否尽到告知义务,人民法院应当根据当事人的陈述、病历记载、知情同意书等证据进行综合认定。理由是:第一,关于医疗机构的告知义务,《侵权责任法》第55条规定在三种情形下需要患者的书面同意,但是保障患者知情同意权的关键在于医务人员是否切实履行了充分的告知义务,而不是患者是否在知情同意书上签字这一形式。第二,医疗机构是否让患者在知情同意书上签字,或者说医疗机构是否能在诉讼中提交书面的知情同意书,在证据的固定上以及行政管理上较有意义,但是这并不必然影响侵害患者知情同意权责任的成立。例如,在有些情况下,虽然没有书面的知情同意书,但是医疗机构提供了录音、录像等证据,也可以认定医疗机构履行了告知义务。再有,对于医疗机构施行的门诊手术,由于门诊病历由患者保管,诉讼中让医疗机构提交书面的知情同意书确有困难。

此外,需要说明的是,对于何为违反告知义务,违反告知义务造成患者损害应该如何承担责任,在本解释第31条、第32条另有规定。

**第十条(过错推定情形下的举证责任)** 适用《侵权责任法》第五十八条规定,由患者一方承担举证责任。患者一方确因客观原因无法举证的,可以申请人民法院调查收集证据。

【说明】本条解决《侵权责任法》第58条①规定的过错推定情形下的举证责任问题。由于医疗产品责任纠纷适用的是无过错责任原则,不涉及过错推定的问题,因此,本条规定的位置在医疗损害责任纠纷和侵犯患者知情同意权纠纷之后,在医疗产品责任纠纷之前。

关于《侵权责任法》第58条的规定,第一种意见认为,对于本条规定的三

---

① 《侵权责任法》第58条规定,患者有损害,因下列情形之一的,推定医疗机构有过错:(一)违反法律、行政法规、规章以及其他有关诊疗规范的规定;(二)隐匿或者拒绝提供与纠纷有关的病历资料;(三)伪造、篡改或者销毁病历资料。

种情形,患者负有举证责任。第二种意见认为,患者对此负有举证责任,人民法院也应该依职权调查取证。① 我们认为,患者一方对此负有举证责任的原则是对的,但是,考虑患者一方在有些情况下存在客观原因无法自行收集证据,法院出于查明案件事实,理应给患者一方提供一种救济手段,即法院可以依据患者一方的申请调查收集证据,这也符合《民事诉讼法》有关规定②的精神。据此,《建议稿》做出了上述规定。

**第十一条(医疗产品责任纠纷案件的举证责任)** 医疗产品责任纠纷案件,由患者一方对产品缺陷或血液不合格、损害结果、产品缺陷与损害结果之间存在因果关系或血液不合格与损害结果之间存在因果关系承担举证责任。

**【说明】**本条是关于医疗产品责任纠纷案件举证责任的规定。其对应的条文是《侵权责任法》第60条。

如前文所述,医疗产品责任是产品责任的一种。因此,医疗产品责任与《侵权责任法》第五章规定的产品责任就应该适用同样的归责原则,即无过错原则。也就是说,对于医疗产品责任纠纷,患者一方无需证明医疗产品的生产者、销售者、医疗机构是否有过错。但是,患者一方对产品缺陷或血液不合格、损害结果、产品缺陷与损害结果之间存在因果关系或血液不合格与损害结果之间存在因果关系应承担举证责任。

**第十二条(免责、减责事由的举证责任)** 医疗损害责任纠纷案件,医疗机构对《侵权责任法》第60条规定的免责、减责事由承担举证责任。

---

① 例如,王利明教授认为,关于《侵权责任法》第58条规定的三种情形,这是实行过错推定的基础事实,这个基础事实的存在通常是要受害人来证明的,但是《侵权责任法》并没有规定一定要患者证明,原因就是立法者认为这不仅仅是患者的证明责任,法院也应当依职权去查证,比如说违反了诊疗规范,这个事实法院完全可以去调查,不能让患者去提供,法院如果能够确实实查证出来的话,那完全就可以去直接推定医疗机构的过错了。参见"论《侵权责任法》的中国特色",载中国民商法网,民商法前沿论坛第343期,http://www.civillaw.com.cn/article/default.asp? id=48091。

② 《民事诉讼法》第64条规定,当事人对自己提出的主张,有责任提供证据。当事人及其诉讼代理人因客观原因不能自行收集的证据,或者人民法院认为审理案件需要的证据,人民法院应当调查收集。人民法院应当按照法定程序,全面地、客观地审查核实证据。

【说明】《侵权责任法》第60条①规定了医疗机构的免责和减责事由。由于免责、减责事由属于抗辩事由,是相对于请求权基础事实的独立的抗辩法律事实。因此,在患者一方主张医疗损害事实时,医疗机构关于免责、减责事由的主张系抗辩性事实主张,产生独立的举证责任。

**第十三条(未进行尸检的诉讼风险分配)** 患者就医后死亡,医患双方当事人不能确定死因或者对死因有异议,医疗机构未告知患者一方可以申请进行尸检,导致无法查明死亡原因,并致使无法认定医疗机构有无过错或医疗行为与损害结果之间是否存在因果关系的,医疗机构应承担不利的法律后果。

医疗机构已告知患者一方可以申请进行尸检,但因患者一方的原因未进行尸检,导致无法查明死亡原因,并致使无法认定医疗机构有无过错或医疗行为与损害结果之间是否存在因果关系的,患者一方应承担不利的法律后果。

【说明】本条是关于在未进行尸检的情形下诉讼风险如何分配的规定。

尸检,也称尸体解剖,是指对已经死亡的机体进行剖验以查明死亡原因的一种医学手段。在法院审理的医疗损害责任纠纷案件中,涉及患者就医后死亡而引发争议的案件占有很高的比例②,尤其患者在住院期间死亡的情形比较多。在此种情况下,为了判断医疗机构的医疗行为是否存在过错,特别是其行为与死亡这一明确的损害结果之间有无因果关系,查明患者死因就显得十分重要。目前,通过尸检的方式查明死因,是最科学、最客观的方法。因此,《建议稿》对尸检问题做出规定很有必要。

根据卫生部颁布的《医疗机构管理条例实施细则》第六十条③的规定,《死

---

① 《侵权责任法》第60条规定,患者有损害,因下列情形之一的,医疗机构不承担赔偿责任:(一)患者或者其近亲属不配合医疗机构进行符合诊疗规范的诊疗;(二)医务人员在抢救生命垂危的患者等紧急情况下已经尽到合理诊疗义务;(三)限于当时的医疗水平难以诊疗。前款第一项情形中,医疗机构及其医务人员也有过错的,应当承担相应的赔偿责任。

② 例如,据北京市西城区人民法院统计,2010年该院受理的医疗损害赔偿纠纷案件共计198件,其中涉及患者死亡的共计37件,占该类案件的18.7%。

③ 《医疗机构管理条例实施细则》第60条规定,医疗机构为死因不明者出具的《死亡医学证明书》,只作是否死亡的诊断,不作死亡原因的诊断。如有关方面要求进行死亡原因诊断的,医疗机构必须指派医生对尸体进行解剖和有关死因检查后方能作出死因诊断。

亡医学证明书》只是对于患者死亡的医学临床诊断。在死因被作为关键问题进行审查的时候,《死亡医学证明书》不能作为判断死者死亡的诊断。如果要明确死因,必须通过尸体解剖等检查。此外,《死亡医学证明书》是医疗机构根据自己对死亡病例的认识单方面出具的。在诉讼过程中,它只能被法院视为医疗机构单方出具的证据,不具有充分的证明力。此时,是否存在尸检报告显得十分重要。

《医疗事故处理条例》第 18 条[①]规定了进行尸检的前提条件、期限要求和具体程序。但是,该条例并未规定医疗机构是否有提示患者可以申请尸检的义务。对此,各界存有争议。我们认为,由于医患双方对尸检这一专业医疗问题的认知水平存在明显差异,因此,如果存在医患双方当事人不能确定死因或者对死因有异议的情形,医疗机构负有向患方提示可以申请尸检的义务。对此,北京市卫生局做出了明确规定。[②] 也就是说,尸检问题涉及患者一方的知情权,理应成为医疗机构履行告知义务的一项内容。同时,在实务中,许多法院也在判决中认定,医疗机构未尽到向患方提示尸检的义务,或者没有证据证明尽到该义务的时候,均应当被视为存在过错,并承担不利后果。

但是,如果医疗机构已告知患者一方可以申请进行尸检,但因患者一方的原因未进行尸检。例如,医疗机构已经向患方提示了进行尸检以及拒绝尸检的风险后,患方仍拒绝尸检,并自行处理患者尸体;或者因患者近亲属无故拖延拒绝表态、有权决定进行尸检的近亲属无法联系等原因,导致在此后的纠纷处理过程中,因死亡患者尸体保存时间过长等客观因素造成无法进行尸检的,医疗

---

① 《医疗事故处理条例》第18条规定,患者死亡,医患双方当事人不能确定死因或者对死因有异议的,应当在患者死亡后48小时内进行尸检;具备尸体冻存条件的,可以延长至7日。尸检应当经死者近亲属同意并签字。尸检应当由按照国家有关规定取得相应资格的机构和病理解剖专业技术人员进行。承担尸检任务的机构和病理解剖专业技术人员有进行尸检的义务。医疗事故争议双方当事人可以请法医病理学人员参加尸检,也可以委派代表观察尸检过程。拒绝或者拖延尸检,超过规定时间,影响对死因判定的,由拒绝或者拖延的一方承担责任。

② 北京市卫生局制定的《北京市关于尸体解剖检验的暂行规定》(京卫医字〔2002〕84号)第5条规定,医院应在家属提出死因质询时,明确告知进行尸体解剖的必要性,并将告知内容及家属意见以书面形式记录在病案中。尸检前由医院和家属填写尸检同意书。

机构应当免责,不利的法律后果应当由患者一方承担。

综上,参照前述北京市卫生局的规定以及浙江省高级法院关于医疗损害赔偿纠纷案件的指导性意见①,《建议稿》作出了上述规定。

**第十四条(人民法院对病历资料证明力的审查)** 当事人对病历资料的证明力有异议的,应当由人民法院组织双方当事人按照下列规则进行质证。

(一)一方当事人对对方保管的病历资料的真实性、完整性有异议的,应当明确提出异议内容,并说明理由。

(二)当事人提出合理质疑的,由保管病历资料的另一方当事人进行解释证明。

人民法院应根据当事人举证、质证的具体情况认定病历资料是否存在瑕疵。人民法院判断病历资料是否存在瑕疵有困难的,可以通过咨询专家等方法予以认定。

**【说明】**本条规定了人民法院组织各方当事人就病历资料进行质证的规则。由于医疗案件的专业性,导致多数案件需要通过鉴定来解决病历资料与案件的关联性。而在法院未委托鉴定的情况下,对病历资料的质证主要围绕证据的真实性、合法性来进行。本条规定有以下几层意思:

(1)在举证、质证过程中,如果一方当事人对病历资料的真实性、完整性有异议的,应当明确提出异议内容,并且说明理由。确立该规则的目的主要是解决当前困扰法院的一个难题。即在实践中经常出现一种情形,就是患者一方往往利用其发现的病历资料的个别瑕疵,从而对医疗机构提交的病历资料完全不认可,或者笼统地对病历的真实性和完整性提出异议,虽经人民法院向其充分释明,要求其明确提出异议部分及阐明理由,但患者一方仍不表态或者仍不予明确,却要求法院推定医疗机构有过错并且直接判决医疗机构承担赔偿责任。

① 《浙江省高级人民法院关于审理医疗纠纷案件若干问题的意见(试行)》第8条规定:患者就医后死亡,医疗机构认为死亡原因不明,要求患者一方协助进行尸检,但因患者一方的原因未行尸检,导致无法查明死亡原因,并致使无法认定医疗行为与损害结果之间是否存在因果关系或有无过错的,患者一方应承担不利的诉讼后果。

我们认为,在此种情况下,根据民事诉讼一般的证据规则,患者一方对医疗机构提交的病历资料予以否认,有义务提供相应的证据,如果经过人民法院释明后,仍不能明确异议部分及理由,或者不能提供相应证据,人民法院对其不合理请求不应予以支持。

(2)对于当事人提出的合理质疑,由保存或控制病历的另一方当事人进行解释证明。在司法实践中,在医疗机构向人民法院提交患者的病历之后,患者一方往往会对医疗机构提交的病历提出异议,大致有三类:一是对病历资料中关于医务人员向患者一方就病情以及治疗进行告知一类的记载提出异议;二是对病历资料中有修改、涂改、添加、删除等情况提出异议;三是对病历资料中的死亡病例讨论记录、疑难病例讨论记录、会诊意见等主观病历的记载内容不予认可。无论是哪种情况,只要一方当事人对病历存在的瑕疵或者其他疑点提出合理怀疑时,保存、控制病历的另一方当事人此时应负有解释、说明的义务。如果对此不能做出合理的解释,就应该按照相应的民事诉讼证据规则处理。对此,《建议稿》在第 15 条予以规定。

(3)在当事人完成举证、质证之后,法官应按照《民诉证据规定》的要求,遵循法官职业道德,运用逻辑推理和日常生活经验,对病历资料进行全面、综合判断,最终认定病历资料是否存在瑕疵。[①] 法官判断病历是否存在瑕疵有困难的,可以通过咨询专家等方法予以认定。

**第十五条(瑕疵病历的认证)** 经审查,涉案病历资料存在下列瑕疵的,人民法院应当区分情况做出处理:

(一)当事人盗抢、伪造、篡改、销毁病历资料,或以其他不当方式改变病历资料的内容,人民法院应认定该部分病历资料无效。由此致使无法认定医疗行为是否存在过错及与损害后果之间是否存在因果关系,该当事人应承担相应不利的法律后果;

---

[①] 《民诉证据规定》第64条规定,审判人员应当依照法定程序,全面、客观地审核证据,依据法律的规定,遵循法官职业道德,运用逻辑推理和日常生活经验,对证据有无证明力和证明力大小独立进行判断,并公开判断的理由和结果。

（二）病历资料的内容存在明显矛盾或错误，制作方不能做出合理解释的，人民法院应当对该部分病历资料内容作出不利于病历制作方的推定，由此造成的不利法律后果由病历制作方承担；

（三）病历书写仅存在错别字、未按病历规范格式书写等形式瑕疵的，不影响对病历资料真实性的认定。

【说明】本条是关于对瑕疵病历资料如何认证的规定，它与上条规定相衔接。

病历资料是医疗损害鉴定和医疗损害诉讼中最为主要和最关键的证据材料。根据《侵权责任法》第61条①、《医疗机构病历管理规定》第5条②，以及《医疗事故处理条例》第8条、第9条③的相关规定，医疗机构具有严格管理、妥善保管病历资料的义务，严禁任何人涂改、伪造、隐匿、销毁、抢夺、窃取病历。

根据上条规定，在鉴定前，人民法院应当组织各方当事人对病历资料等进行质证。证据经过质证，人民法院应当作出认证。本条规定了病历资料经过质证后，人民法院应当作出的三种认证结果。本条规定的目的是区分不同情况，对瑕疵病历如何处理进行明确，避免法院在案件审理中对瑕疵病历一刀切，无论什么情况，均作出相同的处理。

**第十六条（委托医疗损害鉴定前的质证）** 需要委托医疗损害鉴定的，人民法院应当先行组织双方当事人对病历资料和其他鉴定材料进行质证，未经质证的材料不能作为鉴定依据。

经质证，病历资料存在瑕疵的，当事人可以申请人民法院通过委托文件检验、病历评估或由鉴定专家作初步判断来认定瑕疵病历是否对鉴定有实质性影

---

① 《侵权责任法》第61条规定，医疗机构及其医务人员应当按照规定填写并妥善保管住院志、医嘱单、检验报告、手术及麻醉记录、病理资料、护理记录、医疗费用等病历资料。患者要求查阅、复制前款规定的病历资料的，医疗机构应当提供。

② 《医疗机构病历管理规定》（卫医发〔2002〕193号）第5条规定，医疗机构应当严格病历管理，严禁任何人涂改、伪造、隐匿、销毁、抢夺、窃取病历。

③ 《医疗事故处理条例》第8条规定，医疗机构应当按照国务院卫生行政部门规定的要求，书写并妥善保管病历资料。因抢救急危患者，未能及时书写病历的，有关医务人员应当在抢救结束后6小时内据实补记，并加以注明。第9条规定，严禁涂改、伪造、隐匿、销毁或者抢夺病历资料。

响。如果没有实质性影响,则不影响医疗损害鉴定意见的作出;如果有实质性影响,造成鉴定无法客观进行的,则应终止鉴定。

【说明】本条是关于医疗损害鉴定前对所需鉴定材料进行质证的规定。

医疗损害鉴定所依据的病历资料应当是真实的、完整的,否则无法作出客观、公平的医疗损害鉴定结论。但在实务中,除非人民法院专门委托病历评估,否则医疗损害鉴定机构并不负责对鉴定材料的真实性、完整性作出认定。如果当事人在鉴定时对此提出质疑,鉴定程序便会中止,这就会影响鉴定程序的正常进行。因此,本条第一款规定,人民法院应当组织各方当事人对鉴定所需的材料进行质证。

本条第二款是关于医疗损害鉴定前如何对瑕疵病历进行评判的规定。瑕疵病历的评判关键是看病历的瑕疵部分是否对整个医疗损害鉴定有实质性影响。以下分三个方面说明实务中的具体操作办法。

(1)如何认定瑕疵病历是否对鉴定产生实质性影响。实践中,双方当事人对病历资料的争议可能相当复杂,并非法官依据逻辑推理和日常生活经验就可以直接作出判断,往往还需要借助其他辅助手段。例如,医患双方对是否由患者或其近亲属签署了知情同意书存在争议,可能意味着双方对医疗机构是否履行了告知义务存在争议,这时就可以通过委托笔迹鉴定查明知情同意书是否为患者或其近亲属签署。对于患方提出病历资料系纠纷发生后医疗机构故意篡改的,如果符合鉴定条件的,可以根据当事人的申请委托鉴定机构对修改前后的病历资料进行形成时间的鉴定。

实践中,还有这样的情况大量存在,如:患方提出病历中签名的医生与日常查房、开具处方的医生不同;病历中有体温的记载,但实际上住院期间护士从来没有为其测量过体温;病历中记录的患者主诉与患者实际向医生陈述的病情完全不一致;病历中记录的患者病床号、病案号、身份证号混乱,等等。这些质疑的真实性让法官难以判断,亦无法苛责双方拿出有效的证据绝对地还原治疗过程中的每一个细节,法官需要集中精力面对的问题是:现有的病历资料是否真实可靠;是否能让鉴定机构对医院的医疗行为有一个明确的判断;如果存在瑕疵,瑕疵到了什么程度,是导致整个病历资料都不可用了,还是把瑕疵部分摘除了剩余病历资料仍然可以作为鉴定依据。所以,最经常适用的做法是单独委托病历评估①或在医疗损害鉴定之前先由专家评判瑕疵病历是否对后续的医疗过错与因果关系鉴定产生实质性影响。

(2)病历资料存在对鉴定不产生实质性影响的瑕疵,并不影响医疗损害鉴定意见的作出。当通过文检鉴定或病历评估等判断方式对存有瑕疵的病历进行评判后,认为病历仅仅是存在某方面的问题,如医务人员未严格遵循病历书写规范,或恰恰能真实地表现不当医疗行为的实际情况,或病历记录无序、前后矛盾,体现出医疗管理秩序混乱等,并不影响病历作为鉴定材料的,则不影响医疗损害鉴定意见的作出,但需要把有瑕疵的部分摘除,不作为鉴定材料,以此保证鉴定所依据的材料的真实性、客观性。

(3)病历资料存在对鉴定产生实质性影响的瑕疵,造成鉴定无法客观进行的,应终止鉴定。实践中,有的病历材料存在的问题已经不仅仅是瑕疵的程度,比如:经过文检鉴定发现病历中的关键部分被篡改,或经病历评估发现病历根本就是伪造的、病历中许多重要部分已经被销毁等等,这时依据现有的病历资料将无法对医疗行为进行客观公正地评判,鉴定无法进行,应当终止鉴定;对此负有责任的当事人,应当承担由此带来的不利后果。

根据审判实践中的实际情况,《建议稿》作出了上述规定。

### 三、医疗损害鉴定及医疗物品质量鉴定

**第十七条(鉴定范围)** 对下列专门性问题,当事人双方均有权申请进行医疗损害鉴定:

---

① 所谓病历评估,是指病历管理专家和临床医学专家,结合病历相关法律、法规的规定,根据医学科学知识和临床经验,对病历的内容是否符合规范要求、是否真实可信,是否影响医疗行为重建等进行专业分析和技术判断的专门活动。实务中,法院仅在双方当事人对病历资料的真实性、完整性争议极大,导致案件审理无法推进时才会委托病历评估。也就是说,司法鉴定机构尚未大规模的开展病历评估业务。但是,有人预测,随着《侵权责任法》的实施,医患双方在病历上角力的突出,病历评估将被纳入专门的医学鉴定机构的业务范围。

(1)医疗机构的医疗行为有无过错;

(2)过错医疗行为与损害结果之间是否存在因果关系;

(3)过错医疗行为在损害结果中的责任程度;

(4)人体损伤残疾程度;

(5)医疗机构是否尽到告知义务;

(6)医疗机构是否违反诊疗规范实施不必要的检查;

(7)其他专门性问题。

【说明】本条是关于鉴定范围的规定。

在医疗损害赔偿纠纷案件中,医疗损害鉴定结论是案件审理的关键证据。由于医疗损害赔偿纠纷案件中的责任认定、责任划分等具有很强的专业性,法官一般难以判定,必须委托鉴定后方能得出结论。因此,此类案件往往需要依据《民事诉讼法》的规定,交由法定鉴定机构进行鉴定,并以鉴定结论作为定案依据。

按照《侵权责任法》的规定,构成医疗事故已不再是医疗损害侵权责任的构成要件,医疗事故技术鉴定与医疗损害责任司法鉴定的二元化鉴定结构向一元化鉴定即医疗损害鉴定转变。与此改变相对应,原先的医疗事故技术鉴定不再是必经程序。今后的医疗损害鉴定将着重于确定医疗机构的诊疗行为有无过错;医疗过错行为与损害结果之间是否存在因果关系;医疗过错行为在损害结果中的责任程度;人体损伤残疾程度;医疗机构是否尽到告知义务;医疗机构是否违反诊疗规范实施不必要的检查以及其他专门性问题。

另外需要说明的是,本条规定明确了当事人双方均有权申请进行医疗损害鉴定。理由是,从诉讼权利的角度来说,申请鉴定是当事人的一项权利,但从举证责任的角度来说,申请鉴定又是当事人履行举证责任、证明自己诉讼主张的一项义务。[1]

**第十八条(依申请启动医疗损害鉴定)** 对需要鉴定的事项负有举证责任

---

[1] 最高人民法院民事审判第一庭:《民事诉讼证据司法解释的理解与适用》,中国法制出版社2002年版,第153页。

的当事人,人民法院应告知其在指定的期限内申请鉴定。当事人拒绝申请鉴定或超过指定的期限未申请鉴定,致使对案件争议的事实无法通过鉴定意见予以认定的,应当对该事实承担举证不能的法律后果。

一方当事人申请鉴定的,当事人双方均应当提交鉴定所需的病历资料等鉴定材料。有证据证明一方当事人持有鉴定材料无正当理由拒不提供,致使鉴定无法进行的,对需要鉴定的事项,人民法院可以做出不利于鉴定材料持有人的推定。

【说明】本条是关于医疗损害鉴定的启动方式的规定。以下从三个方面进行说明:

(1)根据《民事诉讼法》第76条①的规定,当事人可以就查明事实的专门性问题向人民法院申请鉴定。按照《民诉证据规定》第25条②的规定,申请鉴定和预交鉴定费用属于当事人举证责任的内涵,应由就鉴定事项负有举证责任的一方当事人申请鉴定和预交鉴定费用。

我们认为,按照《民诉证据规定》,申请鉴定应当是承担举证责任一方的义务,如承担举证责任一方不申请鉴定,则应当承担不利的诉讼后果,法院不应当主动依职权委托鉴定。理由是,申请鉴定应当看作是当事人提交证据的一种方式。在医疗损害责任纠纷案件中,在医患双方均不申请进行医疗损害鉴定的情况下,人民法院根据简单的举证责任判处某方败诉并不恰当。人民法院应当向承担举证责任一方进行释明,即应告知其在指定的期限内申请鉴定,避免因其不了解法律规定以及不了解诉讼风险而拒绝鉴定。在法院释明后承担举证责任一方当事人仍拒绝申请鉴定或超过指定的期限未申请鉴定,应当由其承担不利的法律后果。这是本条第一款规定的含义。

---

① 《民事诉讼法》第76条第1款规定,当事人可以就查明事实的专门性问题向人民法院申请鉴定。当事人申请鉴定的,由双方当事人协商确定具备资格的鉴定人;协商不成的,由人民法院指定。当事人未申请鉴定,人民法院对专门性问题认为需要鉴定的,应当委托具备资格的鉴定人进行鉴定。

② 《民诉证据规定》第25条规定,当事人申请鉴定,应当在举证期限内提出。符合本规定第27条规定的情形,当事人申请重新鉴定的除外。对需要鉴定的事项负有举证责任的当事人,在人民法院指定的期限内无正当理由不提出鉴定申请或者不预交鉴定费用或者拒不提供相关材料,致使对案件争议的事实无法通过鉴定结论予以认定的,应当对该事实承担举证不能的法律后果。

(2)医疗损害鉴定虽然也以一定的鉴定材料为基础,但是与其他鉴定有着显著区别,它的进行通常需要一方当事人申请、双方当事人的配合,并且作为基础性材料的病历资料往往需要双方当事人提供。首先,医疗损害鉴定需要患者一方配合以明确损害后果,鉴定机构往往不仅需要患者近期的检查结果,还需要对患者进行现场查体,以明确损害后果,甚至进行伤残等级鉴定。其次,医疗损害鉴定所需的鉴定材料,需要双方当事人提供,患者提供其持有的门诊病历资料,医疗机构提供其保管的住院病历资料。再者,医疗损害鉴定需要双方当事人对鉴定材料进行充分的举证、质证,需要双方当事人同时到场参加听证会。如没有当事人的相关配合,可能导致医疗损害鉴定难以进行。所以,从最大限度地还原案件事实本来面目的角度看,对所需鉴定的案件事实负有举证责任的一方当事人有申请鉴定的义务,不负有举证责任的一方当事人负有配合鉴定的义务,否则有可能导致案件事实无法查明。因此,针对实务中时常出现的患者一方申请鉴定,但医疗机构往往拒绝提交病历资料的现象,本条第二款前半段规定,一方当事人申请鉴定的,当事人双方均应当提交鉴定所需的病历资料等鉴定材料。

(3)所谓举证责任的承担也就意味着法律后果的负担,如果负有举证责任的一方当事人未能完成其举证责任,将承担由于举证不能所带来的不利的法律后果;另一方面,在一方当事人完成举证责任需要对方当事人配合的情形下,由于对方当事人的故意推诿、拖延、阻挠导致鉴定无法进行,使得需要通过鉴定明确的案件事实无法查明时,应当由对方当事人承担由此带来的不利的法律后果。因此,本条第二款后半段规定,有证据证明一方当事人持有鉴定材料无正当理由拒不提供,致使鉴定无法进行的,对需要鉴定的事项,人民法院可以做出不利于鉴定材料持有人的推定。

**第十九条(鉴定费的预交)**　当事人申请进行医疗损害鉴定的,鉴定费由该当事人预交。

当事人一方提交书面申请和足以证明其确有经济困难的证明材料,人民法院可以决定鉴定费由双方当事人预交。

【说明】本条是关于鉴定费的预交的规定。

《诉讼费用交纳办法》(国务院令 2006 年第 481 号)第 12 条第 1 款规定,诉讼过程中因鉴定、公告、勘验、翻译、评估、拍卖、变卖、仓储、保管、运输、船舶监管等发生的依法应当由当事人负担的费用,人民法院根据谁主张、谁负担的原则,决定由当事人直接支付给有关机构或者单位,人民法院不得代收代付。据此,本条第 1 款规定,当事人申请进行医疗损害鉴定的,鉴定费由该当事人预交。

根据《诉讼费用交纳办法》的规定,医疗事故等人身伤害事故的受害人请求赔偿,申请司法救助的,人民法院应当准予缓交诉讼费用。① 此外,《最高人民法院关于对经济确有困难的当事人提供司法救助的规定》第 3 条规定,医疗事故等人身伤害事故的受害人请求赔偿的,可以向人民法院申请司法救助。

参照上述规定,本条第 2 款规定,当事人一方提交书面申请和足以证明其确有经济困难的证明材料,人民法院可以决定鉴定费由双方当事人预交。这样规定的目的在于保障那些因病致贫的患者一方当事人能够获得救济,体现人民法院司法为民的宗旨。在侵权责任法实施后,医疗损害责任主要由患者一方承担包括申请鉴定在内的举证责任的背景下,本条规定能够很好地平衡医患双方当事人的合法权益,保证诉讼程序平稳推进,避免出现"医闹"等不稳定因素。

**第二十条(鉴定机构的选择)** 人民法院可以委托具备相应鉴定资格的鉴定机构组织具有相关知识和经验的专家进行医疗损害鉴定。

【说明】本条是关于法院委托鉴定机构的规定。由于大多数的医疗损害责任纠纷案件都需要委托鉴定,可以说,医疗损害鉴定意见的质量决定了此类案件的办理质量。而医疗损害鉴定的关键在于从事医疗损害鉴定的专家的水平。因此,本条规定突出两点意思,一是法院应当委托具备相应资格的鉴定机构委

---

① 《诉讼费用交纳办法》(国务院令 2006 年第 481 号)第 47 条规定,当事人申请司法救助,符合下列情形之一的,人民法院应当准予缓交诉讼费用:(一)追索社会保险金、经济补偿金的;(二)海上事故、交通事故、医疗事故、工伤事故、产品质量事故或者其他人身伤害事故的受害人请求赔偿的;(三)正在接受有关部门法律援助的;(四)确实需要缓交的其他情形。第 48 条第 1 款规定,当事人申请司法救助,应当在起诉或者上诉时提交书面申请、足以证明其确有经济困难的证明材料以及其他相关证明材料。

托鉴定。二是鉴定机构应当组织具有相关知识和经验的专家主要是临床专家进行鉴定。由于鉴定的问题涉及双轨制①等复杂的体制问题,本条规定仅仅是原则性的规定,意在为鉴定体制的改革留下空间,同时也不影响各高级法院根据本辖区的具体情况作出细化的规定。

**第二十一条(审判人员参加医疗损害鉴定会)** 医疗损害责任纠纷案件的审判人员,可以参加涉案医疗损害鉴定会,并可以就有关问题向鉴定专家询问。

【说明】本条是关于审判人员可以参加涉案医疗鉴定会并向鉴定专家询问的规定。

医疗损害鉴定是对医疗损害责任纠纷案件中的专门性问题进行的鉴定,一般具有高度的专业性和复杂性,为充分理解鉴定结论,从而保障案件审理的顺利进行,本条规定审判人员可以根据案件的具体情况参加鉴定会,并可以就有关问题向鉴定专家询问。从审判实践中的情况看,审判人员参加鉴定会有三个方面的作用。(1)通过参加鉴定会并向专家询问,审判人员可以对相关专业问题、鉴定过程以及鉴定意见有更好地了解和判断,有利于对鉴定意见这一重要证据的审查判断。但需要注意的是,审判人员不得在鉴定程序中就有关鉴定具体问题发表意见,审判人员应当保持中立,不能发表倾向性意见,不能干扰鉴定程序的正常进行,避免影响鉴定人员作出客观、中立的判断。(2)审判人员参加医疗鉴定会有助于保障程序公正。审判人员参加鉴定会,在实体问题上不会对鉴定机构进行干预,但是对程序性问题能够进行提醒和督促,以此确保鉴定程序公正。(3)对于有些医疗损害责任纠纷案件,双方当事人矛盾极为尖锐,一旦不能正确疏导,双方的矛盾就可能立即升级,在审判人员的主持与引导下,有助于鉴定会能更顺利地召开。

**第二十二条(鉴定文书的质证)** 医疗损害鉴定文书应当在法庭上出示,由当事人质证。

---

① 鉴定的双轨制,是指目前在实践中,人民法院既可以委托具备相应鉴定能力的医学会组织专家鉴定组进行医疗损害责任技术鉴定,也可以委托司法鉴定机构组织法医及相关临床专家进行医疗损害责任司法鉴定。

当事人申请鉴定人出庭接受质询的,应当提前告知人民法院质询的主要内容和理由,人民法院应当通知鉴定人出庭接受当事人质询。

鉴定人无正当理由拒不出庭的,鉴定意见不作为人民法院认定事实的依据。

【说明】本条是关于鉴定人必须出庭接受当事人质询的规定。

根据《民诉证据规定》第59条的规定①,鉴定人原则上必须出庭接受质询,特殊情况下才能书面答复质询。但是,《民事诉讼法》在新增的条文中即第78条②改变了上述规则,根据该规定,当事人对鉴定意见有异议或者人民法院认为鉴定人有必要出庭的,鉴定人必须出庭作证,并没有例外的规定。《民事诉讼法》虽然对此作出了明确的规定,但是《建议稿》仍然有必要规定鉴定人的出庭问题。理由主要有两点:第一,民事诉讼法规定的这一新规则,对医疗损害鉴定制度影响深远,有必要在司法解释中予以强调。因为在当前的实践中,对于人民法院委托医学会进行医疗损害责任技术鉴定的,医学会技术鉴定办公室在向法院出具鉴定意见后,对于当事人申请鉴定人出庭接受质询的,几乎没有鉴定人出庭作证。而新民事诉讼法的这一新规必将逐步改变这一不合理的现象。第二,新民事诉讼法的规定有必要予以细化。对此,本条第二款规定,当事人申请鉴定人出庭接受质询的,应当提前告知人民法院质询的主要内容和理由,人民法院应当通知鉴定人出庭接受当事人质询。本款的规定便于人民法院具体操作。

**第二十三条(专家证人)** 对鉴定意见,当事人可以申请具有专门知识的人员进行辅助质证,包括对鉴定人进行质询等。

【说明】本条是关于专家证人的规定。

鉴定意见作为法定的证据形式,应当经当事人质证,由人民法院审核决定

---

① 《民诉证据规定》第59条规定,鉴定人应当出庭接受当事人质询。鉴定人确因特殊原因无法出庭的,经人民法院准许,可以书面答复当事人的质询。

② 《民事诉讼法》第78条规定,当事人对鉴定意见有异议或者人民法院认为鉴定人有必要出庭的,鉴定人应当出庭作证。经人民法院通知,鉴定人拒不出庭作证的,鉴定意见不得作为认定事实的根据;支付鉴定费用的当事人可以要求返还鉴定费用。

是否可以作为定案依据,不能"以鉴代审"。鉴定意见的质证程序是非常重要的环节,质证过程中不仅是原、被告双方对鉴定结论发表意见,同时也是当事人提出书面质询意见以及申请补充鉴定或者重新鉴定的重要诉讼阶段。保证当事人对鉴定意见的质证权利对诉讼程序的开展以及最终责任认定有至关重要的意义,应予充分重视。但是,当事人并非专业人士,有时候无法独立完成对鉴定意见的质证,此时,申请专家证人出庭显得十分必要。

关于专家证人,原民事诉讼法并未涉及,《民诉证据规定》第61条①作出了规定。新修订的《民事诉讼法》吸收了《民诉证据规定》的合理内容,在第79条②作出了规定。

由于在目前的审判实践中,鲜有当事人在医疗损害责任纠纷案件中申请专家证人出庭辅助质证,许多案件往往是"一鉴终身"。由于当事人和法官医学知识的缺乏,甚至导致一些有严重缺陷的鉴定意见成为了定案的依据,因此,在医疗损害责任纠纷的司法解释中规定专家证人的问题具有十分重要的意义。基于此,本条规定,对鉴定意见,当事人可以申请具有专门知识的人员进行辅助质证,包括对鉴定人进行质询等。

**第二十四条(重新鉴定)** 对有缺陷的医疗损害鉴定意见,可以通过补充鉴定、重新质证或者补充质证等方法解决的,不予重新鉴定。

当事人有证据证明医疗损害鉴定意见有下列情形之一的,可以申请重新鉴定。

(一)鉴定机构或者鉴定人员不具备相关的鉴定资格的;

(二)鉴定程序严重违法的;

(三)鉴定意见明显依据不足的;

---

① 《民诉证据规定》第61条规定,当事人可以向人民法院申请由一至两名具有专门知识的人员出庭就案件的专门性问题进行说明。人民法院准许其申请的,有关费用由提出申请的当事人负担。审判人员和当事人可以对出庭的具有专门知识的人员进行询问。经人民法院准许,可以由当事人各自申请的具有专门知识的人员就有关案件中的问题进行对质。具有专门知识的人员可以对鉴定人进行询问。

② 《民事诉讼法》第79条规定,当事人可以申请人民法院通知有专门知识的人出庭,就鉴定人作出的鉴定意见或者专业问题提出意见。

（四）经过质证认定不能作为证据使用的其他情形。

当事人申请重新鉴定的,应当在人民法院指定的期限内提出。

【说明】本条是关于当事人对医疗损害鉴定结论不服如何救济的规定。

本条规定主要参考了《民诉证据规定》第 27 条①规定的内容。考虑到新民事诉讼法颁布后,《民诉证据规定》很可能要重新修订,因此,条文没有采用指引的方式,而是直接借鉴其内容。但是,本条规定的条文将《民诉证据规定》第 27 条规定的两个条款的顺序进行了对调,同时增加了第三款。条文如此设计的理由如下:(1)重新鉴定是对于缺陷鉴定意见的最后救济方式,而非一般救济方式。为保障诉讼效率,避免当事人随意否定医疗损害鉴定意见(现行体制下包括医疗损害责任技术鉴定意见和医疗损害责任司法鉴定意见),本条第一款首先对申请重新鉴定规定了严格的限制条件,即能够通过补充鉴定、重新质证或者补充质证等方式解决的,不予重新鉴定。(2)重新鉴定问题是医疗损害责任纠纷诉讼中比较突出的问题。审判实践中当事人对鉴定结论不满意的,动辄要求重新鉴定,这种情况与重新鉴定标准不明确关系密切。对此,本条第二款规定,只有在四种情况下才可以启动重新鉴定。该条款看似重复《民诉证据规定》第 27 条规定的内容,实际上有其特殊的意义。那就是,对于目前鉴定双轨制的现象来说,本条款的规定隐含着这样的一层意思:就是无论人民法院是委托医学会进行医疗损害责任技术鉴定还是委托司法鉴定机构进行医疗损害责任司法鉴定,其鉴定意见的效力都应该是相同的,一种鉴定不应该再是另外一种鉴定的救济手段。如果鉴定结论有严重缺陷,当事人只能根据《民事证据规定》第 27 条的规定申请重新鉴定。(3)鉴于《民诉证据规定》没有明确申请重新鉴定的期限,《建议稿》增加了本条第三款的规定。

**第二十五条(医疗产品质量鉴定)** 医疗产品责任纠纷案件,对医疗产品

---

① 《民诉证据规定》第 27 条规定,当事人对人民法院委托的鉴定部门作出的鉴定结论有异议申请重新鉴定,提出证据证明存在下列情形之一的,人民法院应予准许:(1)鉴定机构或者鉴定人员不具备相关的鉴定资格的;(2)鉴定程序严重违法的;(3)鉴定结论明显依据不足的;(4)经过质证认定不能作为证据使用的其他情形。对有缺陷的鉴定结论,可以通过补充鉴定、重新质证或者补充质证等方法解决的,不予重新鉴定。

是否存在缺陷需要委托鉴定的,当事人可以申请人民法院委托具有相应资格的机构进行鉴定。

因输入的血液是否合格引发的损害责任纠纷案件,就输入的血液是否合格,具备鉴定条件的,人民法院应委托具有相应资格的机构进行鉴定。

一方当事人申请鉴定的,当事人双方均应当提交由其封存保管的医疗产品或血液。

医疗产品质量鉴定和血液鉴定的其他事项,参照本解释医疗损害鉴定的有关规定执行。

【说明】本条是关于医疗产品质量鉴定的规定。之所以将医疗产品质量鉴定与医疗损害鉴定分开规定,是考虑到医疗产品质量鉴定的特殊性。

根据《全国人民代表大会常务委员会关于司法鉴定管理问题的决定》第2条①的规定,司法鉴定业务可以分为已经实行登记管理制度的司法鉴定业务和尚未实行登记管理制度的鉴定业务。医疗损害鉴定即医疗纠纷鉴定作为法医类鉴定的一种②,在分类上属于已经实行登记管理制度的司法鉴定业务。但是,医疗产品质量鉴定业务则尚未实行登记管理制度。因而,实务中也将其称为医疗产品质量检测或检验,但是,在人民法院委托有关机构进行医疗产品质量检测或检验时,其实质就是一种司法鉴定。③

在医疗产品责任诉讼中,由于涉及医疗产品是否存在质量缺陷、血液是

---

① 《全国人民代表大会常务委员会关于司法鉴定管理问题的决定》第2条规定,国家对从事下列司法鉴定业务的鉴定人和鉴定机构实行登记管理制度:(一)法医类鉴定;(二)物证类鉴定;(三)声像资料鉴定;(四)根据诉讼需要由国务院司法行政部门商最高人民法院、最高人民检察院确定的其他应当对鉴定人和鉴定机构实行登记管理的鉴定事项。法律对前款规定事项的鉴定人和鉴定机构的管理另有规定的,从其规定。

② 《司法鉴定执业分类规定(试行)》(司发通〔2000〕159号)第5条规定,法医临床鉴定:运用法医临床学的理论和技术,对涉及与法律有关的医学问题进行鉴定和评定。其主要内容包括:人身损伤程度鉴定、损伤与疾病关系评定、道路交通事故受伤人员伤残程度评定、职工工伤与职业病致残程度评定、劳动能力评定、活体年龄鉴定、性功能鉴定、医疗纠纷鉴定、诈病(伤)及造作病(伤)鉴定、致伤物和致伤方式推断等。

③ 《全国人民代表大会常务委员会关于司法鉴定管理问题的决定》第1条规定,司法鉴定是指在诉讼活动中鉴定人运用科学技术或者专门知识对诉讼涉及的专门性问题进行鉴别和判断并提供鉴定意见的活动。

否合格的问题,经常需要施以科学的鉴定手段才能进行审查。因此,法院仅依据双方当事人提供的证据,往往无法直接对此类问题予以认定。由于目前已经纳入登记管理的司法鉴定机构承担的鉴定事项不包括上述争议,这时法院就需要寻找委托具有相应资格的其他机构进行鉴定。

《产品质量法》在第二章"产品质量的监督"中第 19 ~ 21 条,以及第四章"损害赔偿"中第 48 条①,对产品质量检测进行了规定。主要有:(1)产品质量检测机构必须具备省级以上人民政府产品质量监督部门或者其授权的部门颁发的资质。(2)产品质量检测机构不得与行政机关和其他国家机关存在隶属关系或者其他利益关系。(3)产品质量检测机构必须依法按照有关标准,客观、公正地出具检验结果。(4)人民法院可以委托产品质量检测机构,对有关产品质量进行检验。

关于血液检测方面的规定屈指可数。根据卫生部《血站管理办法》的规定,血液检测主要由设置在直辖市、省会市、自治区首府市的血液中心内部的具有血液检测实验室资格的实验室进行。②

在审判实践中,法院委托的医疗产品质量检测机构,主要有经国家食品药品监督管理局批准成立的医疗器械产品检验机构,对医疗产品使用材料情况进行检测的国家级的质检机构,对药品质量进行检测的各地药检所。对于血液是否合格进行检测,主要由各地区的红十字血液中心负责。此外,对于一些特殊案件,一些法医鉴定机构可间接对药品等医疗产品进行检测。比如,一些法医鉴定机构可进行法医毒物分析,可对患者体内的血液、细胞组织进行提取,以分

---

① 《产品质量法》第 19 条规定,产品质量检验机构必须具备相应的检测条件和能力,经省级以上人民政府产品质量监督部门或者其授权的部门考核合格后,方可承担产品质量检验工作。法律、行政法规对产品质量检验机构另有规定的,依照有关法律、行政法规的规定执行。第 20 条规定,从事产品质量检验、认证的社会中介机构必须依法设立,不得与行政机关和其他国家机关存在隶属关系或者其他利益关系。第 21 条规定,产品质量检验机构、认证机构必须依法按照有关标准,客观、公正地出具检验结果或者认证证明。第 48 条规定,伸裁机构或者人民法院可以委托本法第 19 条规定的产品质量检验机构,对有关产品质量进行检验。

② 《血站管理办法》(卫生部令 2005 年第 44 号)第 29 条规定,血站应当保证所采集的血液由具有血液检测实验室资格的实验室进行检测。对检测不合格或者报废的血液,血站应当严格按照有关规定处理。

析体内的药品成分。

　　基于上述分析,本条前三款对医疗产品质量鉴定做了原则性的规定,第四款则明确,医疗产品质量鉴定和血液鉴定的其他事项,参照本解释医疗损害鉴定的有关规定执行。

### 四、案件审理与赔偿责任

　　**第二十六条(医疗过错的认定标准)**　　人民法院判断医务人员在诊疗活动中是否尽到相应的诊疗义务,应以医疗行为发生时的医疗水平为标准,并适当考虑地区、医疗机构资质、医务人员资质等因素。

　　【说明】本条是关于医疗过错认定标准的规定。

　　《侵权责任法》第57条规定,医务人员在诊疗活动中未尽到与当时的医疗水平相应的诊疗义务,造成患者损害的,医疗机构应当承担赔偿责任。[①]

　　《侵权责任法》第57条将医务人员违反注意义务的标准界定为"未尽到与当时的医疗水平相应的诊疗义务"。司法实务中如何认定"当时的医疗水平"是医疗行为发生时还是医疗行为结束时,抑或是损害后果发生时,在实践中容易引起不同认识。《建议稿》确立了以医疗行为发生时作为判断医务人员是否尽到相应诊疗义务的时间标准,一者可以统一认识和法律适用的标准,二者以医疗行为发生时为标准,也符合对该未尽到相应诊疗义务的医疗行为进行归责的基本法理。同时,结合《侵权责任法》第58条的规定,认定医务人员未尽到相应的诊疗义务,应当依据法律、行政法规、规章以及其他有关诊疗规范的规定进行判断。

　　认定"当时的医疗水平"是否考虑医疗机构及其医务人员资质及地区差异等因素,有两种不同意见:多数意见认为,应当考虑上述因素,这样比较符合客

---

　　① 《侵权责任法(草案)》(全国人大常委会法制工作委员会于2009年11月6日公布)第57条的规定还有第2款:"判断医务人员注意义务时,应当适当考虑地区、医疗机构资质、医务人员资质等因素。"在公开征求意见时,有人提出来有区别对待个体生命健康权的嫌疑,且无法具体衡量,建议删除。立法机关考虑到诊疗行为的实际情况很复杂,对该规定予以删除。

观实际情况;少数意见认为应采用同一标准,不应考虑上述标准,以统一法律适用,体现对当事人人身、财产权利的平等保护。对此,侵权责任法草案曾规定:"判断医务人员注意义务时,应当适当考虑地区、医疗机构资质、医务人员资质等因素。"

《建议稿》采纳了多数意见,即判断"当时的医疗水平",一般是指诊疗行为发生时依据法律、行政法规、规章以及其他有关诊疗规范规定的普遍医疗水平,但由于我国经济社会发展并不平衡,发达地区与不发达地区的医疗水平存在较大差异,不同医院及医务人员资质存在差别,在某些情况下,有必要适当考虑医疗机构及其医务人员资质、地区差异等客观因素,能够更加公平合理的确定医务人员违反诊疗义务的判断标准,也比较符合我国的实际情况。全国人大法工委民法室著的《〈中华人民共和国侵权责任法〉条文解释与立法背景》中也认为在适用侵权责任法第五十七条规定时,是否要考虑地区、资质等因素时,应结合具体情况。对于有的诊疗行为,在有的情况下,"与当时的医疗水平相应的诊疗义务"也可以理解为包括地区、资质等因素。① 正因如此,《建议稿》规定将医疗机构及其医务人员资质、地区差异等客观因素作为酌定因素,由法院在审理具体案件时自由裁量。

**第二十七条(非法行医争议的处理)** 患者一方在诉讼中对与判断医疗过错有关的医务人员的执业资格有异议并提供了支持其异议的初步理由和证据,可以要求医疗机构提供该医务人员的执业资格证书。但是,患者一方要求医疗机构提供病历资料中出现的所有医务人员的执业资格证书的,人民法院不予支持。

【说明】本条是关于如何处理非法行医争议的规定。

审判实践中,患者一方在诉讼过程中可能出于多种心理状态对被诉医疗机构的医务人员医疗资质提出异议,主要包括以下几种:(1)倒查医疗机构的过错,只要能找到医疗机构在医务人员资质上的硬伤,就能证明其存在过错,就能

---

① 参见全国人大法工委民法室:《〈中华人民共和国侵权责任法〉条文解释与立法背景》,人民法院出版社 2010 年版,第 221 页。

主张其希望的全部赔偿。(2)医务人员提供医疗服务的水平确实令患者怀疑其是否有相应医疗资质,要求医疗机构提供医务人员的执业资质予以证明,以便打消其疑虑。(3)转移审查医疗机构过错的焦点,要求医疗机构提供参与医疗行为的进修医生或实习学生的医疗资质,以此证明医疗机构存在过错,要求医疗机构承担非法行医的法律责任。(4)查证其调查的线索,患者可能已经得到医务人员医疗资质存在问题的初步线索和证据,但自己又无法搜集到医务人员医疗资质的证据,通过诉讼程序提出异议要求医疗机构提供证明。基于这几种心态,患者一方可能在第(1)种情况下要求核查医疗机构提供病历资料中出现的所有医务人员的医疗资质,在第(2)、(3)、(4)种情况下要求对个别医务人员的医疗资质进行核实。

虽然对医务人员的执业资质提出异议是患者主张知情权的一种方式,但是异议在诉讼程序中是一种反驳主张,需要相应的理由和证据的,而不能是无根据的任意怀疑。如果异议没有任何理由和证据支持,就不能成立,将自行承担不利的后果,这是诉讼程序和证据法律方面最基本的规则。准许毫无根据的异议存在,会造成诉讼权利的滥用和诉讼程序的拖延,破坏程序公平和诉讼效率。再者,医疗机构在参加诉讼时已经提交了其具有合法资质的证照,已经能初步证明其从事医疗行为系合法行为,所以患者一方在对医务人员资质提出异议时必须有初步理由和证据支持。如果患者一方毫无根据地对病历资料中出现的所有医务人员的执业资格均提出异议,并要求医疗机构提供所有医务人员的执业资格证书的,这实际上是在滥用诉讼权利,人民法院不应予以支持。

当然,实践中确实存在医疗机构超范围执业及个别医务人员没有执业资质或超资质范围执业的情形,患方直接要求医疗机构提供其机构资质及医务人员资质时,往往会遭到医疗机构的拒绝。所以患方在诉讼中对与判断医疗过错有关的医务人员的医疗资质提出有异议,并提供了支持其异议的初步理由和证据,法院通常会要求医疗机构提供该医务人员的执业资格证书以打消患方的疑虑。对于超范围执业或不能提供相关医务人员执业资格的医疗机构,法院会向其上级主管机构出具司法建议对其违规行为进行处理。应当看到,医疗机构承担行政或刑事责任并不影响其承担民事责任。审判实践中,患者一方往往因为医疗机构的工作人员没有相应的执业资格资质或超出资质范围存在违规行医的违法行为,就不分其过错大小、过错参与程度等因素,一律要求法院判令医疗机构承担全部损害赔偿责任。实际上,此种情况下仍应根据其过错程度及原因力大小等因素判定其承担相应的侵权责任。对于患者一方的不合理请求,人民法院不应予以支持。这也是本条规定的目的所在。

**第二十八条(医疗机构实施紧急救治的具体情形)** 下列情形之一,人民法院可以认定属于侵权责任法第五十六条规定的"经医疗机构负责人或者授权的负责人批准,可以立即实施相应的医疗措施"的情形:

(一)患者生命垂危,不能表达意见,且无法取得其近亲属明确意见的;

(二)患者在诊疗过程中病情急剧恶化,不立即实施相应的医疗措施会造成难以挽回后果,不能及时取得患者或者其近亲属意见的;

(三)患者无法表达意见,其近亲属的意见明显不利于患者利益的。

【说明】本条是关于医疗机构实施紧急医疗措施具体情形的规定。

《侵权责任法》第56条①规定了紧急情况下医疗机构实施紧急医疗措施的内容。但是,该条的规定与侵权责任法草案的规定相去甚远。全国人大法工委于2008年12月22日公布的侵权责任法草案第56条规定,因抢救危急患者等紧急情况,难以取得患者或者其近亲属同意的,经医疗机构负责人批准可以立即实施相应的医疗措施。

立法机关认为,草案该条中"难以取得患者或者其近亲属同意"的表述易被理解为包括了患者或者其近亲属明确表示不同意的情况,对于如何处理认识上不一致,分歧较大,需要进一步明确。国外的情况也不尽相同,有的国家要求,疾病已危及生命时,为了保护患者的生命健康,即使代理人或者监护人不同意也应当进行治疗。有的国家规定,医生不能无视患者家属不同意治疗的表

---

① 《侵权责任法》第56条规定,因抢救生命垂危的患者等紧急情况,不能取得患者或者其近亲属意见的,经医疗机构负责人或者授权的负责人批准,可以立即实施相应的医疗措施。

示,但可以请求法院裁定治疗。这个问题还涉及法定代理权、监护权等基本民事法律制度,情况较为复杂,还应当总结实践经验作进一步研究。①

有观点认为,考虑到患者或者其近亲属明确不同意治疗的情况在实践中确有发生,在患者、医疗机构和患者的近亲属三者关系之间,患者本人的决定权必须得到应有的尊重,但不能过高地设定患者近亲属的主体地位和决定权,如果不能取得患者的意见,只能取得其近亲属意见,医疗机构如何采取紧急救治措施应当有一定的判断余地,在患者近亲属的意见重大且明显地损害患者利益时,医疗机构应当拒绝接受患者近亲属的意见。②《建议稿》采纳这一主张,本条规定,侵权责任法第56条规定的紧急情况下医疗机构实施紧急医疗措施的具体情形,应当包括以下三种情形:(1)患者生命垂危,不能表达意见,且无法取得其近亲属明确意见的;(2)患者在诊疗过程中病情急剧恶化,不立即实施相应的医疗措施会造成难以挽回后果,不能及时取得患者或者其近亲属意见的;(3)患者无法表达意见,其近亲属的意见明显不利于患者利益的。

本条规定的主要理由是,医疗机构实施紧急医疗措施的性质,从患者的角度讲,应属于权利的范畴,即公民在生命垂危等紧急情况下,有得到紧急抢救、治疗的权利;而从医疗机构的角度讲,应当理解为紧急救治义务,③《执业医师法》第24条明确规定:"对急危患者,医师应当采取紧急措施进行诊治;不得拒绝急救处置。"《医疗机构管理条例》第31条也明确规定:"医疗机构对危重病人应当立即抢救。"侵权责任法第60条第1款第2项也从反面确立了医务人员抢救生命垂危的患者等紧急情况下的"合理诊疗义务"。因此,从及时救治生命垂危等紧急情况下的患者,维护患者生命、健康权益的角度出发,对于侵权责任法第56条所规定的"经医疗机构负责人或者授权的负责人批准,可以立即实

---

① 参见全国人大法工委民法室:《〈中华人民共和国侵权责任法〉条文解释与立法背景》,人民法院出版社2010年版,第220页。

② 参见奚晓明主编:《〈中华人民共和国侵权责任法〉条文理解与适用》,人民法院出版社2010年版,第404~405页。

③ 参见奚晓明主编:《〈中华人民共和国侵权责任法〉条文理解与适用》,人民法院出版社2010年版,第402页。

施相应的医疗措施"的情形,不应进行限缩解释,而应作上述必要的扩张。

**第二十九条(医疗产品责任案件的责任承担)** 因药品、消毒药剂、医疗器械的缺陷或者输入不合格的血液造成患者损害,患者一方同时起诉产品生产者、产品销售者、血液提供机构以及医疗机构要求赔偿的,人民法院应当判决缺陷产品的生产者、销售者、血液提供机构和医疗机构对患者一方承担连带赔偿责任。未造成医疗产品缺陷或者血液不合格的当事人在赔偿后,有权向造成医疗产品缺陷或者血液不合格的其他当事人追偿。

【说明】本条规定旨在解决医疗产品责任案件的责任承担。①

对于患者一方同时将医疗机构和生产者、销售者同时起诉的情形,如何确定他们责任的大小及承担方式,各界有不同看法。一种意见认为,应当确定由他们共同承担责任,再行确定他们之间的追偿权;另一种意见认为,此时应当确定造成产品缺陷的当事人承担侵权责任,不必实行先让一方当事人先承担责任,再进行追偿的规定。《建议稿》采纳了上述第一种意见,具体理由如下:

第一,侵权责任法确立不真正连带责任的立法目的在于方便受害人诉讼、减轻其举证责任、将赔偿不能的风险分配给责任人的方式来保护受害人。② 也就是说,与其让受害患者在生产者或医疗机构无力承担责任时索赔无果,倒不如让医疗机构或生产者追偿不能,这样才真正体现《侵权责任法》第59条侧重保护患者的立法宗旨。因此,不真正连带责任与连带责任在对外效力上不应有所不同,受害人一方有权要求责任人承担全部责任、部分责任或者共同承担责任。

第二,在医疗产品责任案件中,如果患者一方在同时起诉数个责任主体时,直接确定由应当承担最终责任的主体通常为生产者承担责任,则需要驳回患者一方对其他责任主体比如医疗机构的诉讼请求,这等于限制患者一方的选择权,而且直接确定由应当承担最终责任的主体承担责任,在其并无清偿能力的

---

① 为行文方便,下文以典型的医疗产品(包括药品、消毒药剂、医疗器械)代替医疗产品和血液来说明医疗产品责任纠纷的责任承担问题。

② 姜强:"《侵权责任法》中的连带责任、不真正连带责任及其诉讼程序",载《法律适用》2010年第7期。

情况下,会直接导致患者一方丧失救济机会,不符合《侵权责任法》第59条等规定的立法精神。

第三,判决各方承担连带责任,有利于纠纷的一次性解决。综上所述,本条前半段规定,因药品、消毒药剂、医疗器械的缺陷或者输入不合格的血液造成患者损害,患者一方同时起诉产品生产者、产品销售者、血液提供机构以及医疗机构要求赔偿的,人民法院应当判决缺陷产品的生产者、销售者、血液提供机构和医疗机构对患者一方承担连带赔偿责任。

同时,我们认为,缺陷产品的生产者和医疗机构承担的并非是真正的连带责任,而是不真正连带责任。因此,依据不真正连带责任的诉讼原理,本条后半段规定,未造成医疗产品缺陷或者血液不合格的当事人在赔偿后,有权向造成医疗产品缺陷或者血液不合格的其他当事人追偿。

**第三十条(原因力规则在医疗产品责任案件中的适用)** 医疗产品存在缺陷,同时医疗行为存在过错的,当事人请求多个侵权人承担赔偿责任的,人民法院应当按照医疗产品的缺陷与过错医疗行为对患者损害各自原因力的大小,依照侵权责任法第十条、第十一条或第十二条规定确定侵权人承担相应的赔偿责任。

【说明】本条解决二人以上分别实施侵权行为情形下的医疗损害责任。关于二人以上分别实施侵权行为的责任,侵权责任法第10条规定的共同危险行为为连带责任、第11条规定的每个行为人的行为足以造成全部损害的为连带责任、第12条规定的能够确定责任大小的为按份责任。①

在医疗产品责任案件中,造成患者最终的人身、财产权益损害的原因往往非常复杂,在医疗产品存在缺陷,医务人员实施的诊疗行为也有过错等多种原因造成医疗损害后果的情况下,有可能出现分别适用侵权责任法第10条至第

---

① 《侵权责任法》第10条规定,二人以上实施危及他人人身、财产安全的行为,其中一人或者数人的行为造成他人损害,能够确定具体侵权人的,由侵权人承担责任;不能确定具体侵权人的,行为人承担连带责任。第11条规定,二人以上分别实施侵权行为造成同一损害,每个人的侵权行为都足以造成全部损害的,行为人承担连带责任。第12条规定,二人以上分别实施侵权行为造成同一损害,能够确定责任大小的,各自承担相应的责任;难以确定责任大小的,平均承担赔偿责任。

12 条的情形。人民法院应该依照原因力规则来确定相应责任主体应当承担责任的大小,医疗机构要对其过错医疗行为造成的损害承担责任,缺陷医疗产品的责任主体仅对医疗产品缺陷所造成的损害结果承担赔偿责任。

**第三十一条(医疗机构违反告知义务的具体情形)** 存在下列情形之一,人民法院应认定医疗机构未尽到告知义务:

(1)对患者施行手术、特殊检查、特殊治疗,医务人员未告知医疗风险和替代医疗方案并取得患者或者其近亲属同意;

(2)医务人员未向患者告知医疗产品的使用方法;

(3)医务人员未向患者告知功能恢复锻炼等方面的注意事项;

(4)对患者施行其他可能产生严重不良后果的诊疗活动,未告知医疗风险。

前款第一项情形中,属于因抢救生命垂危的患者等紧急情况的,人民法院可以认定医疗机构未违反告知义务。

【说明】本条规定旨在明确违反告知义务的具体情形。

《侵权责任法》第55条规定了医疗机构的告知义务,应该说,这是法律规定的最低标准。实际上,对于告知义务的范围并没有统一的标准。确定告知内容的核心是要保障患者的知情同意权。理论上对告知义务内容的判断标准把握有四种观点,即合理医师标准说、合理患者标准说、具体患者标准说、二重标准说,其标准分别是同样情况下一般临床医师可能做到的告知、一般患者作决定时需了解的信息、具体患者作决定时需了解的信息、一般临床医师预见或者应当预见到的通常患者在主观上大致希望知道的信息。我们认为,应采用二重标准说,并突出考虑具体患者的情况。因二重标准说兼顾了医患双方的情况,同时在医疗关系中,由于患者处于专业上的弱势,加之我国不同层次患者的需要不平衡,故此在个案中应考虑患者的具体情况而实行有针对性的告知,以求达到实质的公平。

一般来说,告知义务应包括以下内容:医院应告知对患者疾病的诊断、治疗及愈后情况;针对病情的医疗决定及治疗建议;替代医疗措施;医疗中实质性风险;有关医务人员的身份和职业状态;费用情况;病历、化验等有关资料;术中及术后可能出现的意外及风险;其他项目,如手术大致费用、术后可能产生的费用,手术材料的产地、价格、性能等、手术愈后及对患者身体的影响等内容,患者授权声明及医患双方签字。

《侵权责任法》与其之前的法律规范都是正面规定医疗机构应当如何对患者进行告知,且大多较为原则,特别是该法第55条第2款仅规定"医务人员未尽到前款义务,造成患者损害的,医疗机构应当承担赔偿责任",使得实践中难以把握如何确定医务人员是否构成未尽告知义务。[①] 对此,《建议稿》根据审判实践中的具体情况作了更为明确的规定。

本条规定有两方面含义:一是列举了医疗机构违反告知义务的四种情形;二是明确医疗机构因抢救生命垂危的患者等紧急情况,未向患者告知医疗风险和替代医疗方案,也未取得患者或者其近亲属同意,对患者施行了手术、特殊检查、特殊治疗的,也不能认定为医疗机构违反了告知义务。这主要是指患者丧失意志或不能正确表达自己的意志,医疗机构也无从知晓其近亲属,更不可能取得联系的情况下,没有履行告知义务而直接实施了必要的救治行为而无需承担未尽告知义务责任的情形,如救治昏迷的患者。但需注意的是,医疗机构为维护患者生命健康权,采取紧急救治措施时,仍应当遵守相关基本规范。其采取的行为如符合规范要求,即使给患者造成不良后果,也不应承担侵权责任。否则,医疗机构就应当对患者承担相应的侵权责任。

**第三十二条(医务人员违反告知义务的损害赔偿责任)** 医疗机构未尽告知义务,仅损害患者知情同意权而未损害患者人身、财产权利的,不承担赔偿责任;但医疗机构未尽告知义务造成患者严重精神损害的,应承担相应的精神损害赔偿责任。

前款规定的"仅损害患者知情同意权而未损害患者人身、财产权利"是指医疗机构虽未尽到告知义务,但实施了符合诊疗规范的手术、特殊检查、特殊治

---

① 杨立新:"侵权责任法讲座——侵权责任法的成功与不足",载 http://www.wenku.baidu.com。

疗等诊疗活动,且治疗活动的目的符合患者利益的情形。

【说明】本条是关于医务人员违反告知义务应当承担相应赔偿责任的规定。

医务人员在诊疗活动中对患者没有尽到告知义务造成患者损害的,包括造成人身权益、财产权益损害和未造成人身、财产权益损害但侵害患者知情同意的权利,给患者造成精神损害两种情形。

对于第一种情形,学界和实务界都赞同此种情况下医疗机构应当依照侵权责任法第十六条等规定承担赔偿责任。这一点并无争议,没有规定的必要。

对于第二种情形,第一种意见认为医疗机构均应当承担相应的精神损害赔偿责任;第二种意见认为,未尽告知义务,仅损害患者知情同意权利而未损害患者人身、财产权利的,医疗机构一般不承担赔偿责任;但医疗机构未尽告知义务造成患者严重精神损害的,应承担相应的精神损害赔偿责任。

《建议稿》采纳了第二种意见,理由是,《侵权责任法》第22条已经明确规定了"侵害他人人身权益,造成他人严重精神损害的,被侵权人可以请求精神损害赔偿"。因此,仅在医疗机构未尽告知义务,造成患者严重精神损害的情况下,患者一方主张医疗机构承担相应精神损害赔偿责任的,人民法院才应予支持。

此外,本条第二款还对何为"仅损害患者知情同意权而未损害患者人身、财产权利"做出了界定。

**第三十三条(不必要检查的损害责任)** 医疗机构及其医务人员违反诊疗规范对患者实施不必要的检查,导致患者支出不必要的医疗费用,或者造成患者人身、财产权益损害,患者一方请求医疗机构返还不必要检查所支出的费用或者承担相应损害赔偿责任的,人民法院应予支持。

【说明】本条是关于医疗机构实施不必要检查应承担相应赔偿责任的规定。

所谓不必要检查,一般是指由医疗机构提供的超出患者个体和社会保健实践需求的医疗检查服务,医学伦理学界把它称为"过度检查"。侵权责任法

第 63 条①对医疗机构及其医务人员违反诊疗规范实施不必要的检查作了明确的禁止性规定。但是该条规定并未明确医疗机构及其医务人员违反诊疗规范实施不必要检查给患者造成损害时,是否要承担侵权责任及承担侵权责任的具体规则。各方意见普遍认为,不仅要对"不必要检查"作出禁止性规范,还应当规定其法律后果。《建议稿》采纳了此意见,规定了"不必要检查"的两种法律后果。因为这符合侵权责任法第 63 条禁止不必要检查、保护患者利益的立法目的。

**第三十四条(本解释的时间效力)** 本院以前发布的司法解释与本解释不一致的,以本解释为准。

本解释实行后尚未审结的一审、二审医疗损害责任纠纷案件适用本解释的规定。

本解释施行前已经终审,本解释施行后当事人申请再审或者依照审判监督程序决定再审的案件,不适用本解释。

【说明】本条是关于本解释的时间效力的规定。

---

① 《侵权责任法》第 63 条规定,医疗机构及其医务人员不得违反诊疗规范实施不必要的检查。

# 2. 医疗纠纷处理人员常用法律法规汇总（目录）*

## 一、执业管理

1.《执业医师法》

（1998 年 6 月 26 日主席令第 5 号公布，自 1999 年 5 月 1 日起施行）

2.《护士条例》

（2008 年 1 月 31 日国务院令第 517 号公布，自 2008 年 5 月 12 日起施行）

3.《医疗机构从业人员行为规范》

（2012 年 6 月 26 日卫生部、国家食品药品监督管理局、国家中医药管理局
联合公布，自公布之日起施行）

4.《医师资格考试暂行办法》

（1999 年 7 月 16 日卫生部令第 4 号公布，自发布之日起施行）

5.《护士执业资格考试办法》

（2010 年 5 月 10 日卫生部、人力资源社会保障部令第 74 号公布，2010 年 7
月 1 日起施行）

6.《医师执业注册暂行办法》

（1999 年 7 月 16 日卫生部令第 5 号公布，自发布之日起施行）

7.《护士执业注册管理办法》

（2008 年 5 月 6 日卫生部令第 59 号公布，2008 年 5 月 12 日起施行）

---

* 本目录整理人：北京市高级人民法院陈特，北京市第二医院樊荣。

8.《执业药师注册管理暂行办法》

(2000 年 4 月 14 日国家药品监督管理局国药管人〔2000〕156 号公布,自公布之日起施行)

9.《关于加强护理员规范管理的通知》

(2009 年 10 月 15 日北京市卫生局、北京市人力资源和社会保障局、北京市工商行政管理局京卫医字〔2009〕208 号公布)

10.《医师外出会诊管理暂行规定》

(2005 年 4 月 30 日卫生部令第 42 号公布,2005 年 7 月 1 日起施行)

11.《关于医师执业注册中执业范围的暂行规定》

(2001 年 6 月 20 日卫生部、中医药局卫医发〔2001〕169 号公布,自公布之日起施行)

12.《医师定期考核管理办法》

(2007 年 2 月 9 日卫生部卫医发〔2007〕66 号公布,2007 年 5 月 1 日起施行)

13.《卫生部关于医师多点执业有关问题的通知》

(2009 年 9 月 11 日卫生部卫医政发〔2009〕86 号公布)

14.《卫生部办公厅关于扩大医师多点执业试点范围的通知》

(2011 年 7 月 12 日卫生部卫办医政发〔2011〕95 号公布)

15.《北京市医师多点执业管理办法》

(2014 年 6 月 25 日北京市卫生和计划生育委员会京卫医政字〔2014〕99 号公布,2014 年 8 月 1 日起施行)

16.《卫生部办公厅关于正规医学专业学历毕业生试用期间的医疗活动是否属于非法行医的批复》

(2002 年 5 月 29 日卫生部卫办医发〔2002〕58 号公布)

17.《卫生部关于〈执业医师法〉执行过程中有关问题的批复》

(2005 年 9 月 20 日卫生部卫医发〔2005〕372 号公布)

18.《卫生部关于非法行医有关问题的批复》

(2007 年 6 月 7 日卫生部卫政法发〔2007〕185 号公布)

19.《最高人民法院关于审理非法行医刑事案件具体应用法律若干问题的解释》

(2008 年 4 月 29 日最高人民法院法释〔2008〕5 号公布,2008 年 5 月 9 日起施行)

20.《卫生部关于内科执业医师出具心电图诊断报告单有关问题的批复》

(2008 年 12 月 29 日卫生部卫医政函〔2008〕557 号公布)

21.《卫生部关于外科执业医师出具 B 超诊断报告有关问题的批复》

(2009 年 10 月 13 日卫生部卫医政函〔2009〕463 号公布)

22.《卫生部关于医技人员出具相关检查诊断报告问题的批复》

(2004 年 5 月 24 日卫生部卫政法发〔2004〕163 号公布)

## 二、医疗机构管理

1.《医疗机构管理条例》

(1994 年 2 月 26 日国务院令第 149 号公布,1994 年 9 月 1 日起施行)

2.《医疗机构管理条例实施细则》

(1994 年 8 月 29 日卫生部令第 35 号公布,1994 年 9 月 1 日起施行。卫医〔2006〕432 号、卫办医发〔2008〕125 号修订)

3.《医疗机构诊疗科目名录》

(1994 年 9 月 5 日卫生部卫医发〔1994〕第 27 号公布,自公布之日起施行。卫医政发〔2009〕9 号、卫医发〔2007〕227 号增补,卫医发〔2007〕174 号修订)

4.《医疗机构校验管理办法(试行)》

(2009 年 6 月 15 日卫生部卫医政发〔2009〕57 号公布,自公布之日起施行)

5.《医疗机构基本标准(试行)》

(1994 年 9 月 2 日卫生部卫医发〔1994〕第 30 号公布,自公布之日起施行。医政发〔2010〕75 号、卫医政发〔2011〕21 号、卫医班发〔2011〕87 号修订)

6.《综合医院建设标准》

(2008 年 9 月 5 日住房和城乡建设部、国家发展和改革委员会建标〔2008〕

164 号公布,2008 年 12 月 1 日起施行)

7.《诊所基本标准》

(2010 年 8 月 2 日卫生部卫医政发〔2010〕75 号公布,自公布之日起施行)

8.《关于发布医疗机构患者活动场所及坐卧设施安全要求第 1 部分:活动场所》等 2 项强制十点卫生行业标准的通告

(2014 年 6 月 17 日卫生和计划生育委员会 WS444.1 – 2014、WS444.2 – 2014 公布,2014 年 12 月 1 日起施行)

9.《医院信息系统基本功能规范》

(2002 年 4 月 27 日卫生部卫办发〔2002〕116 号公布,自公布之日起施行)

10.《医疗机构临床实验室管理办法》

(2006 年 2 月 27 日卫生部卫医发〔2006〕73 号公布,2006 年 6 月 1 日起施行)

11.《城市社区卫生服务机构管理办法(试行)》

(2006 年 6 月 29 日卫生部、国家中医药管理局卫妇社发〔2006〕239 号公布,2006 年 8 月 1 日起施行)

12.《村卫生室管理办法(试行)》

(2014 年 6 月 3 日国家卫生计生委、国家发展改革委、教育部、财政部、国家中医药管理局国卫基层发〔2014〕33 号联合发布,自公布之日起施行)

13.《医院工作制度与人员岗位职责》

(2011 年卫生部医管司修订发布)


### 三、诊疗实践管理

1.《医疗技术临床应用管理办法》

(2009 年 3 月 2 日卫生部卫医政发〔2009〕18 号,2009 年 5 月 1 日起施行)

2.《医疗机构手术分级管理办法(试行)》

(2012 年 8 月 3 日卫生部卫办医政发〔2012〕94 号,2012 年 10 月 1 日起施行)

3.《放射诊疗管理规定》

(2006 年 1 月 24 日卫生部令第 46 号公布,2006 年 3 月 1 日起施行)

4.《心血管疾病介入诊疗技术管理规范(2011 年版)》

(2011 年 8 月 12 日卫生部卫办医政发〔2011〕107 号公布,自公布之日起施行)

5.《内镜诊疗技术临床应用管理暂行规定》

(2013 年 12 月 27 日国家卫生计生委国卫办医发〔2013〕44 号公布,自公布之日起施行)

6.《人体器官移植条例》

(2007 年 3 月 31 日国务院令第 491 号公布,2007 年 5 月 1 日起施行)

7.《卫生部关于规范活体器官移植的若干规定》

(2009 年 12 月 28 日卫生部卫医管发〔2009〕126 号公布,自公布之日起施行)

8.《人体器官移植技术临床应用管理暂行规定》

(2006 年 3 月 16 日卫生部卫医发〔2006〕94 号公布,2006 年 7 月 1 日起施行)

9.《医疗美容服务管理办法》

(2002 年 1 月 22 日卫生部令第 19 号公布,2002 年 5 月 1 日起施行。卫医政发〔2009〕17 号修订)

10.《医疗美容项目分级管理目录》

(2009 年 12 月 11 日卫生部卫办医政发〔2009〕220 号公布,自公布之日起施行)

## 四、药品管理

1.《药品管理法》

(2001 年 2 月 29 日主席令第 45 号公布,2001 年 12 月 1 日起施行。主席令第 45 号、主席令第 8 号修订)

2.《药品管理法实施条例》

(2002 年 8 月 4 日国务院令第 360 号公布,2002 年 9 月 15 日起施行)

3.《医疗机构药事管理规定》

(2011 年 1 月 30 日卫生部、国家中医药管理局、总后勤部卫生部卫医政发〔2011〕11 号联合发布,2011 年 3 月 1 日起施行)

4.《药典》

(2010 年 1 月国家药典委员会发行,2010 年 7 月 1 日起施行)

5.《药典——临床用药须知》

(2010 年 12 月国家药典委员会发行,药典配套用书)

6.《麻醉药品和精神药品管理条例》

(2005 年 8 月 3 日国务院令第 442 号公布,2005 年 11 月 1 日起施行)

7.《麻醉药品临床应用指导原则》

(2007 年 1 月 25 日卫生部卫医发〔2007〕38 号公布,自发布之日起施行)

8.《精神药品临床应用指导原则》

(2007 年 1 月 25 日卫生部卫医发〔2007〕39 号公布,自发布之日起施行)

9.《医疗机构麻醉药品、第一类精神药品管理规定》

(2005 年 11 月 14 日卫生部卫医发〔2005〕438 号公布,自发布之日起施行)

10.《放射性药品管理办法》

(1989 年 1 月 13 日国务院令第 25 号公布,自发布之日起施行。国务院第 588 号修订)

11.《医疗用毒性药品管理办法》

(1988 年 12 月 27 日国务院令第 23 号公布,自发布之日起施行)

12.《中医药条例》

(2003 年 4 月 7 日国务院令第 374 号公布,2003 年 10 月 1 日起施行)

13.《中药品种保护条例》

(1992 年 10 月 14 日国务院令第 106 号发布,1993 年 1 月 1 日起施行)

14.《医院中药饮片管理规范》

(2007 年 3 月 12 日国家中医药管理局、卫生部国中医药发〔2007〕11 号公布,自发布之日起施行)

15.《抗菌药物临床应用管理办法》

(2012 年 4 月 24 日卫生部令第 84 号公布,2012 年 8 月 1 日起施行)

16.《抗菌药物临床应用指导原则》

(2004 年 8 月 19 日卫生部、国家中医药管理局、总后卫生部卫医发〔2004〕285 号公布,自发布之日起施行)

17.《医疗机构制剂注册管理办法(试行)》

(2005 年 6 月 22 日国家食品药品监督管理局令第 20 号公布,2005 年 8 月 1 日起施行)

18.《药品类易制毒化学品管理办法》

(2010 年 3 月 18 日卫生部令第 72 号公布,2010 年 5 月 1 日起施行)

19.《药品不良反应报告和监测管理办法》

(2011 年 5 月 4 日卫生部令第 81 号公布,2011 年 7 月 1 日起施行)

### 五、医疗器械管理

1.《医疗器械监督管理条例》

(2014 年 3 月 7 日国务院令第 650 号公布,2014 年 6 月 1 日起施行)

2.《医疗卫生机构医学装备管理办法》

(2011 年 3 月 24 日卫生部卫规财发〔2011〕24 号公布,自公布之日起施行)

3.《医疗器械注册管理办法》

(2004 年 8 月 9 日国家食品药品监督管理局令第 16 号公布,自公布之日起施行)

4.《医疗器械临床使用安全管理规范(试行)》

(2010 年 1 月 18 日卫生部卫医管发〔2010〕4 号公布,自公布之日起施行)

5.《大型医用设备配置与使用管理办法》

(2004 年 12 月 31 日卫生部、国家发展改革委、财政部卫规财发〔2004〕474 号联合公布,2005 年 3 月 1 日起施行)

6. 一次性使用无菌医疗器械监督管理办法(暂行)

(2000 年 10 月 13 日国家食品药品监督管理局令第 24 号公布,自公布之日起施行)

## 六、输血管理

1.《献血法》

(1997 年 12 月 29 日主席令第 93 号公布,1998 年 10 月 1 日起施行)

2.《医疗机构临床用血管理办法》

(2012 年 6 月 7 日卫生部令第 85 号公布,2012 年 8 月 1 日起施行)

3.《血液制品管理条例》

(1996 年 12 月 30 日国务院令第 208 号公布,自公布之日起施行)

4.《临床输血技术规范》

(2000 年 6 月 2 日卫生部卫医发〔2000〕184 号公布,2000 年 10 月 1 日起施行)

## 七、院感管理

1.《医院感染管理办法》

(2006 年 7 月 6 日卫生部令第 48 号公布,2006 年 9 月 1 日起施行)

2.《医疗废物管理条例》

(2003 年 6 月 16 日国务院令第 380 号公布,自公布之日起施行)

3.《医疗卫生机构医疗废物管理办法》

(2003 年 10 月 15 日卫生部令第 36 号公布,自公布之日起施行)

4.《消毒管理办法》

(2002 年 3 月 28 日卫生部令第 27 号公布,2002 年 7 月 1 日起施行)

5.《医疗机构消毒技术规范》

(2012 年 4 月 5 日卫生部 WS/T367—2012 公布,2012 年 8 月 1 日起施行)

6.《医院消毒卫生标准》

(2012 年 6 月 29 日国家质量监督检验检疫总局、国家标准化管理委员会 GB15982—2012 公布,2012 年 11 月 1 日起施行)

7.《医院感染监测规范》

(2009 年 4 月 1 日卫生部 WS/T312—2009 公布,2009 年 12 月 1 日起施行)

8.《医院隔离技术规范》

(2009 年 4 月 1 日卫生部 WS/T311—2009 公布,2009 年 12 月 1 日起施行)

9.《医院空气净化管理规范》

(2012 年 4 月 5 日卫生部 WS/T368—2012 公布,2012 年 8 月 1 日起施行)

## 八、疫情管理

1.《传染病防治法》

(2004 年 8 月 28 日主席令第 17 号修订公布,2004 年 12 月 1 日起施行)

2.《传染病防治法实施办法》

(1991 年 12 月 6 日卫生部令第 17 号公布,自公布之日起施行)

3.《医疗机构传染病预检分诊管理办法》

(2005 年 2 月 28 日卫生部令第 41 号公布,自公布之日起施行)

4.《传染病信息报告管理规范》

(2006 年 5 月 19 日卫生部卫办疾控发〔2006〕92 号公布,自公布之日起施行)

## 九、急诊急救管理

1.《院前医疗急救管理办法》

(2013 年 11 月 29 日国家卫生和计划生育委员会令第 3 号公布,2014 年 2 月 1 日起施行)

2.《医院急诊科规范化流程》

(2012 年 9 月 3 日卫生部 WS/T390—2012 公布,2013 年 2 月 1 日起施行)

3.《需要紧急救治的急危重伤病标准及诊疗规范》

(2013 年 11 月 18 日国家卫生计生委国卫办医发〔2013〕32 号公布,自公布之日起施行)

4.《(地方)北京市救护车管理办法》

(2012 年 12 月 24 日北京市卫生局、北京市公安局公安交通管理局、北京市小客车指标调控管理办公室京卫医字〔2012〕280 号联合公布,2013 年 2 月

1 日起施行)

## 十、医疗文书管理

1.《医疗机构病历管理规定(2013 年版)》

(2013 年 11 月 20 日国家卫生计生委、国家中医药管理局国卫医发〔2013〕31 号联合公布,2014 年 1 月 1 日起施行)

2.《病历书写基本规范》

(2010 年 1 月 22 日卫生部卫医政发〔2010〕11 号公布,2010 年 3 月 1 日起施行)

3.《中医病历书写基本规范》

(2010 年 6 月 11 日国家中医药管理局国中医药医政发〔2010〕29 号公布,2010 年 7 月 1 日起施行)

4.《电子病历基本规范(试行)》

(2010 年 2 月 22 日卫生部卫医政发〔2010〕24 号公布,2010 年 4 月 1 日起施行)

5.《中医电子病历基本规范(试行)》

(2010 年 4 月 21 日国家中医药管理局国中医药发〔2010〕18 号公布,2010 年 5 月 1 日起施行)

6.《处方管理办法》

(2007 年 2 月 14 日卫生部令第 53 号公布,2007 年 5 月 1 日起施行)

7.《麻醉药品、精神药品处方管理规定》

(2005 年 11 月 14 日卫生部卫医发〔2005〕436 号公布,自公布之日起施行)

## 十一、生命统计管理

1.《国家卫生计生委、公安部关于启用和规范管理新版〈出生医学证明〉的通知》

(2013 年 12 月 27 日国家卫生计生委、公安部国卫妇幼发〔2013〕52 号公布)

2.《国家卫生计生委、公安部、民政部关于进一步规范人口死亡医学证明和信息登记管理工作的通知》

(2013 年 12 月 31 日国家卫生计生委、公安部、民政部国卫规划发〔2013〕57 号公布)

### 十二、妇幼与计划生育管理

1.《母婴保健法》

(1994 年 10 月 27 日主席令第 33 号公布,1995 年 6 月 1 日起施行)

2.《母婴保健法实施办法》

(2001 年 6 月 20 日国务院令第 308 号公布,自公布之日起施行)

3.《妇女权益保障法》

(2005 年 8 月 28 日主席令第 40 号修订公布,2005 年 12 月 1 日起施行)

4.《计划生育技术服务管理条例》

(2001 年 6 月 13 日国务院令第 309 号公布,2001 年 10 月 1 日起施行。根据 2004 年 12 月 10 日《国务院关于修改〈计划生育技术服务管理条例〉的决定》修订)

5.《计划生育技术服务管理条例实施细则》

(2001 年 12 月 29 日国家计划生育委员会令第 6 号,自公布之日起施行)

6.《产前诊断技术管理办法》

(2002 年 12 月 13 日卫生部令第 33 号公布,2003 年 5 月 1 日起施行)

7.《孕产期保健工作管理办法》

(2011 年 6 月 23 日卫生部卫妇社发〔2011〕56 号公布,自公布之日起施行)

8.《孕产期保健工作规范》

(2011 年 6 月 23 日卫生部卫妇社发〔2011〕56 号公布,自公布之日起施行)

9.《医疗机构新生儿安全管理制度(试行)》

(2014 年 3 月 14 日国家卫生计生委国卫办医发〔2014〕21 号公布,自公布之日起施行)

10.《卫生部关于产妇分娩后胎盘处理问题的批复》

(2005 年 3 月 31 日卫生部卫政法发〔2005〕123 号公布)

## 十三、精神卫生管理

1.《精神卫生法》

(2012 年 10 月 26 日主席令第 62 号公布,2013 年 5 月 1 日起施行)

2.《精神疾病司法鉴定暂行规定》

(1989 年 7 月 11 日最高人民法院、最高人民检察院、公安部、司法部、卫生部卫医字〔1989〕第 17 号联合发布,1989 年 8 月 1 日起施行)

3.《北京市精神卫生条例》

(2006 年 12 月 8 日北京市人大常委会公告第 53 号,2007 年 3 月 1 日起施行)

## 十四、医疗广告管理

1.《医疗广告管理办法》

(2006 年 11 月 10 日国家工商行政管理总局、卫生部令第 26 号公布,2007 年 1 月 1 日起施行)

2.《医疗器械广告审查办法》

(2009 年 4 月 7 日卫生部、国家工商行政管理总局、国家食品药品监督管理局令第 65 号公布,2009 年 5 月 20 日起施行)

3.《医疗器械广告审查发布标准》

(2009 年 4 月 28 日国家工商行政管理总局、卫生部、国家食品药品监督管理局令第 40 号公布,2009 年 5 月 20 日起施行)

4.《互联网医疗保健信息服务管理办法》

(2009 年 5 月 1 日卫生部令第 66 号公布,2009 年 7 月 1 日起施行)

5.《国家工商行政管理局关于认定利用新闻报道形式发布医疗广告问题的答复》

(2001 年 3 月 1 日国家工商行政管理总局工商广字〔2001〕第 57 号公布)

## 十五、医疗投诉与纠纷处理

1.《侵权责任法》

(2009 年 12 月 26 日主席令第 21 号公布,2010 年 7 月 1 日起施行)

2.《医疗事故处理条例》

(2002 年 4 月 4 日国务院令第 351 号公布,2002 年 9 月 1 日起施行)

3.《医疗事故技术鉴定暂行办法》

(2002 年 7 月 31 日卫生部令第 30 号,2002 年 9 月 1 日起施行)

4.《医院投诉管理办法(试行)》

(2009 年 11 月 26 日卫生部卫医管发〔2009〕111 号公布,自公布之日起施行)

5.《信访条例》

(2005 年 1 月 10 日国务院令第 431 号公布,2005 年 5 月 1 日起施行)

6.《卫生信访工作办法》

(2007 年 2 月 16 日卫生部令第 54 号公布,自公布之日起施行)

7.《医疗质量安全事件报告暂行规定》

(2011 年 1 月 14 日卫生部卫医管发〔2011〕4 号公布,2011 年 4 月 1 日起施行)

8.《民事诉讼法》

(2012 年 8 月 31 日主席令第 59 号修订公布,2013 年 1 月 1 日起施行)

9.《民法通则》

(1986 年 4 月 12 日主席令第 37 号公布,1987 年 1 月 1 日起施行)

10.《刑法》

(1997 年 3 月 14 日主席令第 83 号修订公布,1997 年 10 月 1 日起施行。2011 年 2 月 25 日中华人民共和国刑法修正案(八)最新修正)

11.《治安管理处罚法》

(2005 年 8 月 28 日主席令第 38 号公布,2006 年 3 月 1 日起施行。主席令第 38 号修订)

12.《最高人民法院关于审理人身损害赔偿案件适用法律若干问题的解释》

（2003 年 12 月 26 日最高人民法院法释〔2003〕20 号公布,2004 年 5 月 1 日起施行）

13.《最高人民法院关于审理食品药品纠纷案件适用法律若干问题的规定》

（2013 年 12 月 23 日最高人民法院法释〔2013〕28 号公布,2014 年 3 月 15 日起施行）

14.《最高人民法院关于适用〈中华人民共和国侵权责任法〉若干问题的通知》

（2010 年 6 月 30 日最高人民法院法发〔2010〕23 号公布）

15.《人体损伤程度鉴定标准》

（2013 年 8 月 30 日最高人民法院、最高人民检察院、公安部、国家安全部、司法部联合公布,2014 年 1 月 1 日起施行）

16.《司法鉴定程序通则》

（2007 年 8 月 7 日司法部令第 107 号公布,2007 年 10 月 1 日起施行）

17.《人身损害护理依赖程度评定》

（2008 年 12 月 11 日公安部 GA/T800—2008 公布,2009 年 1 月 1 日起施行）

18.《人身损害受伤人员误工损失日评定准则》

（2004 年 11 月 19 日公安部 GA/T521—2004 公布,2005 年 3 月 1 日起施行）

19.《最高人民法院关于确定民事侵权精神损害赔偿责任若干问题的解释》

（2001 年 3 月 8 日最高人民法院法释〔2001〕7 号公布,2001 年 3 月 10 日起施行）

20.《关于依法惩处涉医违法犯罪维护正常医疗秩序的意见》

（2014 年 4 月 22 日最高人民法院、最高人民检察院、公安部、司法部、国家卫生计生委法发〔2014〕5 号联合公布）

21.《人民调解法》

（2010 年 8 月 28 日主席令第 34 号公布,2011 年 1 月 1 日起施行）

22.《关于加强医疗纠纷人民调解工作的意见》

(2010 年 1 月 8 日司法部、卫生部、保监会司法通〔2010〕5 号公布)

23.《北京市高级人民法院关于审理医疗损害赔偿纠纷案件若干问题的指导意见(试行)》

(2010 年 11 月 18 日北京市高级人民法院京高法发〔2010〕第 400 号公布)

24.《北京司法鉴定业协会关于办理医疗过失司法鉴定案件的若干意见》

(2009 年 11 月 20 日北京司法鉴定业协会京司鉴协发〔2009〕5 号公布,2009 年 12 月 1 日起施行)

25.《人身损害受伤人员误工期、营养期、护理期评定准则(试行)》

(2011 年 2 月 11 日北京司法鉴定业协会京司鉴协发〔2011〕4 号公布,2011 年 3 月 11 日起施行)

26.《北京市司法局、北京市卫生局、北京市财政局、北京市公安局、北京市高级人民法院、北京市保监局关于加强医疗纠纷人民调解工作的意见》

(2010 年 12 月 25 日北京市司法局、北京市卫生局、北京市财政局、北京市公安局、北京市高级人民法院、北京市保监局京司发〔2010〕735 号发布)

# 3. 北京市西城区人民法院医疗纠纷 "三位一体"解决机制制度汇总

**制度一**

北京市西城区人民法院

关于医疗纠纷案件便民调解制度实施办法

（试行）

为了深入推进社会矛盾化解，完善人民调解、司法调解联动的工作体系，充分发挥审判权的规范、引导和监督作用，为矛盾纠纷解决机制的繁荣发展提供司法保障，缓解医患矛盾，根据《民事诉讼法》《人民调解法》《最高人民法院关于人民调解协议司法确认程序的若干规定》（以下简称《关于司法确认的规定》）等法律及司法解释的有关规定，结合西城区人民法院的实际情况，特制定本办法。

**一、基本规定**

1. 本规定中的医疗纠纷案件，指患者与西城区的医疗机构在诊疗活动中发生的民事纠纷。

2. 医疗纠纷案件便民调解制度包括两部分内容，即对医疗纠纷诉调对接机制，以及医疗纠纷简易程序调处制度。

3. 医疗纠纷便民调解工作由西城区人民法院民事审判庭医疗专业审判组负责。

4. 医疗纠纷案件便民调解制度有以下原则：

（1）自愿原则。当事人自主决定是否适用医疗纠纷便民调解制度。

（2）合法原则。医疗纠纷便民调解的各项工作，必须依法进行。

（3）便民原则。西城法院为当事人进行医疗纠纷调解工作提供便利。

## 二、医疗纠纷诉调对接机制

5. 经所在地为西城区或者由西城区人民法院委派的人民调解组织、调解员调解并达成协议的医疗纠纷案件，当事人可依照《民事诉讼法》第一百九十四条的规定，共同向西城区人民法院申请对人民调解协议进行司法确认。

6. 一方当事人提出确认申请的，由西城法院通知另一方当事人，另一方当事人书面表示同意或在《医疗纠纷司法确认案件情况登记表》中申请人一栏签字的，视为共同提出申请。

7. 当事人提出申请时，应当向人民法院提交调解协议书、承诺书。承诺书应当载明以下内容：（1）双方当事人出于解决纠纷的目的自愿达成协议，没有恶意串通、规避法律的行为；（2）如果因为该协议内容而给他人造成损害的，愿意承担相应的民事责任和其他法律责任。

8. 西城区人民法院根据《民事诉讼法》《人民调解法》《关于司法确认的规定》等法律及司法解释的规定，对调解协议的效力进行审查。

9. 西城区人民法院根据审查情况，按照《民事诉讼法》第一百九十五条之规定，分别作出裁定。

10. 人民调解协议司法确认案件，不收取费用。

## 三、医疗纠纷简易程序调处制度

11. 对于医患双方争议事实清楚、权利义务关系明确，或者基本已达成调解协议的案件，当事人可依照《民事诉讼法》第一百五十八条的规定，共同至西城区人民法院请求解决纠纷。

12. 原告可提供起诉书，或签署《适用简易程序调处医疗纠纷案件情况登记表》（以下简称《案件情况登记表》）。

13. 医疗机构可以根据患者的病历材料提供书面的病历摘要,归纳患者的治疗经过,以及双方争议的焦点。如患者一方对病历摘要无异议的,可将病历摘要的内容作为起诉意见,填入《案件情况登记表》。

14. 经调解双方当事人已达成协议的,由西城区人民法院按照《民事诉讼法》第九十七条的规定,制作民事调解书。

15. 经调解双方当事人无法达成协议的,由当事人自主决定是否继续起诉,或者适用西城法院立案前鉴定制度。

16. 适用简易程序调处的医疗纠纷案件,我院对于诉讼费用予以免除。如果经调解双方当事人无法达成协议,当事人要求继续起诉的,按照《民事诉讼法》的有关规定收取诉讼费用。

**四、其他规定**

17. 本规定于 2013 年 4 月 1 日开始试行。

**附1:北京市西城区人民法院**

### 民事裁定书

(201 )西民调确字第 号

申请人(患方基本情况)

申请人(医院基本情况)

申请人因医疗损害责任纠纷于 年 月 日在(人民调解组织名称)的主持调解下达成如下协议:(协议内容)。申请人于 年 月 日共同向本院提出申请,要求对上述协议进行司法确认。

本院经审查认为,上述协议是申请人的真实意思表示,其内容明确,未违反法律、行政法规的强制性规定,未损害国家、集体或者第三人利益及社会公共利益。依照《中华人民共和国民事诉讼法》第一百九十五条之规定,本院裁定如下:

申请人于二〇一 年 月 日在 的主持调解下达成的人民调解协议书合法有效。(如已执行此处注明)

代理审判员

二〇一 年 月 日

书记员

**附件2**

谈话笔录

时间:2013 年 月 日

地点:本院

承办人:

记录人:

申请人:(患方)

(医方)

1. 申请人申请我院对(调解组织名称)的主持调解下达成医疗损害责任纠纷调解协议的效力进行司法确认一案,我院已经受理。根据《中华人民共和国民事诉讼法》有关规定,本案适用特别程序,由本院代理审判员××独任审理,由书记员××负责记录。当事人有申请回避的权利。是否申请回避?

申请人(患方):不申请。

申请人(医方):不申请

2. 是否同意由法院确认调解协议的效力?

申请人(患方):同意。

申请人(医方):同意。

3. 对(调解组织名称)指派调解员主持双方调解是否有异议?

申请人(患方):没有异议。

申请人(医方):没有异议。

4. 具体达成的调解内容。

申请人双方:向法院出具调解协议书(写明协议内容)。

5. 双方是否是在协调员的主持下,自愿达成了上述调解协议?调解组织、协调员是否存在强迫调解或者有其他严重违反职业道德准则的行为?

申请人(患方):我们在协调员的主持下,自愿达成上述协议。调解组织、协调员不存在强迫调解或者其他违反职业道德准则的行为。

申请人(医方):患方陈述属实。

6. (就协议具体内容询问,包括是否接受一次性调解方案等)

7. 双方是否理解协议内容,是否接受因此产生的后果,即本院出具裁定书,在裁定书送达双方当事人时即发生法律效力,当事人无法定理由不得反悔,若一方当事人不按期履行协议确定的义务,另一方当事人可依据裁定书和该协议申请法院强制执行?

申请人(患方):理解协议内容,接受产生的后果。

申请人(医方):理解协议内容,接受产生的后果。

8. 双方书面承诺的内容如下:(1)双方当事人出于解决纠纷的目的自愿达成协议,没有恶意串通、规避法律的行为。(2)如果因该协议内容而给他人造成损害的,愿意承担相应的民事责任和其他法律责任。双方是否理解上述承诺的意思?是否自愿做出上述承诺?

申请人(患方):我方明白上述承诺的意思,是自愿作出上述承诺的。

申请人(医方):我方明白上述承诺的意思,是自愿作出上述承诺的。

9. 经审查:(1)上述协议符合有关法律规定,法院将依法确认本案协议书的效力,向双方当事人出具裁定书。

(2)上述协议不符合有关法律规定,(讲明理由),法院将依法裁定驳回申请人的申请。申请人可依据《民事诉讼法》第195条的规定,通过调解方式变更原调解协议或者达成新的调解协议,也可以向人民法院提起诉讼。现在双方当事人阅笔录签字。

申请人(患方):

申请人(医方):

**附件3**

## 医疗纠纷司法确认案件情况登记表

2013 年 3 月制

| 承办人 | | | 案号 | （201  ）西民初字<br>第    号 | |
|---|---|---|---|---|---|
| 申请人 | 姓名 | | 电话 | | |
| 申请人 | 名称 | | 电话 | | |
| 调解组<br>织情况 | | | | | |
| 申请内容 | 申请人签字(医方)：<br><br>　年　月　日 | | 申请人签字(患方)：<br><br>　年　月　日 | | |
| 申请人<br>承诺 | (1)双方当事人出于解决纠纷的目的自愿达成协议，没有恶意串通、规避法律的行为；(2)如果因为该协议内容而给他人造成损害的，愿意承担相应的民事责任和其他法律责任。<br>申请人签字(医方)：　　　　　　　　申请人签字(患方)：<br>　年　月　日　　　　　　　　　　　年　月　日 | | | | |
| 标的额 | | 执行情况 | | | |
| 备注 | | | | | |

**附件 4**

## 医疗纠纷简易程序调处案件情况登记表

2013 年 3 月制

| 承办人 | | | 案号 | （201　）西民初字<br>第　　　号 | |
|---|---|---|---|---|---|
| 原告 | 姓名 | | 电话 | | |
| 被告 | 名称 | | 电话 | | |
| 起诉基本事实 | 原告确认签字：<br><br>　　　　年　　月　　日 | | | | |
| 调解协议内容 | 原告确认签字：<br><br>　　　　年　　月　　日 | | | 被告确认签字：<br><br>　　　　年　　月　　日 | |
| 应交及免交诉讼费数额 | | 庭领导签字 | | 院领导签字 | |
| 执行情况 | | | | | |
| 备注 | | | | | |

## 制度二

### 北京市西城区人民法院
### 关于医疗纠纷案件立案前鉴定制度的实施办法

（试行）

为了缓解医患矛盾,推进"科学立法、严格执法、公正司法、全民守法"进程,结合本院实际情况,特制定本规定。

#### 第一章　基本规定

##### 第一节　基本概念

**第一条**　医疗纠纷案件立案前鉴定制度(以下简称立案前鉴定制度),是北京市西城区人民法院根据《中华人民共和国民事诉讼法》[2012 年修正](以下简称《民事诉讼法》),全国人民代表大会常务委员会、最高人民法院、北京市高级人民法院关于委托司法鉴定工作以及审理医疗纠纷的规定,组织医疗纠纷案件的双方当事人在立案之前先行就医学专业问题进行鉴定的制度。

**第二条**　将鉴定程序前移,当事人在立案前即对医疗专业问题获得重要参考,有助于合理确定诉讼请求、正确预估诉讼风险、降低诉讼成本、促成医患双方调解解决纠纷,并可有效缩短案件审理周期,提高审判工作的社会效果。

##### 第二节　基本原则

**第三条**　立案前鉴定制度有以下基本原则:

(一)自愿原则。当事人自主决定是否适用立案前鉴定制度。

(二)便民原则。立案前鉴定由法院组织,避免当事人自行委托鉴定的不便。

(三)合法原则。立案前鉴定的各项工作,必须依法进行。

(四)有效原则。立案前鉴定形成鉴定意见的证据效力,与审理过程中由法院委托进行鉴定的鉴定意见一致。当事人在案件审理过程中以鉴定在立案前为由要求重新鉴定的,法院不予准予。

(五)分工协作原则。立案前鉴定由立案庭、审判庭、诉讼服务办公室等部门分工协作,确保鉴定工作高效、有序的进行。

(六)调解原则。在立案前鉴定的过程中,如果医患双方有调解可能的,在双方自愿的基础上,法官可以采取灵活、便民的方式为医患双方多做调解工作。

### 第三节 适用范围

**第四条** 立案前鉴定案件所涉及的医疗纠纷,是指患者与西城区的医疗机构在诊疗活动中发生的民事纠纷。

**第五条** 立案前鉴定的鉴定范围一般包括医疗损害责任、伤残程度、医疗期限、后续医疗方案、护理期限、护理依赖程度、营养期限、误工期限等医疗鉴定,以及对鉴定材料的真实性所进行的物证技术鉴定,还包括因医疗产品引发纠纷而进行的医疗产品质量检测等。

### 第二章 基本工作制度

### 第一节 受理与告知

**第六条** 对于当事人起诉的符合《民事诉讼法》第一百一十九条规定的医疗纠纷案件(包括医疗损害责任纠纷案件以及医疗服务合同纠纷案件),由立案庭受理。

**第七条** 立案庭受理后,进行立案前审查。对符合起诉条件的,向当事人出具《北京市西城区人民法院关于医疗纠纷案件适用立案前鉴定制度的有关规定》(以下简称《立案前鉴定规定》)及《北京市西城区人民法院医疗纠纷案件适用立案前鉴定制度告知书》(以下简称《告知书》),并作相关解释说明工作,由其自主决定是否适用立案前鉴定制度。当事人坚持要求立案的,由立案庭进行立案。

**第八条** 当事人同意适用立案前鉴定制度的,签署书面意见,由立案庭收取当事人的诉讼材料,当事人暂时不用交纳诉讼费,案件暂时不进入法院立案系统。

**第九条** 立案庭将立案前鉴定案件的诉讼材料移交医疗纠纷案件审判专业组(以下简称专业组),由专业组对该类案件单独登记。

**第十条** 专业组法官通知对方当事人领取《立案前鉴定规定》及《告知书》,并作相关解释说明工作,由对方当事人自主决定是否适用立案前鉴定制度。对方当事人不同意适用立案前鉴定制度的,专业组法官将当事人的诉讼材料交回立案庭进行立案,并由立案庭告知起诉一方以上情况。

**第十一条** 对方当事人同意适用立案前鉴定制度的,专业组法官将起诉书送达给对方当事人,并要求其按照规定的时间提供作为鉴定依据的材料。

第二节 质证与委托

**第十二条** 专业组法官通知双方当事人到庭,通过当事人陈述、质证等方式了解案件争议事实,并询问双方当事人是否有鉴定申请。根据不同情况,按照以下原则处理:

(一)双方当事人如没有鉴定申请的,专业组法官认为根据案情在诉讼过程中可能需要法院依职权委托鉴定的,向双方当事人释明。如果双方当事人均同意法院委托鉴定的,按照本条第(三)项处理。

(二)双方当事人如没有鉴定申请的,专业组法官亦认为根据案情不需要鉴定的,专业组法官将当事人的诉讼材料交回立案庭进行立案审查。在审理过程中根据案情需要仍可进行鉴定。

(三)双方当事人如有鉴定申请的,由专业组法官按照《民事诉讼法》,全国人民代表大会常务委员会、最高人民法院、北京市高级人民法院关于委托司法鉴定工作以及审理医疗纠纷的规定委托进行鉴定。

**第十三条** 准备进行鉴定的案件,如果双方当事人对对方提供的作为鉴定依据的证据材料的真实性、完整性无异议的,按照本规定第十二条第(三)项的规定处理。

**第十四条** 准备进行鉴定的案件,如果双方当事人对对方提供的作为鉴定依据的证据材料的真实性、完整性有异议的,按照以下原则处理:

（一）具备物证鉴定条件的，当事人可申请进行物证鉴定。

（二）不具备物证鉴定条件的，或者虽然具备条件，但当事人不申请进行物证鉴定的，由专业组法官按照《民事诉讼法》《最高人民法院关于民事诉讼证据的若干规定》（以下简称《民事证据规则》）等规定进行审核认定工作，并出具认定意见。

（三）双方当事人如果同意专业组法官的认定意见，按照本规定第十二条第（三）项的规定处理。

（四）双方当事人如果不同意专业组法官的认定意见，专业组法官将当事人的诉讼材料交回立案庭进行立案审查。

（五）在必要时，专业组法官可向当事人释明：如果鉴定单位同意，可由鉴定人在鉴定时根据某些鉴定材料真实与否而对鉴定结论的影响，出具不同的鉴定意见，在诉讼中由法官进行认证，以引导当事人积极配合鉴定工作。

**第十五条** 专业组法官将委托鉴定函以及鉴定材料交予诉讼服务办公室，由该办公室负责将上述材料移交给鉴定单位。鉴定完毕后，由该部门负责取回鉴定文书及鉴定材料。

**第十六条** 立案前鉴定的案件，当事人按照《北京市高级人民法院关于审理医疗损害赔偿纠纷案件若干问题的指导意见（试行）》的规定预交鉴定费用。

**第十七条** 在鉴定人出具鉴定意见以后，如果鉴定意见存有缺陷，需要补充鉴定、补充说明、重新鉴定，以及鉴定人出庭质询等工作，按照《民事诉讼法》《民事证据规则》等规定进行。

**第十八条** 鉴定文书（含补充说明、补充鉴定）的送达工作，比照《民事诉讼法》《最高人民法院关于以法院专递方式邮寄送达民事诉讼文书的若干规定》中关于诉讼文书的送达规定进行。

### 第三节 鉴定完毕后的工作

**第十九条** 在最终的鉴定工作完毕后，按照不同情况做以下处理：

（一）如果当事人希望调解的，立案庭或者专业组法官可根据我院"适用简易程序调处医疗纠纷"制度，继续为双方当事人进行调解。调解成功的，由专业组法官制作民事调解书。

（二）如果当事人坚持起诉的，可依据鉴定意见变更诉讼请求，并重新书写起诉状，交由专业组法官。专业组法官将当事人的诉讼材料以及鉴定意见交回立案庭进行立案审查。

（三）如果当事人既不坚持起诉，又不希望调解，或者调解不成功后不坚持起诉的，从当事人向专业组法官明确表示意见时，视为立案前鉴定程序终结。

（四）鉴定文书送达（含视为送达）后十日内，当事人未向专业组法官提出对鉴定文书的异议，视为立案前鉴定程序终结。

以上调解的时间，原则上不超过 1 个月，从对方当事人同意调解时开始计算。

## 第三章　其他规定

**第二十条**　当事人首次向立案庭提交起诉状，视为诉讼时效中断。立案前鉴定程序终结，诉讼时效重新计算。

**第二十一条**　本规定自 2013 年 4 月 1 日起试行。《北京市西城区人民法院关于医疗损害赔偿案件适用诉前鉴定制度的有关规定（试行）》同时废止。

## 制度三
### 北京市西城区人民法院
### 医疗纠纷案件适用立案前鉴定制度告知书
（2013 年第 1 版）

医疗纠纷案件立案前鉴定制度是北京市西城区人民法院依法组织医疗纠纷案件的双方当事人在立案之前先行就医学专业问题进行鉴定的制度。

该制度的优点在于：当事人可先不预交诉讼费，不用另行提交申请，只需将起诉书等起诉必备的材料提交给立案庭，再由医疗纠纷专业审判组的法官组织双方当事人进行病历质证、委托鉴定等工作。是否适用该制度完全凭双方当事人自愿。在鉴定完毕后,当事人可根据鉴定意见决定是否继续起诉,是否调整诉讼请求,或者进行调解。从而有效地缩短诉讼周期,减少诉讼成本,降低诉讼风险。

特别提示:

1. 当事人首次向立案庭提交起诉状,视为诉讼时效中断。立案前鉴定程序终结,诉讼时效重新计算。

2. 鉴定文书的送达工作,比照《民事诉讼法》《最高人民法院关于以法院专递方式邮寄送达民事诉讼文书的若干规定》中关于诉讼文书的送达规定进行。

3. 鉴定文书送达(含视为送达)后十日内,当事人未向审判庭提出对鉴定文书的异议,视为立案前鉴定程序终结,诉讼时效重新计算。

4. 立案前鉴定形成鉴定意见的证据效力,与审理过程中由法院委托进行鉴定的鉴定意见一致。当事人在案件审理过程中以鉴定在立案前为由要求重新鉴定的,法院不予准予。

5. 当事人接受立案前鉴定的,应当在鉴定前将其掌握的所有病历材料(包括医疗机构保管的住院病历中的主观病历)副本提供给对方。

如果您已经了解并同意进行立案前鉴定的,请阅读下面的文字后签字:

我已阅读并理解上述告知内容以及《北京市西城区人民法院关于医疗纠纷案件适用立案前鉴定制度的有关规定》,同意适用立案前鉴定制度。


当事人或代理人签字:

年　　月　　日

(以上制度主要起草人:北京市西城区人民法院　赵长新)

# 4.《医疗知情同意书参考指南》

# 《医疗知情同意书参考指南》

中国医院协会

二〇一〇年九月

# 中國醫院協會

医协会发〔2010〕25 号

## 在关于中国医院协会会员医院中推行
## "医疗知情同意书参考指南"的通知

各会员医院：

自 2010 年 7 月 1 日起,《侵权责任法》正式实施,其中第 55 条明确规定了尊重患者知情权为医务人员的义务。中国医院协会作为医院的行业组织,为规范医务人员的告知行为与告知内容,加强依法行医的自律性,维护患者的知情同意权,有效促进医患之间的沟通和信任,减少医患纠纷,构建和谐社会。我会在中国医院协会医疗法制专业委员会承担卫生部医政司的课题基础上多次组织医、法各界的专家学者和患者,在深入研究的基础上,通过试点反复修改,最终制定了"医疗知情同意书参考指南",现将该指南发给你们,望结合本院具体实际情况参考本指南制定你院的知情同意书,在实践中不断总结不断完善,创建具有中国特色的医患沟通模式。

中国医院协会

二〇一〇年十月十七

---

抄报：卫生部办公厅、政策法规司、医政司

抄送：各省、自治区、直辖市医院协(学)会

中国医院协会　　　　　　　2010 年 10 月 17 日印发

---

共印 2000 份

前　言

近年来,医患纠纷已成为社会关注的焦点,医患矛盾突出,不仅严重地干扰了医院正常的诊疗秩序,同时也成为影响社会和谐不稳定的因素之一。根据最高人民法院对医疗损害赔偿纠纷一审案件的统计数据显示,医疗纠纷案件2007年收案11009件,2009年收案16448件;根据卫生部医管司的统计,2004年全国首次在医学会鉴定的医疗案件有9089件,2008年首次鉴定数为10929件,可见医患纠纷的数量呈逐年增加的趋势。

北京市华卫律师事务所代理的医疗纠纷案件中,90%以上的患方在诉讼中均提及医院告知不完善的问题,很多纠纷是由于医患之间沟通不够造成的;在医疗事故鉴定中,90%以上的患方都提及告知不足的问题;在法院判决书中,多有因告知不足和病历书写缺陷的存在而判定医院承担赔偿责任。在我们的调研中发现,各地区、各级别医院的手术知情同意书、名称、制式、告知内容皆不统一,也不完善,甚至存在许多不规范、不合法的问题,医疗知情同意书作为诉讼的重要凭证,应在法律框架内酌情修改,尽量完善。

2010年7月1日实施的《侵权责任法》,其中第55条明确规定了医务人员的告知内容以及尊重患者知情权为医务人员的义务。中国医院协会作为医院的行业组织,为帮助各医院规范医务人员的告知行为与告知内容,实现患者的知情同意权,有效促进医患之间的沟通,特组织各界专家探讨,参考国内26家医院以及韩国、美国、澳大利亚的各种知情同意文本,草拟了医疗知情同意样本,并广泛征求社会各界意见,包括法律界、人大立法相关人员、司法部门、卫生行政部门、鉴定机构、社会学者、医疗机构管理人员、医护人员以及患者等,在此基础上最终制作出《医疗知情同意书参考指南》,供各医院参考。临床医疗知情同意书样本是在收集26家医院实践中告知的治疗风险等资料的基础上,套入医疗知情同意书模板制作的,希望对各医院在知情同意告知方面提供一定的帮助。

由于医院的性质、级别、地域、专业、分科有较大差别,我们将《门诊告知》、《住院告知》的一般性公共信息类、特殊检查、特殊治疗和手术知情同意书的框架和模板推出,供全国会员单位参考适用,希望在今后的医疗实践中,各单位根据本单位具体情况不断修改、不断完善。我们深知医务工作者工作任务繁忙,时间宝贵,力求制作的模板在告知内容上尽量全面,在符合法律证据要求的情况下,尽量简化、实用,意在提高广大医务人员主动、全面告知的自律性,规范医疗活动中的诊疗行为,采用人性化的告知语言,尊重患者的知情权、选择权和隐私权,确实维护医患双方合法权益。由于水平有限,还存在一些争论问题,不足之处,恳请全国会员单位和医、法、患各界朋友批评指正。

在此特别感谢卫生部医政司、法规司的重要指导,特别感谢国务院法规处及法律界相关领导、法官、专家、学者、记者、患者和试点医院、支持单位以及社会各界给予的支持、帮助。

中国医院协会医疗法制专业委员会课题组
二○一○年九月二十九日

# 目　　录

一、《医疗知情同意书参考指南》框架 ……………………………………（371）

二、医疗知情同意书模板 …………………………………………………（372）

　　1. 手术知情同意书模板 ………………………………………………（372）

　　2. 特殊检查知情同意书模板 …………………………………………（375）

　　3. 特殊治疗知情同意书模板 …………………………………………（378）

三、医疗知情同意书模板使用说明 ………………………………………（381）

　　1. 关于医疗知情同意书模板的名称 …………………………………（381）

　　2. 关于知情同意书模板应囊括的告知内容 …………………………（381）

　　3. 具体条款使用说明 …………………………………………………（382）

　　4. 五个医疗知情同意书参考样本 ……………………………………（386）

四、医疗服务公共信息告知类参考样本 …………………………………（406）

　　1. 医疗服务公共信息告知类参考样本框架 …………………………（406）

　　2. 医疗服务公共信息告知类参考样本 ………………………………（407）

五、医疗服务公共信息告知类参考样本使用说明 ………………………（434）

　　1. 医疗服务公共信息告知类参考样本的制定原则 …………………（434）

　　2. 医疗服务公共信息告知类参考样本的使用说明 …………………（434）

六、临床分科知情同意书部分参考样本目录 ……………………………（437）

七、临床分科知情同意书部分参考样本目录使用说明 …………………（456）

## 一、《医疗知情同意书参考指南》框架

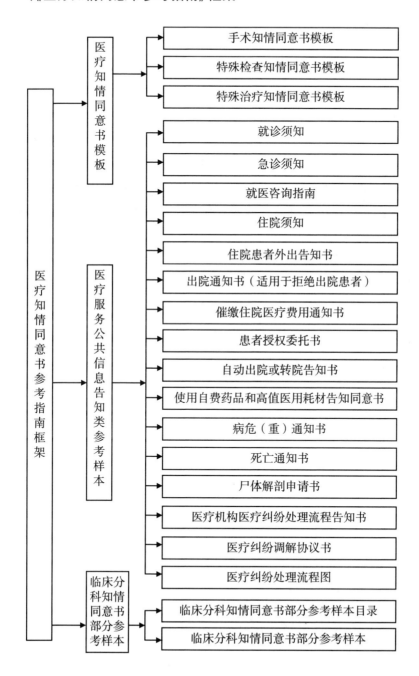

## 二、医疗知情同意书模板

### 1. 手术知情同意书模板

## 手术知情同意书

**尊敬的患者：**

您好！

根据您目前的病情，您有此手术适应证，医师特向您详细介绍和说明如下内容：术前诊断、手术名称、手术目的、术中拟使用高值医用耗材和仪器、术中或术后可能出现的并发症、手术风险及替代医疗方案等。帮助您了解相关知识，作出选择。

| 一般项目 | 患者姓名_____ 性 别_____ 年 龄_____ <br> 科 室_____ 病 房_____ 病案号_____ |
|---|---|
| 医<br><br>师<br><br>告<br><br>知 | 【术前诊断】_____<br>_____<br><br>【拟行手术指征及禁忌证】_____<br>_____<br><br>【替代医疗方案】（不同的治疗方案及手术方式介绍）<br>根据您的病情，目前我院主要有如下治疗方法和手术方式：<br>_____<br>_____<br>_____<br><br>【建议拟行手术名称】_____<br>【手术目的】_____<br>【手术部位】_____<br>【拟行手术日期】_____<br>【拒绝手术可能发生的后果】_____<br>【患者自身存在高危因素】_____<br>【高值医用耗材】术中可能使用的高值医用耗材_____ |

续表

|  |  |
|---|---|
| 医<br><br>师<br><br>告<br><br>知 | □自费　□部分自费　□超过千元(详见使用自费药品和高值医用耗材告知同意书)<br>【术中或术后可能出现的并发症、手术风险】<br>□1.<br>□2.<br>□3.<br>□4.<br>□5.<br>□6.<br>□7.<br>□8.<br>□9.<br>□10.<br>其他:＿＿＿＿＿＿＿＿＿＿＿＿＿＿＿＿＿＿＿＿＿＿＿＿＿＿＿<br>＿＿＿＿＿＿＿＿＿＿＿＿＿＿＿＿＿＿＿＿＿＿＿＿＿＿＿＿＿＿<br>＿＿＿＿＿＿＿＿＿＿＿＿＿＿＿＿＿＿＿＿＿＿＿＿＿＿＿＿＿＿<br>＿＿＿＿＿＿＿＿＿＿＿＿＿＿＿＿＿＿＿＿＿＿＿＿＿＿＿＿＿。<br>　　我们将以高度的责任心,认真执行手术操作规程,做好抢救物品的准备及手术过程中的监测。针对可能发生的并发症做好应对措施,一旦发生手术意外或并发症,我们将积极采取相应的抢救措施。但**由于医疗技术水平的局限性及个人体质的差异,意外风险不能做到绝对避免,且不能确保救治完全成功,可能会出现死亡、残疾、组织器官损伤导致功能障碍等严重不良后果,及其他不可预见且未能告知的特殊情况**,恳请理解。<br>【术后主要注意事项】＿＿＿＿＿＿＿＿＿＿＿＿＿＿＿＿＿＿＿<br>＿＿＿＿＿＿＿＿＿＿＿＿＿＿＿＿＿＿＿＿＿＿＿＿＿＿＿＿＿＿<br>＿＿＿＿＿＿＿＿＿＿＿＿＿＿＿＿＿＿＿＿＿＿＿＿＿＿＿＿＿＿<br>＿＿＿＿＿＿＿＿＿＿＿＿＿＿＿＿＿＿＿＿＿＿＿＿＿＿＿＿＿。<br>　　我已向患者解释过此知情同意书的全部条款,我认为患者或患者委托代理人已知并理解了上述信息。<br>　　经治医师签字:＿＿＿＿＿＿＿　签字时间:　　年　　月　　日＿＿时＿＿分　签字地点:<br><br>　　术者签字:＿＿＿＿＿＿＿＿　签字时间:　　年　　月　　日＿＿时＿＿分　签字地点: |

续表

| | |
|---|---|
| 患 者 及 委 托 代 理 人 意 见 | **我及委托代理人确认：**<br><br>　　医师向我解释过我的病情及所接受的手术,并已就＿＿＿＿＿＿＿＿＿<br>(请填第(　　)到(　　)项)医疗风险向我进行了详细说明。我了解手术可能出现的风险、效果及预后等情况,并知道手术是创伤性治疗手段,由于受医疗技术水平局限、个体差异的影响,术中术后可能发生医疗意外及存在医师不可事先预见的危险情况;<br>　　医师向我解释过其他治疗方式及其风险,我知道我有权拒绝或放弃此手术,也知道由此带来的不良后果及风险,我已就我的病情、该手术及其风险以及相关的问题向我的医师进行了详细的咨询,并得到了满意的答复。<br><br>＿＿＿＿＿＿＿＿＿＿＿＿＿＿＿＿＿＿＿＿＿＿＿＿＿＿＿＿＿＿＿＿＿＿<br>＿＿＿＿＿＿＿＿＿＿＿＿＿＿＿＿＿＿＿＿＿＿＿＿＿＿＿＿＿＿＿＿＿＿<br>＿＿＿＿＿＿＿＿＿＿＿＿＿＿＿＿＿＿＿＿＿＿＿＿＿＿＿＿＿＿＿＿＿＿<br>＿＿＿＿＿＿＿＿＿＿＿＿＿＿＿＿＿＿＿＿＿＿＿＿＿＿＿＿＿＿＿＿＿＿<br>＿＿＿＿＿＿＿＿＿＿＿＿＿＿＿＿＿＿＿＿＿＿＿＿＿＿＿＿＿＿＿＿＿＿<br><br>　　**(请患者或委托代理人注明"我已认真倾听和阅读并了解以上全部内容,我做以下声明"字样)**<br>　　我＿＿＿＿(填同意)接受该手术方案并愿意承担手术风险。<br>　　**并授权医师：**在术中或术后发生紧急情况下,为保障本人的生命安全,医师有权按照医学常规予以紧急处置,更改并选择最适宜的手术方案实施必要的抢救。<br>　　患者签字：＿＿＿＿＿＿　　委托代理人签字：＿＿＿＿＿＿<br>　　签字时间：＿＿＿＿＿＿年＿＿＿＿月＿＿＿＿日＿＿时＿＿分　签字地点：＿＿＿＿＿＿＿＿＿＿＿＿＿＿＿＿＿＿<br>　　我＿＿＿＿(填不同意)接受该手术方案,并且愿意承担因拒绝施行手术而发生的一切后果。<br>　　患者签字：＿＿＿＿＿＿　　委托代理人签字：＿＿＿＿＿＿<br>　　签字时间：＿＿＿＿＿＿年＿＿＿＿月＿＿＿＿日＿＿时＿＿分　签字地点：＿＿＿＿＿＿＿＿＿＿＿＿＿＿＿＿＿＿ |
| 备注 | 如果患者或委托代理人拒绝签字,请医生在此栏中说明。 |

　　注:1. 术前未能预料、未告知的情况,如手术方案更改、切除器官、腔镜手术改开刀手术等,应重新履行告知并签署知情同意书。

　　2. 建议此知情同意书采用一式两份,患者方留存一份。

## 2. 特殊检查知情同意书模板

### 特殊检查知情同意书

尊敬的患者:

　　您好!

　　根据您目前的病情,您有该检查的适应证,根据《医疗机构管理条例实施细则》的规定,特殊检查是指有一定危险性,可能产生不良后果的检查;由于患者体质特殊或者病性危笃,可能对患者产生不良后果和危险的检查;临床试验性检查;收费可能对患者造成较大经济负担的检查。医师特向您详细介绍和说明如下内容:特殊检查项目名称、目的、费用、可能出现的并发症、风险及替代医疗方案,帮助您了解相关知识,作出选择。

| 一般项目 | 患者姓名＿＿＿＿＿＿　　性　别＿＿＿＿＿＿　　年　龄＿＿＿＿＿＿<br>科　　室＿＿＿＿＿＿　　病　房＿＿＿＿＿＿　　病案号＿＿＿＿＿＿ |
|---|---|
| 医<br><br>师<br><br>告<br><br>知 | 　【检查前诊断】＿＿＿＿＿＿＿＿＿＿＿＿＿＿＿＿＿＿＿＿＿＿＿＿＿<br>＿＿＿＿＿＿＿＿＿＿＿＿＿＿＿＿＿＿＿＿＿＿＿＿＿＿＿＿＿＿＿＿＿<br>　【拟行检查指征及禁忌证】＿＿＿＿＿＿＿＿＿＿＿＿＿＿＿＿＿＿＿＿＿<br>＿＿＿＿＿＿＿＿＿＿＿＿＿＿＿＿＿＿＿＿＿＿＿＿＿＿＿＿＿＿＿＿。<br>　【不同的检查方案介绍】<br>　根据您的病情,目前我院主要有如下几种检查方案:＿＿＿＿＿＿＿＿＿＿<br>＿＿＿＿＿＿＿＿＿＿＿＿＿＿＿＿＿＿＿＿＿＿＿＿＿＿＿＿＿＿＿＿。<br>　【建议拟行检查名称】＿＿＿＿＿＿＿＿＿＿＿＿＿＿＿＿＿＿＿＿＿＿。<br>　【检查目的】＿＿＿＿＿＿＿＿＿＿＿＿＿＿＿＿＿＿＿＿＿＿＿＿＿＿＿<br>＿＿＿＿＿＿＿＿＿＿＿＿＿＿＿＿＿＿＿＿＿＿＿＿＿＿＿＿＿＿＿＿。<br>　【拟行检查日期】＿＿＿＿＿＿＿＿＿＿＿＿＿＿＿＿＿＿＿＿＿＿＿＿＿<br>　【拒绝检查可能发生的后果】＿＿＿＿＿＿＿＿＿＿＿＿＿＿＿＿＿＿＿＿<br>＿＿＿＿＿＿＿＿＿＿＿＿＿＿＿＿＿＿＿＿＿＿＿＿＿＿＿＿＿＿＿＿。<br>　【患者自身存在高危因素】＿＿＿＿＿＿＿＿＿＿＿＿＿＿＿＿＿＿＿＿＿<br>＿＿＿＿＿＿＿＿＿＿＿＿＿＿＿＿＿＿＿＿＿＿＿＿＿＿＿＿＿＿＿＿。<br>　【检查费用】术中可能使用的高值医用耗材＿＿＿＿＿＿＿＿＿＿＿＿＿＿<br>＿＿＿＿＿＿＿＿＿＿＿＿＿＿＿＿＿＿＿＿＿＿＿＿＿＿＿＿＿＿＿＿。 |

| 医师告知 | □自费　□部分自费　□超过千元(详见使用自费药品和高值医用耗材告知同意书)

【检查可能出现的并发症、医疗风险】

□1.

□2.

□3.

□4.

□5.

□6.

□7.

其他：_____

_____

_____

_____

_____。

　　我们将以高度的责任心,认真执行检查操作规程,做好抢救物品的准备,针对可能发生的并发症做好应对措施及检查过程中的密切观察。该检查一般不会引起严重的并发症,出现死亡、残疾、组织器官损伤导致功能障碍等严重不良后果的情况很少,但**由于医疗技术水平的局限性,个人体质的差异,医疗意外风险不能做到绝对避免,也可能出现不可预见且未能告知的特殊情况,恳请理解。**

【检查后主要注意事项】_____

_____

_____

_____

_____。

　　鉴于检查设备、条件、位置、体质等因素的影响,该特殊检查可能不能完成,有可能不能得出检查结果,或检查结果得出后仍无法作出明确诊断,需再做进一步的检查;且结果存在一定的误差率;检查结果需要医师结合临床综合判断。

　　我已向患者解释过此知情同意书的全部条款,我认为患者或患者委托代理人已知并理解了上述信息。

　　经治医师签字：_____　签字时间：_____年____月____日____时____分　签字地点：_____ |

续表

| | |
|---|---|
| 患<br><br>者<br><br>及<br><br>委<br><br>托<br><br>代<br><br>理<br><br>人<br><br>意<br><br>见 | **我及委托代理人确认：**<br><br>　医师向我解释过我的病情及所接受的特殊检查,并已就＿＿＿＿＿＿＿＿（请填第(　　)到(　　)项)医疗风险向我进行了详细说明。我了解该检查可能出现的风险和结果的不确定性等情况。<br><br>　医师也向我介绍过其他可替代检查方案及其风险,我也知道我有权拒绝或放弃此项检查,并知道由此带来的不良后果及风险;我已就我的病情、该检查及其风险以及相关的问题向我的医师进行了详细的咨询,并得到了满意的答复。<br><br>＿＿＿＿＿＿＿＿＿＿＿＿＿＿＿＿＿＿＿＿＿＿＿＿＿＿＿＿＿＿＿＿＿＿＿＿＿＿＿＿＿<br>＿＿＿＿＿＿＿＿＿＿＿＿＿＿＿＿＿＿＿＿＿＿＿＿＿＿＿＿＿＿＿＿＿＿＿＿＿＿＿＿＿<br>＿＿＿＿＿＿＿＿＿＿＿＿＿＿＿＿＿＿＿＿＿＿＿＿＿＿＿＿＿＿＿＿＿＿＿＿＿＿＿＿＿<br>＿＿＿＿＿＿＿＿＿＿＿＿＿＿＿＿＿＿＿＿＿＿＿＿＿＿＿＿＿＿＿＿＿＿＿＿＿＿＿＿＿<br><br>**(请患者或委托代理人注明"我已认真倾听和阅读并了解以上全部内容,我做以下声明"字样)**<br><br>　我＿＿＿＿＿＿＿（填同意）接受该检查方案并愿意承担检查风险。<br><br>　**并授权医师：**在发生紧急情况下,为保障本人的生命安全,医师有权按照医学常规予以紧急处置,更改并选择最适宜的方案实施必要的抢救。<br><br>　　患者签字：＿＿＿＿＿＿＿＿　委托代理人签字：＿＿＿＿＿＿＿＿<br>　　签字时间：＿＿＿＿＿年＿＿＿＿月＿＿＿＿日＿＿时＿＿分<br>　　签字地点：＿＿＿＿＿＿＿＿＿＿＿＿＿＿＿＿＿＿<br><br><br>　我＿＿＿＿＿＿＿（填不同意）接受该检查方案,并且愿意承担因拒绝施行检查而发生的一切后果。<br><br>　　患者签字：＿＿＿＿＿＿＿＿　委托代理人签字：＿＿＿＿＿＿＿＿<br>　　签字时间：＿＿＿＿＿年＿＿＿＿月＿＿＿＿日＿＿时＿＿分<br>　　签字地点：＿＿＿＿＿＿＿＿＿＿＿＿＿＿＿＿＿＿ |
| 备注 | 如果患者或委托代理人拒绝签字,请医生在此栏中说明。 |

**注:**建议此知情同意书采用一式两份,患者方留存一份。

## 3. 特殊治疗知情同意书模板

## 特殊治疗知情同意书

**尊敬的患者：**

您好！

根据您目前的病情,您有该治疗的适应证,根据《医疗机构管理条例实施细则》的规定,特殊治疗是指有一定危险性,可能产生不良后果的治疗;由于患者体质特殊或者病性危笃,可能对患者产生不良后果和危险的治疗;临床试验性治疗;收费可能对患者造成较大经济负担的治疗。医师特向您详细介绍和说明如下内容:特殊治疗项目名称、目的、费用、可能出现的并发症、风险及替代医疗方案,帮助您了解相关知识,作出选择。

| 一般项目 | 患者姓名＿＿＿＿＿＿＿＿　性　别＿＿＿＿＿＿＿　年　龄＿＿＿＿＿＿＿ |
| :---: | :--- |
| | 科　　室＿＿＿＿＿＿＿＿　病　房＿＿＿＿＿＿＿　病案号＿＿＿＿＿＿＿ |
| 医<br><br>师<br><br>告<br><br>知 | 　　【治疗前诊断】＿＿＿＿＿＿＿＿＿＿＿＿＿＿＿＿＿＿＿＿＿＿＿＿＿<br>　　【拟行治疗指征及禁忌证】＿＿＿＿＿＿＿＿＿＿＿＿＿＿＿＿＿＿＿＿<br>　　【不同的治疗方案介绍】<br>　　根据您的病情,目前我院主要有如下几种治疗方案：＿＿＿＿＿＿＿＿＿＿<br><br>　　＿＿＿＿＿＿＿＿＿＿＿＿＿＿＿＿＿＿＿＿＿＿＿＿＿＿＿＿＿＿＿＿。<br>　　【建议拟行治疗名称】＿＿＿＿＿＿＿＿＿＿＿＿＿＿＿＿＿＿＿＿＿＿。<br>　　【治疗目的】＿＿＿＿＿＿＿＿＿＿＿＿＿＿＿＿＿＿＿＿＿＿＿＿＿＿。<br>　　【拟行治疗日期】＿＿＿＿＿＿＿＿＿＿＿＿＿＿＿＿＿＿＿＿＿＿＿＿<br>　　【拒绝治疗可能发生的后果】＿＿＿＿＿＿＿＿＿＿＿＿＿＿＿＿＿＿＿。<br>　　【患者自身存在高危因素】＿＿＿＿＿＿＿＿＿＿＿＿＿＿＿＿＿＿＿＿。<br>　　【治疗费用】术中可能使用的高值医用耗材＿＿＿＿＿＿＿＿＿＿＿＿＿＿<br><br>　　＿＿＿＿＿＿＿＿＿＿＿＿＿＿＿＿＿＿＿＿＿＿＿＿＿＿＿＿＿＿＿＿<br><br>　　＿＿＿＿＿＿＿＿＿＿＿＿＿＿＿＿＿＿＿＿＿＿＿＿＿＿＿＿＿＿＿＿。 |

| | |
|---|---|
| 医 师 告 知 | □自费　□部分自费　□超过千元(详见使用自费药品和高值医用耗材告知同意书)<br><br>【治疗可能出现的并发症、医疗风险】<br><br>□1.<br><br>□2.<br><br>□3.<br><br>□4.<br><br>□5.<br><br>□6.<br><br>□7.<br><br>其他：＿＿＿＿＿＿＿＿＿＿＿＿＿＿＿＿＿＿＿＿＿＿＿＿＿＿＿＿＿＿＿＿＿。<br><br>　我们将以高度的责任心,认真执行治疗操作规程,做好抢救物品的准备及治疗过程中的监测。针对可能发生的并发症做好应对措施,一旦发生意外或并发症,我们将积极采取相应的抢救措施。但**由于医疗技术水平的局限性及个人体质的差异,意外风险不能做到绝对避免,且不能确保治疗完全成功,可能会出现死亡、残疾、组织器官损伤导致功能障碍等严重不良后果,及其他不可预见且未能告知的特殊情况**,恳请理解。<br><br>【治疗后主要注意事项】＿＿＿＿＿＿＿＿＿＿＿＿＿＿＿＿＿＿＿＿＿＿＿＿＿＿＿＿＿＿＿＿＿＿＿＿＿＿＿＿＿＿＿＿＿＿＿＿＿＿＿＿＿＿＿＿＿＿＿＿＿＿＿＿＿＿＿＿＿＿＿＿＿＿＿＿＿＿。<br><br>　我已向患者解释过此知情同意书的全部条款,我认为患者或患者委托代理人已知并理解了上述信息。<br><br>经治医师签字：＿＿＿＿＿＿　签字时间：＿＿＿＿＿年＿＿＿＿月＿＿＿＿日＿＿＿时＿＿＿分　签字地点：＿＿＿＿＿＿＿＿＿＿＿＿＿＿＿＿＿ |

续表

| 患者及委托代理人意见 | 我及委托代理人确认：<br><br>　　医师向我解释过我的病情及所接受的治疗，并已就＿＿＿＿＿＿（请填第（　）到（　）项）医疗风险向我进行了详细说明。我了解治疗可能出现的风险、效果及预后等情况，并知道治疗是创伤性诊疗手段，由于受医疗技术水平局限、个体差异的影响，可能发生医疗意外及存在医师不可事先预见的危险情况；<br><br>　　医师向我解释过其他治疗方式及其风险，我知道我有权拒绝或放弃此治疗，也知道由此带来的不良后果及风险，我已就我的病情、该治疗及其风险以及相关的问题向我的医师进行了详细的咨询，并得到了满意的答复。<br><br>＿＿＿＿＿＿＿＿＿＿＿＿＿＿＿＿＿＿＿＿＿＿＿＿＿＿＿＿＿＿＿＿＿＿<br><br>＿＿＿＿＿＿＿＿＿＿＿＿＿＿＿＿＿＿＿＿＿＿＿＿＿＿＿＿＿＿＿＿＿＿<br><br>＿＿＿＿＿＿＿＿＿＿＿＿＿＿＿＿＿＿＿＿＿＿＿＿＿＿＿＿＿＿＿＿＿＿<br><br>**（请患者或委托代理人注明"我已认真倾听和阅读并了解以上全部内容，我做以下声明"字样）**<br><br>　　我＿＿＿＿＿＿（填同意）接受该治疗方案并愿意承担治疗风险。<br><br>　　**并授权医师**：在发生紧急情况下，为保障本人的生命安全，医师有权按照医学常规予以紧急处置，更改并选择最适宜的治疗方案实施必要的抢救。<br><br>　　患者签字：＿＿＿＿＿＿　委托代理人签字：＿＿＿＿＿＿＿<br><br>　　签字时间：＿＿＿＿年＿＿＿月＿＿＿日＿＿时＿＿分<br><br>　　签字地点：＿＿＿＿＿＿＿＿＿＿＿＿＿＿＿＿＿＿＿<br><br>　　我＿＿＿＿＿＿（填不同意）接受该治疗方案，并且愿意承担因拒绝施行治疗而发生的一切后果。<br><br>　　患者签字：＿＿＿＿＿＿＿　委托代理人签字：＿＿＿＿＿＿＿<br><br>　　签字时间：＿＿＿＿年＿＿＿月＿＿＿日＿＿时＿＿分<br><br>　　签字地点：＿＿＿＿＿＿＿＿＿＿＿＿＿＿＿＿＿＿＿ |
| 备注 | 如果患者或委托代理人拒绝签字，请医生在此栏中说明。 |

注：1. 以治疗为目的，需先履行检查的，可在此告知书中一并填写。

　　2. 建议此知情同意书采用一式两份，患者方留存一份。

### 三、医疗知情同意书模板使用说明

根据《侵权责任法》和《病历书写规范》的规定,共制定知情同意书模板 3 个,分别是:手术知情同意书模板、特殊检查知情同意书模板、特殊治疗知情同意书模板。

1. 关于医疗知情同意书模板的名称

不同专家学者对于知情同意书的名称有以下几种意见:知情同意书、知情决定书、告知书、告知同意书、手术治疗志愿书。倾向于知情同意书的专家学者占了绝大部分,由于目前医疗机构和社会大众已经习惯了知情同意书这个名称,且知情含有告知及同意含有决定的含义,所以经过讨论,听取了多方专家的意见,最终确定仍然沿用"知情同意书"。

2. 关于知情同意书模板应囊括的告知内容

在设计三个模板的告知内容时,首先包括法律法规所规定必须告知的内容,也即《侵权责任法》及卫生部《病历书写规范》规定需要告知的内容;其次结合了在实践中引发医疗纠纷比较普遍的知情同意的具体问题,在知情同意书模板中予以补充,具体项目包括:

手术知情同意书模板告知内容条款:术前诊断、拟行手术指征及禁忌证、替代医疗方案(不同的治疗方案及手术方式介绍)、建议拟行手术名称、手术目的、手术部位、拟行手术日期、拒绝手术可能发生的后果、患者自身存在高危因素、高值医用耗材、术中或术后可能出现的并发症、手术风险、术后主要注意事项等。

特殊检查、特殊治疗知情同意书模板告知内容条款:特殊检查(治疗)前诊断、拟行检查(治疗)指征及禁忌证、不同的检查(治疗)方案介绍、建议拟行检查(治疗)名称、拟行检查(治疗)日期、检查(治疗)目的、拒绝检查(治疗)可能发生的后果、患者自身存在高危因素、检查(治疗)费用、检查(治疗)可能出现的并发症、医疗风险、检查治疗后主要注意事项等。

3.具体条款使用说明

此部分是将手术知情同意书、特殊检查知情同意书、特殊治疗知情同意书三个模板中含义类同的条款放在一个栏目进行说明。

(1)【术前(检查、治疗前)诊断】

此条款需医师写明对患者术前(特殊检查、治疗前)诊断,包括两方面内容:一是患者的主要症状及主观表述,也即患者就诊的主诉;二是医师对患者病情的主要诊断印象及疾病特征需向患者告知说明。

(2)【拟行手术(检查、治疗)指征及禁忌证】

此条款需医师写明患者需要进行该手术原因(特殊检查、治疗)的适应证,以及该手术(特殊检查、治疗)的禁忌证。

(3)【替代医疗方案】(不同的治疗方案及手术方式介绍)

此条款包括三部分内容:一是对选定手术、特殊检查、治疗方案的方法、效果、预后,医师应当向患者方详细介绍;二是对本疾病还有的其他治疗、检查、方案和方式、效果、预后,与医师推荐的治疗、检查方案的比较介绍,特别需要告知患者,本院能够开展的手术和替代手术及检查治疗方案的优缺点、技术水平和效果评价等实际情况。三是各种手术方式的优缺点、难易度、风险度、适合性等,尤其推荐手术方式与其他替代手术方式的比较介绍,例如开腹手术、腹腔镜手术等,因手术方式明显不同,且对患者的预后有明显差别的情况下,医师应向患者详细介绍,甚至画图说明供患者明确选择。

(4)【建议拟行手术(检查、治疗)名称】

此条款是根据病人的具体病情,经治医师提出的诊治建议,为医师向患者推荐并准备实施的手术、检查、治疗方案及名称。

(5)【手术(检查、治疗)目的】

请医师明确该项诊疗活动的目的,为患者解决什么问题,达到什么治疗目的,让患者明确。如明确诊断、缓解症状、减轻疼痛、消除病因、切除病灶、改善功能、延长生命、不能根治等。

（6）【手术部位】

此条款需由医师写明该手术的具体部位：如切除的器官、肢体左右、上下、前后等，请患者进行确认，并进一步提示强化手术部位，术前严格核对，避免发生手术错位的严重后果。

（7）【拟行手术（检查、治疗）日期】

此条款需医师写明拟行该手术（特殊检查、治疗）的时间，实际上是告知患者给其较多的考虑和选择的时间和心理准备，同时也是提醒医师做好术前准备。

（8）【拒绝诊疗活动可能发生的后果】

此条款需由医师写明患者不施行该诊疗活动可能发生的不良后果，并向患者反复详尽告知。应将可能发生的严重后果，尽量在此栏中写明。如不能明确诊断、病情恶化、延误治疗、影响后续的诊疗，可能发生死亡后果等。

（9）【患者自身存在高危因素】

此条款强调的是由于患者自身特殊体质、条件或者其他疾病对手术、特殊检查、特殊治疗的预后有可能造成不利影响，增加手术或治疗过程中的风险，或影响检查结果的准确度，应由医师注明。如：高龄、肥胖、糖尿病、高血压、心脏病、肝病、肝功能异常、肾病、血液病、胶原病、过敏体质，等等，既达到提醒医师注意，又告知患者认识和理解治疗中自身的高危因素。

（10）【高值医用耗材】

随着新技术的发展，现代诊疗中，越来越多地使用一次性的高值耗材，价格昂贵，社会医疗保障只是部分报销或不予报销。在实践中，患者常常因为术中使用高值耗材或仪器，医师未事先告知而引发纠纷，卫生部也提出使用超出千元以上的医用耗材必须签字。故特设该条款提请医师注意，向患者说明需要使用的高值耗材，其功能、优缺点、效果、风险以及费用。如术中可能使用的高额药物、支架、导管、钢板、起搏器等。即使部分自费也是超出千元项目。此条款主要目的是提示医师将术中可能使用的高值医用耗材列明在知情同意书中。

如该医用耗材超过千元,应同时勾选自费或部分自费及超过千元选项,如该医用耗材不超过千元,只需勾选自费或部分自费选项。另注意:此条款只是起到一个提示作用,如果患者使用医用高值耗材,需另填写使用自费药品和高值医用耗材告知同意书。

(11)【术中或术后(检查、治疗)可能出现的并发症、手术风险】

按相关法律规定,应由经治医师和麻醉医师将手术、麻醉,术中、术后可能发生的主要并发症、重大风险、近期和远期效果、旧病复发或加重等严重后果尽量逐条写清,可能无法穷尽,重在信任理解,善用智慧沟通。可参考临床医疗知情同意书样本的内容。

(12)【术后(检查、治疗后)主要注意事项】

此条款主要指对手术(特殊检查、治疗)后可能发生并发症的应对措施和有利恢复的保护性重要事项需向患者告知,提醒注意。如特殊体位、禁食、维护各种管道、压迫大血管穿刺部位的时间和方法、何时下地活动、何时开始康复训练、进食时间、肠道准备、防止虚脱发生的措施等,有利于医师注意和患者的知情配合。

(13)【关于医师签字部分说明】

此条款是在医师告知后,医师确认自己已履行了告知义务,由与患者告知沟通的具有医师资质的医师签字。

(14)【关于患者签字部分说明】

此条款是在医师向患者告知说明后,请患者作出选择,并表明自己态度,故要求患者或家属或代理人亲笔书写:"我已认真倾听和阅读并了解以上全部内容,我做以下声明",同意授权医师手术、检查、治疗。要求患者部分手写,主要针对一旦发生诉讼,患者对签字和内容不认可时,保证签字的效力。

患者通常会有两种意见,同意或者不同意,此处应由患者自行选择,并按模板格式要求签字确认。不同意时应请患者注明是经由医师告知后作出的选择,说明患者理解告知内容。

患者代签字部分:此类情况有两类,一是患者本人具有行为能力,但其希望家属代替其签字,这类情况需在患者入院时签订授权委托书,授权委托一名具有完全民事行为能力的人代理自己在诊疗期间,对需要作出与诊疗相关知情选择决定的问题签字。此时医师可以向患者授权委托书所授权人进行告知并请其签字。二是在患者意识不清楚的情况下,医师按照法律规定应向该患者的近亲属告知说明,并请其签字。

签字时间地点:为规范医师的告知行为,保证医师尽可能充分履行告知义务,避免纠纷,也作为凭证。在此模板上,我们突出设计需要医患双方均填写告知的地点,时间需精确到时分。如医师办公室、患者病房。2010 年 9 月 13 日 15 点 15 分。

(15)【关于备注部分说明】

当患者或其委托人拒绝在医疗知情同意书上签字时,医师应详细描述当时情况,如有见证人在场可请其一并签字备案为凭。

(16)【注:术前未能预料、未告知的情况,如手术方案更改、切除器官、腔镜手术改开刀手术等,应重新履行告知并签署知情同意书。】

此条款是指若术中出现术前未考虑到、未告知的情况,必须重新告知,并签署知情同意书。术前已经考虑需依据术中情况进行手术,或行检查后立即手术,在术前已经详细告知,患者已经表示清楚同意,可不必再行签字。如腹腔镜手术切除胆囊,术前告知腹腔镜手术不成功须转开腹手术,并已告知开腹手术的相关并发症及风险,患者同意签字。术中发生需要转开腹情况,可不必再签字。

(17)【注:建议此知情同意书采用一式两份,患者方留存一份。】

鉴于诉讼中大多数患者不承认知情同意书的真实性,法官建议将知情同意书制作成一式两份,复写后患者留存一份,病历中留存一份,以减少不必要的纠纷。

(18)【注:以治疗为目的,需先履行检查的,可在此告知书中一并填写】

如,经皮冠脉介入治疗的同时应先进行冠脉造影,确定病变部位后,植入支架,在此治疗中的冠脉造影所发生的并发症、检查风险等告知内容应和支架植入术一并告知患者。

4. 五个医疗知情同意书参考样本

为帮助医院医务人员更好使用和书写医疗知情同意书,特选择内科、外科部分医疗知情告知书,按照课题组设计的模板具体病例套用,各医院可根据自己的情况在此模板基础上参考使用,从医、患、法三方的角度,从规范医疗行为,完善告知义务,加强医患沟通,减少医疗纠纷,和谐医患关系大局出发,不断改进,尽量完善。

## 腹股沟疝手术知情同意书

**尊敬的患者：**

您好！

根据您目前的病情,您有此手术适应证,医师特向您详细介绍和说明如下内容:术前诊断、手术名称、手术目的、术中拟使用高值医用耗材和仪器、术中或术后可能出现的并发症、手术风险及替代医疗方案等。帮助您了解相关知识,作出选择。

<table>
<tr><td rowspan="2">一般项目</td><td colspan="6">患者姓名___李某___　　性　别___男___　　年　龄___67___</td></tr>
<tr><td colspan="6">科　室___普外科___　　病　房___外一___　　病案号___123678___</td></tr>
<tr><td rowspan="5">医师告知</td><td>
【术前诊断】 腹股沟疝 右腹股沟直立性肿物彭出三年,坠入阴囊一月余,行走多时伴间断腹痛,平卧肿物消失,无嵌顿史。<br>
【拟行手术指征及禁忌证】 腹股沟疝坠入阴囊伴疼痛,药物保守治疗无效,行走不便,重者可能发生嵌顿、肠梗阻、肠坏死甚至危及生命。无明显便秘、排尿排便困难、长期咳嗽等腹压增高症状。无手术禁忌证。<br>
【替代医疗方案】(不同的治疗方案及手术方式介绍)<br>
　根据您的病情,目前我院主要有如下治疗方法和手术方式:<br>
　腹股沟疝修补术——传统的修补方法可能会因修补张力大,术后会有疼痛不适感,较常见且易复发,但费用少些。<br>
　腹股沟疝成形术——(各种补片、封堵方法)术后张力小,疼痛发生少见且不易复发,但特殊补片较贵,需自费。<br>
　药物治疗——基本无效故不提倡。<br>
　疝带局部压迫治疗——只适用于不能或拒绝手术患者,但长久局部压迫腹壁萎缩变薄,使疝口更大,修补更加困难,且生活质量不高。<br>
【建议拟行手术名称】 腹股沟疝成形术 补片修补法
</td></tr>
</table>

续表

| | |
|---|---|
| 医师告知 | 【手术目的】 加强修补缺损,缓解症状,防止复发,提高生活质量。<br><br>【手术部位】 右侧腹股沟部<br><br>【拟行手术日期】 2010. 10. 14 。<br><br>【拒绝手术可能发生的后果】 发生嵌顿疝,肠梗阻,肠坏死,肠切除,肠粘连,肠瘘等并发症甚至加重原发病而死亡的严重后果。<br><br>【患者自身存在高危因素】 高龄,高血压,糖尿病,前列腺中度肥大,冠脉支架服用抗凝血药物,股癣。<br><br>【高值医用耗材】术中可能使用的高值医用耗材 ____<br>□自费√ 部分自费 □超过千元(详见使用自费药品和高值医用耗材告知同意书)<br><br>【术中或术后可能出现的并发症、手术风险】<br>□1. 麻醉意外,详见《麻醉知情同意书》。<br>□2. 围手术期心、脑血管意外(心跳骤停,心肌梗死,脑血栓,脑出血,偏瘫等)。<br>□3. 术中视具体情况决定术式。<br>□4. 术中可能损伤精索,肠管,膀胱,股静脉等。<br>□5. 术后可能导致性功能障碍。<br>□6. 术后呼吸,循环,肝,肾等多脏器功能异常,甚至衰竭。<br>□7. 术后切口积液,感染,愈合不良。<br>□8. 术后出血,必要时二次手术。<br>□9. 术后阴囊坠胀。<br>□10. 术后疝复发。<br>□11. 术后下肢皮肤水肿。<br>□12. 术后切口周围皮肤感觉异常。<br>□13. 术后患者有异物感,伤口疼痛。<br>□14. 术后下肢深静脉血栓形成,心,脑,肾,肺等重要器官栓塞。<br>其他: ____ 。<br><br>____<br>我们将以高度的责任心,认真执行手术操作规程,做好抢救物品的准备及手术过程中的监测。针对可能发生的并发症做好应对措施,一旦发生手术意外或并发症,我们将积极采取相应的抢救措施。**但由于医疗技术水平的局限性及个人体质的差异,意外风险不能做到绝对避免,且不能确保救治完全成功,可能会出现死亡、残疾、组织器官损伤导致功能障碍等严重不良后果,及其他不可预见且未能告知的特殊情况,恳请理解。** |

续表

| | |
|---|---|
| 医师告知 | 【术后主要注意事项】 停服两周抗凝血药后再考虑手术,直到术后无出血倾向后再遵医嘱开始服用。可早期下地,但不过度活动。术后第二天开始训练膀胱,注意阴囊水肿。<br><br>　　我已向患者解释过此知情同意书的全部条款,我认为患者或患者委托人已知并理解了上述信息。<br><br>　　经治医师签字:____高某____ 签字时间:__2010__年__10__月__12__日__10__时__30分__ 签字地点:____医师办公室____<br><br>　　术者签字____闻某____ 签字时间:__2010__年__10__月__12__日__16__时__20__分 签字地点:____医师办公室____ |
| 患者及委托人意见 | **我及委托人确认:**<br>　　医师向我解释过我的病情及所接受的手术,并已就__第1到14项__(请填第( )到( )项)医疗风险向我进行了详细说明。我了解手术可能出现的风险、效果及预后等情况,并知道手术是创伤性治疗手段,由于受医疗技术水平局限、个体差异的影响,术中术后可能发生医疗意外及存在医师不可事先预见的危险情况;<br>　　医师向我解释过其他治疗方式及其风险,我知道我有权拒绝或放弃此手术,也知道由此带来的不良后果及风险,我已就我的病情、该手术及其风险以及相关的问题向我的医师进行了详细的咨询,并得到了满意的答复。<br>　　__我已认真倾听和阅读并了解以上全部内容,我做以下声明__<br>**(请患者或委托人注明我已认真倾听和阅读并了解以上全部内容,我做以下声明字样)**<br>　　我_____(填同意)接受该手术方案并愿意承担手术风险。<br>　　**并授权医师:**在术中或术后发生紧急情况下,为保障本人的生命安全,医师有权按照医学常规予以紧急处置,更改并选择最适宜的手术方案实施必要的抢救。<br>　　患者签字:_____<br>　　委托代理人签字:_____<br>　　签字时间:____年__月__日___时___分 签字地点:_____<br>_____我__不同意__(填不同意)接受该手术方案,并且愿意承担因拒绝施行手术而发生的一切后果。<br>　　患者签字:_____<br>　　委托代理人签字:____张某(夫妻关系)____<br>签字时间:__2010__年__10__月__12__日__11__时__00__分<br>　　签字地点:____医师办公室____ |

| | |
|---|---|
| 备注 | 如果患者或委托人拒绝签字,请医生在此栏中说明。<br><br>患者本人不同意手术但拒绝签字,认为风险太大,医生又不能承诺任何风险可以百分百避免,已详细告知不做手术的严重后果及保守治疗的各种方法和注意事项,特别是发生嵌顿后应尽快到医院诊治等医嘱,但其委托人理解并签字,特此说明。<br><br>告知医师: <u>高某 闻某</u>　<u>2010. 10. 12. 11 时 15 分</u> |

注:1. 术前未能预料、未告知的情况,如手术方案更改、切除器官、腔镜手术改开刀手术等,应重新履行告知并签署知情同意书。

2. 建议此知情同意书采用一式两份,患者方留存一份。

# 腹腔镜胆囊切除手术知情同意书

**尊敬的患者：**

您好！

根据您目前的病情,您有此手术适应证,医师特向您详细介绍和说明如下内容:术前诊断、手术名称、手术目的、术中拟使用高值医用耗材和仪器、术中或术后可能出现的并发症、手术风险及替代医疗方案等。帮助您了解相关知识,作出选择。

| 一般项目 | 患者姓名　王某　　性　别　　女　　年　龄　35 |
|---|---|
| | 科　室　普外　　病　房　外一　　病案号　123478 |

| | |
|---|---|
| 医师告知 | 【术前诊断】　胆囊结石　右上腹隐痛间断发作两年,无发热黄疸史。　胶原病缓解期。 |
| | 【拟行手术指征及禁忌证】　慢性胆囊炎反复发作,药物保守治疗无效且有加重趋势,胆囊结石,无胆囊萎缩。肥胖,皮质激素治疗胶原病影响抗感染效果,有胆囊坏疽穿孔腹膜炎和胰腺炎的危险。无手术禁忌证。 |
| | 【替代医疗方案】(不同的治疗方案及手术方式介绍) |
| | 根据您的病情,目前我院主要有如下治疗方法和手术方式:　经腹腔镜胆囊切除术——胆囊壁无增厚,收缩功能尚可,界限清晰,患者抗感染能力差,微创伤口,减少感染机会,胶原病缓解期,停用激素一月余,在医学常规原则允许下尊重患者主观选择腔镜手术的意愿。 |
| | 　开腹胆囊切除术——由于上述原因不适宜腹腔镜手术且患者拒绝腹腔镜手术。 |
| | 　胆囊切开取石术——该手术目前是探索性手术,重点是关于再生结石和发生癌变的理论缺乏依据及实证研究,学术界主流不提倡实行该手术,且存在取石不净、胆瘘、诱发胰腺炎等并发症,对自身条件特殊而又无可靠依据经验积累的情况下应慎重选择。 |

续表

| | |
|---|---|
| 医<br><br>师<br><br>告<br><br>知 | 【建议拟行手术名称】 腹腔镜胆囊切除术<br>【手术目的】 去除病灶,缓解症状,减少因反复感染诱发或影响胶原病的治疗因素<br>【手术部位】 上腹部<br>【拟行手术日期】 2010.10.17 。<br>【拒绝手术可能发生的后果】 功能改变,病情加重,继发胰腺炎,癌变,在应用激素治疗胶原病期间胆囊炎发作治疗将更加困难,手术风险更大。<br>【患者自身存在高危因素】 胶原病,肥胖。<br>【高值医用耗材】术中可能使用的高值医用耗材 _____<br>□自费 √部分自费 √超过千元(详见使用自费药品和高值医用耗材告知同意书)<br>【术中或术后可能出现的并发症、手术风险】<br>□1. 麻醉意外见《麻醉知情同意书》。心脑血管意外。<br>□2. 术中周围组织脏器损伤及相应并发症,肝脏、胆道损伤(胆汁性腹膜炎、肝胆管狭窄、黄疸、胆管炎等)<br>□3. 术中因粘连重、解剖变异、肿瘤等因素而中转开腹手术可能。<br>□4. 皮下气肿、气胸、空气栓塞、高碳酸血症。<br>□5. 术后结石复发,胆管残留结石。<br>□6. 术后出血,需二次手术。<br>□7. 术后腹腔感染,且有诱发或加重胶原病之风险。<br>□8. 术后呼吸、泌尿系统感染,下肢深静脉血栓形成。<br>□9. 术后腹痛症状可能不缓解。<br>□10. 胆囊切除术后综合征(长期腹泻、疼痛症状不缓解)<br>□11. 粘连性肠梗阻。<br>□12. 切口积液、血肿、感染、愈合延迟、切口疝。<br>其他:_____ 。 |

续表

| | |
|---|---|
| 医师告知 | 　　我们将以高度的责任心,认真执行手术操作规程,做好抢救物品的准备及手术过程中的监测。针对可能发生的并发症做好应对措施,一旦发生手术意外或并发症,我们将积极采取相应的抢救措施。但**由于医疗技术水平的局限性及个人体质的差异,意外风险不能做到绝对避免,且不能确保救治完全成功,可能会出现死亡、残疾、组织器官损伤导致功能障碍等严重不良后果,及其他不可预见且未能告知的特殊情况,**恳请理解。<br><br>　　【术后主要注意事项】 按医嘱时间进食。早期下地活动。注意皮肤巩膜有无黄染。<br><br>　　我已向患者解释过此知情同意书的全部条款,我认为患者或患者委托人已知并理解了上述信息。<br><br>　　经治医师签字: 高某 签字时间: 2010 年 10 月 15 日 14 时 30 分 签字地点: 医师办公室<br><br>　　术者签字: 闻某 签字时间: 2010 年 10 月 15 日 15 时 10 分 签字地点: 医师办公室 |
| 患者及委托人意见 | **我及委托人确认:**<br><br>　　医师向我解释过我的病情及所接受的手术,并已就 第1到12项 (请填第( )到( )项)医疗风险向我进行了详细说明。我了解手术可能出现的风险、效果及预后等情况,并知道手术是创伤性治疗手段,由于受医疗技术水平局限、个体差异的影响,术中术后可能发生医疗意外及存在医师不可事先预见的危险情况;<br><br>　　医师向我解释过其他治疗方式及其风险,我知道我有权拒绝或放弃此手术,也知道由此带来的不良后果及风险,我已就我的病情、该手术及其风险以及相关的问题向我的医师进行了详细的咨询,并得到了满意的答复。<br><br>　　我已认真倾听和阅读并了解以上全部内容,我做以下声明<br><br>**(请患者或委托人注明"我已认真倾听和阅读并了解以上全部内容,我做以下声明"字样)**<br><br>　　我 同意 (填同意)接受该手术方案并愿意承担手术风险。 |

| | |
|---|---|
| 患者及委托人意见 | **并授权医师:** 在术中或术后发生紧急情况时,为保障本人的生命安全,医师有权按照医学常规予以紧急处置,更改并选择最适宜的手术方案实施必要的抢救。<br><br>　　患者签字:_____王某　　委托人签字:_____<br><br>　　签字时间:__2010__年__10__月__15__日__15__时__15__分　签字地点:__医师办公室__<br><br>　　我_____(填不同意)接受该手术方案,并且愿意承担因拒绝施行手术而发生的一切后果。<br><br>　　患者签字:_____　委托代理人签字:_____<br><br>　　签字时间:_____年___月___日___时___分<br><br>　　签字地点:_____ |
| 备注 | 如果患者或委托人拒绝签字,请医生在此栏中说明。 |

　　注:1. 术前未能预料、未告知的情况,如手术方案更改、切除器官、腔镜手术改开刀手术等,应重新履行告知并签署知情同意书。

　　2. 建议此知情同意书采用一式两份,患者方留存一份。

## 甲状腺癌手术知情同意书

**尊敬的患者：**

您好！

根据您目前的病情，您有此手术适应证，医师特向您详细介绍和说明如下内容：术前诊断、手术名称、手术目的、术中拟使用高值医用耗材和仪器、术中或术后可能出现的并发症、手术风险及替代医疗方案等。帮助您了解相关知识，作出选择。

| 一般项目 | 患者姓名 林某　　　　性　别　　男　　　　年　龄　75<br>科　室 普通外科　　病　房 外一病房　　　病案号 123456 |
|---|---|
| 医<br><br>师<br><br>告<br><br>知 | 【术前诊断】 甲状腺癌　颈前肿物半年，伴声音嘶哑两周。<br>【拟行手术指征及禁忌证】 恶性肿瘤，无远处转移，药物保守治疗无效，切除肿瘤是首选治疗方式，无手术禁忌证。<br>【替代医疗方案】（不同的治疗方案及手术方式介绍）<br>根据您的病情，目前我院主要有如下治疗方法和手术方式：<br>　1. 肿瘤中期、局部侵犯神经及颊部、对侧可疑病变，应行甲状腺全切除术含淋巴清扫；<br>　2. 局限单侧、肿瘤小于2公分、未发现淋巴转移、对侧未发现病变的情形，可行甲状腺一叶全切除及峡部切除，或一叶全切及对侧叶部分切除。<br>　3. 放疗、化疗、介入、离子、碘131治疗　这些方式针对不同病人在切除肿瘤术前术后个性化采用有助于防止癌症转移提高治愈率，或晚期无法手术、或拒绝手术者采用，但效果不如手术方式，且有较大不良反应，如造成周围重要器官损伤，影响全身代谢功能，加大手术难度和风险，有些肿瘤生物特性决定采用上述非手术疗法效果不好等。<br>【建议拟行手术名称】 甲状腺全切除术　区域淋巴结清扫 |

续表

| | |
|---|---|
| 医<br><br>师<br><br>告<br><br>知 | 【手术目的】 确认诊断,病理结果指导选择进一步辅助治疗最佳方案,去除病灶,缓解症状,防止转移或复发,延长生命。<br>【手术部位】 颈部 双侧甲状腺及区域淋巴结<br>【拟行手术日期】 2010.09.25<br>【拒绝手术可能发生的后果】 功能改变,病情加重,癌症扩散失去手术治疗时机,不能得到有针对性的病理依据,以指导进一步的化疗或放疗。<br>【患者自身存在高危因素】 75 岁高龄,高血压,心脏病,糖尿病<br>【高值医用耗材】术中可能使用的高值医用耗材 _____<br>□自费 √部分自费 □超过千元(详见使用自费药品和高值医用耗材告知同意书)<br>【术中或术后可能出现的并发症、手术风险】<br>□1. 麻醉意外,详见《麻醉知情同意书》。<br>□2. 围手术期心、脑血管意外<br>□3. 术中视具体情况决定切除范围,行根治性手术或姑息切除。<br>□4. 术中可能损伤颈部血管导致出血。<br>□5. 术中可能损伤喉上、喉返神经导致声音嘶哑。<br>□6. 声带活动不佳不缓解,严重者声音嘶哑,失声。<br>□7. 术后可能呼吸困难,窒息。必要时需行气管切开插管手术。<br>□8. 术中可能切除甲状旁腺导致术后低钙。有可能终生服药。<br>□9. 术后甲状腺功能低下。有可能终生服药。<br>□10. 术后出血需二次手术。<br>□11. 术后切口感染、愈合不良、伤口粘连、瘢痕疙瘩等影响美观。<br>□12. 肿瘤可能复发、转移,需再次手术。<br>其他:_____<br>_____<br>_____<br>_____ 。 |

续表

| | |
|---|---|
| 医<br><br>师<br><br>告<br><br>知 | 　　我们将以高度的责任心,认真执行手术操作规程,做好抢救物品的准备及手术过程中的监测。针对可能发生的并发症做好应对措施,一旦发生手术意外或并发症,我们将积极采取相应的抢救措施。但**由于医疗技术水平的局限性及个人体质的差异,意外风险不能做到绝对避免,且不能确保救治完全成功,可能会出现死亡、残疾、组织器官损伤导致功能障碍等严重不良后果,及其他不可预见且未能告知的特殊情况**,恳请理解。<br>　　【术后主要注意事项】 颈后有无渗血,有无呼吸困难,有无口角麻木,抽搐,饮水呛咳等。<br>　　我已向患者解释过此知情同意书的全部条款,我认为患者或患者委托人已知并理解了上述信息。<br>　　经治医师签字: 高某 签字时间: 2010 年 09 月 23 日 10 时 30 分 签字地点: 医生办公室<br>　　术者签字: 闻某 签字时间: 2010 年 09 月 23 日 16 时 10 分 签字地点: 医师办公室 |
| 患<br>者<br>及<br>委<br>托<br>人<br>意<br>见 | **我及委托人确认:**<br>　　医师向我解释过我的病情及所接受的手术,并已就第 1 到 12 项(请填第( )到( )项)医疗风险向我进行了详细说明。我了解手术可能出现的风险、效果及预后等情况,并知道手术是创伤性治疗手段,由于受医疗技术水平局限、个体差异的影响,术中术后可能发生医疗意外及存在医师不可事先预见的危险情况;<br>　　医师向我解释过其他治疗方式及其风险,我知道我有权拒绝或放弃此手术,也知道由此带来的不良后果及风险,我已就我的病情、该手术及其风险以及相关的问题向我的医师进行了详细的咨询,并得到了满意的答复。<br>　　我已认真倾听和阅读并了解以上全部内容,我做以下声明<br>**(请患者或委托人注明"我已认真倾听和阅读并了解以上全部内容,我做以下声明"字样)** |

续表

| | |
|---|---|
| 患者及委托人意见 | 我 <u>同意</u> (填同意)接受该手术方案并愿意承担手术风险。<br><br>**并授权医师:** 在术中或术后发生紧急情况下,为保障本人的生命安全,医师有权按照医学常规予以紧急处置,更改并选择最适宜的手术方案实施必要的抢救。<br><br>患者签字:<u>林某</u>　　委托人签字:<u>林某某(父子关系)</u><br><br>签字时间:<u>2010</u> 年 <u>9</u> 月 <u>23</u> 日 <u>16</u> 时 <u>15</u> 分<br><br>签字地点:<u>医师办公室</u><br><br>我 ＿＿＿＿(填不同意)接受该手术方案,并且愿意承担因拒绝施行手术而发生的一切后果。<br><br>患者签字:＿＿＿＿＿＿＿＿＿＿＿＿＿＿＿＿＿＿＿＿＿<br><br>＿＿＿＿＿＿＿＿＿＿＿＿＿＿＿＿＿＿＿＿＿＿＿＿＿＿＿<br><br>委托代理人签字:＿＿＿＿＿＿＿＿＿＿＿＿<br><br>签字时间:＿＿＿年＿＿月＿＿日＿＿时＿＿分　签字地点:＿＿＿＿＿＿＿<br><br>＿＿＿＿＿＿＿＿＿ |
| 备注 | 如果患者或委托人拒绝签字,请医生在此栏中说明。 |

注:1. 术前未能预料、未告知的情况,如手术方案更改、切除器官、腔镜手术改开刀手术等,应重新履行告知并签署知情同意书。

2. 建议此知情同意书采用一式两份,患者方留存一份。

## 腹腔穿刺检查知情同意书

**尊敬的患者：**

您好!

根据您目前的病情,您有该检查的适应症,根据《医疗机构管理条例实施细则》的规定,特殊检查是指有一定危险性,可能产生不良后果的检查;由于患者体质特殊或者病性危笃,可能对患者产生不良后果和危险的检查;临床试验性检查;收费可能对患者造成较大经济负担的检查。医师特向您详细介绍和说明如下内容:特殊检查项目名称、目的、费用、可能出现的并发症、风险及替代医疗方案,帮助您了解相关知识,作出选择。

| 一般项目 | 患者姓名 <u>赵某某</u>　　性　别 <u>男</u>　　年　龄 <u>46</u><br>科　室 <u>内　科</u>　　病　房 <u>五</u>　　病案号 <u>123456</u> |
|---|---|
| 医<br><br>师<br><br>告<br><br>知 | 【检查前诊断】 <u>腹水原因待查,腹部膨胀一月,有黑便二次</u><br>【拟行检查指征及禁忌症】 <u>腹水原因不清,诊断不明确,无肠梗阻体征,无腹穿禁忌症</u><br>【不同的检查方案介绍】<br>根据您的病情,目前我院主要有如下几种检查方案:<br>　<u>腹腔穿刺,通过抽取腹水检验。</u><br>　<u>B超检查,有局限性,不易确定病因。</u><br>　<u>开腹探查　创伤和损伤大,加重病情,在目前的影像学和各种临床检验都不能诊断时不得以才选择此方式。</u><br>【建议拟行检查名称】 <u>腹腔穿刺</u><br>【检查目的】 <u>了解腹水性质,寻找肿瘤细胞,结核菌、细菌、出血及有助诊断的证据,快速作出诊断,争取治疗时机。</u><br>【拟行检查日期】 <u>2010.09.10</u> |

| | |
|---|---|
| 医<br><br>师<br><br>告<br><br>知 | 【拒绝检查可能发生的后果】 <u>延误诊断、治疗,增加痛苦,加剧病情发展,危及生命</u><br><br>【患者自身存在高危因素】 <u>心电图不正常,PT 延长</u><br><br>【检查费用】术中可能使用的高值医用耗材 <u>　　　　　　　　　　　　</u><br>□自费√部分自费 □超过千元(详见使用自费药品和高值医用耗材告知同意书)<br><br>【检查可能出现的并发症、医疗风险】<br><br>□1. 疼痛、出血、感染<br><br>□2. 麻醉药物过敏,药物毒性反应<br><br>□3. 心脑血管意外<br><br>□4. 穿刺损伤肠管,发生肠瘘,甚至需要进行开刀手术处理<br><br>□5. 损伤其他重要脏器,如膀胱、肝脏等<br><br>□6. 穿刺结果仍不能明确诊断<br><br>其他:<u>　　　　　　　　　　　　　　　　　　　　　　　</u>。<br><br>我们将以高度的责任心,认真执行检查操作规程,做好抢救物品的准备,针对可能发生的并发症做好应对措施及检查过程中的密切观察。该检查一般不会引起严重的并发症,出现死亡、残疾、组织器官损伤导致功能障碍等严重不良后果的情况很少,但**由于医疗技术水平的局限性,个人体质的差异,医疗意外风险不能做到绝对避免,也可能出现不可预见且未能告知的特殊情况**,恳请理解。<br><br>【检查后主要注意事项】 <u>避免伤口遇水感染,注意观察血压脉搏,腹部疼痛性质</u><br><br>鉴于检查设备、条件、位置、体质等因素的影响,该特殊检查可能不能完成,有可能不能得出检查结果,或检查结果得出后仍无法作出明确诊断,需再做进一步的检查;且结果存在一定的误差率;检查结果需要医师结合临床综合诊断。<br><br>我已向患者解释过此知情同意书的全部条款,我认为患者或患者委托代理人已知并理解了上述信息。<br><br>经治医师签字:<u>曹某</u> 签字时间:<u>2010</u>年<u>9</u>月<u>10</u>日<u>16</u>时<u>00</u>分 签字地点:<u>医办</u> |

续表

| | |
|---|---|
| 患<br><br>者<br><br>及<br><br>委<br><br>托<br><br>代<br><br>理<br><br>人<br><br>意<br><br>见 | **我及委托代理人确认：**<br><br>　　医师向我解释过我的病情及所接受的特殊检查，并已就__第1到6项__（请填第（　）到（　）项）医疗风险向我进行了详细说明。我了解该检查可能出现的风险和结果的不确定性等情况。<br><br>　　医师也向我介绍过其他可替代检查方案及其风险，我也知道我有权拒绝或放弃此项检查，并知道由此带来的不良后果及风险；我已就我的病情、该检查及其风险以及相关的问题向我的医师进行了详细的咨询，并得到了满意的答复。<br>　　__我已认真倾听和阅读并了解以上全部内容，我做以下声明__<br>**（请患者或委托代理人注明"我已认真倾听和阅读并了解以上全部内容，我做以下声明"字样）**<br>　　我__同意__（填同意）接受该检查方案并愿意承担检查风险。<br>**并授权医师：**在发生紧急情况下，为保障本人的生命安全，医师有权按照医学常规予以紧急处置，更改并选择最适宜的方案实施必要的抢救。<br>　　患者签字：__赵某某__　　委托代理人签字：＿＿＿＿＿＿<br>　　签字时间：__2010__年__9__月__10__日__16__时__30__分<br>　　签字地点：__医办__<br>　　我＿＿＿＿＿（填不同意）接受该检查方案，并且愿意承担因拒绝施行检查而发生的一切后果。<br>　　患者签字：＿＿＿＿＿＿　　委托代理人签字：＿＿＿＿＿＿<br>　　签字时间：＿＿＿年＿＿月＿＿日＿＿时＿＿分<br>　　签字地点：＿＿＿＿＿＿＿ |
| 备注 | 如果患者或委托代理人拒绝签字，请医生在此栏中说明。 |

　　**注：**建议此知情同意书采用一式两份，患者方留存一份。

## 急诊经皮冠脉介入治疗知情同意书

**尊敬的患者：**

您好！

根据您目前的病情,您有该治疗的适应证,根据《医疗机构管理条例实施细则》的规定,特殊治疗是指有一定危险性,可能产生不良后果的治疗;由于患者体质特殊或者病性危笃,可能对患者产生不良后果和危险的治疗;临床试验性治疗;收费可能对患者造成较大经济负担的治疗。医师特向您详细介绍和说明如下内容:特殊治疗项目名称、目的、费用、可能出现的并发症、风险及替代医疗方案,帮助您了解相关知识,作出选择。

<table>
<tr><td rowspan="2">一般项目</td><td colspan="3">患者姓名 <u>闫某某</u>　　性　别 <u>女</u>　　年　龄 <u>76 岁</u></td></tr>
<tr><td colspan="3">科　室<u>　　　　　</u>　　病　房<u>　　　　</u>　病案号 <u>1543213</u></td></tr>
<tr><td rowspan="1">医<br><br>师<br><br>告<br><br>知</td><td colspan="3">

【治疗前诊断】<u>冠心病,急性下壁心肌梗死,KILLIP2 级,糖尿病,高血压</u>

【拟行治疗指征及禁忌证】<u>急性心肌梗死,冠脉狭窄,药物治疗效果不佳,搭桥手术风险太大,无介入治疗禁忌证</u>。

【不同的治疗方案介绍】

根据您的病情,目前我院主要有如下几种治疗方案:

急性心肌梗死是在冠状动脉病变基础上发生冠状动脉内血栓,血流中断,导致心肌坏死。其最佳治疗是尽快开通闭塞冠状动脉,恢复心肌供血。治疗方法包括:药物溶栓。药物溶栓最好于发病 6 小时内完成,溶通率 60% ~ 80%;TIMI3 级血流(正常血流)仅 30% ~ 50%。

急诊冠状动脉介入(PCI)。PCI 是开通冠脉血流非常有效的方法。PCI 后达到 TIMI3 级血流概率是 70% ~ 90%。冠状动脉球囊成形术后有 15% 的再闭塞率。支架植入后再闭塞率是 5%。该治疗在发病 12 小时以内均可施行。但在实施该项治疗之前,需要进行冠状动脉造影检查明确诊断和病变具体位置,以及是否适合进行急诊冠状动脉介入(PCI)治疗。

</td></tr>
</table>

| | |
|---|---|
| 医<br><br>师<br><br>告<br><br>知 | 　　急诊冠状动脉造影是诊断明确冠状动脉病变的最佳方法,经冠脉造影证实如果患有严重三支病变或左主干病变或者解剖学改变不适合 PCI 手术者,不能实施急诊冠状动脉介入(PCI),可能需急诊冠状动脉搭桥术。<br><br>　　ST 段抬高心肌梗死(STEMI)急诊介入手术死亡率 5%~7%,高于择期介入治疗;伴有右室梗死和血流动力学异常的下壁 STEMI 死亡率为 25%~30%;合并心源性休克的手术死亡率高达 30%~50%(一般药物治疗死亡率是 80%~90%)。<br><br>　　心率失常所致猝死、心脏破裂、心力衰竭、心源性休克等为急性心肌梗死常见并发症,与急诊 PCI 手术无关。<br><br>　　【建议拟行治疗名称】　急诊冠状动脉造影;急诊经皮腔内冠脉成形及支架植入术<br><br>　　【治疗目的】　开通闭塞冠状动脉,恢复心肌供血<br><br>　　【拟行治疗日期】　2010.8.20<br><br>　　【拒绝治疗可能发生的后果】　药物治疗效果不佳,死亡率高达 80%~90%;诊断不清,可能再发急性心肌梗死,来不及治疗<br><br>　　【患者自身存在高危因素】　高血压;合并心功能不全;合并糖尿病<br><br>　　【治疗费用】术中可能使用的高值医用耗材＿＿＿＿＿＿＿＿＿＿＿＿＿<br>□自费√部分自费　□超过千元(详见使用自费药品和高值医用耗材告知同意书)<br><br>　　【治疗可能出现的并发症、医疗风险】<br><br>　　□1. 造影剂及麻醉剂过敏,严重者可致过敏性休克危及生命<br><br>　　□2. 穿刺部位(双侧腹股沟区)出血、血肿、感染;血管内血栓形成或栓塞,血栓脱落可致肺栓塞,严重者危及生命;穿刺动脉形成假性动脉瘤或动静脉瘘、腹膜后血肿,致卧床时间延长,严重者须外科手术治疗;术中损伤股神经等神经组织<br><br>　　□3. 导引、导丝、导管在推送过程中损伤血管内膜,出现夹层、血栓甚至血管穿孔,导管、导丝出现打折、打结、折断等,必要时需外科手术处理<br><br>　　□4. 夹层导致心绞痛或心肌梗死,严重者危及生命<br><br>　　□5. 导管刺激诱发恶性心律失常(室速、室颤等),需紧急抢救;严重者危及生命 |

续表

| | |
|---|---|
| 医<br><br>师<br><br>告<br><br>知 | □6. 导管刺激冠状动脉,引起冠状动脉痉挛,导引钢丝、球囊扩张及支架植入扩张时可致冠状动脉夹层,破裂、穿孔,导致心肌梗死或造成急性心脏压塞<br><br>□7. 支架在推送过程中发生脱落,严重者危及生命<br><br>□8. 经皮冠状动脉介入治疗(PTCA)及支架植入后发生支架内血栓形成,导致急性心肌梗死,严重者危及生命;术后支架内再狭窄须再次手术<br><br>□9. 应用抗凝、抗血小板制剂及冠状动脉内溶栓药物使全身出血风险增加,可发生脑出血、消化道出血及穿刺部位血肿等,严重者危及生命<br><br>□10. 急诊PCI手术中可能出现无复流(血管无解剖性狭窄,但无血流通过),发生率约10%~15%<br><br>□11. 应用造影剂可导致造影剂肾病而需透析治疗<br><br>□12. 血管闭合器应用失败<br><br>□13. 其他难以预料的意外情况,如造影机器故障等<br><br>□14. 手术不成功;支架不能通过,但所需费用须患者自行承担<br><br>□15. 在手术中发生中不可预见的情况下,患方授权医生可以采取必要的附加操作或变更手术方案等紧急处置措施<br><br>□16. 高血压,合并心衰,手术风险高<br><br>其他:_____。<br><br>我们将以高度的责任心,认真执行治疗操作规程,做好抢救物品的准备及治疗过程中的监测。针对可能发生的并发症做好应对措施,一旦发生意外或并发症,我们将积极采取相应的抢救措施。但**由于医疗技术水平的局限性及个人体质的差异,意外风险不能做到绝对避免,且不能确保治疗完全成功,可能会出现死亡、残疾、组织器官损伤导致功能障碍等严重不良后果,及其他不可预见且未能告知的特殊情况**,恳请理解。<br><br>【治疗后主要注意事项】 密切注意血压、脉搏、呼吸、体温重要生命体征的变化,大腿穿刺部位在医师指导下有效适当压迫,注意观察出血倾向,如皮肤紫癜、牙龈出血,按医嘱开始进食,下地活动等。<br><br>我已向患者解释过此知情同意书的全部条款,我认为患者或患者委托代理人已知并理解了上述信息。 |

续表

| | |
|---|---|
| 医师告知 | 经治医师签字：__李某__ 签字时间：__2010__ 年 __8__ 月 __20__ 日 __18__ 时 __10__ 分 签字地点：__医办__ |
| 患者及委托代理人意见 | **我及委托代理人确认：**<br><br>医师向我解释过我的病情及所接受的治疗,并已就__第1到16项__(请填第(　)到(　)项)医疗风险向我进行了详细说明。我了解治疗可能出现的风险、效果及预后等情况,并知道治疗是创伤性诊疗手段,由于受医疗技术水平局限、个体差异的影响,可能发生医疗意外及存在医师不可事先预见的危险情况;<br><br>医师向我解释过其他治疗方式及其风险,我知道我有权拒绝或放弃此治疗,也知道由此带来的不良后果及风险,我已就我的病情、该治疗及其风险以及相关的问题向我的医师进行了详细的咨询,并得到了满意的答复。<br><br>__我已认真倾听和阅读并了解以上全部内容,我做以下声明__<br>**(请患者或委托代理人注明"我已认真倾听和阅读并了解以上全部内容,我做以下声明"字样)**<br><br>　我__同意__(填同意)接受该治疗方案并愿意承担治疗风险。<br>**并授权医师:**在发生紧急情况下,为保障本人的生命安全,医师有权按照医学常规予以紧急处置,更改并选择最适宜的治疗方案实施必要的抢救。<br><br>患者签字:_____<br>委托代理人签字:__张某(母子关系)__<br>签字时间:__2010__ 年 __8__ 月 __20__ 日 __18__ 时 __40__ 分 签字地点:__医办__<br>我_____(填不同意)接受该治疗方案,并且愿意承担因拒绝施行治疗而发生的一切后果。<br><br>患者签字:_____<br>委托代理人签字:_____<br>签字时间:_____年___月___日___时___分 签字地点:_____ |
| 备注 | 如果患者或委托代理人拒绝签字,请医生在此栏中说明。 |

**注:**1. 以治疗为目的,需先履行检查的,可在此告知书中一并填写。

2. 建议此知情同意书采用一式两份,患者方留存一份。

## 四、医疗服务公共信息告知类参考样本

1. 医疗服务公共信息告知类参考样本框架

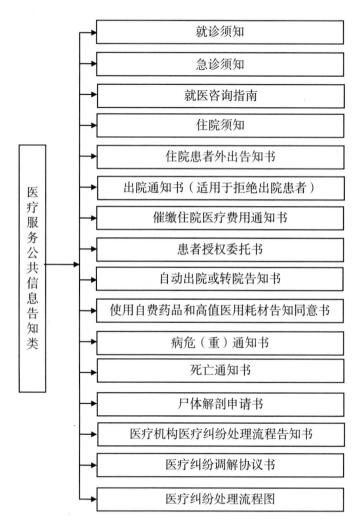

就诊须知

急诊须知

就医咨询指南

住院须知

住院患者外出告知书

出院通知书（适用于拒绝出院患者）

催缴住院医疗费用通知书

患者授权委托书

自动出院或转院告知书

使用自费药品和高值医用耗材告知同意书

病危（重）通知书

死亡通知书

尸体解剖申请书

医疗机构医疗纠纷处理流程告知书

医疗纠纷调解协议书

医疗纠纷处理流程图

医疗服务公共信息告知类

2.医疗服务公共信息告知类参考样本

（1）就诊须知

## 就诊须知

**尊敬的患者：**

感谢您选择到我院就诊。医院是为患者提供预防保健及诊治疾病的场所,我们的宗旨是为广大患者提供优质的医疗诊治服务。为了使您早日恢复健康,为使您和其他患者以及医务人员的合法权益得到保障,特此向您告知如下内容：

一、就诊中,根据相关法律规定,您享有如下权利：

1. 您将获得我院提供的医疗救治或预防保健服务；

2. 根据《民法通则》的规定,您可以授权具有完全民事行为能力的人代您行使相关的诊疗选择决定权；

3. 您可以了解您的病情发展、疾病诊断、医师建议的诊疗方案、诊疗效果及预后等相关情况；

4. 您可以对医师建议的诊疗方案做出选择和决定,并可以提出相关的诊疗建议；

5. 您可以了解处方药物的名称、价格及所选药物的毒副作用,并对医师建议使用的药物作出选择；

6. 您可以就与您疾病相关的一切问题向医务人员进行询问和咨询,行使您的就医自主权；

7. 您可以要求医务人员对您的病情进行保密,我们会尊重您的隐私；

8. 您可以查阅、复制法律规定范围内的病历资料；

9. 您可以拒绝未经您同意进行的临床实验和医学教学诊疗行为；

10. 您可以授权医师对手术切除的病变器官、组织和取出的标本、物品进行适当处置,包括病理检查、科学研究和按医疗废物处理等；

11. 您可以按照社会医疗保障的相关规定,持卡报销医药费用;

12. 若您对我们的医疗服务不满意,您可以向您的经治医师、主管科室主任提出,也可以向医院投诉管理部门进行投诉;

13. 按照《侵权责任法》第54条规定,您在诊疗活动中受到损害,医疗机构及其医务人员有过错的,由医疗机构承担赔偿责任。

二、在您享有上述权利的同时,根据法律规定,您还负有如下义务:

1. 请您提供真实的个人基本信息,包括您的姓名、年龄、住址及医疗保险报销类别等;

2. 请您向医务人员详尽如实提供与您健康有关的一切情况,包括本次患病的基本情况、既往病史及诊治经过、药物过敏史及其他有关详细情况;

3. 您需要进行手术、特殊检查、特殊治疗、实验性医疗时,在医师充分告知的前提下,请您签署知情同意书。文书一经自愿签署,即具有相应法律效力,您应慎重、正确行使自己的就医选择权;

4. 请您遵从医师的医嘱,积极配合治疗,不能擅自用药和使用治疗设备,为保证您恢复健康,请您定期复诊;

5. 请您及时足额缴纳医药费用;

6. 请您遵守诊疗过程中医院的相关管理规定,维护医院诊疗服务正常秩序;

7. 如果您在本院被确诊为法定传染病,医院将依法律规定对您采取相应的诊疗措施,或限制您的某些人身自由,请您予以配合;

8. 请您尊重医务人员的人格权、人身权,并且尊重其他患者的隐私权;

9. 请您自觉维护医院公共场所安全、清洁、安静,爱护公共财产设施,不吸烟喝酒,不干扰其他患者诊疗,保护好个人安全和贵重物品;

10. 在取得您同意的前提下,请您配合临床试验和实习教学;

11. 为及时抢救急、危重病人,需要换床、借床、换房时,请您积极配合,由此造成的不便和打扰恳请谅解。

（2）急诊须知

## 急诊须知

**尊敬的患者：**

感谢您选择到我院就诊。医院是为患者提供预防保健及诊治疾病的场所，我们的宗旨是为广大患者提供优质的医疗诊治服务。为了使您早日恢复健康，为使您和其他患者以及医务人员的合法权益得到保障，特此向您告知如下内容：

1. 您到达我院急诊室的时间是 _____ 年 _____ 月 _____ 日 _____ 时 _____ 分。

**您目前的病情状态为：**□危急　□病重　□半紧急　□普通急诊

2. 因就诊患者较多，本急诊室将依据患者的病情严重程度和来诊的登记时间的顺序轮候决定就诊次序。

3. 有些疾病患者虽有痛苦的症状，但在没有确诊之前，医师不能随意采取治疗措施，如：用药、退烧、止痛、输液等，容易造成误诊误治，请您理解。

4. 在急诊候诊的过程中，您的病情如果有突发变化或加重，请立即与接诊护士联系，以免延误您的治疗。在遇到紧急情况时，医院以抢救患者生命为宗旨，可能先抢救后告知，请您理解。

5. 急诊是解决突发疾病应急处理，不能进行详尽的特殊检查和化验，请您理解。

6. 急诊费用的支付在一般情况下都是以现金或医保卡划账，可能会给您带来诸多不便，请您理解。

7. 急诊室的各方设施和抢救条件有限，如需留院观察，必须有家人陪护，并准备好身份证、医保卡、现金，随时等候通知入院。留观患者男女可能被安排在同一观察室，如遇危重患者临终抢救，有可能对其他患者造成惊吓或干扰，请您理解。

8. 如果因本院医疗资源有限而导致您的等待，我们在此表示歉意，请您理解。

(3)就医咨询指南

## 就医咨询指南

"为帮助您更积极地参与自己的疾病治疗和健康保健。您可以参考下述问题,与您的医师讨论,选择您的治疗方案,您有权向主管医护人员询问病情和与健康相关的问题,充分行使您的就医自主权。以便使您能够和医生有很好的沟通,有利于您疾病的治疗。

**您如何通过自己努力获得较好的医疗服务?**

您和您的医师一起积极合作是得到更好的医疗保健服务的最佳途径。您应当把自己和医务人员看作是一个团队,并且您应参与您的每一个诊疗决定。这样也可以减少医疗过错及医疗意外的发生率。

**您如何与医生沟通并提出问题?**

您拥有自主就医权利,并有作出治疗选择的权力,但由于您缺乏医学知识,可能不知如何做出判断,为此我们为您提供如下 10 个提示,提醒和帮助您注意和向医生提出问题,与医务人员进行有效的沟通,以利于您做出正确的选择决定和获得有效的诊治。

1. 积极参与自己的医疗保健

参与医生作出的每个医疗行为的决定,防止出现医疗过错,获得满足您所需求的最佳治疗和护理。

2. 如果您有问题或感到担心,请说出来

请您与您的主管医生交流,大胆地说出您的顾虑和担心。请记住您有权利询问并得到您自己能够理解的答案。但是,如果您不主动询问,您的医生是不会回答您心中的疑问的。您的家人、护理人员或翻译人员若能够对您有所帮助,也可在您与医生进行交流时请他们同去。

3. 更多地了解自己的疾病或治疗

关于您的健康状况、检查和治疗方案,收集尽可能多的可靠信息,对您做出正确选择会有很大帮助。

**您可以提出以下问题向医生询问：**

您能再告诉我关于病情的一些情况吗？

我为什么会得这种疾病？

对我的治疗会很困难吗？

我在哪里能够了解更多的相关信息呢？

我为什么要做这项检查？

针对我的疾病有哪些不同的治疗方法？

这种治疗方案效果如何？有什么风险？

如果我不接受这项治疗会有什么后果？

治疗后对我的生活质量影响大吗？还有什么特别的注意事项？

在发生什么情况的时候，需要再来看医生？

多长时间需要定期复查？如有特殊情况，我可以给您打电话吗？

4. 把您正在服用的药物列一个清单

依此清单您的医师可以了解正在服用的药物和可能的药物过敏情况。记住此清单要包括所有的处方、非处方药物和保健药。

5. 务必要了解自己服用的药物

当您拿到药品时请阅读标签，包括药品说明在内。确定这是医师给您开的药。不论您是要服用一种新药还是在治疗前被要求停药，您一定要明白这样做可能产生的副作用，是否继续服药、何时再服药。

**您可以向医师提出下列问题：**

这种药对我是最合适的吗？

我是否完全按说明书的药量服用？

常见的不良反应有哪些？有什么需要特别注意的吗？

吃多久才会见效？

这种药和我吃的其他药有什么相互作用吗？

服药期间有什么需要忌口的吗？

这种药我要吃多久？

在吃药的过程中我还要做什么检查吗?

在什么情况下需要停药?什么情况下需要再吃这种药?

6. 务必获得任何检验或检查的结果

当到预定时间后您仍没有得到检查结果,不要简单地认为"没消息就是好消息"。请您主动找您的医师了解检验或检查结果,并询问这些结果对自己意味着什么。

7. 和医师讨论您的选择

请和您的医师讨论您的各种选择以便能够参与自己的治疗。

**您可以提出以下问题向医生询问:**

需要多久住院?

能否选择作为日间留院病人接受手术?

能否入住其他医院?

如果可以的话,哪家医院能够为我提供最好的治疗?

8. 如果您要进行手术,请务必要了解即将发生什么

向您的医生询问清楚治疗将涉及的问题以及住院期间是由谁来对自己进行手术和护理。您的医师将会帮助您解决您的疑问。切记要向您的主管医师、麻醉师和护士说明您的过敏史或对任何的麻醉剂或药物的严重不良反应。

**您可以提出以下问题向医生询问:**

手术对我的状况有何帮助?

可能出现的风险和它们出现的概率有多大?

如果我不接受这一手术,将会有什么后果?

对于我的疾病,是否有其他的方法治疗或控制?

将会由谁进行手术?

手术将会涉及哪些方面?会进行多久?

在术后恢复期我将会有什么感觉？

在术后将会发生什么情况？

住院期间将由谁负责我的治疗护理？

大概需要花多少钱？

9. 要确保自己、经治医师和术者都对确切要做什么手术治疗达成一致意见

尽管在错误的部位进行手术，或进行了错误的手术的情况十分罕见，但这样的事情还是会有发生，有可能是手术部位的左右颠倒或是切除了错误的器官，这是应当完全避免的。在手术日期临近时，向您的经治医师和术者确认要进行什么手术以及在什么部位进行手术。

10. 在您出院时向医务人员清楚了解您远期的治疗计划

当患者出院时，医师有时会高估患者对于继续治疗和随诊的了解程度。

**您可以提出以下问题向医生询问：**

我今后的复诊治疗应当找哪位医生？什么时候来复诊？

我要服多长时间的药？

我需要物理或康复治疗吗？

我何时能够重返工作岗位？

我何时能够做运动、开车？

有什么特别注意的事项吗？

必要时可以电话咨询我的病情吗？

能够帮我写一份书面的治疗总结么？

切记出院后要定期复诊。一定妥善保管好所有的诊疗资料，如各种化验单、检查报告、CT、核磁、X 光片、超声、出院小结、病理报告、诊治经过等，以备看医生时参考，这是非常重要的。

（4）住院须知

住院须知

**尊敬的患者：**

感谢您选择到我院就诊。医院是为患者提供预防保健及诊治疾病的场所，我们的宗旨是为广大患者提供优质的医疗诊治服务。为了使您早日恢复健康，使您和其他患者以及医务人员的合法权益得到保障，特此向您告知如下内容：

一、根据相关法律规定，住院期间您享有如下权利：

1. 您将获得我院提供的医疗救治或预防保健服务；

2. 您可以了解您的病情发展、疾病诊断、医师建议的治疗方案、治疗效果及预后等相关情况；

3. 您可以对医师建议的治疗方案做出选择和决定，并可以提出相关的治疗建议；

4. 您可以了解处方药物的名称、价格及所选药物的毒副作用，并对医师建议使用的药物作出选择；

5. 您可以得到与您的病情相适应的各级别护理；

6. 您可以授权具有完全民事行为能力的人代您行使相关的诊疗选择决定权；

7. 您可以就与您疾病相关的一切问题向医务人员进行咨询，行使您的就医自主权；

8. 您可以要求医务人员对您的病情进行保密，我们会尊重您的隐私；

9. 您可以复制法律规定范围内的病历资料；

10. 若您对我们的医疗服务不满意，您可以向您的经治医师、主管科室主任提出，也可以向医院投诉管理部门进行投诉；

11. 您可以拒绝未经您同意进行的临床实验和医学教学诊疗行为；

12. 您可以授权医师对手术切除的病变器官、组织和取出的标本、物品进行适当处置，包括病理检查、科学研究和按医疗废物处理等；

13. 按照《侵权责任法》第 54 条规定,您在诊疗活动中受到损害,医疗机构及其医务人员有过错的,由医疗机构承担赔偿责任。

二、在您享有上述权利的同时,根据法律规定,您还负有如下义务:

1. 请您提供真实的个人基本信息,包括您的姓名、年龄、住址及医疗保险报销类别等;

2. 请您向医护人员详尽如实地提供与您健康有关的一切情况,包括本次患病的基本情况、既往病史及诊治经过、药物过敏史及其他有关详细情况;

3. 您需要进行手术、特殊检查、特殊治疗、实验性医疗时,在医师充分告知的前提下,请您签署知情同意书。文书一经自愿签署,即具有相应法律效力,您应慎重、正确行使自己的就医选择权;

4. 请您遵从医师的医嘱、积极配合治疗、遵从医师提出并经您同意的治疗方案,并且按时出院,为保证您恢复健康,出院后,请您还应按照医师的医嘱进行活动、休息、复诊等;

5. 请您及时足额缴纳医药费用;

6. 请您遵守诊疗过程中医院相关管理规定,维护医院诊疗服务正常秩序;

7. 如果您在本院被确诊为法定传染病,医院将依法律规定对您采取相应的诊疗措施,或限制您的某些人身自由,请您予以配合;

8. 请您尊重医务人员人格权、人身权,并且尊重其他患者的隐私权;

9. 请您自觉维护医院公共场所安全、清洁、安静,爱护公共财产设施,不吸烟喝酒,不干扰其他患者诊疗;

10. 在取得您同意的前提下,请您配合临床试验和实习教学;

11. 在抢救危重患者的过程中,需借床、换床、换房或采用的抢救措施对您造成惊吓、干扰等诸多不便,请您理解和配合。

三、住院期间其他需要向您提示的问题:

1. 医师查房、治疗时,请您不要离开病房,不要在病室内大声喧哗或做其他与诊疗无关或有碍医疗秩序的事情;

2. 当您身体出现不适情况或需要护士帮助时,请使用床头呼叫器呼叫医护人员,或者通过其他方式通知护士站,不要自行活动,防止意外;

3. 住院期间请不要擅自离开病区、离院及在外住宿,以免发生意外;如有特殊情况需要离院,必须签署住院患者外出告知书;

4. 住院期间未经医师同意,请不要擅自到院外就诊、购药、私自请医师来院会诊及采取其他治疗手段,以免发生意外;

5. 住院期间未经医师同意,请不要自行服药或治疗,避免发生意外的不良后果;

6. 为确保安全,请不要在病区、病室内吸烟和使用电炉、酒精炉、煤油炉等,未经许可请不要将家用电器带入病房使用,违者将按医院有关规定处理,并承担由此引起的一切损失;

7. 住院期间请不要将贵重物品存放在病房,防止丢失;

8. 患者及家属请遵守医院的探视规定,探视人员不得自行留宿或陪床;

9. 请不要要求医务人员提供虚假医学文书和票据;

10. 如果发生医疗纠纷,请您保持理智、冷静,按照法律规定程序处理。

**我已向患者解释过此须知的全部条款,我认为患者或患者委托人已知并理解了上述信息。**

医师签字:＿＿＿＿＿＿＿　　签字时间:＿＿＿年＿＿月＿＿日＿＿时＿＿分　签字地点:＿＿＿＿＿＿

**(请患者或委托代理人注明"我承诺在住院期间遵守医院的规章制度"字样)**

患者签字:＿＿＿＿＿＿＿　　　　委托代理人签字:＿＿＿＿＿＿＿

签字时间:＿＿＿年＿＿月＿＿日＿＿时＿＿分　签字地点:＿＿＿＿＿＿

注:建议采用一式两份,一份交由患方保存,另一份归病历中保存。

（5）住院患者外出告知书

## 住院患者外出告知书

患者姓名：＿＿＿＿＿＿＿＿＿ 性别：＿＿＿＿＿ 年龄：＿＿＿＿＿

科别：＿＿＿＿＿＿＿＿＿＿ 病案号：＿＿＿＿＿＿＿＿

**尊敬的患者：**

您因病住院期间宜安心治疗，您目前的疾病状况不宜外出。外出有以下风险，对您疾病、健康甚至生命造成不利影响：

1. 您的病情加重或恶化；

2. 您原有治疗取得的效果可能丧失；

3. 您病情变化时不能得到及时诊治；

4. 您可能失去最佳诊治疾病的时机；

5. 您可能出现医疗以外的其他意外；

6. 其他：＿＿＿＿＿＿＿＿＿＿＿＿＿＿＿＿＿＿＿＿＿＿＿＿。

**我已向患者解释过此告知书的全部条款，我认为患者或患者委托人已知并理解了上述信息。**

医师签字：＿＿＿＿＿＿＿＿＿＿＿＿＿＿＿＿＿＿＿＿

签字时间：＿＿＿年＿＿月＿＿日＿＿时＿＿分 签字地点：＿＿＿＿＿

鉴于上述原因，我们希望您住院期间不要外出，请您自觉遵守。医院无权限制您的人身自由，如您坚持外出，请填写如下意见书：

**患者意见：**

医务人员已将外出可能发生的风险向我告知，本人理解本人的外出行为可能出现上述风险及其他不可预知的风险，但本人仍然坚持外出，本人自愿承担外出的一切风险和后果。

本人因＿＿＿＿＿＿＿＿＿＿＿一事，特外出。

外出时间：＿＿＿年＿＿＿月＿＿＿日＿＿时＿＿分，

外出去向:＿＿＿＿＿＿＿＿＿＿＿＿联系电话:＿＿＿＿＿＿＿＿＿＿＿＿

预计回院时间:＿＿＿＿＿年＿＿＿＿月＿＿＿＿日＿＿＿时＿＿＿分

患者签字:＿＿＿＿＿＿＿＿　　　　委托代理人签字:＿＿＿＿＿＿＿＿

签字时间:＿＿＿＿年＿＿＿＿月＿＿＿＿日＿＿＿时＿＿＿分

签字地点:＿＿＿＿＿＿＿＿＿＿

**注:**建议采用一式两份,一份交由患方保存,另一份归病历中保存。

(6)出院通知书

### 出院通知书(适用于拒绝出院患者)

患者姓名:＿＿＿＿＿＿＿＿＿＿　　性别:＿＿＿＿＿＿　　年龄:＿＿＿＿＿＿

科别:＿＿＿＿＿＿＿＿＿＿　　病案号:＿＿＿＿＿＿＿＿＿＿

**尊敬的患者:**

您＿＿＿＿年＿＿＿月＿＿日因＿＿＿＿＿入院,诊断为:＿＿＿＿＿＿＿＿＿＿＿＿

根据您目前的病情及专家会诊的意见,您的病情经过治疗已痊愈或基本稳定,不需住院治疗,可出院在院外继续康复或进行辅助治疗和护理。鉴于目前我院医疗资源有限,为使其他患者能够及时入院治疗,希望您及时办理出院手续,特此告知如下:

1. 请您在接到本通知之日起＿＿＿＿＿＿日内,办理出院手续,并付清全部医药费用;

2. 在您刚入院时,您签署了住院须知,您已承诺遵守医院管理规定,按时出院,您应履行您的承诺;

3. 您拒绝出院的行为可能导致其他患者无法得到及时有效的治疗;

4. 如您对您的诊疗活动有任何异议,或有理由拒绝出院,请您与医院＿＿＿＿＿＿＿＿＿部门联系,商讨解决办法并说明拒绝出院的理由;

5. 如果您既不办理出院又不与医院相关部门联系协商解决,我们将依据相关规定寻求法律途径解决,由此产生的后果将由您自行承担。

**我已向患者解释过此通知书的全部条款,我认为患者或患者委托代理人已**

知并理解了上述信息。

医师签字：_____

_____

签字时间：_____年___月___日___时___分

签字地点：_____

患者签字：_____ 委托代理人签字：_____

签字时间：_____年___月___日___时___分

签字地点：_____

注：建议采用一式两份，一份交由患方保存，另一份归病历中保存。

（7）催缴住院医疗费用通知书

### 催缴住院医疗费用通知书

患者姓名：_____ 性别：_____ 年龄：_____

科别：_____ 病案号：_____

**尊敬的患者：**

您_____年___月___日因_____入院，诊断为：_____

_____。住院时交押金人民币_____元，现已用完，至今已欠医疗

费用_____。

1. 请您在收到本通知_____日内到我院住院部交费处补交押金

_____元；

2. 在您刚入院时，您签署了住院须知，您已承诺遵守医院管理规定，按时

足额缴纳医药费用，请您履行您的承诺；

3. 如您在接到本通知后，既不缴费又不与我院相关部门联系，我们在

_____日后将视作您放弃治疗，医院将给您采取维持生命的一般治疗。此措

施将有可能产生下列后果：

（1）您治疗的时间将延长；

（2）您原有疾病可能加重或复发；

（3）您以后的治疗可能会增加困难；

（4）您治疗的中断，使原已花费的医疗费用可能重复或增加；

（5）其他。

4. 如果您既不缴费又不与我院相关部门联系协商解决，我们将依据相关规定寻求法律途径解决，由此产生的后果将由您自行承担。

### 附诊疗费用清单

**我已向患者解释过此通知书的全部条款，我认为患者或患者委托代理人已知并理解了上述信息。**

医师签字：_____

_____

签字时间：_____年___月___日___时___分

签字地点：_____

患者签字：_____          委托代理人签字：_____

签字时间：_____年___月___日___时___分

签字地点：_____

注：建议采用一式两份，一份交由患方保存，另一份归病历中保存。

（8）患者授权委托书

### 患者授权委托书

患者姓名：_____   性别：_____   年龄：_____

科别：_____   病案号：_____

本人于_____年___月___日因病住入_____医院。依据有关法律规定，我委托_____作为我的代理人，在我本次住院期间，代理我行使医疗知情同意选择决定权。我委托此人的理由为_____

_____。

委托人（患者本人）：_____ 性别：_____ 年龄：_____

有效证件号码：_____

住址：_____

受托人：_____ 性别：_____ 年龄：_____

联系电话：_____

有效证件号码：_____

住址：_____

与患者关系：□配偶 □子女 □父母 □其他近亲属 □同事 □朋友

受托人权限：代为了解患者本人病情、医疗措施、医疗风险；代为行使医疗知情同意选择决定权利，并履行相应的签字手续，包括以下情形：

□对患者本人实施麻醉、手术以及对本人进行特殊检查、治疗时；

□病情出现变化需要抢救时；

□抢救或手术过程中发生意外情况需要改变预定术式和手术方案、紧急输血、摘除器官或较大组织、结扎重要血管时；

□使用贵重药物、耗材或进行价格高的特殊检查时；

□属于公费医疗、大病统筹社会医疗保险，新型农村合作医疗等不同险种的患者，为诊治疾病超出规定报销范围而使用特定药物或采取特定医疗措施时；

□需要对患者本人输注血液或血液制品及采取试验性治疗时；

□需要植入人工器官、其他医用生物材料时；

□患者其他家属拒绝采用给予病情的诊治药物及诊疗措施时。

□手术治疗和诊治中遇到的其他情况：_____

_____。

患者签字：_____

签字时间：____年___月___日___时___分

签字地点：_____

我确认并接受患者_____授权我代理他（她）本人行使本次住

院期间的医疗知情同意选择决定权,包括代为了解患者病情、医疗措施、医疗风险等上述全部内容;代为行使医疗知情同意选择决定权利,并履行相应的签字手续。

受托人签字:_____

身份证号码:_____

_____

签字时间:_____年____月____日____时____分

签字地点:_____

注:建议采用一式两份,一份交由患方保存,另一份归病历中保存。

(9)自动出院或转院告知书

自动出院或转院告知书

患者姓名:_____ 性别:_____ 年龄:_____

科别:_____ 病案号:_____

诊断:_____

_____

**尊敬的患者:**

根据您目前的病情,医生认为,您应当继续留院治疗,但是您现在要求自动出院或转院,特此向您告知出院或转院可能出现的后果,请您认真斟酌后决定。

1. 您原有疾病的治疗中断,您的病情可能会出现反复甚至有可能加重或进行性加重,将会使以后的治疗变得更加困难,导致无法治愈或丧失最佳治疗时机,甚至有可能导致死亡;

2. 您的疾病有可能加重,出现各种感染或原有感染加重、伤口延迟愈合、疼痛等各种症状,有可能导致不良后果;

3. 您有可能会出现某个或多个器官功能减退、部分或者全部功能丧失,如大脑、视觉、听觉、嗅觉、味觉、牙齿、脊柱、四肢的全部或部分、皮肤、腺体、生殖系统、内脏,导致出现功能障碍、诱发其他疾病、出血、休克,等等,导致不良后果；

4. 您已经花费的各项诊疗费因诊疗中断可能出现重复或增加；

5. 您有可能增加诊疗风险的其他因素及后果；

6. 在出院或转院过程中可能发生意外而得不到及时的抢救和治疗,造成严重不良后果；

7. 其他：_____

_____。

**我已向患者解释过此告知书的全部条款,我认为患者或患者委托人已知并理解了上述信息。**

经治医师签字：_____

签字时间：_____年____月____日____时____分

签字地点：_____

**患者意见：**

医师已将上述风险以及有可能发生的其他风险向我作了详细的告知,已向我解释了医疗诊治措施对我疾病治疗的重要性和必要性,但本人仍然坚持离开该医院。

本人自愿承担自动出院或转院所带来的风险和后果。本人自动出院或转院产生的不良后果与医院及医务人员无关。

患者签字：_____

_____

签字时间：_____年____月____日____时____分　签字地点：_____

特殊情况下,患者的监护人、近亲属、授权委托人请在此处签字：

签字：_____　与患者关系：_____

代签字原因：_____

签字时间：_____年____月____日____时____分

签字地点：_____

**注：**建议采用一式两份,一份交由患方保存,另一份归病历中保存。

(10)使用自费药品和高值医用耗材告知同意书

## 使用自费药品和高值医用耗材告知同意书

患者姓名：_____ 性别：_____ 年龄：_____

科别：_____ 病案号：_____

**尊敬的患者：**

根据患者病情需要,需要使用_____药品/材料,使用该自费药品/医用耗材的理由是_____。但根据医保有关规定,此药品/材料不属于或部分不属于公费、大病统筹和社会基本医疗保险、新型农村合作医疗的报销范围,须由您个人承担。您可以选择是否使用,医院出具的自费收据不作为报销凭据。特此告知。使用此药品和医用耗材可能有利于疾病治疗和减轻痛苦。关于药品和医用耗材的不良后果详见具体的使用说明书。

您此次使用自费药品、耗材费为_____元(大写_____)。

**我已向患者解释过此同意书的全部条款,我认为患者或患者委托代理人已知并理解了上述信息。**

经治医师签字：_____

签字时间：_____年____月____日____时____分 签字地点：_____

我_____(填"同意"或"不同意"字样)使用该药品/材料。

患者签字：_____ 签字时间：_____年____月____日____时____分

签字地点：_____

**特殊情况下,患者的监护人、近亲属、授权委托人请在此处签字：**

签字：_____ 与患者关系：_____ 代签字原因：_____

签字时间：_____年____月____日____时____分

签字地点：_____

**注:**建议采用一式两份,一份交由患方保存,另一份归病历中保存。

(11) 病危(重)通知书

## 病危(重)通知书

患者姓名：_____ 性别：_____ 年龄：_____

科别：_____ 病案号：_____

目前诊断：_____

**尊敬的患者家属：**

您好！您的家人_____现在我院_____科治疗,目前病情_____,病情可能进一步恶化,随时可能出现心跳、呼吸停止,请您派专人守候,以便随时与医生沟通。

根据我国法律规定,遇到紧急情况,为抢救患者,医生可以先行采取抢救措施,并使用应急救治所必需的仪器设备和治疗手段,然后履行告知义务。当患者病情恶化时,我们将会针对病情采取相应的抢救措施、手术等治疗方法,如气管切开、呼吸机辅助呼吸、心脏按摩、输血等措施全力抢救。心脏按摩抢救可能会产生相关脏器的破裂、骨折等并发症,请予以理解。请予以理解积极配合医院的抢救治疗。如您还有其他问题和要求,请在接到本通知后主动找医生了解咨询。

_____医院_____科

患者家属签字：_____ 与患者关系：_____

联系电话：_____

签字时间：_____年____月____日____时____分

签字地点：_____

医师签字：_____

签字时间：_____年____月____日____时____分

签字地点：_____

**注:** 建议采用一式两份,一份交由患方保存,另一份归病历中保存。

（12）死亡通知书

## 死亡通知书

患者姓名：_____ 性别：_____ 年龄：_____

科别：_____ 病案号：_____

**尊敬的患者家属：**

患者_____在我院_____科治疗,因抢救无效于_____年____月____日____时____分死亡,死亡诊断为_____,特函通知,敬请节哀。另外特此告知如下事项:

1. 在死者生前未对尸体的处分作出明确处理意见的情况下,死者的家属具有对尸体及器官捐献的处分权;

2. 为促进医学事业发展,科研和教学的需要希望您能够同意进行尸体解剖;

3. 患者死因不明确,医院建议您可申请在 48 小时内进行尸检以确定死亡诊断;

4. 根据相关法律规定,如您对患者死因有异议,为明确死因,请您在 48 小时提出进行尸检申请。我院_____（填具备或不具备）尸体冷冻条件,故尸检时间_____（填可以或不可以）延长至 7 日（尸体冷冻费用需另行交纳）;

5. 尸检可以在以下具备资格的机构进行:

（1）卫生行政部门批准设置具有独立病理解剖能力病理科的医疗机构;

（2）设有具备独立病理解剖能力的病理教研室或法医教研室的医学院校,或设有医学专业的并具备独立病理解剖能力的病理教研室或法医教研室的高等普通学校;

（3）医患双方可共同选择经过国家司法行政部门批准的司法鉴定机构。

6. 如果您申请进行尸体解剖,请填写尸体解剖申请书;

7. 超过规定时间进行尸检,会影响对死者死因的判定,希望您能慎重考虑;

8. 按照相关法律规定,患者尸体在太平间或殡仪馆存放时间不能超过两周时间,请您在规定时间内安置,逾期不安置,有关部门将会按相关规定办理,产生的费用需要由您支付;

9. 请携带有效身份证件或授权委托书到医院处理相关善后手续。

**我已向患者家属解释过此通知书的全部条款,我认为患者家属或患者委托代理人已知并理解了上述信息。**

医师签字:＿＿＿＿＿＿＿＿＿＿＿＿＿＿＿＿＿＿

签字时间:＿＿＿年＿＿月＿＿日＿＿时＿＿分

签字地点:＿＿＿＿＿＿＿＿

患者家属签字:＿＿＿＿ 与患者关系:＿＿＿＿ 联系电话:＿＿＿＿＿

签字时间:＿＿＿年＿＿月＿＿日＿＿时＿＿分

签字地点:＿＿＿＿＿＿＿＿

**注:**建议采用一式两份,一份交由患方保存,另一份归病历中保存。

(13)尸体解剖申请书

尸体解剖申请书

申请人:＿＿＿＿＿＿＿ 身份证号:＿＿＿＿＿＿＿＿＿＿＿

与已故患者的关系:＿＿＿＿＿＿ 联系电话:＿＿＿＿＿＿＿

已故患者姓名:＿＿＿＿＿＿＿＿ 性别:＿＿＿＿＿ 年龄:＿＿＿＿

科别:＿＿＿＿ 病案号:＿＿＿＿＿＿＿

身份证号:＿＿＿＿＿＿＿＿＿＿ 因患＿＿＿＿＿疾病,于＿＿＿＿年＿＿月＿＿日＿＿时＿＿分死亡,死亡诊断为＿＿＿＿＿＿＿＿＿＿＿＿＿。

1. 我申请对已故患者进行尸检,申请尸检的理由:明确诊断、确定死因、解决纠纷＿＿＿＿＿＿＿＿＿＿＿＿＿＿＿＿＿＿＿＿＿＿＿＿

2. 为了确认/确定死亡原因以及疾病的性质和范围,我同意病理科医师进行:

□全身尸体解剖 □部分器官解剖,包括以下器官或组织:＿＿＿＿＿＿＿。

3. 我选择尸检机构：_____

4. 我选择　□家属参加观察尸检过程　□委托法医病理学人员参加尸检

5. 我选择在尸检结束后，进行尸检诊断的组织以及其他被检组织（包括组织切片）做如下安置：

□由医院按相关规定安置。

□交由家属依规定自行安置。

□归还于死者遗体中。

6. 我选择尸检器官、组织切片及病理标本由医院用于医学研究、医学教学

_____

我对尸检的其他意愿和要求：_____

申请人签字：_____　　签字时间：_____年____月____日____时____分

签字地点：_____

**注**：建议采用一式两份，一份交由患方保存，另一份归病历中保存。

（14）医疗机构医疗纠纷处理流程告知书

## 医疗机构医疗纠纷处理流程告知书

**尊敬的患者：**

您在我院就诊期间，如果您对您的诊疗活动有异议，您有权向您所在科室或医院投诉职能部门投诉，特此向您告知我院详细的投诉流程。包括如下内容：

1. 本医疗机构负责医疗投诉的职能部门是_____（医务科、医务部、医患关系协调办公室、社会工作部等），联系方式：地址_____；电话_____；传真_____；电子邮箱_____。

2. 患者有权就有关诊断、治疗过程、诊疗结果等向医疗机构职能部门反映情况，提出建议、意见或者具体要求。

患者对自己的诊断、治疗过程进行投诉，一般应当采用书信、电子邮件、传真等书面文字形式；有具体投诉请求的，还应当载明患者和委托投诉人的姓名

（名称）、住址和请求、事实、理由并签名。

采用口头形式提出的投诉请求，职能部门将记录来访人的姓名（名称）、住址和请求、事实、理由，并由来访人进行签名。

3. 患者有权了解医疗机构处理医疗投诉的工作流程：

职能部门接到投诉事项，予以登记，并区分情况，分别按下列方式处理：（1）组织相关临床科室进行调查研究；（2）通知临床科室向患者进行说明解释；（3）呈报院领导进一步分析讨论；（4）提请医疗管理委员会研究，做出结论性意见后，给予患方答复，一般情况下为 7 ~ 10 个工作日，特殊情况也延长到 15 个工作日。提请医疗管理委员会讨论将在六十日内做出答复。（进行尸检，自尸检报告做出后开始计算时间）。

4. 患者不接受医疗机构医疗管理委员会的结论性意见，有权申请医疗事故鉴定，可以与医方共同向医学会申请，也可以单方向卫生行政部门申请，也有权向人民法院直接提起诉讼。

5. 患者有权了解所患疾病的诊断和治疗的相关情况。患者有疑问时，医务人员有义务向患者进行说明解释。

有关说明解释工作应当以不影响医务人员正常工作为限，可以通过医疗机构职能部门、临床科室进行预约。

6. 患者有权在医疗机构复印或者复制法律规定的客观病历资料，包括：门（急）诊病历和住院病历中的住院志（即入院记录）、体温单、医嘱单、化验单（检验报告）、医学影像检查资料、特殊检查（治疗）同意书、手术同意书、手术及麻醉记录单、会诊记录、病理报告、护理记录、出院记录。

复印病历按照规定收取工本费。

7. 患者有权要求医疗机构封存患者本人的病历资料。

发生医疗事故争议时，医疗机构职能部门在患者或者其代理人在场的情况下将死亡病例讨论记录、疑难病例讨论记录、上级医师查房记录、会诊意见、病程记录等，予以复印并封存。

封存的病历资料，存放在医疗机构职能部门，并由医疗机构职能部门向患者出具封存证明,并负责向有关鉴定机构或诉讼法院提交封存的材料。

8. 患者死亡,尸体应立即移放太平间。死者近亲属有权决定是否申请尸检,同意尸检需填写尸检申请书并签字。不填写尸检申请书视为不同意尸检。

尸检应当在患者死亡后四十八小时内进行尸检;具备尸体冻存条件的,可以延长至七日。

尸检所需的费用可由医疗机构垫付。最终与尸体的运送费、保管费等视医疗事故鉴定或法院裁决结果而确定支付者。最终鉴定为医疗事故的,费用由医疗机构支付,不构成医疗事故由死者家属或所在单位支付。

尸体存放时间一般不得超过十五日。逾期不处理尸体的,经医疗机构所在地卫生行政部门批准,并报经同级公安部门备案后,由医疗机构按照规定进行处理。

9. 医患双方可以依法进行调解,不能达成调解协议的,医患双方可以共同申请医疗事故鉴定,患方也可以依法单方向卫生行政部门申请处理,或向法院提起诉讼。

10.《民法通则》第 136 条规定,身体受到伤害要求赔偿的,诉讼时效期间为一年;第 137 条规定,诉讼时效期间从知道或者应当知道权利被侵害时起计算。但是,从权利被侵害之日起超过二十年的,人民法院不予保护。

11.《侵权责任法》第 64 条规定,医疗机构及其医务人员的合法权益受法律保护。干扰医疗秩序,妨害医务人员工作、生活的,应当依法承担法律责任。

12. 本告知书一式两份,告知人与被告知人各持一份。


被告知人:                          告知人:

患者姓名:＿＿＿＿＿＿＿＿＿＿＿＿＿＿（医院）＿＿＿＿＿＿＿＿＿＿（职能部门）

告知书签收人:                      经办人:

20＿＿＿年＿＿＿月＿＿＿日＿＿＿时＿＿＿分    20＿＿＿年＿＿＿月＿＿＿日＿＿＿时＿＿＿分

联系地址：　　　　　　　　邮政编码：

联系电话：　　　　　　　　其他联系方式：

联系地址：　　　　　　　　邮政编码：

联系电话：　　　　　　　　电子信箱：

（15）医疗纠纷调解协议书

## 医疗纠纷调解协议书

甲方：＿＿＿＿＿＿　医院：＿＿＿＿＿＿　法定代表人：＿＿＿＿＿＿

地址：＿＿＿＿＿＿　邮编：＿＿＿＿＿＿　联系电话：＿＿＿＿＿＿

乙方：＿＿＿＿＿＿　性别：＿＿＿　年龄：＿＿＿＿

身份证号码：＿＿＿＿＿＿＿＿＿＿＿＿＿＿＿＿＿＿＿

住址：＿＿＿＿＿＿＿＿＿＿＿＿＿＿＿＿＿＿＿＿＿＿＿

邮政编码：＿＿＿＿＿＿＿＿＿＿＿＿＿＿＿＿＿＿＿

联系电话：＿＿＿＿＿＿＿＿＿＿＿＿＿＿＿＿＿＿＿

与患者关系：□患者本人　□法定监护人　□委托代理人　□其他　直系亲属：＿＿＿＿＿＿＿＿＿＿＿＿＿＿＿

**（如果不是患者本人必须附身份关系证明材料、授权文件；如患者已经死亡，乙方必须为死者的全部合法继承人或有合法继承人授权委托的代理人。）**

甲乙双方就患者＿＿＿＿＿＿（身份证号码：＿＿＿＿＿＿＿＿＿＿＿）

于＿＿＿年＿＿月＿＿日至＿＿＿年＿＿月＿＿日因诊断＿＿＿＿＿＿在甲方门诊或住院治疗（住院病案号或门诊病历号＿＿＿＿＿＿＿＿）期间发生的医疗纠纷，乙方认为甲方造成＿＿＿＿＿＿＿＿医疗损害，现经双方友好协商一致，自愿达成如下协议，以便共同遵守。

1. 甲方同意一次性赔偿（或补偿）乙方人民币＿＿＿＿＿元，并减免乙方所欠的人民币＿＿＿＿＿元医疗费用。赔偿（或补偿）乙方人民币＿＿＿＿＿元的费用中包括住院伙食补助费、陪护费、误工费、交通费、被抚养人生活费、丧葬费、及死亡赔偿金、精神损害抚慰金等与此次医疗纠纷相关的所有费用。

2. 甲方在调解书生效后(法院下达调解书后)十日内,根据本协议向乙方一次性支付解决本纠纷的全部赔偿(或补偿)费用,乙方收到甲方给付赔偿费(或补偿费)后应向甲方出具书面收款凭证。此医疗纠纷即告终结。

3. 乙方承诺本协议生效后十日内火化尸体,自收到甲方所给付的_____人民币赔偿(或补偿)款之后,此纠纷即告终结。乙方不会再以任何理由向甲方提出任何要求,或要求任何第三方追究甲方的责任,并承诺不会从事或者散布任何可能影响甲方名誉的行为。

4. 甲方如果违反本协议的约定,应向乙方支付_____人民币的违约金;乙方如果违反本协议的约定,则除退还其依据本协议所取得的_____人民币的赔偿(或补偿)费外,还应向甲方支付_____人民币的违约金。

5. 本协议一式贰(叁)份,甲、乙双方(法院)各持一份,贰(叁)份协议书具有同等法律效力。

6. 本协议自甲、乙双方签字(盖章)起生效。

甲方:(盖章)_____　　　　乙方:(签字)_____

法定代表人:(签字)_____　　与患者关系:_____

_____年___月___日___时___分　　_____年___月___日___时___分

见证人:_____

本人_____不是此医疗机构的雇员,与乙方也无任何关系,我见证了甲乙双方自愿签署本协议书。

_____

　　　　　　　　　　　(见证人签名、联系方式和身份证复印件)

　　　　　　　　　　　　年　　月　　日　　时　　分

（16）医疗纠纷处理流程图（院内使用）

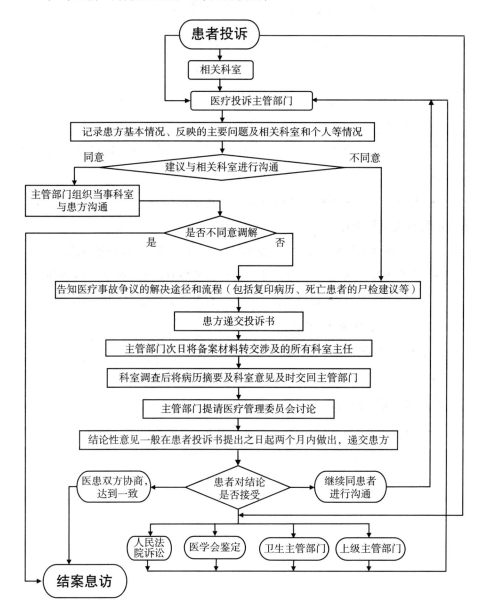

### 五、医疗服务公共信息告知类参考样本使用说明

1. 医疗服务公共信息告知类参考样本的制定原则

(1)以患者就诊流程为主要顺序,从门诊、急诊、住院到整个诊疗过程,最后到医疗纠纷的解决为止。

(2)遵循我国法律法规规章规定等依据。

(3)尊重医院常规习惯。参考现阶段各个医院实行的就医公共信息类的告知书。

(4)患者就诊时应该被告知的就诊流程和医患权益及相应义务,应当了解遵守医院相关管理规定。

(5)医院各科室共有或大部分科室都具有的相同告知内容均属公共信息类。

(6)公共告知文书是医院向患者应尽的告知责任,目的在于保障各项医疗活动在患者的主动配合下安全有序地进行,不需要患者签字,故采用告知书的名称。但其具有法律承担的属性。

2. 医疗服务公共信息告知类参考样本的使用说明

(1)就诊须知

此告知书制作的目的是帮助患者了解到医院门诊,在就诊过程中医院的制度,包括患者就医的权利和义务、医院管理规定、注意事项等告知类信息。建议医院将此就诊须知挂于医院门诊明显位置,或制成就诊指南手册放在挂号处或者医院的其他公共场所,起到提示的作用。

(2)急诊须知

此告知书是为了明确患者就医的具体时间,并对患者的病情程度作出初步的评估,告知急诊需要依次看病有等待时间,紧急疾病可先行抢救。建议发放给急诊患者或其家属,内容同就诊须知,但强调急诊的特殊告知信息。

(3)就医咨询指南

此指南体现法律尊重患者的权利,强调患者的自主就医权。由于医师工作繁忙,其告知的内容有限,患者应当主动向医师询问。但鉴于患者无医学知识

背景,特参考澳大利亚和美国样式,作出此指南。可指引患者对其病情进行什么咨询。建议将此指南制成就医小册子,小册子中也可以加入医德医风、医患投诉程序及联系方式,各个医院在具体的操作中可以根据自己医院情况进行调整。

(4)住院须知

此告知书内容主要是针对患者在住院期间,具有的权利和义务。应当了解的医院管理制度,并应当知道如何配合医师完成诊疗过程。在住院期间必须要遵守医院各项规定,如应当交纳的住院医药费用、按时出院、如何复印病历等相关问题。同时也要尊重医师及其他患者的权利等内容进行告知,此须知在患者入院时应进行告知,并请患者签字确认后保存在病历中。

(5)住院患者外出告知书

此告知书制作的目的是为防止患者私自外出发生问题产生纠纷,且医保管理规定不得挂床报销。鉴于住院患者外出有可能发生病情变化和意外危险的后果,建议医院不批准患者外出。但是医院无权限制患者的人身自由,此告知书只限用于经劝阻无效执意离院的患者,医师向其讲明外出可能产生后果,明确表示不同意其外出,如患者执意外出请其签字证明医师已经告知其外出后果。

(6)出院通知书(适用于拒绝出院患者)

此告知书是为了维护医院的合法权益,针对拒绝出院的患者制定的。适用于符合出院条件、经反复告知而依然以各种理由拒绝出院的患者。其不同于医院正常诊疗秩序中的出院通知书,须予以区分。此通知书的制作目的:一是提示患者应该出院以及不出院所可能引发的不良后果和费用须由其自行承担;二是作为日后医院起诉患者,要求法院判决其出院"排除妨害"的证据,证明医院已经履行了先前告知义务。

(7)催缴住院医疗费用通知书

此告知书同出院通知书,也是在非正常情况下适用于拖欠不缴或无理拒缴费用的患者,不同于医院正常诊疗秩序中使用的欠费通知书,须予以区分。此告知书的制作目的:一是提示患者应该履行住院时签署承诺缴费的义务,以及不缴费所可能引发的不良后果;二是作为日后医院行使诉讼权利追缴医疗费用的证据,证明医院履行了先前告知义务。

(8)患者授权委托书

此告知书是依据我国委托代理的法律规定,针对年纪较大的或者自愿委托他人决定诊疗选择的患者,委托其亲属或代理人,代替患者行使诊疗过程中的选择决定的权利所制定。为了有利诊疗工作的正常开展,便于医师的沟通,避免一旦出现对治疗意见不一致的情况,影响治疗抢救。建议医院在患者入院时请其填写此委托书,以利争取时间合法积极抢救患者,维护医患双方合法权益。

(9)自动出院或转院告知书

此告知书是根据《侵权责任法》第60条的规定制定的,适用于还未达到出院或转院的标准,且经医师详细告知可能发生不良后果后,仍然执意要求出院或转院的患者。

(10)使用自费药品和高值医用耗材告知同意书

卫生部规定,使用超过千元的自费药品和高值医用耗材应签署知情同意书。也包括医保规定部分药品和高值医用耗材不在报销范围的情形。故设定此告知书,医师需向患者讲明自费药品和医用耗材费用和使用说明和风险,应特别提示患者注意阅读使用说明。

(11)病危(重)通知书

此告知书适用于病情危(重)的患者,应及时通知并及时送达患者家属或受托人签收。告知患者家属要有思想准备,同时授权医院进行抢救,也可委托陪护人员,以方便医师随时告知患者病情。

(12)死亡通知书

其不同于一般的一式三联的死亡诊断证明书,此告知书的目的是事先让患者家属了解可以尸检的几种情况,避免错过最佳尸检时机。同时在家属拒不签字时,发生医疗纠纷,证明医师已向家属履行告知,重点告知死亡原因、尸体安放、料理、尸解等相关事宜。请医师向患者说明,如申请尸体解剖,需填写尸体解剖申请书。

（13）尸体解剖申请书

适用于患者家属要求尸检,必须填写,表明其要求或同意接受尸解的情况。可以避免家属不同意尸解也拒不签字的情况。此告知书主要内容是告知家属,尸检需要注意的内容,及家属的权利义务。

（14）医疗机构医疗纠纷处理流程告知书、医疗纠纷调解协议书、医疗纠纷处理流程图

此三份告知书将医院医疗纠纷处理的环节以及流程告知患者,以便患者或其家属了解,可以有效地促进解决医疗纠纷,各个医院可根据自己的实际情况予以参考使用。

### 六、临床分科知情同意书部分参考样本目录

1. 眼科

1.1. 泪器/泪道手术知情同意书

1.2. 角膜结膜手术知情同意书

1.3. 屈光眼手术知情同意书

1.4. 青光眼手术知情同意书

1.5. 晶状体手术知情同意书

1.6. 玻璃体、视网膜手术知情同意书

1.7. 眼外伤手术知情同意书

1.8. 眼整形手术知情同意书

1.9. 眼肿瘤手术知情同意书

1.10. 斜视矫正手术知情同意书

1.11. 准分子激光角膜屈光手术知情同意书

1.12. 眼光动力治疗知情同意书

1.13. 眼内肿瘤放射敷贴器近距局部放射治疗知情同意书

1.14. 经瞳孔温热治疗（TTT）知情同意书

1.15. 视网膜裂孔激光治疗知情同意书

1.16. 荧光素眼底血管造影检查知情同意书

2. 耳鼻喉科

耳部

2.1. 耳科侧颅底手术知情同意书

2.2. 镫骨手术知情同意书

2.3. 耳前瘘管切除手术知情同意书

2.4. 鼓膜穿刺/置管手术知情同意书

2.5. 面神经手术知情同意书

2.6. 中耳炎手术知情同意书

2.7. 全耳再造手术知情同意书

鼻部

2.8. 鼻出血止血手术知情同意书

2.9. 鼻腔鼻窦良性肿瘤手术知情同意书

2.10. 鼻腔鼻窦恶性肿瘤切除手术知情同意书

2.11. 鼻骨骨折复位手术知情同意书

2.12. 垂体瘤手术知情同意书

2.13. 脑脊液鼻漏手术知情同意书

2.14. 鼻腔泪囊吻合手术知情同意书

2.15. 鼻咽纤维血管瘤切除手术知情同意书

2.16. 鼻中隔偏曲矫正手术知情同意书

2.17. 霉菌性鼻窦炎窦内病变去除手术知情同意书

2.18. 外鼻肿物切除手术知情同意书

咽喉部

2.19. 扁桃体切除及腺样体刮除手术知情同意书

2.20. 声带注射、填充成型嗓音显微外科手术知情同意书

2.21. 悬雍垂腭咽成型手术知情同意书

2.22. 支撑喉镜下 CO2 激光辅助喉部显微手术知情同意书

2.23. 支撑喉镜下喉蹼瘢痕松解＋声带缝合＋喉硅胶膜置入手术知情同意书

2.24. 喉癌/下咽喉联合根治手术知情同意书

2.25. 声带病变切除手术知情同意书

头颈部

2.26. 颈部肿物切除手术知情同意书

2.27. 喉下咽及食管病变手术知情同意书

2.28. 咽旁间隙及口腔涎腺病变手术知情同意书

2.29. 气管切开手术知情同意书

2.30. 局部药物注射治疗知情同意书

3. 口腔科

3.1. 口腔正畸手术知情同意书

3.2. 口腔种植修复手术知情同意书

3.3. 牙周手术知情同意书

3.4. 拔牙手术知情同意书

3.5. 颌下腺手术知情同意书

3.6. 口腔科创伤手术知情同意书

3.7. 上颌骨扩大切除＋大腿取皮手术知情同意书

3.8. 涎腺手术知情同意书

3.9. 齿槽突裂植骨修复＋髂骨取骨手术知情同意书

3.10. 唇裂修复手术知情同意书

3.11. 腭裂修复手术知情同意书

3.12. 口腔癌手术知情同意书

3.13. 口腔科成形手术知情同意书

4. 内科

4.1. 呼吸内科

4.1.1. PPD 皮试检查知情同意书

4.1.2. 经皮肺穿刺活检手术知情同意书

4.1.3. 胸膜活检手术知情同意书

4.1.4. 纤维支气管镜检查及治疗知情同意书

4.1.5. 胸腔穿刺检查及治疗知情同意书

4.1.6. 气管插管及机械通气治疗知情同意书

4.1.7. 支气管镜检及取异物手术知情同意书

4.2 内分泌科

4.2.1. 动态血糖监测仪检查知情同意书

4.2.2. 高胰岛素正葡萄糖钳夹检查知情同意书

4.2.3. 胰岛素泵治疗知情同意书

4.3. 消化内科

4.3.1. 胃镜/小肠镜检查知情同意书

4.3.2. 结肠镜检查知情同意书

4.3.3. 肝脏/肝囊肿穿刺手术知情同意书

4.3.4. 逆行胰胆管造影（ERCP）检查知情同意书

4.3.5. 经内镜十二指肠乳头切开（EST）手术知情同意书

4.3.6. 经内镜取石手术知情同意书

4.3.7. 经内镜内支架引流手术知情同意书

4.3.8. 三腔两囊管置入手术知情同意书

4.3.9. 消化道息肉电切术/大块黏膜活检手术知情同意书

4.3.10. 消化道狭窄扩张/内支架置入手术知情同意书

4.3.11. 经内镜食管胃底静脉结扎/栓塞手术知情同意书

4.3.12. 腹水回输治疗知情同意书

4.3.13. 胃镜检查治疗知情同意书

4.3.14. 胃食道 PH 检测检查知情同意书

4.3.15. 结肠镜检查治疗知情同意书

4.3.16. 静脉高营养治疗知情同意书

4.4. 心内科

4.4.1. 冠状动脉,外周血管及心室造影检查知情同意书

4.4.2. 经皮冠状动脉介入(PCI)治疗知情同意书

4.4.3. 经皮成人先天性心脏病介入治疗知情同意书

4.4.4. 植入器械介入治疗知情同意书

4.4.5. 心导管诊疗知情同意书

4.4.6. 心肺复苏治疗知情同意书

4.4.7. 经外周静脉置入中心静脉导管治疗知情同意书

4.4.8. 心包穿刺引流手术知情同意书

4.4.9. 心内电生理检查及射频消融手术知情同意书

4.5. 血液内科

4.5.1. 低分子肝素治疗知情同意书

4.5.2. 血细胞分离术治疗知情同意书

4.5.3. 异基因造血干细胞移植手术知情同意书

4.5.4. 自体造血干细胞移植手术知情同意书

4.5.5. 自体细胞因子激活的杀伤细胞(CIK)治疗恶性血液病知情同意书

4.5.6. AST患者血细胞分离机单采治疗知情同意书

4.5.7. 供者骨髓采集术治疗知情同意书

4.5.8. 供者冻存干细胞/淋巴细胞输注治疗知情同意书

4.5.9. 输血治疗告知同意书

4.5.10. 血液制品使用告知同意书

4.6. 肾内科

4.6.1. 动静脉内瘘成形手术知情同意书

4.6.2. 腹膜透析治疗知情同意书

4.6.3. 腹膜透析置管手术知情同意书

4.6.4. 连续肾脏替代治疗知情同意书

4.6.5. 血浆置换治疗知情同意书

4.6.6. 血液灌流治疗知情同意书

4.6.7. 肾穿刺活检手术知情同意书

4.7. 神经内科

4.7.1. 有创颅内压监测手术知情同意书

4.7.2. 锥颅血肿清除手术知情同意书

4.7.3. 肌肉活检手术知情同意书

4.7.4. 神经活检手术知情同意书

4.7.5. 脑血管造影（DSA）检查知情同意书

4.7.6. 急性脑梗死静脉溶栓治疗知情同意书

4.7.7. 腰椎穿刺手术知情同意书

4.8. 免疫内科

4.8.1. 激素药物冲击治疗知情同意书

4.8.2. 免疫净化治疗知情同意书

4.8.3. 免疫抑制剂治疗知情同意书

5. 外科

5.1. 麻醉科

5.1.1. 静脉全麻知情同意书

5.1.2. 硬膜外麻醉知情同意书

5.1.3. 硬膜外麻醉＋静脉全麻知情同意书

5.1.4. 腰骶麻知情同意书

5.1.5. 神经阻滞麻醉知情同意书

5.1.6. 麻醉药品、第一类精神药品使用治疗知情同意书

5.2. 神经外科

5.2.1. 脊髓手术知情同意书

5.2.2. 颅脑手术知情同意书

5.2.3. 动脉瘤夹闭手术知情同意书

5.3. 心脏外科

5.3.1. 冠状动脉搭桥手术知情同意书

5.3.2. 大血管手术知情同意书

5.3.3. 心包手术知情同意书

5.3.4. 心律失常外科手术知情同意书

5.3.5. 心脏外伤手术知情同意书

5.3.6. 心脏肿瘤手术知情同意书

5.3.7. 先天性心脏病外科手术知情同意书

5.3.8. 心脏移植手术知情同意书

5.3.9. 先天性心脏病介入治疗知情同意书

5.3.10. 应用机械辅助循环装置治疗知情同意书

5.4. 胸外科

5.4.1. 肺部手术知情同意书

5.4.2. 胸壁手术知情同意书

5.4.3. 食管贲门手术知情同意书

5.4.4. 胸膜手术知情同意书

5.4.5. 胸腺切除手术知情同意书

5.4.6. 纵隔肿瘤手术知情同意书

5.4.7. 胸腔闭式引流手术知情同意书

5.4.8. 肺移植手术知情同意书

5.4.9. 支气管镜冷冻治疗知情同意书

5.4.10. 硬质气管镜手术知情同意书

5.4.11. 手汗症、头汗症、长 QT 综合征手术知情同意书

5.5. 普外科

5.5.1. 甲状腺手术知情同意书

5.5.2. 乳腺手术知情同意书

5.5.3. 胆系手术知情同意书

5.5.4. 经皮经肝穿刺胆道造影＋引流（PTBD）手术知情同意书

5.5.5. 胃肠手术知情同意书

5.5.6. 脾手术知情同意书

5.5.7. 肝脏手术知情同意书

5.5.8. 肝脏移植手术知情同意书

5.5.9. 人工肝血浆置换手术知情同意书

5.5.10. 经皮肝脏肿瘤射频消融治疗知情同意书

5.5.11. 门静脉高压症手术知情同意书

5.5.12. 阑尾手术知情同意书

5.5.13. 胰腺手术知情同意书

5.5.14. 腹腔镜手术知情同意书

5.5.15. 腹腔腹膜后肿物手术知情同意书

5.5.16. 疝手术知情同意书

5.5.17. 体表病变手术知情同意书

5.5.18. 肠道手术知情同意书

5.5.19. 剖腹探查术知情同意书

5.5.20. 皮科有创性治疗知情同意书

5.6. 泌尿外科

肿瘤

5.6.1. 经尿道膀胱肿瘤切除术（TUR—Bt）手术知情同意书

5.6.2. 前列腺手术知情同意书

5.6.3. 肾输尿管手术知情同意书

5.6.4. 肾上腺手术知情同意书

结石

5.6.5. 气压弹道碎石手术知情同意书

5.6.6. 肾盂肾实质切开取石手术知情同意书

5.6.7. 激光碎石手术知情同意书

5.6.8. 输尿管切开取石手术知情同意书

移植

5.6.9. 肾脏移植手术知情同意书

检查

5.6.10. 输尿管镜检查手术知情同意书

其他

5.6.11. 膀胱前列腺全切手术知情同意书

5.6.12. 经尿道前列腺电切（TURP）手术知情同意书

5.6.13. 肾全长手术知情同意书

5.7. 骨外科

5.7.1. 创伤外科

5.7.1.1. 前臂骨折手术知情同意书

5.7.1.2. 肘关节骨折手术知情同意书

5.7.1.3. 骨盆、髋臼骨折手术知情同意书

5.7.1.4. 髌骨骨折切开复位张力带固定手术知情同意书

5.7.1.5. 膝关节周围手术知情同意书

5.7.1.6. 股骨近端骨折手术知情同意书

5.7.1.7. 跟骨骨折手术知情同意书

5.7.1.8. 踝关节骨折手术知情同意书

5.7.1.9. 骨干骨折手术知情同意书

5.7.1.10. 关节松解手术知情同意书

5.7.1.11. 内固定取出手术知情同意书

5.7.1.12. 外固定架固定手术知情同意书

5.7.1.13. 取骨植骨手术知情同意书

5.7.1.14. 髓内针手术知情同意书

5.7.2. 脊柱外科

5.7.2.1. 腰椎前路间盘切除,人工间盘置换手术知情同意书

5.7.2.2. 腰椎椎管减压(腰椎管狭窄症)手术知情同意书

5.7.2.3. 椎管内肿瘤切除椎弓根螺钉内固定,植骨融合手术知情同意书

5.7.2.4. 椎体成型手术知情同意书

5.7.3. 矫形骨科

5.7.3.1. 人工髋关节置换手术知情同意书

5.7.3.2. 人工髋关节翻修手术知情同意书

5.7.3.3. 人工全膝关节置换手术知情同意书

5.7.3.4. 人工全膝关节翻修手术知情同意书

5.7.3.5. 髋臼周围截骨手术知情同意书

5.7.3.6. 股骨截骨手术知情同意书

5.7.3.7. 人工全踝置换手术知情同意书

5.7.3.8. 粗隆间截骨手术知情同意书

5.7.3.9. 人工跖趾关节置换手术知情同意书

5.7.3.10. 三关节融合、肌腱移位手术知情同意书

5.7.4. 骨肿瘤科

5.7.4.1. 肢体肿瘤病灶切除手术知情同意书

5.7.4.2. 脊柱肿瘤病灶切除手术知情同意书

5.7.4.3. 骶骨肿瘤病灶切除/刮除手术知情同意书

5.7.4.4. 骨肿瘤活检(穿刺活检/切开活检)手术知情同意书

5.7.4.5. 截肢手术知情同意书

5.7.5. 运动医学科

5.7.5.1. 运动医学肘关节手术知情同意书

5.7.5.2. 运动医学肩关节脱位手术知情同意书

5.7.5.3. 运动医学肩手术知情同意书

5.7.5.4. 运动医学跟腱手术知情同意书

5.7.5.5. 运动医学肌腱手术知情同意书

5.7.5.6. 运动医学粘连松解手术知情同意书

5.7.6. 手外科

功能重建

5.7.6.1. 游离肌肉移植,屈肘功能重建手术知情同意书

5.7.6.2. 肌肉移位,肩外展功能重建手术知情同意书

5.7.6.3. 肌腱移位,伸腕功能重建手术知情同意书

5.7.6.4. 肌腱移位,拇外展功能重建手术知情同意书

骨折关节融合

5.7.6.5. 掌指骨骨折内固定手术知情同意书

5.7.6.6. 掌指骨骨折外固定手术知情同意书

5.7.6.7. 指间关节融合手术知情同意书

肌腱

5.7.6.8. 锤状指手术知情同意书

5.7.6.9. 肌腱修复手术知情同意书

5.7.6.10. 狭窄性腱鞘炎手术知情同意书

皮瓣植皮

5.7.6.11. 腹部皮瓣手术知情同意书

5.7.6.12. 扩创植皮手术知情同意书

5.7.6.13. 皮瓣断蒂手术知情同意书

手指再植再造

5.7.6.14. 断指再植手术知情同意书

5.7.6.15. 拇甲瓣移植再造拇指手术知情同意书

腕关节

5.7.6.16. 桡骨远端骨折手术知情同意书

5.7.6.17. 腕骨手术知情同意书

先天畸形

5.7.6.18. 并指分指,植皮手术知情同意书

5.7.6.19. 多发关节挛缩手术知情同意书

5.7.6.20. 分裂手畸形手术知情同意书

5.7.6.21. 重复拇指畸形矫正手术知情同意书

周围神经

5.7.6.22. 环形束带综合征手术知情同意书

5.7.6.23. 臂丛神经撕脱伤手术知情同意书

5.7.6.24. 神经损伤手术知情同意书

5.7.6.25. 腕管综合征手术知情同意书

5.7.6.26. 肘管综合征手术知情同意书

其他

5.7.6.27. 残端修整手术知情同意书

5.7.6.28. 腕部切割伤手术知情同意书

5.7.7. 小儿骨科

5.7.7.1. 手外伤手术知情同意书

5.7.7.2. 骨干骨折手术知情同意书

5.7.7.3. 股四头肌成形手术知情同意书

5.7.7.4. 股骨近端骨折手术知情同意书

5.7.7.5. 肱骨髁上骨折手术知情同意书

5.7.7.6. 髁上骨牵引手术知情同意书

5.7.7.7. 踝内翻手术知情同意书

5.7.7.8. 关节复位手术知情同意书

5.7.7.9. 取内固定手术知情同意书

5.7.7.10. 陈旧孟氏骨折手术知情同意书

5.7.7.11. 持续骨牵引治疗知情同意书

5.7.7.12. DDH 闭合复位手术知情同意书

5.7.7.13. DDH 手术知情同意书

5.7.7.14. LCPD 手术知情同意书

5.7.7.15. 赘趾手术知情同意书

5.7.7.16. 肘内翻手术知情同意书

5.7.7.17. 高肩胛骨手术知情同意书

5.7.7.18. 骺开放手术知情同意书

5.7.7.19. 臀肌挛缩手术知情同意书

5.7.7.20. 马蹄内翻足手术知情同意书

5.7.7.21. 神经松解手术知情同意书

5.7.7.22. 石膏固定手术知情同意书

5.7.7.23. 良性肿瘤手术知情同意书

5.7.7.24. 骨肿瘤刮除取髂骨手术知情同意书

5.7.7.25. 骨囊肿手术知情同意书

5.7.7.26. 骨肉瘤手术知情同意书

5.7.7.27. 硬纤维瘤手术知情同意书

5.7.7.28. 骨窦内插管(骨髓腔输注)手术知情同意书

5.7.8. 综合

5.7.8.1. 关节镜手术知情同意书

5.7.8.2. 骨科扩创手术知情同意书

5.7.8.3. 骨科有创检查和治疗知情同意书

5.7.8.4. 关节腔穿刺术知情同意书

5.8. 血管外科

5.8.1. 头面颈部血管手术知情同意书

5.8.2. 内脏血管手术知情同意书

5.8.3. 肢体血管手术知情同意书

5.8.4. 血管瘤动脉造影＋栓塞手术知情同意书

5.8.5. 血管瘤支架腔内隔绝手术知情同意书

5.8.6. 血管瘤/先天性动静脉瘘截肢手术知情同意书

5.8.7. 血管瘤/先天性动静脉瘘切除手术知情同意书

5.8.8. 血管瘤(静脉畸形)激光或硬化注射治疗知情同意书

5.8.9. 肠系膜上动脉切开取栓和或内膜剥脱手术知情同意书

5.8.10. 大隐静脉激光治疗知情同意书

5.8.11. 人工血管切开探查、取栓手术知情同意书

5.9. 烧伤科

5.9.1. 烧伤科手术知情同意书

5.10. 整形外科

5.10.1. 鼻整形手术知情同意书

5.10.2. 隆鼻手术知情同意书

5.10.3. 皮瓣转移鼻再造手术知情同意书

5.10.4. 鼻再造一期额部扩张器植入手术知情同意书

5.10.5. 再造鼻断蒂及修整手术知情同意书

5.10.6. 齿槽嵴裂修复手术知情同意书

5.10.7. 唇裂修复手术知情同意书

5.10.8. 腭裂修复手术知情同意书

5.10.9. 腭咽闭合不全修复手术知情同意书

5.10.10. 外耳再造返修手术知情同意书

5.10.11. 耳后扩张器置入手术知情同意书

5.10.12. 再造耳局部修整手术知情同意书

5.10.13. Lefort Ⅰ型截骨手术知情同意书

5.10.14. 颏部截骨整形手术知情同意书

5.10.15. 隆颏手术知情同意书

5.10.16. 颧骨截骨降低手术知情同意书

5.10.17. 上颌前部根尖下截骨手术知情同意书

5.10.18. 下颌角截骨手术知情同意书

5.10.19. 颅面部多发骨折复位固定手术知情同意书

5.10.20. 上下颌根尖下截骨整形手术知情同意书

5.10.21. 双侧下颌骨外板打磨手术知情同意书

5.10.22. 眼球内陷畸形矫正手术知情同意书

5.10.23. 下颌升支矢状劈开截骨前突畸形矫正手术知情同意书

5.10.24. 处女膜修补、小阴唇整形、阴道紧缩手术知情同意书

5.10.25. 阴道再造手术知情同意书

5.10.26. 隆乳手术知情同意书

5.10.27. 乳房上提手术知情同意书

5.10.28. 乳房再造手术知情同意书

5.10.29. 乳房注射人工材料取出手术知情同意书

5.10.30. 双侧乳房缩小整形手术知情同意书

5.10.31. 自体颗粒脂肪注射移植隆乳手术知情同意书

5.10.32. 男性乳房脂肪抽吸＋腺体切除手术知情同意书

5.10.33. 腹壁整形手术知情同意书

5.10.34. 吸脂手术知情同意书

5.10.35. 脂肪移植手术知情同意书

5.10.36. 除皱手术知情同意书

5.10.37. 扩张器植入手术知情同意书

5.10.38. 扩张器取出手术知情同意书

5.10.39. 内外眦开大手术知情同意书

5.10.40. 上睑下垂矫正手术知情同意书

5.10.41. 下睑袋切除手术知情同意书

5.10.42. 重睑手术知情同意书

5.10.43. 植皮手术知情同意书

5.10.44. 尿道下裂修复手术知情同意书

5.11. 肿瘤科

5.11.1. 放射性治疗知情同意书

5.11.2. 化学性药物治疗知情同意书

5.11.3. 腹腔化疗治疗知情同意书

5.11.4. 腹腔热灌注化疗治疗知情同意书

5.11.5. 放射性粒子植入治疗知情同意书

5.11.6. 高能超声聚焦刀治疗知情同意书

5.11.7. 光动力治疗知情同意书

6.妇产科

6.1. 妇科

6.1.1. 腹腔镜＋宫腔镜下子宫纵隔切除手术知情同意书

6.1.2. 腹腔镜下检查手术知情同意书

6.1.3. 全子宫切除手术知情同意书

6.1.4. 宫颈活组织检查知情同意书

6.1.5. 子宫内膜电切手术知情同意书

6.1.6. 经腹患侧附件切除手术知情同意书

6.1.7. 经腹全子宫切除术＋盆腔病灶清除术(备双侧附件切除术)手术知情同意书

6.1.8. 诊断性刮宫术和分段诊刮术知情同意书

6.1.9. 经阴道子宫颈肌瘤切除术(备宫腔镜下手术)知情同意书

6.1.10. 卵巢癌肿瘤细胞减灭手术知情同意书

6.1.11. 子宫肌瘤剔除手术知情同意书

6.2. 产科

6.2.1. 产科分娩手术知情同意书

6.2.2. 异位妊娠病灶切除手术知情同意书

6.2.3. 剖宫产手术知情同意书

6.2.4. 脐静脉穿刺手术知情同意书

6.2.5. 绒毛取材手术知情同意书

6.2.6. 羊膜腔穿刺手术知情同意书

6.2.7. 异位妊娠保守治疗知情同意书

6.3. 计划生育科

6.3.1. 放置宫内节育器手术知情同意书

6.3.2. 宫腔镜手术知情同意书

6.3.3. 皮下埋植剂放置手术知情同意书

6.3.4. 皮下埋植剂取出手术知情同意书

6.3.5. 取出宫内节育器手术知情同意书

6.3.6. 人工流产负压吸引/钳刮手术知情同意书

6.3.7. 输卵管绝育手术知情同意书

6.3.8. 药物流产手术知情同意书

6.3.9. 中期妊娠引产手术知情同意书

6.4. 生殖中心

6.4.1. 促排卵治疗知情同意书

6.4.2. 冻融卵母细胞知情同意书

6.4.3. 辅助孵化知情同意书

6.4.4. 妇科内分泌疾病与不育诊治知情同意书

6.4.5. 附睾/睾丸取精术知情同意书

6.4.6. 供精人工授精（AID）知情同意书

6.4.7. 冷冻保存精液和解冻应用知情同意书

6.4.8. 卵母细胞胞浆内单精子注射知情同意书

6.4.9. 囊胚培养和移植知情同意书

6.4.10. 人类供精辅助生殖技术随访及婚前排查知情同意书

6.4.11. 受卵知情同意书

6.4.12. 体外受精胚胎冻存知情同意书

6.4.13. 体外受精—胚胎移植知情同意书

6.4.14. 选择性胚胎减灭术知情同意书

6.4.15. 赠精体外受精—胚胎移植知情同意书

6.4.16. 赠卵用于科学研究知情同意书

6.4.17. 赠卵知情同意书

6.4.18. 丈夫精液人工授精知情同意书

7. 儿科

7.1. 小儿眼科

7.1.1. 板腺睑囊肿手术知情同意书

7.1.2. 睑内翻、倒睫手术知情同意书

7.1.3. 上睑下垂手术知情同意书

7.1.4. 眼肌手术知情同意书

7.2. 小儿内科

7.2.1. 侧脑室穿刺手术知情同意书

7.2.2. 腹腔穿刺手术知情同意书

7.2.3. 骨髓穿刺手术知情同意书

7.2.4. 激光治疗知情同意书

7.2.5. 静脉注射含碘造影剂治疗知情同意书

7.2.6. 局部注射平阳霉素治疗知情同意书

7.2.7. 鞘内注射治疗知情同意书

7.2.8. 硬脑膜下穿刺手术知情同意书

7.2.9. 直立倾斜试验治疗知情同意书

7.3. 新生儿科

7.3.1. 低体重儿及危重症病人颈静脉输注药物治疗知情同意书

7.3.2. 早产儿氧疗知情同意书

7.3.3. 抗胸腺细胞免疫球蛋白治疗知情同意书

7.3.4. 早产儿病情与治疗知情同意书

8. 感染疾病科

8.1. 感染疾病特殊药物治疗知情同意书

8.2. 传染病人住院知情同意书

8.3. 甲类传染病人住院须知

8.4. 强制隔离排查病人告知

9. 皮肤性病科

9.1. 性病特殊药物治疗知情同意书

9.2. 皮肤活检治疗知情同意书

9.3. 微波治疗知情同意书

9.4. 妊娠合并性传播疾病治疗知情同意书

10. 康复医学科

10.1. 物理医学与康复科康复治疗知情同意书

10.2. 中频理疗治疗知情同意书

11. 中医科

11.1. 针刀治疗知情同意书

11.2. 全身浸浴疗治疗知情同意书

11.3. 药物灌肠治疗知情同意书

11.4. 中药浸浴治疗知情同意书

12. 病理科

12.1. 手术中冰冻切片快速病理检查知情同意书

12.2. 细针针吸细胞病理学检查知情同意书

13. 高压氧治疗科

13.1. 高压氧治疗知情同意书

14. 医学影像科

14.1. CT 引导下穿刺活检知情同意书

14.2. CT 增强检查知情同意书

14.3. 超声引导下穿刺活检知情同意书

15. 核医学科

15.1. 碘—131 治疗甲状腺癌治疗知情同意书

15.2. 同位素"云克"治疗知情同意书

15.3. 肿瘤骨转移核素治疗知情同意书

16. 急诊科

16.1. 碘过敏试验检查知情同意书

16.2. 破伤风用药治疗知情同意书

16.3. 青霉素皮试检查知情同意书

### 七、临床分科知情同意书部分参考样本目录使用说明

此部分内容是收集 26 家医院现行样本,根据卫生部《医疗机构诊疗科目名录》规定的专业学科作为分类依据,按科室作为基本分类单位,在科室分类项下遵循从头到脚、从里到外排列顺序,分为眼科、普外科、内科等 16 个科室,共 431 类。

目前许多医院按疾病分类并制成计算机模板,都在不断摸索中。由于有些医院科室和专业的分类有所不同,故有些项目的范围和分类与各医院的具体情况也不尽相同。我们将收集各医院实践中使用的部分原始资料编成目录形式,有些项目不尽完善,仅供专业分类参考,希望各医院可以根据自身情况在此基础上进行简化、修改、重新归类或者补充完善。

### 医疗知情同意书范本参与课题成员名单

**课题组顾问**

| | | |
|---|---|---|
| 曹荣桂 | 中国医院协会 | 会　长 |
| 汪建荣 | 卫生部政法司 | 司　长 |

**课题组指导**

| | | |
|---|---|---|
| 焦雅辉 | 卫生部医政司 | 处　长 |
| 赵　宁 | 卫生部政法司 | 副司长 |
| 王　玲 | 卫生部政法司 | 处　长 |
| 高光明 | 卫生部医管司 | 处　长 |
| 张　鸣 | 卫生部信访处 | 处　长 |
| 马旭东 | 卫生部医政司 | 科　员 |

| 范　晶 | 卫生部医管司 | 科　员 |
|---|---|---|
| 杜　涛 | 全国人大法工委民法室 | 处　长 |
| 陈　特 | 北京市高级人民法院 | 法　官 |
| 吴兆祥 | 最高法院研究室 | 主　任 |
| 王艳彬 | 最高法院研究室 | 处　长 |
| 林文学 | 最高人民法院立案庭 | 副庭长 |
| 何颂跃 | 北京法源司法科学证据鉴定中心 | 主　任 |
| 霍家润 | 北京明正司法鉴定中心 | 主　任 |
| 李文斌 | 中国人保财险北京分公司 | 经　理 |

**课题组组长**

| 潘学田 | 中国医院协会 | 副会长 |
|---|---|---|
| 李月东 | 中国医院协会 | 秘书长 |
| 郑雪倩 | 北京市华卫律师事务所 | 主　任 |
| | 中国医院协会医疗法制专业委员会 | 副主任 |

**课题组副组长**

| 高树宽 | 北京大学第一医院 | 教　授 |
|---|---|---|
| 耿仁文 | 南方医科大学附属南方医院 | 院　长 |
| 黎晓新 | 北京大学人民医院 | 副院长 |
| 王　农 | 北京市第一中级人民法院 | 法　官 |

**课题组成员**

| 南方医科大学附属南方医院院办主任 | 田　柯 |
|---|---|
| 南方医科大学附属南方医院客户服务中心主任 | 于　宏 |
| 北京大学人民医院党委副书记　医务处处长 | 赵　跃 |
| 北京大学人民医院医务处 | 周　钧 |
| 北京大学第一医院法律事务部主任 | 王北京 |
| 北京大学第一医院医务处处长 | 王　平 |
| 北京大学第三医院医务处处长 | 周洪柱 |

| | |
|---|---|
| 北京协和医院医务处副处长 | 刘　宇 |
| 卫生部中日友好医院医保处处长 | 田献氢 |
| 卫生部北京医院医患办主任 | 魏亮瑜 |
| 北京安贞医院副院长 | 陈　方 |
| 北京安贞医院医务处长 | 孔晴宇 |
| 北京大学口腔医院院长助理　医务处处长 | 沈曙明 |
| 北京大学口腔医院医务处 | 施祖东 |
| 医科院整形外科医院副院长 | 吴　念 |
| 医科院整形外科医院医务处处长 | 李　丽 |
| 北京同仁医院医务处处长 | 陈　虹 |
| 北京同仁医院眼科 | 张　举 |
| 北京同仁医院耳鼻喉科主任 | 邵鸣凯 |
| 中国人民解放军总医院法律事务部主任 | 张宝珠 |
| 海军总医院医患办主任 | 华　力 |
| 空军总医院医患办主任 | 韩鸿星 |
| 武警总医院医患办主任 | 杜金赞 |
| 北京中医医院医务处处长 | 尉晓力 |
| 北京佑安医院医务处处长 | 单　晶 |
| 北京妇产医院医务处处长 | 于亚滨 |
| 北京肿瘤医院医务处处长 | 梁万宁 |
| 北京积水潭医院医患办主任 | 陈　伟 |
| 解放军 261 医院医务处处长 | 郑永军 |
| 北京友谊医院医务处处长 | 崔　玫 |
| 北京友谊医院消化科主任 | 孟凡冬 |
| 北京世纪坛医院医务处副处长 | 王　勇 |
| 北京宣武医院医务处 | 兰　钊 |
| 北京地坛医院医务处副处长 | 赵香梅 |

| 首都儿研所副所长 | 杨　健 |
| 首都儿研所医患办主任 | 李　杰 |
| 首都儿研所医务处处长 | 黄　敏 |
| 北京市华卫律师事务所助理 | 张诗煊 |

**支持单位**

重庆药友制药有限责任公司

阿斯利康无锡贸易有限公司

**图书在版编目（CIP）数据**

医事法纂解与疑案评析／陈特主编．—北京：知识产权出版社，2015.4

ISBN 978 - 7 - 5130 - 3458 - 6

Ⅰ．①医…　Ⅱ．①陈…　Ⅲ．①医药卫生管理—法规—法律解释—中国

②医药卫生管理—法规—案例—中国　Ⅳ．①D922.165

中国版本图书馆 CIP 数据核字（2015）第 079325 号

| | | | |
|---|---|---|---|
| 责任编辑：齐梓伊 | | 责任校对：韩秀天 | |
| 执行编辑：雷春丽 | | 责任出版：卢运霞 | |
| 封面设计：张　悦 | | | |

## 医事法纂解与疑案评析

主编　陈特

| | | |
|---|---|---|
| 出版发行：知识产权出版社 有限责任公司 | 网　　址：http://www.ipph.cn | |
| 社　　址：北京市海淀区马甸南村 1 号 | 邮　　编：100088 | |
| 责编电话：010 - 82000860 转 8176 | 责编邮箱：qiziyi2004@qq.com | |
| 发行电话：010 - 82000860 转 8101/8102 | 发行传真：010 - 82000893/82005070/82000270 | |
| 印　　刷：北京嘉恒彩色印刷有限责任公司 | 经　　销：各大网络书店、新华书店及相关销售网点 | |
| 开　　本：787mm×1092mm　1/16 | 印　　张：29.5 | |
| 版　　次：2015 年 4 月第 1 版 | 印　　次：2015 年 4 月第 1 次印刷 | |
| 字　　数：477 千字 | 定　　价：68.00 元 | |

ISBN 978 - 7 - 5130 - 3458 - 6

# 目　录

◎ 那个风一样的男人　　01
倾　城

◎ 夜半无人私语时　　05
冉晓玲

◎ 与"海坛特哥"公号之缘　　09
艾　清

◎ 他的好是人间烟火的好　　12
@群魔乱舞丫丫

◎ 小编答疑　　16
@海坛特哥

◎ 编辑的话:我以专业精神追求你　　32
齐梓伊

# ◎ 那个风一样的男人

倾　城*

　　某日,特哥京城来电,一如既往地热力四射:兄弟啊,我马上要出本书,给我写篇文章吧!我习惯性地一哆嗦:特哥有命,岂有不从?但,写啥好呢?那头哈哈一笑:我这书就是玩微信公号玩出来的,你就写我是怎么被你跟何帆给哄骗了玩公号的,又是怎么从微信小编玩成本书主编的……

　　是啊,特哥是什么时候从群聊高手、讲课达人华丽转身为公号"微臣"的呢?这得从我们那个十来人的小众微信群说起。算起来,这么一个以八卦为主业

---

　　* 倾城,一名法律人的司法观察哨。生于一九七五,活在一九八四,公门修行,槛外思考,猛志固常存,地远心不偏,在大时代,立志做一个坚强的小人物。

# "特"书的故事

的志趣朋友群里,迄今已诞生了四个在法律圈薄有微名的微信公众号,分别是:以"小胖飞刀,例不虚发"名扬江湖的何帆"法影斑斓"、以高酷冷艳专业示人的高杉峻"高杉 LEGAL",以及既热辣生鲜又剑走偏锋的陈特"海坛特哥",和我自己的"倾城"。这其中,我算是最早试水却又最不成器的,拖延散漫文债等身,玩儿着玩儿着就迷路了。

　　特哥属于那种擅长"一场说走就走的旅行"的高情商者。某夜群里闲聊,刚入戏不久甫与公号"如胶似漆"的何帆,正在嘚瑟"人生如此单调,后台如此精彩"的公号之乐。特哥顿时兴趣盎然,高呼"我要开公号",就算冲着被 MM 调戏也要开。那劲头恍如"我要上春晚"。次日,度娘引路,企鹅搭台,风一样的特哥已火速上路,开始了自己叮叮当当的后台装修兼卖声赚吆喝大业。

　　公门多异人,玩公号之前,这位体制内的"扫地僧",早已在医疗纠纷领域里蜚声业内,成为各大讲坛的座上宾。在领域日益精分的法律微信圈,他很快找准了定位,专注于锻造有特哥特色的"独门武器"。混迹微信江湖，最讲究"人无我有、人有我特"，最难得坐拥各路"独门秘籍"，专业眼光、业内人脉、勤耕不辍，三者无一或缺，而这，恰是特哥的优势所在。衙门里千人一面进退两难，最是磨损热血激情，已过而立之年的特哥，却在公号的运营中找到了人生"第二春"。每到凌晨便准时发文，于一推一送之间风雨无阻乐此不疲。正所谓，一入"公号"深似海，从此"拙荆"是路人。

　　时光倏忽，又某日，我北上参加天同律所组织的法律自媒体活动。在那个著名的四合院里，一杯咖啡论天下英雄时，聊及特哥其人其事。我调侃曰，特哥之特，即在于图文绝不相符、看官请勿联想。此时，在日渐打造成型的医事法专业平台之外，特哥正广发英雄帖，遍搜各路人马入驻开栏撰稿，其选题如羚羊挂角，其配图如天马行空，加上不时灵光乍现的"特哥特能说"小编问答，堪称乱拳打死老编辑。一时间，各种靠谱文和不靠谱文集结麾下，活活泼泼、热热辣辣，却也独树一帜别开生面，成了微信江湖里一道别致的风景。

◎ 那个风一样的男人

# "特"书的故事

陌路网聚，槛内相逢，素来是杯酒订交，相忘江湖。而今，群里玩公号最晚的特哥，以强悍的执行力率先出书了，自当与有荣焉浮一大白。深夜，当我偏安于"我靠重庆"一隅，想起这位风一样的男子时，嘴角不由得翘起一缕坏坏的笑……

◎那个风一样的男人

# ◎ 夜半无人私语时

冉晓玲[*]

在提笔写下文之前,先就这篇文章的题目作个声明。之所以用这个题目,绝非取其儿女私情的本意!因本人属"夜猫子"一族,自小即有需在文字催眠下方能入睡的恶习。因手机轻便且自带照明,所以便逐渐取代了枕边书。前些时间又迷上了手机微信,常常是"久月久日长明灯,夜半无人私语时",确未掺杂任何八卦成分。

说起微信,便不得不说微信公众号。因微信公号具有微博所不及的超大容量,又有博客所不及的传播便捷优势,是以运营初始便受广大用户青睐有加。各类微信公众号如雨后春笋争先恐后拥上公众平台。

* 冉晓玲,湖北省恩施市六角亭法律服务所法律工作者。

# "特"书的故事

公众号的推送以迅雷不及掩耳之势席卷朋友圈。一时之间,美文美图、天文地理、古往今来等无所不知无奇不有无所不具的海量信息充斥在这小小的微信工具里。QQ、微博瞬间门庭冷落用户稀。

普通微信公号多具备商业广告功能,可以极尽华丽夸张之能事,全民娱乐且不设底线。

大凡法律公号,其意旨主在"传道、授业、解惑也"。因律条、逻辑严谨缜密,是以多是教条式,或照搬几份案例详加点评。其虽也倾注了公号主人大量心血,大多仅注重其实用性,可读性便相对欠缺了些。

面对微信上林林总总的各路法律公号英豪,三十六计十八般武艺各显神通尽显其能,让订阅户眼花缭乱无所适从,纵有眼观六路耳听八方之才废寝忘食也难以一一点击阅读。

至于那久无更新的"季军""月月舒""半月谈"之类三天打鱼两天晒网惨淡经营的,窃以为这类公号若无让订户望穿秋水犹不掉头而去的执着理由,恐不日便门可罗雀关张大吉了。

鉴于以上种种,我这处于法律边缘的观望者便愈觉顾此失彼、患得患失了。如何找到几家实用且能兼顾趣味性又能满足每一天的阅读量的公号让我颇费了些时日。

　　偶然,在朋友圈看见"法律类公号推荐",里面推荐了六七位公号,便一一订阅试读。几家公号各具风格,或如师循循善诱,或如友娓娓而谈;纯学术有之,学术兼文艺有之。每日里加大了阅读量,却也获益良多。稍后因夜晚安静更利于阅读,其他在白天更新的公号自动排序靠后,唯有"海坛特哥"勤奋异常,每日凌晨准点翻篇,且内容严谨活泼并重,于深夜阅读疲倦者而言确是一剂提神亮眼良方(我这么说也是为了不引起另外几位公号主人公愤:切,俺们辛辛苦苦,尽我所知不图回报授业解惑,尔等还背地里说三道四吹毛求疵,取消此订阅户)!

　　或许"海坛特哥"是特意为"夜猫子"们量身打造的"子时夜宵"。每每在品味或会心一笑之后,便对这位"海坛特哥"生出些感激和来而不往非礼的歉疚来,于是便在每次读取文章后奉上一杯咖啡,方觉歉意稍减。如此这般一来二去,咖啡终于也亮了"海坛特哥"的眼,便在每日推送文章之前附加一杯两杯三杯不等的咖啡。再后来便顺理成章地加了朋友圈,因见我也偶尔自娱自乐写点小诗,便鼓励我写点短文投稿。因

◎夜半无人私语时

# "特"书的故事

我对"海坛特哥"的"医事法"专题不甚明了,不敢妄言置评,便只能硬着头皮装装文艺范儿,偶尔写篇杂文或短诗,或传几幅我们恩施的风景照。

自此,除了偶尔拼凑三五句自称为诗歌的文字以外,已多年不写文章的我为答谢"海坛特哥"的"营养夜宵"不得不重抄家什,舞文弄墨一番。(话外:居然触动了某根神经,时常文思泉涌,近日又写了好几篇杂文,只是尚觉层次不够匹配公号水平,不敢拿来投稿,怕有损"海坛特哥"如日中天的灿烂形象。旁白:特哥,我会继续努力的!)

在这里悄悄问一声:特哥,你说过请我吃饭的,还算数吗?

# ◎ 与"海坛特哥"公号之缘

艾 清[*]

2014年6月,一个偶然的机会,很少上微信的我被好友拉进一个医药卫生法学群,群成员都是活跃在医疗卫生系统、高等医学院校及医疗法律界的业界精英,其中就包括像"海坛特哥"这样在医疗卫生法律界的优秀法官。在群里,我属于医疗界的"法律精英",法律界的"医疗精英",属于高调着平庸的小人物,主要用来衬托那些低调着优秀的大腕。经常看到"海坛特哥"很热情地欢迎不断加入的群友,不由得暗自揣测他一定是个很热心的人。他的微信头像,也是个非常清新帅气、容易让人亲近的邻家大哥形象。自

　　* 艾清,医学学士、法律硕士,专业医疗纠纷律师,北京京师律师事务所专职律师、北京市律师协会会员。E-mail:18600595418@163.com,个人网站:www.bjylls.com。

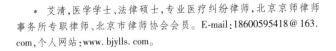

# "特"书的故事

然而然地,我订阅了特哥的公号,公号里的文章既有业内高精专的大笔如椽,又有行云流水般的文艺清新的散文。当然最最让人怡情悦性的当属最具幽默搞笑的小编答疑了,读者朋友如能偷得浮生半日闲,可以在阅读之余,尽得其乐。

某天,遇到一个法律专业问题,怀着试试看的心情给特哥去了条微信,想着他一定很忙,没时间看,没想到他很及时地回复了我。随后,他又给我发了一篇医事法的文章,我看完后,觉得很不错,给他点了赞,没想到他说是约稿呢。我一直觉得自己的文笔很是平平,不过现在既然有人逼着自己勤快一把,也不能放过拯救的机会。在特哥的盛情约稿后写了两篇文章发给特哥,没想到还都发表了。又某日,接到特哥电话,说他想以这个公号的一些文章编一本关于医事法的书,但是需要一个有医学背景的法律人对其中涉及医疗的部分做些审查工作,问我是否有意愿担任主审这一工作。听到这个邀请,心里一阵忐忑,很怕自己水平有限,不能胜任如此艰巨的任务,最后抱着让自己学习的私心,还是答应了特哥的要求。

初次见到特哥,完全打消我对"高大上"法官的畏惧、紧张。因为以前从医,弃医从法时间不长,加上律师职业要求,所以私下里和法官打交道很少,在法庭上都是公事公办,只有在那里才见到法官们忙碌的身影。但特哥完全颠覆了我对法官清高、刻板的看法,特哥给我的感觉就是专业、低调、谦和,其实像他这样保持本色、充满人情味的法官应该能得到众多仰慕者的青睐,当然这其中也包括我。

感谢特哥给我主审的机会,在这个过程中,我收获良多、提升不少。这本书既有业界内大腕级别的经典之作,也有像我等无名小卒的平实之篇,可以满足读者各种口味了。

◎与「海坛特哥」公号之缘

# ◎ 他的好是人间烟火的好

*@群魔乱舞丫丫*\*

那日,特哥一反热情爽朗常态颇为腼腆地要我帮着催催倾城的文债,就像民间借贷纠纷里的原告起始讨债一般的难为情。然后他更加腼腆地说:"丫丫,要不也写写你眼里的特哥。"特哥这不轻易发出的邀约让我对自己的承诺好生惶恐。蓦然发现,俺混迹于特哥的公号平台已有时日,从最初被他夜半准时推送专业文章的敬业精神打动到现在槛内开出各式专栏文集热热闹闹绚丽夺目,如水日子尽然被特哥在指尖编辑成一道独具特色的风景。而我那些鸡零狗碎的文字,在特哥的医事法专业文丛中就像百花园里几朵不起眼的狗尾巴花——自顾自开在属于春天的角落里,

---

\* @群魔乱舞丫丫,某八零后文艺女青年,微信公众号"海坛特哥"骨灰级读者,专栏"丫言丫语"作者。

给其百花竞放的自留地点缀一些朴素的花边。

一直觉得法圈的微信微博都是如此精彩纷呈,如果说高桑的"高杉 LEGAL"是五星酒店里那盘高端冷艳神秘的鲍鱼,盒饭的"法影斑斓"是一盘肥瘦兼有油而不腻内涵颇丰的五花肉,那么特哥的"海坛特哥"就是市井酒家里的那钵牛肉,热气腾腾充满人间烟火气。现在,特哥要出书了。这个在群里妙趣横生、慷慨大方、动不动发红包、时而调侃自己时而被 80、90后 MM 调侃的特哥,居然玩着玩着微信玩出了一本书。其实,对于特哥如此强悍的执行力我本不应惊讶,从那次无意间询其一医疗纠纷的疑难问题而被他 QQ、微信、电话轮番轰炸作答的热情和认真就可见一斑(时我与之并不熟悉,只知其在医疗纠纷领域里造诣颇深),他的条分缕析让我等菜鸟思路也豁然开朗,最终纷争顺利处理。

说他的幽默诙谐是好,说他的慷慨热情是好,说他的细致周全是好,说他的认真敬业是好,但对我来说,他的好,是人间烟火的好。

有一段时间里,因为被挚友欺瞒辜负而情绪低落,以致夜夜不能寐,无法走出情绪低谷甚至怀疑周

◎ 他的好是人间烟火的好

# "特"书的故事

遭一切,每每夜深人静总觉得自己孤身一人在一条暗路上踟躇徘徊,路旁长满黑色的刺莓,以致心悸冷汗淋漓大有抑郁倾向。特哥知道后,不问缘由只是轻轻地说:"丫丫,你到北京来吧!特哥带你去全北京最好的医院的睡眠中心治疗。"我知道特哥此并非戏言,倾城每次北上特哥细致周全的安顿,足以证明特哥虽每日面对冰冷枯燥乏味的高端医事法术语也有万千绕指柔。尼采说:"在世界上到处存在一种爱的延续。谁熟悉这种爱情呢?它的正确的名字叫友情。"

是的,他爱家人、爱朋友、爱自己、爱生活,爱得清清朗朗、坦坦荡荡。他会在群里吆喝周末一起做运动,他会在"特哥特能吹"之后抛出自己独到的学术观点证明其实他并没有吹,他会在被90后美女略带情色的调侃后傻呵呵一笑:"还不看书去",他辗转于各大讲坛,忙碌于各式官文,却仍要抽空陪伴小特特游泳画画,你以为他正经严肃在和你说话却会冷不丁来一句:"这首歌我喜欢,下次见面唱给你听"……如果生活是泥潭,特哥绝不是浮在泥潭上的绿色幽灵,而是在潭里从容打滚的人,他会告诉你滚满浑身的泥也有别样乐趣。

◎他的好是人间烟火的好

他就是这样的世俗,世俗得可爱可敬,让人觉得如袅袅炊烟般温暖舒适,充满烟火气。

现在,特哥每每在我给其投稿后就大呼:"丫丫,我要请你吃大餐!"于是,那个在网络那端忽闪忽闪着浓眉大眼面目清朗的特哥已经幻化成了一道满汉全席。

我希望,这一道满汉全席能早日到来!

◎他的好是人间烟火的好

# ◎ 小编答疑

## 小编有话说😊

### @海坛特哥

上周出差在外,小编错过了在北京举办的首期"法律人的新媒体时代"主题沙龙。昨天,与@倾城兄餐叙时,网络界土豪@倾城介绍说,研讨会上,大家曾经问起了我。哈哈,小编听完很高兴,虽然小编错过了沙龙主办方提供的著名的天同牛肉面。

今天,小编凭着记忆,回答一些朋友问过我的问题。由于没有书面记录,难免有美化自己的地方,也属人之常情,大家一笑而过,不要较真。

问:你是法医吗/你是律师吗?

答:不是,我是法官。

问:编辑是一个团队吗?

答:不是,就我一个人。连秘书都没有。

问:我和好几个朋友研究你的公号配图好几天了,我觉得图片里一定有你想表达而未表达的东西,对吗?

答:你想多了,真没有。

问:你选图的原则?

答:我喜欢。

◎ 小编答疑

问:你近期的配图质量提高了,是否招了图片编辑助理?

答:没有,质量高的是作者投稿自带的,因为他们实在无法忍受了。

问:图文不相关是你的公号的特色吗?

答:我不是故意的。

问:你为什么总是夜里十二点以后发公号?

答:零点是一天的开始。一天一篇,干完拉倒。

# "特"书的故事

问：你每天十二点以后睡，不困吗？
答：我九点到十一点睡过了。

问：你怎么这样勤奋？真是令人发指。
答：你误会了。

问：我特别恨一个人怎么办？
答：劝他开公号。

问：你天天编辑公号，你老婆不生气吗？
答：要你管？！

问：你需要什么稿件？
答：与法律、法律人相关的就好。

问：投稿邮箱多少？
答：13911723909@163.com。

【小编提醒】本答疑纯属八卦，请您半信半疑。

◎小编答疑

## 小编真能说😠

### @海坛特哥

平时吧,本公号每天涨粉20,发了"小编有话说"那天,本号一天涨粉249,吓小编一大跳。而且,提问的明显增多了。噢买切糕的干活,这充分说明了一个问题,谁爱看专业文章呀,还不快来半斤八卦。没办法,只好再回答点问题了。

问:你卖萌,你领导知道吗?

答:领导们忙,没时间看微信。

问:你怎么不是庭长呢?

答:因为我炒菜水平太差了。

# "特"书的故事

问:你为什么对医疗纠纷如此关注?
答:因为我只办过三起医疗纠纷案件。

问:你的公号的最大特点是什么?
答:图文绝不相干,请勿联想。

问:我越来越喜欢你了怎么办?
答:继续呗。

问:帮我问问你的医生朋友,失眠或早醒怎么办?
答:开个公号试试。

问:你的公号为什么有一股泥土的芬芳?
答:我的好朋友也这么说,我觉得他很没眼光。
我走的明明是海岛风情路线嘛。

问:你在网上超有幽默感,网下怎么样?
答:噢,网下以网为主。

问:你每天都数粉吗?
答:不数哪还有乐趣!

PAGE

20

◎ 小编答疑

# "特"书的故事

问:能告诉我你的微信号吗?

答:chente2222,海坛特二。

问:你这么勤奋,你的前女友知道吗?

答:要你管!

问:可以约会你吗?

答:@#¥%……&＊+——@。。。【。

【小编提醒】本答疑纯属八卦,请您半信半疑。

◎小编答疑

## 小编还要说😷

### @海坛特哥

最近小编老纠结了,有网友@lynn 说答疑太过俗气,也有网友@小东西说"小编有话说"有种浑然天成的屌丝气质。这可咋整呢,还让不让人编啊?

不过,考虑到热心网友@缘起性空如露如电 连第三期的名字都给起好了——"小编还要说",小编就鼓起勇气,再说一说。我就不信网友们还会起第四期、第五期的题目,小编( * )要说?

好了,言归歪传,江湖传言:小编不答疑,公号没人理。答疑不精彩,不如看"归来"。

问:您做这个公号的初衷是为了传播法律知识吗?
答:开这个公号,纯粹是因为好奇害死猫。

问:为什么你能坚持每天编公号而且都是午夜档呢?

答:上了贼船,不编失眠。

问:能不能一天一篇小编答疑啊?

答:大姐,您以为这是午夜电台读者来信啊!

问:写不了文章,可以为公号提供图片作配图吗?

答:欢迎各种原创图片。谢绝自拍,美女除外。

◎小编答疑

问:你怎么保证每天的稿件质量?

答:好文章清醒时看,有争议的醉酒后审稿。

问:我没有耐心把您发的稿子都看完怎么办?

答:请收藏先,如厕备用。

问:你除了编公号以外,还忙别的吗?

答:少壮不努力,老大总在忙……我要真的只会编公号,你觉得我们领导会放过我吗?

# "特"书的故事

问:你性格这样温和,人品这么好,这种"谦谦君子、温润如玉"的气质和德行是怎么修炼得来的呢?
答:我必须严肃地告诉你,这都是装出来的……

问:你有什么特别遗憾的事吗?
答:没相过亲。

问:你的小编答疑就不能高大上点吗?
答:人心这么乱,正经给谁看?

◎ 小编答疑

问:你觉得一个男人成熟的标志是什么?
答:不会被骗开公号。

问:你看自己的答疑会笑吗?
答:哼,就不告诉你!

问:小编,我有种一见钟情的 feel,怎么办?
答:亲,你又跑题啦。

问:你对网友自动回复么么哒,你媳妇知道嘛?
答:要你管!

【小编提醒】本答疑纯属八卦,请您半信半疑。

## 小编就要说

## @海坛特哥

小编我,不会写司法改革的文章,不会搞司法解释,不会淘宝,不会画漂亮的明信片,不会写飘逸的毛笔字,也不会每天游泳一千五百米,更不会开展什么新生活运动。概括起来,就两个不会,这也不会,那也不会。那还活不活呢?活啊,我会吃呢,还会编公号呢。这不,我还会答疑呢!

自"小编还要说"发表以来,明信片像雪花一样从全国各地飞过来,都是热情的网友来信,还有送花的呢。最近老忙了,每天都要亲笔回信,还要签名,附自拍照片。艾玛,我也成了风云人物啦,有公司多次来电邀请我参加颁奖典礼,都被我拒绝了。呵呵,俺是个低调的人。

# "特"H的故事

"喂,同志,你醒醒,你流口水了。"
"嗯,讨厌,正做梦呢,谁给我吵醒了?"

不好意思,小编在大会上竟然睡着了。好吧,来回答点问题吧。

问:你觉得自己特有魅力吗?
答:比刘的华强三毛钱吧。

问:你喜欢做法官吗?
答:不看工资条的时候特别特别地喜欢啦!

问:你知道高端屌丝什么样吗?
答:吃个煎饼要两蛋,坐个三轮开导航。

问:你最大的优点是什么?
答:从不离家出走。

问:能用一句话概括司法改革吗?
答:(会)去(多)地(收)方(三)化,去(五)行(斗)政(吗)化。

# "特"别的故事

问：你有什么爱好？

答：看碟、嗑瓜子、看碟时狠狠嗑瓜子。

问：关于司法改革，你最喜欢哪句话？

答："让（.）审（.）理（.）者（提）裁（高）判（法），让（官）裁（待）判（遇）者（.）负（.）责。"

问：如果不做法官，你喜欢干啥？

答：卖书。

◎ 小编答疑

问：能推荐个品貌双全的单身女青年吗？

答：大岭山下长安镇边有个董小姐不错哦。

问：你开了公号还有时间与老婆约会看电影吗？

答：要你管！

【小编提醒】本答疑纯属八卦，请您半信半疑。

# 小编非要说

## @海坛特哥

近日,小编压力有点大。许多朋友来信强烈要求听小编的"单口相声",还有许多朋友苦口婆心语重心长地建议小编闭嘴。概括起来就是:他让我说,她不让我说。那到底该怎么办? 呵呵,请您往下看。

问:每日一文去哪儿了?
答:这位读者你可真着急,这才十一点五十七呢。

问:您的公号最近需要哪方面的稿子?
答:欢迎来稿,体裁不限,图文均可。

问:您更喜欢您的孩子将来当医生还是当法官?
答:亲爱的,这得好好考虑下。

问：医生以后还能在火车上救人吗？

答：该出手时要出手！

问：您经常给医生讲如何防暴力，如果您遇上歹徒，您有能力制服吗？

答：武功再高，也怕菜刀。

问：你看世界杯吗？

答：必须的，我每天早上七点钟准时收看。

问：关于世界杯，你支持哪个队？

答：哈哈……我喜欢德国队。嗯，梅西必胜。

◎小编答疑

问：小编你何时请我吃饭？

答：改天。

问：请问小编家乡哪里？很想看看是怎样的一方青山碧水养育了钟灵毓秀的小编。

答：欢迎各位朋友到国家一级风景区——美丽的海坛岛旅游。啊，怎么这么像广告呢！

# "特"书的故事

问：你在业余时间都干嘛啊？
答：玩玩微信打打球。

问：你交朋友的原则是什么？
答：拉黑不欣赏我的人——男人何必折磨自己。

问：你的理想是什么？
答：构建和谐医患关系。

◎
小
编
答
疑

问：听说您是医事法专家。
答：滥竽充数啦。

问：现在都数字化了，你的书卖得出去吗？
答：挺好的。

问：如果每天不推文，你睡得着吗？
答：大宝天天见，不见睡不香。

问：我怎么觉得你身上江湖气很浓啊？
答：乱讲。

# "特"书的故事

问：你是帅哥吗？

答：嗯，高穷帅。

问：你有自己心中的女神吗？

答：有啊，两呢。女神一，女神二。

问：你为什么还不辞职？

答：^& 司 %* 改 $# 定 @) 能 ！_+(. 成……功……

◎ 小编答疑

问：你爱老婆还是爱公号？

答：要你管！

【小编提醒】本答疑纯属八卦，请您半信半疑。

## ◎ 编辑的话

### 我以专业精神追求你

齐梓伊[*]

"蒹葭苍苍,白露为霜。所谓伊人,在水一方。"

当我提笔准备为"特书的故事"说些什么的时候,这段话便很自觉地跃然纸上,它好似道尽了这本书的缘起。

作为一名法律图书策划编辑,关注法律类的微信公众号已成为一种习惯,直到有一天"海坛特哥"推送的文章吸引了我,连续阅读数日后,就充满期待地给"在微信一方"的特哥留言:"文章很好,既有理论又有实务,有无兴趣结集出版?"

---

\* 齐梓伊,知识产权出版社法律编辑室主任,E-mail:qiziyi2004@qq.com,微信号:1480095071。

# "特"书的故事

于是,在 2014 年一个夏日的午后,我如愿见到了阳光帅气的本书主编陈特法官,还有知性端庄的本书主审艾清律师。不谋而合的是"我们仨"都认真地将公号当时已经推送的 120 篇文章的题目打印下来,且每人都准备了三份打印稿。大家相视开怀,三个人和一本书就这样开启了缘分之旅。在接下来漫长而琐碎的编辑过程中,我们多次讨论体例、筛选文章、修改文稿,其间曲折,难以尽道。

其实,以"海坛特哥"的影响力,欲将其文章出版者不只一方。小编具备的,唯有做好一本书的专业和诚意。为此,也曾笑言:"我是以专业精神追求你!"也许就是这种简单、认真、热血地做一件事的态度,才足以打动人,令人体会到其中的珍贵和独特。凡此种种,我们将成书过程中偶得的许多"小趣味",取名"特书的故事",奉于尊前。

在成书过程中,"我们仨"又再次不约而同地都选择了新的工作岗位。缘,还真是妙不可言!于我而言,从法律出版社来到知识产权出版社,真是做了人生中一个重要的决定。新的单位需要每个人写一个自我介绍,我是这样写的:"梓伊旗人,东北出生,西北

◎ 编辑的话

求学,华北执事。平生所爱,二者为最:一为文字,一为美食。而今看来,一为主业,一为闲趣,求仁得仁,相看不厌,人生乐事,莫过于此。"我想这段文字足以表明我的心意和一如既往的选择了。

编牍之间,获益良多。一书在手,法意泱泱,充实心灵,抚慰疲惫。彼时之苦,此时之乐,彼人之苦,此人之乐。愿以此书对过去做一个致谢,感谢曾经的和现在的作者对我的信任,感谢领我走上编辑之路的安建苇老师,感谢张雪纯老师在成书过程中的指引支持,感谢这条路上的所有同行者!

当我敲下最后一行字,心里无比的幸福,唯愿我可爱的读者们能够在这对折的光阴里,留一份阅读的快乐,在指尖,在心头……